세계 중국어 교육사 중국편

세계 중국어 교육사 중국편
世界汉语教育史

장시핑张希平 주편

이미경 역

역락

머리말

　외국어로서의 중국어 교육 전공을 개설한 지 이미 20여 년이 지났다. 1983년 베이징언어학원은 교육부의 비준을 거쳐 외국어과에 외국어로서의 중국어 교육 전공을 개설하였으며 이 학과는 외국어로서의 중국어 교육 교사 양성을 주요 목표로 하고 있다. 그 후 얼마 지나지 않아 베이징외국어대학, 상하이외국어학원, 화둥사범대학도 잇달아 유사한 전공을 개설하였다.

　그 후 몇 년 지나 이 전공은 독자적으로 묵묵히 자신의 길을 걸어갔다. 1988년 교육부가 "일반 고등교육기관 학부 전공 목록普通高等学校本科专业目录"과 "일반 고등교육기관 학부 전공 개설 규정普通高等学校本科专业设置规定"을 발표하기에 이르러 1급 학과 중국언어문학류(학과코드0501) 아래, "외국어로서의 중국어"(학과코드050103) 2급 학과를 개설한 후에야 이 전공이 정식으로 확정되었다.

　처음에 이 전공의 개설은 제1언어를 중국어로 하는 중국 학생을 모집하는 것이었고 양성 목표는 외국어로서의 중국어 교육과 중외 문화교류 등의 업무에 종사할 수 있는 사람을 길러내는 것이었다. 그러므로 이 전공의 특징은 외국어로서의 중국어 교육이 교사의 지식구조와 능력에 대한 요구를 근거로 교과과정을 설계하고 교육내용을 확정하였다는 점이다. 1989년 "외국어로서의 중국어 교육 전공회의对外汉语教学专业会议"(苏州)에서 이 양성 목표를 더욱 분명히 밝혔고, 전공 교과과정을 외국어류, 언어류, 문학문화류 세 종류로 나누었다. 1997년 "외국어로서의 중국어 교육 건설을 심화시키기 위한 좌담회深化对外汉语专业座谈会"를 개최하였는데 이 회의에서 양성목표는 사회적 수요에 따라 적절하게 확대할 수 있고, 복합적이며 대외지향적인 인재를 양성하기 위해서는 중국어와 외국어 지식을 갖추어야 하고 중국문화에 대한 식견이 있어야 하며, 외교정책을 잘 이해해야 할 뿐만 아니라 교육규칙과 교육기교를 갖추어야 한다고 밝혔다. 이 모든 것은 이 전공의 독특한 교과과정체계와 대상에 특화된 교재, 특정한 교수법이 있어야만 이루어질 수 있다.

최근 들어 세계가 급변하고 중국이 부상하고 있다. 중국어가 빠른 속도로 세계무대로 나아감에 따라 외국어로서의 중국어 교육 사업도 크게 발전하고 있다. 현재 외국어로서의 중국어 교육을 개설한 고등교육기관은 이미 130여 곳에 이른다. 이러한 대대적인 발전은 다양함을 가져다 주기도 하였지만 규칙적이지 않은 면도 함께 나타나게 되었다. 외국어로서의 중국어라는 전공은 통일된 교수요목이 없었을 뿐만 아니라 표준적인 교과과정도 없었고 규범화된 교재도 없었다. 학계에서는 외국어로서의 중국어 교육학과에 대한 의의에 대해서도 이견이 있었다. 현재 이 전공이 개설된 학교(단과대학과 대학교)는 각자의 이해만 있어서 각 기관의 교육자원과 교육조건에 따라 과정을 개설하고 있으며, 자체적으로 교재를 편찬하거나 이미 출판된 교재를 선택해서 사용하고 있다.

이러한 점을 고려하여 HANBAN의 지도 속에서 상무인서관은 미래를 내다보는 통찰력을 가지고 중국 전역 고등교육기관의 외국어로서의 중국어 교육에 종사하는 전문가를 조직하고, 범 학교적인 협상과 협력을 진행하여 초보적으로 전공 교수요목 제정의 기반 위에서 외국어로서의 중국어 교육 전공 시리즈 교재를 만들었고, 이로써 이 전공의 교재에 대한 시급하고도 절실한 요구에 부응하게 되었다.

본 교재는 자오진밍赵金明, 치루양齐泸扬, 판카이타이范开泰, 마젠페이马箭飞를 총괄 주편으로 하며, 교재의 편집자는 여러 차례의 협상과 토론을 통해 다음과 같은 원칙을 가지고 교재를 편찬하기로 결정하였다.

1. 기존의 경험을 종합하고 다년간 외국어로서의 중국어 교육성과를 모두 수집하여 교육계획에서 교과과정의 위치, 성질, 임무, 역할의 근거로 삼고, 교과과정의 기본내용을 규정하고 교육범위를 확정하며 교육적 요구를 마련한다.

2. 언어학(linguistics)에 세심한 관심을 기울이며, 특히 중국어 언어학 연구에 대한 최신의 연구에 주목하여 중국어를 제2언어로 삼는 외국어 교육 연구의 최신 성과를 전체적으로 받아들이고, 언어 규칙, 언어교육 규칙, 언어학습 규칙을 구체적으로 구현하는 것에 중점을 둔다.

3. 교재의 교육내용은 "기초를 다지고 중점을 드러내는" 원칙을 철저하게 관철시키며 기본 원리, 기본 지식, 기본 능력을 중요시한다. 이것은 기초이론에 대한 교육을 강화하는 것일 뿐만 아니라 실천 능력의 양성을 강화하는 것이기도 하다. 교과과정에 대한 실천적 교육부분은 명확하고 구체적인 요구가 있어야 하며 비교적 강력한 운영능력이 있어야 한다.

4. 교재는 학부의 시리즈 교재의 속성을 준수하고 교재의 분량과 가능한 시수를 서로 고려해야 할 뿐만 아니라 또 모범적이어야 하므로 각 장과 절의 뒤에는 생각하는 문제와 연습문제를 첨부하여야 한다. 특히 지식의 단계성과 연결하는 것에 주의하여 학부생과 석사 연구생들을 위해 기초를 다지고 연구를 할 수 있는 여지를 남겨야 한다.

위의 내용을 기초로 외국어로서의 중국어 교육에 대한 교육내용은 비교와 취사선택을 거쳤다. 양성목표에서 요구하고 있는 내포된 함의를 가지고, 교재내용은 대체적으로 기초지식, 전공지식, 교육기술, 교사소질 네 가지 방향으로 진행된다. 현재 편찬 중인 외국어로서의 중국어 전공 학부 시리즈 교재를 다섯 가지 모듈, 총 22권으로 구성하였다. 각 모듈이 관여하고 있는 과정과 교재의 주편은 다음과 같다.

I. 언어학, 응용언어학, 중국어

1. 현대 중국어   치루양齐泸扬(상하이사범대학)
2. 고대 중국어   장보张博(베이징언어대학)
3. 언어학 개론   추이시량崔希亮(베이징언어대학)
4. 응용언어학입문   천창라이陈昌来(상하이사범대학)
5. 중국어영어대조개론   판원궈潘文国(화둥사범대학)

II. 중국문학문화와 범문화적 교류

6. 중국현당대문학   천쓰허陈思和(푸단대학)
7. 중국고대문학   왕리화王澧华(상하이사범대학)
8. 중국문화통론   천광레이陈光磊(푸단대학)
9. 세계문화통론   마수더马树德(베이징언어대학)
10. 범문화적교류개론   우웨이산吴为善(상하이사범대학)

III. 중국어교육이론, 제2언어습득이론과 실천

11. 외국어로서의 중국어 교육 입문   저우샤오빙周小兵(중산대학)
12. 제2언어 습득 연구   왕젠친王健勤(베이징언어대학)
13. 외국어로서의 중국어 본체 교육개론 장왕시张旺熹(베이징언어대학)
14. 외국어로서의 중국어 교과과정과 교육개론

     쑨더진孙德金(베이징언어대학)

15. 이중언어교육개론   관신추关辛秋(중앙민족대학)

16. 화문교육개론 　　　　　　　　　귀시郭熙(지난대학)
17. 세계중국어교육사 　　　　　장시핑张西平(베이징외국어대학)

VI. 외국어로서의 중국어 교재, 교수법, 평가측정시험

18. 외국어로서의 중국어 교수법 　　　우융이吳勇毅(화둥사범대학)
19. 외국어로서의 중국어 교재 통론 　　리취안李泉(중국런민대학)
20. 언어측정시험 개론 　　　　　　장카이张凯(베이징언어대학)
21. 외국어로서의 중국어 교육모델 개론 　마젠페이马箭飞(HANBAN)

V. 외국어로서의 중국어 교육에서 현대교육기술의 응용

22. 외국어로서의 중국어 교육기술개론　정옌췬郑艳群(베이징언어대학)

이 시리즈 교재는 주로 외국어로서의 중국어 전공 학부생을 위해 편찬되었으며 다른 외국어로서의 중국어 교육 관계자, 연구자들이 참고할 수도 있으며 전문대학교나 대학교의 언어문학 전공 참고서로도 사용할 수 있다.

현재 세계적으로 중국어 열풍이 불고 있는데 이러한 시기에 중국어를 제2언어로 하는 외국어 교육은 커다란 기회와 전대미문의 도전에 함께 직면해 있다. 이러한 시대에 순응하여 중국어가 세계로 뻗어 가는 데 약간의 힘이라도 보태고자 한다. 대규모적이고 범지역적이며 범학교적으로 인력을 구성하여 시리즈 교재를 편찬한 예는 이번이 처음이다. 능력부족으로 잘못된 부분이 있으면 독자들이 많이 지적해 주기를 바란다.

자오진밍赵金铭, 치루양齐泸扬
2007년 6월 5일

역자 서문

　이 책은 중국의 HANBAN에서 기획하여 편찬한 『世界汉语教育史』를 번역한 것이다. HANBAN은 중국어 교육에 종사하는 사람이라면 대부분 아는 것처럼, 전 세계의 중국어 교육에 대한 주요한 정책을 결정하고 집행하는 중국의 국가 기구이다. 이 책은 '중국어 교육이론과 제2언어습득이론과 실천'이라는 항목의 하나로 기획된 것인데, 제 1부에서는 명청 明清 시대 이전과 이후, 중국 근대, 중국 현대, 중국 현재에 이르기까지 중국 내에서 이루어졌던 중국어 교육을 다루고 있고, 제 2부에서는 한반도, 일본, 동남아시아, 서유럽, 동유럽과 북유럽, 아메리카와 오세아니아 등의 해외에서 이루어진 중국어 교육을 다루고 있다. 이 중 본 번역서는 우선 제1부의 내용을 번역한 것이다.

　역자가 이 책을 처음 만난 것은 2011년 베이징에서였다. 한국에서 여러 해 동안 중국어 교육을 담당하면서 여러 가지 시행착오를 겪다 보니 내가 겪었던 경험이나 다양한 교육방법이 이미 논의를 거친 것일 수도 있다는 생각을 하게 되었고, 이 때문에 중국어 교육의 역사에 대한 관심을 갖게 되었다. 그런데 중국어의 음성, 어휘, 문법 등에 관련된 책은 상당수 접할 수 있었지만 중국어 교육의 역사에 대해서 기술한 책은 별로 보지 못했다. 그러던 중 중국의 한 서점에서 이 책을 발견하게 되어 한순간에 읽어나가게 되었다.

　언어는 해당 민족의 역사와 문화가 반영되어 있으며, 또 그 언어는 다른 사회와의 교류 속에서 새롭게 변화하고 발전해 나가기 때문에, 교육의 관점에서 중국어의 역사, 중국어 교육의 역사를 이해하는 것은 제2 언어로서의 중국어 교육을 하는 데 큰 도움이 될 수 있다. 한국도 외국과의 교류를 통해서 한국어 교육이 시작된 것처럼 중국도 서역사람들이 중국으로 불교를 전파하기 위해 들어오면서부터 외국어로서의 중국어 교육이 시작되었다. 21세기 접어들어 중국이 세계적으로 막강한 경제대국으로 성장하면서 중국어에 대한 관심도 높아지고 이로 인해 외국어로서의 중국어 교육이 더욱 주목받고 있다. 이러한 시기에 세계 속에서 꾸준히 이루어져 왔던 중국어 교육의 역사를 연구하는 것은 매우 큰 의미가 있다고 생각한다. 이 책을 통해 우리는 중국어 교육의 역사를 알게 되는 것은 물론 중국이 외국과 어떻게 교류했는지, 그리고 그 속에 담겨 있는 중국의 문화적 특징은 어떠한 것인지를 이해하게 된다. 이 때문에 이 책은 외국어로서의 중국어 교육을 전공하는 학부생이나 중국어학, 중국어 교육을 전공하는 석사연구생, 박사연구생, 그리고 언어별 외국어 교육 전공자들이 참고할 만한 내용이 적지 않다.

　이 책의 번역과정에서 여러분의 도움을 받았다. 서울대학교 중문과의 이강재 교수님께서는 고전과 관련된 부분에서 많은 도움을 주셨고 일부 주석을 찾아주기도 하였다. 또 양선혜 박사는 불교 관련 예문 번역에 도움을 주었음은 물론 역자의 많은 질문에 친절하게 답변해 주었다. 지난 3년이 넘는 동안 함께 중국어 교육 관련 스터디를 해오고 있는 한국교원대학교 김석영 교수, 서울대학교 언어교육원 손남호 연구원과 송홍령 연구원은 이 책을 번역하는 과정에서 중국어 교육 관련 용어에 대해 많은 시간을 할애하여 함께 논의해 주었다. 그리고 한국연구재단 일반공동연구사업 연구과제 "중국어 교수매체 정보화 플랫홈 구축" 연구팀의 모든 연구원들과 한국연구재단은 이 책이 나올 수 있도록 많은 도움을

주었다. 이 분들이 없었다면 번역의 과정은 더욱 힘들고 많은 시간이 필
요했을 것이다. 아울러 역자를 중국어학과 중국어 교육의 깊은 세계 속
으로 인도해 주시고 박사논문을 지도해 주셨던 허성도 교수님께도 진심
으로 감사의 마음을 표한다. 끝으로 오래전에 번역하겠다고 약속하고
탈고 시간이 늦춰졌음에도 불구하고 나올 때까지 기다리고 격려해주신
역락출판사 이대현 사장님, 중국어와 한자가 많아 복잡한 원고를 예쁘
게 책의 형태로 만들어준 편집진에게도 감사의 마음을 전한다.

2016년 여름 경산 진량 연구실에서

이 미 경

차 례

세계 중국어 교육사 외국편 차례

제1장 | 서론

  왕리王力는 『한어사고汉语史稿』에서 "중국어사[1]는 중국어 '발전의 내재적 규칙에 관한 과학"[2]이라고 말했다.[3] 근본적으로 말하자면, 중국어사는 우선 중국사, 특히 한족汉族의 역사와 매우 밀접한 관계를 맺고 있다. 그래서 중국어사에 대한 연구는 기본적으로 중국사를 배경으로 삼고 한족의 언어 인지 활동을 내용으로 삼아 전개되었다. 지금까지 기존에 출판된 중국어사 연구에 관한 저술은 기본적으로 대부분 이것을 출발점으로 하고 있는데 이것은 정확한 관점이다. 하지만 중국어의 역사는 또 다른 중요한 측면이 있는데 바로 외국어로서의 중국어를 연구하는 역사이고 또 외국어로서의 중국어를 학습하는 역사이다. 이러한 역사는 중국에만 있는 것이 아니라 세계 각지에도 존재한다. 이 책은 외국어로서의 중국어 교육과 연구를 어떻게 하였는지에 대해 간단하게 정리하고 연구

---

1) 역자 주 : 이 책은 "汉语史"를 중국어사로 번역하였다.
2) 왕리王力(1900~1986), 『汉语史稿』, 中华书局 1980년 제1판 p1.
   역자 주 : 이 책은 인명, 지명 등의 번역에 있어서 대략 신해혁명(1911)을 기준으로 하여 그 이전은 한자 독음으로 나타내었고, 그 이후는 국립국어원 외래어 표기법 규정에 따랐다.
3) 역자 주 : 이 책은 "汉语"를 "중국어" 혹은 "한어"로 번역하였다.

하고자 한다.4)

1.1 세계 중국어 교육사의 연구대상

세계 중국어 교육사는 세계에서 있었던 제2언어(Second Language, L2)로
서의 중국어 교육(Teaching of Chinese as a Second Language, TCSL)의 역사 과
정을 말하는데, 이러한 정의는 세계 중국어 교육사 연구대상의 기본적
인 내용을 대체적으로 확정지었다.

중국어를 목표어(Target Language)로 학습하고 교육하는 역사는 비교적
오래되었다. 루젠지魯健驥는 처음으로 외국어로서의 중국어 교육의 역사
를 연구하는 문제를 제기하면서 다음과 같이 말하였다.5) "역사와 이론
은 하나의 학문이 존재하는 데 필수불가결한 조건이다. 최근 20년 동안
외국어로서의 중국어 교육(Teaching of Chinese as a Foreign Language, TCFL)6)

---

4) 세계 중국어 교육사에 대한 연구가 홍성하였다는 상징은 둥밍董明의『고대 중국어 한자의
외국 전파사古代汉语字对外传播史』(中国大百科全书出版社 : 2002년)와 장시핑张西平의『서양
인의 초기 중국어 학습사 조사西方人汉语学习史调查』(중국대백과전서출판사 : 2003년)가 연
이어 출판되었다는 것이다. 2005년 제1회 세계 중국어 교육사 국제토론회가 마카오에서
열렸는데 회의기간 동안 마카오에서는 "세계 중국어 교육사 연구학회世界汉语教育史研究学
会"가 만들어졌고, 마카오에서 제1회 회의 논문집인『세계 중국어 교육사 연구 世界汉语教育
史研究』가 출판되었다. 이것은 이 전공 분야의 공식적인 설립을 상징하는 것이다. 2007년
일본 오사카大阪의 간사이关西대학에서 "세계 중국어 교육사 국제 연구회世界汉语教育史国际
研究会 제2차 회의"를 개최하였다. 주제는 "16-19세기 서양의 중국어 학습"이었으며 마카
오에 등록한 "세계 중국어 교육사 연구학회世界汉语教育史研究学会"를 일본의 오사카로 옮겨
서 정식으로 등록하였고, 베이징외국어대학北京外国语大学의 장시핑张西平 교수가 회장으로
당선되었다. 이러한 일들은 이 연구 분야가 성숙되어가고 있다는 것을 의미한다.
5) 역자 주 : 이 책은 "对外汉语"를 "외국어로서의 중국어", "중국어" 등으로 번역하였다.
6) 역자 주 : 이 책은 "对外汉语教学"를 "외국어로서의 중국어 교육", "중국어 교육", "중국어
교수·학습" 등으로 번역하였다. "对外汉语教学"은 외국인이 중국어를 배우는 것을 대상
으로 만들어진 이름이며 중국인의 각도에서 이 학문 분야를 말하는 색채가 매우 뚜렷하

전공에 관한 연구는 비약적인 발전을 거두어 '이론'이라는 측면에서는
어느 정도 기초를 갖추게 되었지만 '역사'라는 측면에서는 아직 부족한
점이 많다고 말할 수 있다. 지금까지도 일부 개별적인 연구들만 조금씩
있을 뿐이므로 우리는 빠른 시일 내에 외국어로서의 중국어 교육의 역
사에 대한 연구를 시작하여 이러한 상황을 바꾸어나가야만 한다."[7]라고
말하였다. 외국어로서의 중국어 교육사는 세계 중국어 교육사에서 가장
중요한 내용이지만 유일한 것은 아니다. 세계 중국어 교육사의 연구를
이해하기 위해서는 다음과 같은 다섯 가지 내용을 고찰해야만 한다.

1.1.1 외국어로서의 중국어 교육사

중국어가 중국 주변 국가와 지역으로 전파되어 가는 것은 이미 유구
한 역사가 있고, 또 중국어의 대외 교육의 시작은 줄곧 중국 역대 왕조
의 국가정책이기도 하였다. 언어교육의 긴 역사적 과정은 외국어로서의
중국어 교육을 연구하는 데에 매우 많은 경험을 남겼다. "옛날에 중국인
과 외국인의 중국어 교육[8]의 내용, 특징, 방식, 방법을 분명하게 파악하
고, 그 속에서 규칙을 찾아내며, 그 경험과 교훈을 종합하고, 우수한 전

다. 해외에서 각 국의 상황에 맞춰 이루어지는 것은 "중문교육", "중국어교육", "화문교
육", "화어교육", "화어문교육" 등으로 부른다. 하지만 최근 들어 "对外汉语教学"라는 용
어에 대해 논의가 활발히 이루어지면서 "국제중국어国际汉语"라는 용어로 기존 용어를 대
체하는 경향이 두드러진다. 이 책에서는 중국어 역사라는 관점과 전 세계 외국어 교육의
관점을 고려하여 "외국어로서의 중국어 교육"이나 "중국어 교육"으로 사용하는 것이 더욱
타당하다고 생각한다.
7) 중국 외국어로서의 중국어 교육학회中国对外汉语教学学会 편, 『중국 외국어로서의 중국어 교
육학회 제6차 학술토론회 논문집中国对外汉语教学学会第六次学术讨论会论文集』, 华语教学出版社 1999
년.
8) 역자 주 : 이 책은 "教学"를 "교육"이나 "교수·학습" 등으로 번역하였다.

통을 계승하는 것은 '옛 것을 오늘날의 현실에 맞춰 사용하고, 서양의 것을 중국 상황에 맞춰 적용시키는 것'을 이루어내는 것이다. 이로서 진정한 중국 특색과 중국 문화의 저력을 갖추고, 중국어와 한자 특징에 부합하는 외국어로서의 중국어 교육의 길을 찾아내 오늘날의 외국어로서의 중국어 교육을 잘 이루어내고 학문 분야9)의 발전을 촉진하여 나날이 완벽해지고 성숙해지도록 해야 한다."10) 이것은 학문 분야에 대한 역사 연구를 잘 해내야만 서양의 L2 습득이론(Second Language Acquisition, SLA)을 맹목적으로 따르고 중국어 한자의 특징을 냉대하는 연구 방향을 벗어날 수 있다는 외국어로서의 중국어 교육사 연구의 중요한 이론적 의의를 제시한 것이다. 중국 고대의 외국어로서의 중국어 교육사 연구는 시작한지 얼마 되지 않았으므로 앞으로 더욱 열심히 개척해야 할 학술 연구 분야인데 학계는 이 문제의 중요성에 대해 이미 인식하고 있다. 스광형施光亨의『역사 속의 중국어 교육 : L2 교육으로의 첫 걸음』11)은 외국어로서의 중국어 교육사에 대해 체계적으로 논의를 하고 있으며 외국어로서의 중국어 교육사에 관련된 많은 내용을 제시하고 있다.

현재 외국어로서의 중국어 교육사에 대한 단대사斷代史 연구, 중국 역사에서 외국어로서의 중국어사의 주요 인물과 기록에 대한 심도 있는 개별 연구가 매우 시급한 상황이다. 완벽한 단대사 연구와 중요한 개별 연구의 바탕이 있어야 비교적 완전한 외국어로서의 중국어 교육사가 만들어질 수 있다. 최근 들어 이미 이러한 방향으로 연구가 진행되고 있

9) 역자 주 : 이 책은 "学科"를 "학문 분야", "학문", "학과", "전공" 등으로 번역하였다.
10) 둥밍董明,『고대 중국어 한자의 외국 전파사古代汉语汉字对外传播史』, 中国大百科全书出版社 2002년.
11) 스광형施光亨,「历史上的汉语教学 : 向着第二语言教学第一步」, 리샹위李向玉・장시핑张西平・자오융신赵永新 주편,『세계 중국어 교육 역사 연구世界汉语教育历史研究』, 澳门理工学院 (Macao Polytechnic Institute) 2005년 인용.

다. 장흥성张宏生이 편집한 『과곤화집』[12]은 외국어로서의 중국어 교육사의 개별 문헌을 잘 정리한 책이다. 루젠지鲁健骥의 『천약전-19세기 중엽 중국인이 편찬한 중국어 간이 도서』,[13] 루바오위안鲁宝元의 「사람이 다른 곳에서 태어나 뛰어난 재주를 가졌더라도 중국을 따라 학문의 원류를 찾아야 한다 : 건륭 23년 일본 류큐왕국 제4차 파견유학생의 베이징 학습 생활 조사」,[14] 류리촨刘丽川의 「청말의 한·중 <외국교사 계약서> 비교 연구」,[15] 장메이란张美兰의 「중국어를 마스터하는 황금열쇠 : 명청시기 해외 중국어 교재의 특징에 관하여」,[16] 스정위施正字의 「중국어 교사 과곤화의 하버드 파견기에 관한 초보적 연구」[17] 등[18]의 논문들은 서로 다른 각도에서 외국어로서의 중국어 교육사에 대한 연구 내용을 제시하였다. 청위전程裕祯이 주편한 『신중국의 외국어로서의 중국어 교육 발전사』[19]는 현재[20] 중국의 외국어로서의 중국어 교육사를 체계적으로 정리하였고 외국어로서의 중국어 교육사의 단대사 연구에 새로운 장을 열었다.

---

12) 장흥성张宏生, 『戈鲲化集』, 江苏古籍出版社, 2002년.
13) 루젠지鲁健骥, 『践约传-19世纪中叶中国人编写的汉语简易读物』, 澳门理工学院(Macao Polytechnic Institute), 2005년.
14) 루바오위안鲁宝元, 「人在海邦为俊杰, 学从中华问渊源 : 乾隆二十三年琉球王国第四批派遣留学生北京学习生活调查」.
15) 류리촨刘丽川, 「清末的韩、中<外国教师合同>比较研究」.
16) 장메이란张美兰, 「掌握汉语的金钥匙 : 论明清时期国外汉语教材的特点」.
17) 스정위施正字, 「汉语教师戈鲲化出使哈佛初探」.
18) 이상의 논문은 리샹위李向玉·장시핑张西平·자오융신赵永新 주편, 『세계 중국어 교육사 연구世界汉语教育史研究』, 澳门理工学院(Macao Polytechnic Institute) 2005년 인용.
19) 청위전程裕祯, 『新中国对外汉语教学发展史』, 北京大学出版社, 2005년.
20) 역자 주 : 이 책은 교육사를 다루고 있기 때문에 '당대(唐代)'와의 혼란을 피하기 위해 '당대(当代)'를 '현재'로 번역하였다.

1.1.2 소수 민족의 중국어 교육사

중화 문화의 역사는 바로 한민족汉民族 문화와 다른 각 소수 민족 문화와의 끊임없는 융합의 역사이다. 이 과정에서 한자의 전파는 중국내 소수 민족 문자의 형성과 발전에 직접적인 영향을 미쳤고[21] 예로부터 지금까지 중국 내 소수 민족이 중국어를 공부하고 중국어 교육을 받는 역사적 사실 속에 항상 존재하고 있다. 다이칭샤戴庆厦는 중국 소수 민족의 이중 언어 교육사는 진한秦汉에서 명청明淸시기까지, 명청에서 민국民国과 신중국시기까지의 이중 언어 교육이라는 기나긴 역사적인 과정을 거쳤다고 주장한다.[22] 전형적인 예로는 바로 만주족이 산해관山海关으로 들어간 후의 중국어 학습인데, 그들은 중국어 학습에 대한 역사적인 문헌을 남겼고 이것은 중국어 교육사 연구에 매우 귀중한 사료가 되었고, 현재 실시하고 있는 소수민족에 대한 중국어 교육에 현실적인 자료를 제공하였다. 이것이 비록 외국어는 아니지만 여전히 중국어를 목표어(Target Language)로 하는 교육이므로 마찬가지로 L2 교육이다.[23] 따라서 중국 국내 소수 민족의 이중 언어 교육과 중국어를 학습한 역사에 대한 연구는 마찬가지로 세계 중국어 교육사 연구의 기본 내용이다.

---

21) 루시싱陆锡兴, 『한자전파사汉字传播史』, 语文出版社, 2002년.
22) 다이칭샤戴庆厦·둥옌董艳, 「중국 소수 민족의 이중 언어 교육의 역사 연혁中国少数民族双语教育的历史沿革」, 中国教育和科研计算机网·www.edu.cn 참고할 것.
23) 무하바이티·하쓰무木哈白提·哈斯木, 「소수 민족 중국어 교육에 외국어로서의 중국어 교육성과 도입의 필요성과 가능성少数民族汉语教学中引进对外汉语教学成果的必要性和可能性」, 언어교육문제 연구논문집. 『语言教育问题研究论文集』, 华语出版社, 2001년 p376.

1.1.3 해외 화문 교육사

해외 화문华文[24] 교육사는 해외에 살고 있는 중국인 후예들의 중국어 교육 역사를 가리킨다. "우물이 있는 곳이면 중국인이 있고, 중국인이 있는 곳이면 중국어 교육이 있다"[25]라는 말은 화어 교육의 역사가 매우 오래되었다는 것을 나타낸다. 화교华侨의 중국어 교육은 일반적으로 모두 이중 언어(Bilingual) 배경 속에서 이루어지고 중국어를 목표어로 학습하는 것이므로 중국어 교육사의 범위에 포함시켜야 한다. 정량수郑良树의 『말레이시아 화문 교육 발전 약사』[26]는 화어 교육사 연구를 위해 전형적인 사례를 제공하였다. 최근에 출판된 황쿤장黄昆章의 『인도네시아 화문 교육 발전사』[27]도 국가별 화문 교육사의 범례를 제시하였다. 이것은 서로 다른 나라의 화교 역사에서 출발하여 세계 각 지역과 국가의 화문 교육에 있어서 중요한 인물, 저술, 교재를 연구한 것인데, 서로 다른 언어 배경에서 이루어진 화문 교육의 방법과 특징을 연구하는 것이 매우 필요하기 때문에 이러한 측면의 연구도 계속 진행되어야 한다.

1.1.4 국가별 중국어 교육사

중국 정부가 주도적으로 인력을 파견하여 진행하는 중국어 교육의 역사는 그다지 길지 않지만 중국어를 목표어로 학습 한 역사는 이미 오래되었다. 해외에서 자체적으로 실시하는 중국어 교육 모두를 외국어로서

---

24) 역자 주 : 해외에 있는 특정 중국인에 대한 중국어 교육을 가리키므로 중국어 교육, 외국어로서의 중국어 교육이 아니라 "화어 교육" 혹은 "화문 교육"이라고 번역하였다.
25) 有水井之处就有华人, 有华人之处就有华教。
26) 정량수郑良树, 『马来西亚华文教育发展简史』, 外语教学与研究出版社, 2007년.
27) 황쿤장黄昆章, 『印度尼西亚华文教育发展史』, 外语教学与研究出版社, 2007년.

의 중국어 교육에 포함시킬 수는 없지만 각국의 중국어 교육에 대한 역사, 인물, 교재, 연구 저술에 대한 체계적인 연구는 세계 중국어 교육사에서 중요하고도 기본적인 연구 내용이다. 롯카쿠 쓰네히로六角 恒广의 『일본 중국어 교육사 연구』[28]와 우시지마 도쿠지牛岛 德次의 『일본 중국어 문법 교육사』[29]는 바로 이러한 연구에 관한 전형적인 저술이다. 진지스金基石의 「한국 중국어 교육사 개요」[30]와 벨라센Bellassen의 「프랑스 중국어 교육사 개론」[31]은 이 분야의 초기 논문이다. 세계 중국어 교육사 제1회 국제 심포지엄에서 발표된 딩차오丁超의 「루마니아 중국어 교육의 발전」[32]과 반 지암 히에우潘奇南의 「21세기 신베트남 성립 후의 중국어 교육」, [33] 리밍李明의 「21세기 스웨덴의 중국어 교육」, [34] 량즈화梁志桦의 「뉴질랜드의 중국어 교육 역사와 교육 모델」, [35] 둥수후이董淑慧의 「불가리아의 중국어 교육사 개론」[36] 등의 논문은 모두 국가별 중국어 교육사의 최신 연구 성과이다.

---

28) 롯카쿠 쓰네히로(Rokkaku Tsunehiro, 六角 恒广, 일본인), 『日本中国语教育史研究』, 北京语言学院出版社, 1992년.

29) 우시지마 도쿠지(Ushijima Tokuji, 牛岛 德次, 일본인), 『日本汉语语法研究史』, 吕必松 주편, 『해외 중국어 연구 총서国外汉语研究丛书』, 北京语言学院出版社, 1993년.

30) 진지스金基石, 「韩国汉语教育史论纲」, 『东疆学刊』, 2004년 제1기.

31) 조엘 벨라센(Joël Bellassen, 白乐桑, 프랑스인), 「法国汉语教学史浅论」, 『中国文化研究』, 1993년 2기.

32) 딩차오丁超, 「罗马尼亚汉语教育的发展」, 리샹위李向玉 · 장시핑张西平 · 자오융신赵永新 주편, 『世界汉语教育历史研究』, 澳门理工学院, 2005년.

33) 반 지암 히에우(Ban Giám hiệu, 潘奇南), 「二十世纪新越南成立后的汉语教育」, 리샹위李向玉 · 장시핑张西平 · 자오융신赵永新, 주편, 『世界汉语教育历史研究』, 澳门理工学院, 2005년.

34) 리밍李明, 「二十世纪的瑞典汉语教育」, 리샹위李向玉 · 장시핑张西平 · 자오융신赵永新 주편, 『世界汉语教育历史研究』, 澳门理工学院, 2005년.

35) 량즈화梁志桦, 「新西兰的中文教育历史及其教学模式」, 리샹위李向玉 · 장시핑张西平 · 자오융신赵永新 주편, 「世界汉语教育历史研究」, 澳门理工学院, 2005년.

36) 둥수후이董淑慧, 「保加利亚汉语教学史概论」, 리샹위李向玉 · 장시핑张西平 · 자오융신赵永新 주편, 『世界汉语教育历史研究』, 澳门理工学院, 2005년.

국가별 중국어 교육사 연구를 잘 하기 위한 기초 작업은 바로 문헌을 수집하고 정리하는 것인데 이 분야의 연구가 최근에 큰 진전을 보이고 있다. 왕웨이후이汪维辉가 정리한 『조선시대 중국어 교과서 총간』[37]은 중국의 국가별 중국어 교육사 문헌 정리 작업의 시작이었다. 해외에서 문헌 정리가 비교적 잘 이루어진 곳은 일본으로, 롯카쿠 쓰네히로六角 恒 广의 『중국어 교본류 집성』[38]은 일본 각 시기의 중국어 학습 교재를 체계적으로 정리해놓아 학술적인 가치가 매우 높다. 국가별 중국어 교육사 연구에 있어 가장 중요한 문제는 세계 각국의 중국어 학습에 관한 역사적 문헌을 체계적으로 수집하고 정리해야 한다는 것이다. 각국의 주요 중국어 연구자의 저술과 각 시기별 중국어 교육의 교재에 대해 심도 있는 연구를 하는 것도 중요한 작업 중의 하나이다.

국가별 중국어 교육사 연구는 이론적인 측면에서 두 가지 중요한 점이 있다. 첫째, 역사 연구 과정에서 대조언어학(Contrastive Linguistics)적인 연구에 주의해야 한다. 중국어와 다른 언어가 접촉할 때의 특징을 연구하고 대조언어학의 연구 성과를 잘 받아들여[39] 각국 중국어 교육의 역사적 저술 속에서 중국어를 외국어로 학습할 때의 경험과 규칙을 종합해낼 수 있어야 한다. 둘째, 각국 중국어 정책과 언어 정책 역사에 대한 연구에 주의하고, 국가별 언어정책과 중국어 정책이 중국어 교육에 미친 영향에 관심을 기울여야 한다. 언어 정책은 응용언어학(Applied Linguistics)의 중요한 내용으로, 기존의 중국어 교육 연구에서 비교적 관

---

37) 왕웨이후이汪维辉 편, 『朝鲜时代汉语教科书丛刊』(전4책), 中华书局, 2005년.
38) 롯카쿠 쓰네히로(Rokkaku Tsunehiro, 六角 恒广, 일본인), 『中国语教本类集成』, 不二出版社(일본), 1998년.
39) 판원궈潘文国, 『대조언어학 : 역사와 철학적 사고对比语言学 : 历史与哲学的思考』, 上海教育出版社, 2006년.

심 밖에 있었던 부분이기는 하지만 일단 중국어 교육의 역사적 연구를
해외로까지 확대해 나간다면 언어정책은 각국 중국어 교육의 성패가 달
려있는 중요한 요소가 될 것이다.

1.1.5 해외 한학사

각국의 한학자는 중국의 구체적인 학문 분야의 전공을 연구하기 전에
일단 먼저 중국어를 공부하고자 한다. 그래서 각국의 한학사汉学史는 세
계 중국어 교육사 연구를 위해 많은 문헌을 제공하였다. 해외 한학사의
연구에 관심을 가지고 그 속에서 중국어 교육의 역사에 관한 자료를 찾
아내는 것은 세계 중국어 교육사 연구를 진행하는 중요한 경로가 된다.
다른 한편으로 역사적으로 많은 한학자들은 그 자신이 바로 중국어 교
육을 이끌었던 사람들이고 그들은 중국어 교육에 관한 중요한 저술과
문헌을 남겼다. 프랑스 아벨 레뮈자Rémusat의 『한문계몽汉文启蒙』[40]은 중
국어 교육에 관한 교재일 뿐만 아니라 서양 한학사의 중요한 저술이다.
사실 해외 한학사 연구에서 이 부분을 간과하면 미흡한 연구가 될 것이
다.[41]

세계 중국어 교육사의 연구대상은 외국어로서의 중국어 교육사와 중

---

40) 장 피에르 아벨 레뮈자(Jean Pierre Abel-Rémusat, 雷慕沙, 1788-1832, 프랑스인)의 『汉
文启蒙』(élemens de la grammaire chinoise), 1822년.
41) 장시핑张西平, 『서양인의 초기 중국어 학습사 조사西方人早期汉语学习史调查』, 中国大百科全
书出版社, 2003년.
야오샤오핑姚小平, 『서방의 초기 중국어 연구 재인식, 17-19세기 서양 중국어 연구사 간
술西方早期汉语研究再认识, 17-19世纪西方汉语研究史述述』, 商务印书馆编辑部 편, 『21세기의 중국
언어학(1)21世纪的中国语言学(1)』, 商务印书馆 2004년 인용.
쉬밍룽许明龙, 『황가략과 초기 프랑스 한학黄嘉略与早期法国汉学』, 中华书局 2004년.

국 내의 소수민족의 이중 언어사, 세계 각국의 중국어 학습과 중국어 교육의 역사를 포함한다. 세계 중국어 교육사 연구의 목적은 각국의 중국어 교육사에 대한 연구를 통해 중국어가 세계 각국의 언어와 접촉하는 과정에서 중국어에 대한 각국 한학자와 언어학자들의 인식과 연구에 대해 논의하고, 중국어를 목표어로 교육하는 것의 특징, 규칙, 방법을 종합하여, 오늘날 전 세계에서 실시하고 있는 중국어 교육 연구에 학술적·역사적 지원을 하고자 한다.

1.2 세계 중국어 교육사의 연구방법

앞에서 기술한 것처럼 세계 중국어 교육사 연구는 사실 범학문적 연구 영역으로 그 범위가 단순한 응용언어학의 연구범위를 이미 넘어섰다. 연구 범위의 확대는 필연적으로 연구방법의 다양화를 지향하게 되므로 세계 중국어 교육사를 연구할 때 다양한 연구방법을 채택하게 된다.

1.2.1 언어습득이론의 연구방법

외국어로서의 중국어 교육사 연구는 단지 외국어로서의 중국어 교육 연구를 역사의 방향으로 확장한 것이고, 외국어로서의 중국어 교육은 일종의 외국어 교육이므로 그 연구방법의 독특함은 외국어로서의 중국어 교육사 연구에도 동일하게 적용된다. 외국어로서의 중국어 교육사는 세계 중국어 교육사의 중요한 부분이므로 세계 중국어 교육사를 연구할 때 자연스럽게 외국어로서의 중국어 언어습득이론이 연구방법이 된다.

언어습득이론의 연구방법에 대해 류쉰刘珣은 "언어학(Linguistics)의 임무는 언어를 연구하는 것으로 언어의 규칙을 분명하게 파악하면 그 임무를 달성하는 것이다. 언어교육학语言教育学科은 언어를 연구하기 위해서 언어를 연구하는 것이 아니므로 여기에 그쳐서는 안 된다. 그러므로 중국어라는 이 객체를 연구하는 것 외에 교육 활동의 주체인 학습자, 학습자의 중국어 습득 과정 및 규칙, 학습자의 생리, 인지, 감정 등의 개체 요소를 연구할 필요가 있는데 이것이 바로 제2언어 습득에 관한 연구이다."42) 라고 명확하게 밝혔다. 이것은 외국어로서의 중국어 교육사 연구에서 중국어 습득의 역사적 과정과 규칙, 학습자의 중국어 학습에 대한 각종 요소의 영향에 관심을 기울이고, 이를 종합해보아야 한다는 것을 말한다.

주의할 점은, 현재 서양의 제2언어습득이론(Second language acquisition, SLA) 연구는43) 서양 언어를 제2언어(L2)로 교육하는 것을 기본으로 만들어진 것이며, 서양언어학자들 대부분 중국어에 관한 연구가 부족하기 때문에 이 이론은 제한적일 수밖에 없다. 이 점에 대해서는 서양의 언어학자도 인정하고 있다.44)

이 사실은 제2언어습득이론을 중국어 교육사 연구에 응용하는데 있어 그것의 한계를 고려해야 한다는 것을 알려준다. 외국어로서의 중국

---

42) 뤼비쑹吕必松, 『언어교육문제 연구논문집语言教育问题研究论文集』, 华语出版社, 2001년.
43) 비비언 쿡(Vivian Cook, 库克, 영국인), 『제2언어 학습과 교육第二语言学习与教学』(Second Language Learning and Language Teaching), 外语教学与研究出版社, 2000년.
44) 영국 사회언어학자인 리처드 허드슨(Richard A. Hudson, 赫德森, 영국인)은 『사회언어학 (Sociolinguistics)』의 중국어 서문에서 "사람을 난감하게 만드는 사실 하나는 한 번도 중국을 언급하지 않았다는 점이다. 이 방면에 있어서 본인의 무지함을 잘 보여주고 있지만 내가 읽은 저술이나 논문에서도 중국은 출현하지 않았다는 사실을 반영한다."고 말하였다. 『중국 외국어로서의 중국어 교육학회 제6차 학술토론회 논문집中国对外汉语教学学会第六次学术讨论会论文集』, 华语教学出版社, 1999년 p130.

어 교육 학계는 이 문제에 대해 이미 인식하고 있으며 자중심(字本位, sinogram-based)의 제기가 바로 이것을 증명하고 있다. 세계 중국어 교육 사를 연구하는 것은 중국어 자체에 기반을 둔 제2언어습득이론을 만드는 것에 중요한 이론적 의의를 갖고 있다. 수천 년 동안 중국 본토에서 있어왔던 외국어로서의 중국어 교육의 역사가 중국어를 제2언어로 하는 중국어 교육에 많은 경험과 교훈을 제공하였다. 세계 각국의 중국어 교육의 역사 속에서 중국어를 제2언어로 한 교육의 보편적인 규칙을 종합 해내고 그 속에서 더욱 보편적인 규칙과 이론을 만들어내어 다양하고 일반적인 제2언어습득이론과 외국어 교육 이론을 정립해낼 수 있을 것이다.

세계 중국어 교육사에 관한 연구를 통해 현재의 언어습득이론과 방법을 활용하여 우리의 역사 연구를 이끌 수 있을 것이며, 또 현재의 인구어(Indo-European language) 중심의 언어습득이론 중심의 일반원리에 국한되지 말고, 진정으로 중국 문자와 언어 특징에서 출발한 언어습득이론을 종합적으로 정립해나가야 한다.

1.2.2 중국 언어학사의 연구방법

모든 언어는 다른 언어와의 상호접촉 속에서 변화하고 발전해 나간다. 이에 대해 왕리王力가 일찍이 명확하게 밝힌 바 있고[45] 또 중국의 언어발전 역사로 증명된 바 있다. 불교가 중국에 전파된 후, 불교는 중국의 종교와 사상에 영향을 끼쳤을 뿐만 아니라 중국의 언어에도 과소 평가할 수 없는 큰 영향을 끼쳤다.[46] 기독교가 명대明代 말기에 중국으

---

45) 왕리王力, 『한어사고汉语史稿』(中, 下), 中华书局, 1958/1980년.

로 들어온 후에도 중국 사회와 사상에 비교적 큰 영향을 미쳤고 언어에
도 큰 영향을 미쳤다. 근대 이후 중국 언어의 음성, 문법, 어휘 세 분야
에서의 변화는 모두 선교사에 의해 만들어진 것이다. 음성의 경우 현재
한어병음汉语拼音 체계의 기초가 선교사에 의해 만들어졌다. 뤄창페이罗常
培의 초기 논문은 아직까지도 여전히 학술적 가치가 높다.[47] 최근 들어
양푸몐杨福绵의 『포한사전葡汉词典』의 음성 연구,[48] 장웨이둥张卫东의 『어
언자이집语言自迩集』의 음성 연구는 획기적인 발전이다.[49] 문법의 경우
야오샤오핑姚小平은 처음으로 『마씨문통马氏文通』이 중국 근대 첫 번째 문
법서라는 관점에 대해 비판을 하였는데,[50] 이는 프랑스 선교사인 프레
마르Prémare[51]가 『중국문법中国文法』에서 이미 문법 연구를 시작하였기
때문이다.[52] 어휘 분야에서는 이탈리아 한학자인 마시니Masini는 『현대

---

46) 장리훙蒋礼鸿, 『둔황변문자의통석敦煌变文字义通释』, 上海古籍出版社, 1998년.
　　저우이량周一良, 『위진남북조사 논집魏晋南北史论集』, 中华书局, 1963년.
　　량샤오훙梁晓虹, 『불교어휘의 구조와 중국어 어휘의 발전佛教词汇的构造与汉语词汇的发展』, 北
　　京语言学院出版社, 1994년.
47) 이 분야에 있어서 중국학자들은 대부분 『西儒耳目资(A Help to Western Scholars)』의 연
　　구에 머물러 있는 상태이고 사실 선교사가 남긴 많은 음성 문헌은 아직까지 체계적으로
　　연구되지 않은 상태이다.
48) 양푸몐杨福绵, 「루지에리와 마테오 리치의 『葡汉词典』이 기록한 명대 관화, 罗明坚(Michele
　　Ruggieri, 1543-1607, 이탈리아인), 利玛窦(Matteo Ricci, 1552-1610, 이탈리아인) 「葡汉
　　词典」所记录的明代官话」, 『中国语言学报』 제5기, 商务印书馆, 1995년.
49) 장웨이둥张卫东, 「『어언자이집·이독자음표』로 본 백 년간 북경음의 변천从「语言自迩集·
　　异读字音表」看百年来北京音的演变」, 『广东外语外贸大学学报』, 2002년 제4기.
50) 야오샤오핑姚小平「『한문경위』와 『마씨문통』－『마씨문통』의 역사적 공적 재논의『汉文经纬』
　　与『马氏文通』－『马氏文通』历史功绩重议」, 『当代语言学』, 1999년 제2기.
　　야오샤오핑姚小平, 「현존하는 가장 오래된 중국어 문법 저작－프란시스코 바로 저 『화어
　　관화어법』 소개现存最早的汉语语法著作－瓦罗(Francisco Varo, 费朗西斯科·瓦罗, 万济国(중국어 이름),
　　1627-1687, 스페인인) 著『华语官话语法(Grammar of the Mandarin Language)』简介」, 『中
　　国语文』, 2001년 제5기.
　　해외에서는 이미 이 연구 분야를 주시하고 있었다. Sandra Breitenbach, Leitfäden in der
　　Missionarlinguistik, Frankfurt am Main 2004 참고할 것.
51) 조세프 드 프레마르, Joseph de Prémare, 马若瑟, 1666-1736, 프랑스인.

중국어 어휘의 형성 : 19세기 외래어 연구現代汉语词汇的形成 : 十九世纪汉语外来词研究』라는 책을 편찬하였다.53) 일본 간사이 대학의 우치다 게이이치內田庆市,54) 선궈웨이沈国威55) 등도 어휘 방면의 연구 성과를 내놓고 있다. 이 모든 것은 세계 중국어 교육사를 연구할 때 이러한 연구가 이미 중국 언어학사의 연구 영역으로 들어왔다는 것을 설명해준다.

이런 사실은 다음 두 가지 측면에서 의의가 있다. 하나는 불교가 전파되든지 기독교가 전파되든지 외부에서 온 승려와 선교사는 가장 먼저 중국어를 공부하는 사람이었고, 그들이 중국어를 공부한 역사적 자료는 세계 중국어 교육사 연구의 기본 내용이 된다. 또 한편으로 이러한 승려와 선교사의 중국어 공부는 반대로 중국어 자체의 발전에도 영향을 미치게 된다. 이러한 언어 접촉이 중국어 자체에 미치는 영향을 연구하는 것은 중국 언어학사의 연구 범위에 포함시킬 수 있다. 마찬가지로 중국 언어학사를 연구하는 사람은 제2언어 교육의 방법에만 국한해서는 안 되고, 전체 중국 언어학사의 관점에서 이 문제를 바라보고 중국 언어학사의 연구방법을 활용하여 세계 중국어 교육사 연구를 전개해 나가야 할 것이다.

---

52) 리전李真, 「중국 언어학사에 대한 프레마르의 공헌马若瑟对中国语言学史的贡献」, 서양의 중국어 연구 국제세미나 논문西洋汉语研究国际研讨会论文(北京), 2003년.

53) 페데리코 마시니(Federico Masini, 费德里科·马西尼, 이탈리아인)는 『现代汉语词汇的形成 : 十九世纪汉语外来词研究』(*The formation of the Modern Chinese Lexicon and its Evolution toward a National Language*), 汉语大词典出版社, 1997년.

54) 우치다 게이이치(內田 庆市, 일본인), 『근대 동서 언어문화 접촉 연구近代东西语言文化接触研究』, 关系大学出版部, 2001년.

55) 선궈웨이(沈国威, 중국인), 『근대 일중 어휘 교류사近代日中语汇交流史』, 笠间书院, 1994년.

1.2.3 한학사의 연구방법

중국의 언어가 전통에서 현대의 길을 걸어가고 있을 때 서양도 "일반 언어학"(General Linguistics)을 경험하고 있었다.[56] 큰 역사적 배경으로 볼 때는 이것이 신대륙 발견과 긴밀하게 연결되어 있고, 구체적인 배경으로 볼 때는 서양 각국의 중국어 학습과 당시 서양 각국의 한학의 흥성이나 발전과 깊은 관계가 있기 때문에 서양 각국의 중국어 교육 자체가 바로 서양 한학사의 중요한 부분이라고 말할 수도 있다.

중국 언어에 대한 유럽 문화계의 인식은 모두 중국으로 온 선교사가 쓴 중국 관련 서적에서 시작되었다. 중국의 방괴자方块字[57]가 처음으로 유럽 서적에 나온 것은 스페인 선교사인 멘도사Mendoza의『중화제국사中华帝国史』를 통해서이다.[58] 비교적 큰 영향을 미친 것으로는 키르허Kircher의『중국도설中国图说』이 있는데 그는 이 책에서 처음으로 중국의 상형 고문자 일부를 발표하여 많은 사람의 관심을 이끌어냈다.[59] 특히 그가 처음으로『대진경교비大秦景教碑』[60]의 비문을 라틴어 중국어 대조사전으로 편찬하여 유럽에서 한자가 처음으로 로마자로 읽혔고 라틴어로 해석

---

56) David E, Mungello, *Curious Land : Jesuit Accommodation and The Origins of Sinology*, Stuttgart 1985년 p212.
   역자 주 : 이상은 이 책에서 각주를 한 내용인데 www.wikipedia.org에는 이 책이 1989년 University of Hawaii Press에서 출판된 것으로 되어 있다.
57) 역자 주 : 한자(Chinese characters)를 가리킨다.
58) 역자 주 : 후안 곤잘레스 데 멘도사(Juan González de Mendoza, 门多萨, 1545-1618, 스페인인),『中华帝国史』(*Dell Historia della China*), 1586년.
59) 역자 주 : 아타나시우스 키르허(Athanasius Kircher, 阿塔纳修斯·基歇尔, 1602-1680, 독일인),『中国图说』(*China Illustrata*), Kathmandu Nepal 1979년.
60) 역자 주 : "大秦景教碑"의 원래 이름은 "大秦景教流行中国碑"이다. 중국 당唐 건중建中 2년(781년)에 장안 서녕방西宁坊의 대진사大秦寺에 세워진 비석으로, 그 비석에는 경교景教의 중국 전래에 관하여 기술하고 있다. 이 비석은 명대明代에 재발견되어 시안비림박물관西安碑林博物馆으로 옮겨 보관하고 있다.

하여 이해할 수 있게 되었는데, 이것은 당시 유럽에서 전례 없는 큰 사건이었다. 이것이 아마도 유럽에서 출판된 유럽인이 중국어를 공부하는 최초의 라틴어 중국어 사전이었을 것이다.

처음으로 중국의 언어를 세계 언어 연구 범위에 포함시킨 저술로는 영국인 존 웨브John Webb의 『중화제국의 언어가 원시 언어이었을 것에 대한 역사성을 논하며论中华帝国的语言可能是原始语言的历史性』[61]가 있다. 웨브 자신은 중국에 가본 적이 없지만 그는 선교사의 저술을 읽고 이렇게 세상을 놀라게 할 만한 관점을 제시하였으며 이 책은 서양에 큰 영향을 주었다. 중국 언어학의 각도에서 볼 때 이 책의 가치는 크지 않지만 서유럽 사상문화사의 변천으로 볼 때 이 책은 어느 정도의 가치를 갖고 있기 때문에 서양 사람이 중국어를 공부하고 연구할 때 중요한 의의가 있다고 볼 수 있다. 중국어 교육사의 연구는 언어학의 관점에서만 볼 것이 아니라 비교 문화적 그리고 비교언어학(Comparative Linguistics)의 관점에서 연구하여야 하는데 이 점에 대해서는 방법론을 기술할 때 다시 한 번 언급하겠다.

독일의 초기 한학자인 밀러Müller[62]는 유럽에서 최초로 중국어를 연구한 학자 중의 한 사람이다. 그는 자신의 유명한 저서인 『중문열쇠中文鑰匙』(Clavis Sinica)에서 중국어 공부의 핵심을 찾아냈고 중국어를 매우 빠른 시간에 이해하게 되었다고 하였다. 이 소식은 한때 라이프니츠Leibniz[63]의 마음을 흔들어 놓았다.[64] 러시아에 있던 독일 초기 한학자인 바이어

---

61) 역자 주 : 존 웨브(John Webb, 韦伯, 1611-1672, 영국인), 『论中华帝国的语言可能是原始语言的历史性』(*An Historical Essay Endeavoring the Probability that the Language of the Empire of China is the Primitive Language*), London : Printed for Nath. Brook, 1669.

62) 역자 주 : 안드레아스 밀러, Andreas Müller, 米勒, 1630-1694, 독일인.

63) 역자 주 : 고트프리트 빌헬름 라이프니츠, Gottfried Wilhelm Leibniz, 莱布尼茨, 1646-1716, 독일인.

Bayer도 처음으로 중국어를 공부하고 연구한 사람인데 그는 중국 문학과 중문 문법도 연구하였다.65)

1814년 12월 11일 프랑스 학사원66)은 한학 강좌를 개설하였고 이때 부터 "선교사 한학"과 "전공 한학"이 공존하는 시대가 열리게 되었다. "이때는 프랑스 한학계뿐만 아니라 전체 유럽 한학계에도 결정적인 의미를 갖는다."67) 이때부터 중국어, 중국어 문법,『대학大学』등은 모두 프랑스 학사원의 정식 교과 과목으로 편성되었다. 첫 번째 한학교수인 아벨 레뮈자Abel-Rémusat68)가 처음으로 중문 문법을 강의할 때 프레마르 Prémare69)가 직접 손으로 쓴 원고의 도움을 받았고 몇 년 후에 그는 자신의 첫 번째 중국어 교육 저서인『중화제국에서 통용되는 공통언어 관화中华帝国通用的共同语言官话』70)를 출판하였는데 이 책은 중국어 교육에서 그의 위치를 공고히 하였고,『한문계몽汉文启蒙』은 오랫동안 프랑스 학사원의 중국어 교재로 사용되었다.71)

---

64) 데이비드 문젤로(David. E, Mungello, 孟德卫, 미국인) *Curious Land : Jesuit Accommodation and The Origins of Sinology*, Stuttgart 1985년 p212.

65) 크누드 룬드벡(Knud Lundbæk, 伦贝, 1912-1995, 덴마크인), *Theophilus Siegfried* Bayer (1694-1738) : *Pioneer Sinologist*, Curzon Press, 1986년.

66) 역자 주 : 프랑스 학사원(Institut de France)은 프랑스 국립 학술 단체이다. 17세기 절대 왕정 하에서 아카데미 프랑세즈 등의 단체(왕립 아카데미)가 설립되었으나, 프랑스 혁명 후 1793년 일단 폐지되었다. 1795년 10월 25일 프랑스 학사원으로 창설되어 현재는 아카데미 프랑세즈 및 4개의 아카데미로 구성되어 있다.

67) 장-피에르 드레쥬(Jean-pierre Drège, 戴仁, 프랑스인) 주편,『프랑스 현대 중국학法国当代中国学』, 경성耿升 역, 中国社会科学出版社, 1998년.

68) 장 피에르 아벨 레뮈자, Jean Pierre Abel-Rémusat, 雷慕沙, 1788-1832, 프랑스인.

69) 조세프 드 프레마르, Joseph de Prémare, 马若瑟, 1666-1736, 프랑스인.

70) 역자 주 : 장 피에르 아벨 레뮈자(Jean Pierre Abel-Rémusat, 雷慕沙, 1788-1832, 프랑스인),『中华帝国通用的共同语言官话』(*Elémens de la Grammaire Chinoise, Paris*), Imprimerie royale, 1822년.

71) 역자 주 : 장시핑张西平,「서양인의 초기 중국어 학습사 연구 시론-외국어로서의 중국어 교육사 연구 간론西方人早期汉语学习史的研究初探-简论对外汉语教学史的研究」,『第七届国际汉语教学讨论会论文选』(2002)에서는『中华帝国通用的共同语言官话』와『汉文启蒙』를 동일한 저

빌헬름 쇼트Wihelm Schott는 독일의 한학과 중국어 교육의 창시자로, 그는 1833년 베를린에 중국 언어문학 교과과정을 개설하고 독일 한학 전공의 서막을 열었다. 1826년 그의 박사논문은『중국 언어의 특징中国语言的特点』이었고,[72] 1857년 그가 베를린에서 출판한『강의할 때나 독학할 때 사용하는 중국어 교과서可用于讲课、自学的汉语课本』[73]는 오랫동안 독일 사람들이 중국어를 공부하는 교재로 사용되었다.

러시아 한학과 중국어 교육의 창시자는 비추린Бичурин이다.[74] 그는 베이징에서 14년 동안 머무르며 열심히 중국어를 익히고 사전을 편찬하였다. 1831년 비추린은 챠크투(qiaketu)에 첫 번째 러시아 중국어 학교를 세우고 교사가 되었고, 1838년 러시아 상트 페테르부르크(St. Petersburg)로 돌아간 후에도 30년간 중국어 교육과 한학 연구에 종사하였다. 그가 학교를 세운 것은 러시아가 중국어 학교를 세우는 데 많은 경험을 제공하게 되었고, 또『한문 계몽汉文启蒙』[75]은 오랫동안 사용되어 20세기 초에도 여전히 러시아 카잔대학교와 상트 페테르부르크 대학교 동양학과의 교재로 사용되었다.[76]

영국의 한학과 중국어 교육은 프랑스와 독일에 비해 발전하지는 않았

서로 기록하고 있다.

72) 빌헬름 쇼트(Wilhelm Schott, 威廉・硕持, 1802-1889, 독일인),『中国语言的特点』, 1826년. 장궈강张国刚,『독일한학연구德国汉学研究』, 中华书局, 1994년.
젠타오简涛,「베를린 한학의 연구와 현황柏林汉学的历史和现状」,『国际汉学』제4기, 大象出版社, 2000년.
73) 빌헬름 쇼트(Wilhelm Schott, 威廉・硕持, 1802-1889, 독일인),『可用于讲课、自学的汉语课本』(Chinesische Sprachlehre, zum Gebrauche bei Vorlesungen und zur Selbstunterrichtung), Dümmler, 1857년.
74) 역자 주 : 니키타 야코블레비치 비추린, Никита Яковлевич Бичурин, 尼基塔・雅科夫列维奇・比丘林, 1777-1853, 러시아인.
75)『汉文启蒙』(Chinese language Enlightenment), 1835년.
76) 리밍빈李明滨,「러시아 한학사 요강俄国汉学史提纲」, 옌춘더阎纯德 주편,『汉学研究』, 제4집, 中华书局, 2000년 인용.

지만 기독교 신교 선교사들이 중국에 들어온 이후 영국의 한학과 중국어 교육은 많은 발전을 이루었다. 레그Legge[77])가 영어로 번역한 중국서적이 19세기 서양 한학사의 기초를 마련하였고, 자일스Giles[78])가 웨이드Wade[79])의 한자의 로마자 표기법을 계승하여 만든 웨이드 자일스식 표기법(Wade-Giles Romanization)을 만들어냄으로써 중국어 연구에 있어 독보적인 위치를 차지하게 되었다.

미국 전통 한학의 흥성은 기독교 신교가 중국으로 들어와서 선교를 한 것과 함께 얘기할 수 있는데, 페어뱅크Fairbank는 그것이 "서양 침략 역사의 일부"라고 한다.[80]) 미국 대학의 첫 번째 한학과汉学系는 윌리엄스Williams[81])가 1876년 중국에서 예일대학으로 돌아간 후에 창립하였다. "윌리엄스의 주재 하에 미국의 첫 번째 중국어 교육 연구실汉语教学研究室과 동방학도서관东方学图书馆을 만들었고, 다음 해에는 하버드대학도 중국어 교과과정을 개설하였으며 동방도서관을 설립하였다."[82])

1.2.4 비교언어학의 연구방법

세계 각국에서의 중국어 교육과 연구에 관한 것을 연구할 때는 반드시 서로 다른 언어 간의 비교를 언급해야 하고, 서로 다른 언어 간의 접촉을 얘기해야 한다. 중국어 교육과 연구에 종사하는 모든 외국인은 자

---

77) 역자 주 : 제임스 레그, James Legge, 理雅各, 1815-1897, 영국인.
78) 허버트 앨런 자일스, Herbert Allen Giles, 翟理思, 1845-1935, 영국인.
79) 토마스 프란시스 웨이드, Thomas Francis Wade, 威妥玛, 1818-1895, 영국인.
80) 존 킹 페어뱅크(John King Fairbank, 费正清, 1907-1991, 미국인), 「중국문화사에서 기독교 신교 선교사 저술의 지위新教传教士著作在中国文化史上的地位」, 『费正清集』, 天津人民出版社, 1997년.
81) 사무엘 웰스 윌리엄스, Samuel Wells Williams, 卫三畏, 1812-1884, 미국인.
82) 허우체안侯且岸, 『현재 미국의 "현학(학문)" 当代的美国"显学"』, 人民出版社, 1995년.

신의 모국어 영향을 받는다. 따라서 언어 대조의 측면에서 각국 중국어 연구자의 중국어 관점을 분석하는 것은 세계 중국어 교육사를 연구하는 데 꼭 필요한 연구방법이다. 비교언어학은 미국의 인류 언어학자인 워프Whorf[83]가 제일 처음 시작하였고, 서양에서 최초로 서양 언어와 중국어를 대조 연구한 사람은 독일 언어학자인 훔볼트Humboldt[84]이다. 최근 들어 중국학자들이 비교언어학 분야에서 많은 연구 성과를 거두고 있는데 그들이 제시하고 있는 비교언어학의 원칙과 방법도 세계 각국의 중국어 교육의 역사를 연구할 때 반드시 공부해야 하는 방법이 되었다.[85]

1.3 세계 중국어 교육사 연구의 학문적 의의

세계 중국어 교육사의 교과과정을 개설하는 것은 외국어로서의 중국어 교육 전공에서 중요한 발전 중의 하나이다. 어떤 전공이든 이론과 역사 이 두 가지 측면을 갖추고 있어야 하는데, 이것은 학문學科의 역사는 학문 이론의 역사적 뒷받침을 하고 그 학문의 역사가 없으면 완전한 학문으로 자리매김할 수 없기 때문이다.

첫째, 세계 중국어 교육사 연구는 외국어로서의 중국어 교육의 이론 연구를 더욱 풍부하고 다양하게 만들 것이다. 제2언어습득이론의 제기는 불과 몇 십 년 전에 시작되었지만, 세계 각국의 중국어 교육과 중국어 연구는 이미 200여 년의 역사가 있고 중국 자체적인 외국어로서의

---

83) 벤자민 리 워프, Benjamin Lee Whorf, 沃尔夫, 1897~1941, 미국인.
84) 빌헬름 폰 훔볼트, Wilhelm von Humboldt, 洪堡特, 1767~1835, 독일인.
85) 비교언어학의 대표적인 저술로는 판원궈潘文国와 탄후이민譚慧敏의 『대조언어학 : 역사와 철학적 사고对比语言学 : 历史与哲学思考』, 上海教育出版社, 2006년이 있다.

중국어 교육과 이중 언어 교육의 역사는 그보다 훨씬 더 길다. 세계 중국어 교육사는 외국어로서의 중국어 교육의 이론에 다양한 역사적인 경험과 범례를 제공할 것이며, 세계 중국어 교육사의 주요 저작과 인물에 대한 연구를 통해 중국어 교육의 이론을 위한 역사적 근거를 찾아내고, 현재의 제2언어습득이론의 체계를 더욱 완벽하게 만들어 갈 것이다. 예를 들어 루젠지魯健驥는『천약전踐約传』이라는 세계 중국어 교육사의 역사에 관련된 교재에 대한 연구를 통해 범독泛读과 정독精读을 서로 결합해야 할 필요성을 인식하게 되었다. 그는 외국어로서의 중국어 교육의 역사를 중시하는 것은 당연히 중국의 외국어로서의 중국어 교육사에 대한 연구를 포함하는 것이며, 이것은 외국어로서의 중국어 교육이라는 학문 분야의 발전을 촉진하는 것이라고 호소한다.86)

둘째, 세계 중국어 교육사의 연구는 중국어의 본체本体 연구를 직접적으로 진행한다. 문화의 교류는 필연적으로 언어의 교류를 이끌어내는데, 세계 각지의 학습자들이 중국어를 외국어로 공부할 때 자신도 모르는 사이에 모어의 영향을 받게 된다. 제2언어 습득의 관점에서 보면, 모어는 매우 직접적으로 학습자의 중국어 학습에 영향을 미치게 되는데 학습자의 이러한 습관도 언어를 융합시키고 있다는 점에 주의해야 한다.

왕리王力는 "중국 언어학은 외부로부터 두 차례의 영향을 받은 적이 있다. 첫 번째는 인도의 영향이고, 두 번째는 서양의 영향이다. 전자는 국부적으로 음운학에만 영향을 미쳤지만 후자는 전체적으로 언어학의 모든 면에 영향을 미쳤다."라고 말하였다.87) 이 두 차례 영향의 발단은

---

86) 루젠지魯健驥,『19세기 중엽 중국인이 편찬한 중국어 간이 도서践约传-19世纪中叶中国人编写的汉语简易读物』, 澳门理工学院, 2005년.

87) 왕리王力,『중국언어학사中国语言学史』, 夏旦大学出版社, 2006년.

모두 중국어를 외국어로 학습하는 것에서 시작되었다. 불교의 전파로
인도 승려들은 중국어를 공부해야만 했고 중국어를 공부하여 불경을 번
역하였으며 그 결과 반절反切88)이 생겨나게 되었다. 왕리는 반절의 탄생
은 중국 언어학사에서 대서특필할 큰 사건이며, 이것은 한족汉族들이 외
래문화를 잘 수용하는 모습을 반영하는 것이기도 하다고 주장한다. 중
국에 대한 서양언어학의 영향은 이보다 더 두드러진다. 중국으로 온 선
교사들은 중국어를 공부하기 위해 중국어 문법서를 만들었는데 예를 들
면 마르티니Martini89)는『중국어 문법汉语文法』90)을 저술하였다. 또 선교
사들은 중국어 경전과 경서를 읽기 위해 로마자로 한자를 표기하였으며,
중국인이 알아듣는 언어로 포교하고 성경 등과 같은 종교서적을 번역하
기 위해 많은 어휘를 만들어내기도 하였다. 이는 한 언어를 외국어로 학
습할 때 언어는 결코 고정된 것이 아니며 학습의 필요에 따라 끊임없이
변화한다는 것을 말한다. 반대로, 학습자들이 중국어를 제2언어로 학습
하지만 완전히 피동적인 것은 아니며 반대로 목표어에도 영향을 미친다
는 점이다. 언어 간의 융합과 변천은 바로 이런 방식으로 생겨나게 된
다. 오늘날까지 현대 중국어가 형성되는 역사를 완벽하게 밝혀내지는
못했지만 세계 중국어 교육사의 연구가 중국어 본체本体, 특히 근대 한어
사에 대한 연구를 직접적으로 이끌어내게 될 것이다. 예를 들어, 명대明
代와 청대清大 때 이루어진 중국 관화官话에 관한 논의에서 오랫동안 그
시기의 관화가 베이징말北京话이라고 생각해왔지만 최근 선교사들의 많

---

88) 역자 주 : 반절反切은 "직음直音"과 "독약读若" 이후에 만들어진 한자의 음을 표기하는 방
   식으로 "반反", "절切", "번翻", "반어反语" 등으로도 불린다. 반절의 기본 규칙은 두 한
   자를 서로 결합하여 한 글자의 음을 표기하는 것으로 반절의 상자上字는 성모声母를 취
   하고 반절의 하자下字는 운모韵母와 성조声调를 취한다.
89) 마르티노 마르티니 Martino Martini, 卫匡国, 1614-1661, 이탈리아인.
90)『汉语文法』(*Grammatica Sinica*), 1652년.

은 중국어 학습 문헌을 통해 주음체계가 난징말南京话이라는 것을 알게 되었으며, 또 선교사들은 각종 문헌과 그들의 저술에서도 그들이 학습한 관화가 남경어라고 말하고 있다. 일본의 중국어 학습 자료도 이점을 분명하게 밝히고 있다. 일본 에도江户시기 오카지마 간잔冈岛 冠山은 『당화찬요唐话纂要』, 『당역편람唐译便览』, 『당화편용唐话便用』, 『당음아속어류唐音雅俗语类』, 『경학자해편람经学字海便览』 등의 책을 편찬하였는데, 롯카쿠 쓰네히로六角 恒广는 오카지마 간잔冈岛 冠山[91]의 카타가나 발음을 연구한 후에 "여기서 말하는 관음官音은 관화인 남경어를 가리키는 것이다"라고 하였다.[92] 이것은 오랫동안 중국 언어학사 연구의 결론을 직접적으로 흔들어놓는 것이다. 장웨이둥张卫东은 『노걸대老乞大』와 『어언자이집语言自迩集』 이 두 권의 중국어 교재를 통해 중국 언어학사의 음성 문제에 대한 연구 결과를 내놓았는데 이것도 시사하는 바가 매우 크다.[93]

　문법과 어휘 이 두 영역은, 세계 중국어 교육사를 명확하게 정리해야만 근대 중국 언어학사를 더 잘 연구할 수 있다고 많은 문헌과 자료에서 이를 설명하고 있다.

　셋째, 세계 중국어 교육사의 연구는 해외 한학사와 중외 문화교류사의 연구를 더욱 깊이 있게 만든다. 기존의 해외 한학사 연구는 대부분의 연구자들이 이러한 저술과 문헌의 수준이 낮다고 생각했기 때문에 한학자들의 중국어 학습의 역사와 문헌을 연구내용으로 삼지 않고 주로 한학자들의 전문 분야의 저술만 연구하였다. 한학자들의 중국어 학습 문

---

91) 오카지마 간잔, Okajima Kanzan, 冈岛 冠山, 1674-1728, 일본인.
92) 롯카쿠 쓰네히로(Rokkaku Tsunehiro, 六角 恒广, 일본인), 『일본 중국어 교육사 연구日本中国语教育史研究』, 왕순홍王顺洪 역, 北京语言学院出版社, 1992년.
93) 장웨이둥张卫东, 「『어언자이집 · 이독자음표』로부터 본 백 년 동안 북경음의 변천从「语言自迩集 · 异读字音表」看百年来北京音的演变」, 『广东外语外贸大学学报』, 2002년 제4기.

헌과 저술도 마찬가지로 해외 한학사 연구의 주요 내용이라고 생각한다. 예를 들어 루지에리Ruggieri[94])의 중국어 학습사에 대한 장시핑張西平의 연구는 천주교 초기 가장 오래된 한문 필사본을 제공하였고 루지에리 한시汉诗의 학술적 의의와 가치를 제시하였다. 이 모든 것은 루지에리의 정식 저술에서는 발견할 수 없는 것이다.

세계 중국어 교육사를 연구하는 것은 중화 문화가 외부로 전해진 궤적을 찾는 것이며, 중국 경전과 서적이 해외로 전파되고 번역된 역사적 과정을 분명하게 밝히는 것이며, 나아가서 중외 문화 교류사의 연구를 크게 발전시킬 수 있는 것이다.

1.4 결론

세계 중국어 교육사는 새로운 연구 영역이다. 이것은 중국어를 제2언어 교육의 연구범위로 확대시켰고 학문(학과, 전공)을 만들어내기 위한 역사적 근거를 더욱 견고하게 만들었다. 중국어를 제2언어 교육의 기본 원리와 규칙으로 총정리하고 그 위상을 제고하고자 할 때, 맹목적으로 서양의 제2언어 교육이론을 따라서는 안 되며 제2언어 교육의 오랜 역사로부터 중국어 자체의 규칙을 찾아내고 만들어내야 한다. 사실 이렇게 연구해야만 제2언어 교육의 이론과 방법을 만들어내는 데 공헌할 수 있으며, 역사적 경험이 일반적인 이론의 수준을 높여 세계 중국어 교육사가 더 나은 보편성을 가질 수 있게 된다. 이 목표를 이루어내려면 아

---

94) 미켈 루지에리, Michele Ruggieri, 罗明坚, 1543-1607, 이탈리아인.

직 많은 시간이 필요하지만, 학술적으로 반드시 이루어내야 할 문화적 자각이다. 세계 중국어 교육사 회의를 두 차례 개최한 것은 이 목표를 향해 내딛은 첫걸음이며, "세계 중국어 교육사 학회世界汉语教育史学会"가 창립된 것은 중국학자들이 이 목표를 실현하겠다는 결심을 보여준 것이다.

세계 중국어 교육사는 범학과적인 연구 영역이어서 여러 전공이 연계되므로 반드시 다양한 방법으로 여러 학문 분야를 결합시킬 필요가 있다. 제2언어습득이론의 연구방법을 운용할 때 중국 언어학사의 연구방법과 서로 잘 결합하는지에 주의를 기울여야 한다. 일정한 의미에서 중국 언어학 역사에 대한 연구와 중국어를 제2언어로 하는 학습과 교육의 역사에 대한 연구는 서로 불가분의 관계가 있다. 중국어의 국제 교육을 교실교육 경험에만 국한시키는 연구방법은 그 연구가 부족할 수밖에 없으며, 반대로 중국어를 제2언어로 하는 학습의 역사와 교육의 역사를 무시하거나 경시하는 태도는 매우 근시안적인 학술 자세이다. 만약 세계 중국어 교육사의 연구를 가볍게 본다면 중국 근대 이후 언어 변천의 근본 원인을 밝혀낼 수가 없게 된다.

아울러, 이 연구에서 중국 언어학사의 연구는 더 이상 중국 대륙으로 그 범위를 국한해서는 안 되며, 해외 언어에 대한 중국 언어의 발전과 영향이 바로 중국어를 제2언어로 학습하는 역사 속에서 이루어진다는 것을 이번 연구에서 강하게 느낄 수 있었다. 이것은 동아시아 여러 국가의 언어의 형성과 발전과정에서 잘 드러나고, 서양의 근대 이후 언어 변천에서도 잘 나타난다. 세계 중국어 교육사의 연구를 우리의 학술적 연구 안에 포함시켜 중국의 언어에 대한 사고와 "중국어 국제 교육"에 대한 연구를 모두 더 넓은 학술 공간으로 확대해 나아갈 것이다.

생각해 볼 문제

1. 세계 중국어 교육사의 연구대상은 무엇인가?

2. 세계 중국어 교육사 연구와 중국 한어사 연구의 관계를 간략하게 서술하세요.

3. 세계 중국어 교육사 연구는 어떠한 연구방법을 채택해야 하는가?

제2장 | 명청시기 이전 중국의 외국어로서의 중국어 교육

장건張騫(AD164-114)이 "실크로드丝绸之路"를 개척한 이후 서역 각국의 상인들은 장사를 하려고 잇따라 중국으로 왔다. 중국어는 당연히 이미 상인들이 중국에서 무역 활동을 할 때 사용하는 언어 중의 하나였다. 하지만 지금까지 전해오는 사료 중에서 외국어로서의 중국어 교육 관련 가치 있는 사료는 아직까지 찾아내지 못하고 있다. 불교가 중국에 들어온 이후, 서역과 인도에서 온 승려들은 불교를 전파하기 위해 중국어 공부를 체계적으로 시작하였는데 관련 사료는 "경록经录"[1)]과 "승전僧传"[2)]

---

1) 역자 주 : 경록은 불교 경전의 목록을 말한다. 중경록众经录, 내전록内典录, 석교록释教录, 법보록法宝录 등을 이르는 말이다. 경록의 시작은 매우 이르다. 후한后汉 이후 중국에 불교가 들어오고 이에 따라 불경의 번역이 성행하여 그 후 역서들이 날로 많아졌다. 그래서 포교를 잘 하는 승려는 남아있는 것과 잃어버린 것을 종합정리하고 서로 차이나는 것을 맞추어보기 위해서 "경록"을 만들었고 이것으로 진본과 가본을 구별하고 옳고 그름을 밝혀 사람들이 대를 이어서 오늘날까지 권수가 얼마나 있는지를 기록하고 있다.

2) 역자 주 : 승전은 예부터 중국 불교에 공헌을 한 승려들의 전기를 기록한 것의 총칭이다. 승전의 편찬은 맨 처음에 개별 승려들의 전기를 기록하기 위한 것이었고 그 다음으로는 같은 승려들의 전기를 기록하기 위한 것이었다. 그중 어떤 전기는 서쪽에서 와서 불법을 구하는 승려에 대한 것이었고, 또 어떤 것은 훌륭한 인물들을 전문적으로 기록하였고, 또 어떤 것은 각 산이나 절의 승려를 기록하였으며, 또 어떤 것은 어떤 종파의 큰 스님을 기록하였다. 그 다음으로는 종합적인 성격의 승전인데 이런 전기는 편폭이 길고, 시대가 길

및 기타 각종 불교 사적史籍에서 보인다. 이 장은 한汉, 위魏, 서진西晋, 동진东晋, 남북조南北朝 시기에 중국으로 온 승려들의 중국어 학습과 교육 활동을 주로 소개한다.

서역의 각종 문자와 산스크리트어梵文 불전佛典을 중국어로 번역하는 것은 인류 역사에서 아시아 양대 문명이 소통하는 중대한 사건이다. 불교가 동한东汉 영평永平년간에 중국으로 들어오기 시작하여 남북조시기에 이르기까지 인도와 서역으로부터 불교를 전파하고자하는 승려가 육로나 수로를 이용해서 끊임없이 중국으로 왔다. 이 승려들은 중국어로 불교를 전파해야 했기 때문에 중국어를 제대로 배우고자하는 바람이 매우 컸을 것이다. 각 시대별로 중국에 온 승려들의 불교 종파가 서로 달랐기 때문에 중국 불교계의 수요도 달랐는데 한, 위, 서진, 동진, 남북조시기에는 지속적으로 새로운 경서经书를 중문으로 번역하였기 때문에 서역에서 온 승려들의 중국어 학습은 중단된 적이 없었다.

중국어를 잘 배웠다고 이것이 번역을 효과적으로 잘 해낼 수 있다는 것을 의미하는 것이 아니다. 중국에 와서 번역을 한 승려는 중국어를 잘 할 뿐만 아니라 중국문화, 특히 시대적 배경과 중국어 문제 등에 관한 지식이 있어야 했다.

육조六朝시기에 이르러 중국 내륙에서 불교를 전파하는 사람 대부분은 서역에서 온 승려였고, 인도 본토에서 온 승려는 거의 찾아보기 드물 정도였다. 일반적으로 육조 이전의 불교는 기본적으로 서역 중앙아시아의 여러 나라를 거쳐 간접적으로 들어왔다. 다시 말하면 일부 불교경전은

며, 인물이 많아서 권수도 많다. 양梁나라 혜교慧皎대사(497-554)가 『고승전高僧传』을 저술한 이후, 그것의 분류방식과 서사형식이 후대에까지 영향을 미쳤고 종합적 성격을 띤 전기의 모범이 되었다.

산스크리트어에서 중국어로 번역된 것이 아니라 당시에 불교가 유행하고 있던 중앙아시아와 신장新疆 일대의 토카라어(Tocharian language)와 이란어계 어떤 언어의 역본을 재번역한 것이다.

불교가 중국으로 들어오기 전 300여 년 시간 동안에는 외국에서 온 승려의 지위가 매우 높아서 중국에 전파된 불교는 주로 그들에 의해 완성되었다. 사실 초기에 중국으로 온 상인 중에도 불교를 전파할 생각을 가지고 있는 사람이 있었다.

2.1 불교 승려의 중국어 학습

서역의 승려가 중국에 오는 주요 목적은 불법佛法을 널리 알리는 것이었고 중국어를 공부하는 것은 이러한 목적을 실현하는 하나의 수단에 그치지 않기 때문에 이 두 가지는 종속 관계에 있었다. 따라서 현존하는 승전僧傳과 각종 불교 목록에서 서역 승려가 중국어와 한자를 알게 된 상황에 대한 직접적인 기술은 전혀 볼 수 없다.

남조南朝 제량齊梁 시기의 유명한 불교 사학자인 승우僧祐(445~518)가 당시에 알고 있는 문자에 대한 몇 가지 관점은 중국어의 위치를 잘 반영하고 있다.

> 옛날에 문자를 만들었던 주체는 모두 세 명이다. 첫째는 이름이 범梵이라 하는데 그의 글씨는 오른쪽으로 써나가고, 그 다음은 거루佉樓인데 그의 글씨는 왼쪽으로 써나가고, 거루 다음 사람은 창힐蒼頡이며 그의 글씨는 아래로 써내려간다. 범과 거로는 천축天竺에 살았고, 황제黃帝의 사관史官인 창힐은 중국中夏에 있었다. 범과 거루는 맑은 하늘에 펼쳐진 형상을

보고 문자를 만들었고 창힐은 새의 발자국 모양을 본떠 창제하였다. 이
두 문자는 형체는 완전히 달랐으나 전달하고자 하는 뜻은 일치하였다. 선
각자의 말씀을 기록한 것을 우러러 살펴보니 64종류의 글자가 있었다.[3]
그중 녹륜서鹿轮书와 전안서转眼书는 쓰는 법이, 용귀서龙鬼书와 8부八部는
글자체가 각기 달랐다. 오직 범梵과 거루佉楼의 것만이 당시 훌륭한 글자
로 받아들여졌기에 이에 천축의 여러 나라는 그것을 천서天书라고 불렀다.
서역의 여러 나라에서 경전을 베껴 쓸 때엔 비록 모두 범문梵文을 본받아
쓰긴 하였으나 (서역) 36국에선 이따금씩 그것과 다른 글자가 사용되기도
하였다. 이것을 중국中土에 비유하자면, 전서篆书 주서籀书의 변체와 같다
할 것이다. 살펴보건대, 창힐이 만든 상고시대의 문자는 세대에 따라 변화
하여 그 옛날 주서籀书로 변하였고, 주서는 다시 전서篆书로, 전서는 다시
예서隶书로 바뀌어갔으니, 바뀌고 변한 것이 많았다. 곁가지로 생겨난 8체

---

3) 역자 주 : 『佛祖纲目』卷第一(天字号)
问曰。太子初生时。自言天人之中最尊最胜。此言不虚。惟愿为说阎浮提凡有几种。太子曰。
阎浮提中。梵书。佉留书。护众书。疾坚书。龙鬼书。捷沓和书。阿须伦书。鹿轮书。天腹
书。转数书。转眼书观空书。摄取书。具有天地八部四洲鸟兽等音声诸书。有如是等六十四
种。又阿字是梵音声。此字义是不可坏。亦是无上真正之道义。凡如此义。无量无边。婆罗门
白王。太子是天人第一之师。云何欲令我教耶。夏令忍天教兵法。太子自能通达。忍天反礼太
子。
『佛说普曜经』卷第一，普曜经现书品第七
"尔时菩萨与诸释童俱住，菩萨手执金笔栴檀书隶，众宝明珠成其书状，侍者送之。问师选友：'今
师何书而相教乎？'其师答曰：'以梵佉留而相教耳，无他异书。'菩萨答曰：'其异书者有六十四，
今师何书正有二种。' 师问：'其六十四皆何所名？ 太子答曰：『梵书』(一)『佉留书』(二)『佛迦
罗书』(三)『安佉书』(四)『曼佉书』(五)『安求书』(六)『大秦书』(七)『护众书』(八)『取书』(九)『半
书』(十)『久与书』(十一)『疾坚书』(十二)『陀比罗书』(十三)『夷狄塞书』(十四)『施与书』(十五)
『康居书』(十六)『最上书』(十七)『陀罗书』(十八)『佉沙书』(十九)『秦书』(二十)『匈奴书』(二十
一)『中间字书』(二十二)『维耆多书』(二十三)『富沙富书』(二十四)『天书』(二十五)『龙书鬼书』
(二十六)『捷沓和书』(二十七)『真陀罗书』(二十八)『摩休勒书』(二十九)『阿须伦书』(三十)『迦留
罗书』(三十一)『鹿轮书』(三十二)『言善书』(三十三)『天腹书』(三十四)『风书』(三十五)『降伏书』
(三十六)『北方天下书』(三十七)『拘那尼天下书』(三十八)『东方天下书』(三十九)『举书』(四十)
『下书』(四十一)『要书』(四十二)『坚固书』(四十三)『陀阿书』(四十四)『得昼书』(四十五)『厌举
书』(四十六)『无与书』(四十七)『转数书』(四十八)『转眼书』(四十九)『闭句书』(五十)『上书』(五
十一)『次近书』(五十二)『乃至书』(五十三)『度亲书』(五十四)『中御书』(五十五)『悉灭音书』(五十
六)『电世界书』(五十七)『驰又书』(五十八)『善寂地书』(五十九)『观空书』(六十)『一切药书』(六十
一)『善受书』(六十二)『摄取书』(六十三)『皆响书』(六十四)'

八体엔 선룡운지仙龙云芝가, 24서书엔 개전침수揩奠针殳가 있다. 비록 글자체와 그 명칭은 많으나 실제로 사용되는 경우는 대체로 적다. 그러나 원본의 정의는 자체가 6문六文을 갖추었으며, 시기에 민첩하게 변화해간 것으로 예서의 필법隶法보다 중요한 것이 없다. 이와 같이 동쪽과 서쪽 지역 글자의 기원을 간략하게나마 고찰할 수 있다. (『출삼장기집』권1, 『대정장』권50, 4b)

昔造书之主凡有三人：长名曰梵, 其书右行; 次曰佉卢, 其书左行; 少者苍颉, 其书下行。梵、佉卢居于天竺, 黄史苍颉在于中夏。梵佉取法于净天, 苍颉因华于鸟迹。文画诚异, 传理则同矣。仰寻先觉所说, 有六十四书, 鹿轮转眼, 笔制区分, 龙鬼八部, 字体殊式。唯梵及佉楼, 为世胜文, 故天竺诸国谓之天书。西方写经, 虽同祖梵文, 然三十六国, 往往有异。譬诸中土, 犹篆籀之变体乎。案仓颉古文, 沿世代变, 古移为籀, 籀迁至篆, 篆改成隶, 其转易多矣, 至于傍生八体, 则有仙龙云芝; 二十四书, 则有楷奠针殳。名实虽繁, 为用盖尟。然原本定义, 则体备于六文, 适时为敏, 则莫要于隶法。东西之书源, 亦可得而略究也。(≪出三藏记集≫卷1, ≪大正藏≫卷50, 4b)

불교의 이치는 인도 문자로부터 번역된 것이어서 승우僧祐가 당연히 산스크리트어梵文와 거루문佉楼文[4])의 중요성을 강조했을 것이다. 장长, 차次, 소少의 구분도 이로부터 나온 것이다. 왼쪽에서 오른쪽으로 쓰는 알파벳 문자의 산스크리트어나 오른쪽에서 왼쪽으로 쓰는 거루문과 달리 한자의 특징은 매우 독특하다. 창힐仓颉이 창조한 상형문자는 위에서 아래로 수직으로 쓰는 것 이외에도 역사의 발전에 따라 글자체가 다르다. 이것은 중국 승려가 스스로 한자를 설명하는 것이어서 서역 승려들의 관점과는 당연히 차이가 있을 것이다.

승우僧祐의 『출삼장기집出三藏记集』 기록에 따르면 서역의 승려인 안세고安世高는 독학으로 중국어를 익혔다. 안세고安世高는 한汉나라 환제桓帝

---

4) 역자 주 : 거루佉楼는 거로佉卢로, 거루문佉楼文는 거로문佉卢文로도 쓰인다.

건화建和2년(148)에 낙양으로 왔는데 명석하고 예지가 있는 사람이어서 온지 얼마 되지 않아 바로 중국어를 할 수 있게 되었다. 그의 중국어 실력이 뛰어났다고 하더라도 불교가 중국으로 전파되기 시작한 초기에는 완벽한 전문용어 체계가 갖추어지지 않아서 그의 번역본을 이해하기는 어렵다. 하지만 그는 불교 역경계의 비조鼻祖로, 승전과 경록 작가들은 줄곧 그를 걸출한 번역의 대가로 인정하고 있다.

번역자가 중국어를 잘하기 전에는 일부 불경의 경우 번역이 허락되지 않았다. 도표道标(?-823)는 『사리불아비담서舍利弗阿毗昙序』에서 후진后秦 문환제文桓帝 요흥姚兴(366-416)은 천축天竺 승려인 담마굴다昙摩崛多나 담마야사昙摩耶舍 등이 『사비불아비담舍利弗阿毗昙』을 번역해 주기 바랐지만 승려 몇 명이 중국어 실력이 부족해서 그들이 중국어를 다 배우고 나서 번역하기를 기다릴 수밖에 없었다고 말하였다. 승려 몇 명이 산스크리트어 원문을 쓰는 것부터 번역을 시작하기까지 7년이라는 시간이 걸렸는데, 바로 이 7년 동안 담마굴다昙摩崛多나 담마야사昙摩耶舍 등은 중국어를 익혔고 지금까지 전해 내려오는 소승 불교로 해석되는 경서를 번역해냈다.

2.2 위진남북조시기 외국어로서의 중국어 교육

2.2.1 중국어 교육의 가능 지역과 교육에서 매개어의 사용

하서河西지역5)은 역대로 중서中西 교류의 요지인데, 중요한 지역으로

---

5) 역자 주 : 하서도로河西道路 혹은 하서주랑河西走廊으로 불리는 하서벨트는 중국 신장新疆으로 통하는 교통의 요지이다.

둔황敦煌, 주천酒泉, 장액张掖, 고장姑臧(양주涼州)이 있다. 동한东汉 이후, 이 지역은 인도와 서역의 역경승译佛僧들이 반드시 거쳐 가는 곳이었다. 초기에 둔황은 경전을 번역하는 주요 지역으로, 서진西晋에서 가장 유명한 역경승인 축법호竺法护(3 혹은 4세기 사망)가 이곳에서 경전을 번역하였다. 서진西晋 말년에서 남북조南北朝까지 소수 민족은 하서도로(간쑤성甘肃省 서북부)를 따라 제량诸凉(后凉, 南凉, 西凉, 北凉)과 서진西秦 등의 나라를 세웠고, 고장姑臧과 같은 새로운 역경 지역이 생겨서 백여 년 동안 번역 사업은 중단된 적이 없었다.

둔황 일대는 원래 대월씨大月氏의 고향인데, 한汉나라 문제文帝(BC176-BC174) 때 월씨月氏는 흉노匈奴 묵돌선우冒顿单于(BC234-BC174)에 패하여 서쪽으로 달아났고, 그 후 BC130년 무렵 규수妫水(阿姆河)에 이르러 대하大夏를 정복하고 아무다리오(Amudaryo, 阿姆河)와 시르다리아(Syr Darya, 锡尔河) 유역까지 점령하였다. 아직까지 둔황에 살고 있는 원래 월씨족의 유민인 소월씨小月氏인은 중국어와 월씨어에 모두 능통하여 중국어 교사 역할을 맡기도 한다. 『대열반경大涅盘经』을 번역한 중인도中印度 역경승인 담무참昙无谶(즉, 昙摩谶, 385-433)은 중원으로 오기 전에 먼저 둔황으로 가서 몇 년 있으면서 중국어를 배웠다. 그 후에 북량北凉의 태조인 저거몽손沮渠蒙逊(366-433)은 현시玄始 원년(412)에 하서河西왕 스승이 있는 고장姑臧으로 갔고, 이곳에서 몇 년 동안 중국어를 배우다가 421년에야 비로소 『열반경涅盘经』의 앞부분을 완성하게 되는데 혜숭慧崇(965-1017) 도랑道朗은 "다른 사람이 말하는 것을 적는 것笔受"을 담당하였다. 둔황과 고장姑臧에서의 중국어 공부는 담무참昙无谶이 경전을 번역하는 데 매우 중요한 기초를 다지게 되었다. 『대열반경大涅盘经』의 번역본은 문체가 유창하고 글이 분명한데 이는 윤색의 공로 이외에도 번역을 한 담무참昙无谶의 중국어 능력과 관련이 있다.

둔황과 고장姑藏의 현지 승려는 중국과 외국의 두 가지 혹은 여러 가지 언어를 할 수 있었기 때문에 문화 교류 사절이나 중국어 교사의 역할을 담당하였다. 승전과 경록에서는 항상 불교 경전 번역을 중시하고 있는데 그 속에서 이 역경승들이 매우 뛰어난 중국어 교사라는 것을 추측할 수 있다. 예를 들어 부진苻秦(350-394) 건원建元(365-384)년간에 승가발징僧伽跋澄6)과 담마난제昙摩难提7)의 장안長安 역장(번역기관)에서 말을 전달하는 업무를 맡은 축불념竺佛念은 바로 양주涼州 사람인데 승우僧祐가 『출삼장기집出三藏记集』에서 다음과 같이 말하였다.

> 축불념竺佛念은 양주涼州사람이다. 뜻과 행실이 대단히 훌륭하고 언변 또한 뛰어났으며 견문이 넓고 풍속을 두루 알았다. 집안이 대대로 하서河西에서 살았으며 그 지역 방언을 능통하게 익혔기에 중국과 서역의 말을 번갈아가며 통역할 수 있었다. 관위关渭에서 법을 펼치고 부견苻坚과 요홍姚泓 2대에 걸쳐 경을 전역하는데 늘 참여하였으니, 두 가지 아함(증일아함경 增壹阿含经과 중아함경中阿含经)이 번역되어 갖추어진 것은 대체로 그의 공적이다.
>
> 竺佛念, 涼州人也。志行弘美, 辞才辩赡, 博见多闻, 备识风俗。家世河西, 通习方语。故能交译戎华, 宣法关渭, 苻、姚二代, 常参传经, 二鋡之具, 盖其功也。(≪出三藏记集≫卷13, ≪大正藏≫卷55, 99b)

두 가지 혹은 여러 가지 언어를 할 줄 아는 이런 인재는 당시에 많았을 것으로 추정되는데 이것도 당시 제2언어로서의 중국어 교육을 하는데 편리한 조건을 제공하였다.

---

6) 역자 주 : 동진东晋의 역경승이다.
7) 역자 주 : 두거륵兜佉勒(옛날 국가명)의 승려이다.

초기에 중국으로 온 서역의 승려는 주로 월씨방언月氏方言을 통해서 중국어를 배웠다. 차오스방曹士邦의 추측에 따르면, 이 승려들은 중국 내지에서 불법을 널리 알리기 위해 중국어를 배웠으며 오늘날의 하서도로 일대에 살고 있는 소월씨小月氏 사람들이 중요한 역할을 하였다. 동한东汉에서 서진西晋 초기까지 인도는 대월씨국의 예속국가이었기 때문에 인도 승려 중 많은 사람이 종주국의 월씨어를 할 수 있었고 월씨어를 이용하여 두 종류의 언어에 능통한 소월씨 사람으로부터 중국어를 배웠다.8) 한汉나라 애제哀帝 원수元寿 원년(BC2)에 중국의 박사제자博士弟子인 경로景卢가 대월씨 국가사절인 이존伊存으로부터 『부도경浮屠经』을 구두로 전해 받은 것을 보면, 불교는 대월씨를 통해 서한西汉 말년에 중국 내지로 전해진 것으로 추측할 수 있다.9) 초기 역경승 중 "지支"라는 성이 붙은(支娄迦谶, 支曜, 支谦 등) 사람은 일반적으로 월씨와 관계가 있다. 일본학자인 하타니 료타이羽溪 了谛의 통계에 따르면, 중국으로 들어온 불전 중 대월씨와 관계가 있는 것은 206부, 총 563권이 있다.10) 이것을 볼 때 월씨 불교가 중국 내 불교에 큰 영향을 미쳤음을 알 수 있다.

이밖에 한대汉代 이후 소구드어(Sogdian, 粟特语)는 중국에서 장사하는 상인들끼리 서로 소통하는 중요한 언어였다. 이 언어는 페르시아어 (Persian/Farsi, 波斯语)의 하나로 오랫동안 중앙아시아, 몽고, 중국 내륙지역 간 일종의 글로벌 언어 중 하나였다. 소구드(Sogdh, 粟特国)는 서한西汉 때

---

8) 차오스방曹士邦, 「중국 구법승과 속인이 출국 전후 역외 역외어문 학습의 기회와 인연에 관하여浅论中国求法僧俗出国前, 后学习域外语文的机缘」, 『中华佛学学报』, 제10기, 1997년 7월, p249-265.
9) 『삼국지·위진·동이전三国志·魏晋·东夷传』은 『위략·서융전魏略·西戎传』을 주석하고 인용하며 "昔汉哀帝元寿元年, 博士弟子景卢受大月氏王使伊存口授 『浮屠经』"이라고 하였다.
10) 하타니 료타이(羽溪 了谛, 1883-1974, 일본인), 『서역의 불교西域之佛教』, 허창췬贺昌群 역, 商务印书馆, 1999년 p95-102.

북방의 강거국康居国에 속하였으며, 동한东汉 첫 해에 대월씨가 흥기하여 소구드가 대월씨에게 부속되었고, 남북조 때는 또 다시 강거국에 속하게 되었다. 소구드어는 장사할 때 소통하는 언어일 뿐만 아니라 불경을 쓸 때도 사용하였다. 스타인Stein[11]과 펠리오Pelliot[12]의 연구에 따르면, 중국어의 『연화여의륜다라니경莲花如意轮陀罗尼经』,[13] 『청경다라니青颈陀罗尼』,[14] 『유마힐이 설법한 경전维摩诘所说经』,[15] 『미시박다라본생尾施缚多罗本生』, 『선악인과경善恶因果经』 등은 모두 소구드어에서 번역된 경전이다.

초기 중국어 교육의 매개어가 월씨어와 소구드어라면 동진东晋이나 그 후는 아마도 산스크리트어를 많이 썼을 것이다.[16] 산스크리트어화梵文化하는 것은 절대로 언어의 문제에만 그치는 것이 아니라 불교의 관념, 특성, 예의, 생활 습관 모두 종교 언어의 산스크리트어화에 따라 바뀌었다. 수대隋代 이전에는 서역의 다른 문자로 된 경전이 있었으나 수대隋代 이후에는 거의 사라졌고, 만약 있었다면 먼저 그것을 산스크리트어로 번역한 후 다시 중문으로 번역하였을 것이다. 이로써 이 시기 승려들은 중국어를 공부할 때 산스크리트어를 통해서 배웠을 것이라고 추측할 수 있다. 양梁나라 이후 산스크리트어와 중국어 이중 언어로 된 사전이 많이 편찬된 것을 보아도 이 점을 증명할 수 있다.[17]

---

11) 역자 주 : 마크 오럴 스타인, Marc Aurel Stein, 马尔克·奥莱尔·斯坦因, 1862-1943, 영국인.
12) 역자 주 : 폴 펠리오, Paul Pelliot, 保罗·伯希和, 1878-1945, 프랑스인.
13) 역자 주 : 산스크리트어 Padmacintāmani dhāranī-sūtra.
14) 역자 주 : 산스크리트어 Nīlakantha-dhāranī.
15) 역주 주 : 산스크리트어 Vimalakīrti-nirdeśa.
16) 법현法显(337-422, 동진승려)의 『불교기佛教记』에 따르면, "나라마다 언어가 다르다. 하지만 출가한 사람들은 모두 천축의 책과 천축의 언어를 공부한다.唯国国胡语不同,然出家人皆习天竺书, 天竺语"라고 기록되어 있다. 『大正藏』 권51 857a.
17) 지금까지 전해져오는 중요한 산스크리트어와 중국어, 중국어와 산스크리트어 대조사전으로는 보창宝唱(梁)의 『翻梵文』, 의정义净(唐)의 『梵语千字文』, 전진全真(唐)의 『唐梵文字』,

이밖에 서역의 여러 나라는 인도, 중국, 흉노 등 큰 나라 사이에 끼어 있어서 이 주변 대국으로부터 정치, 문화 등의 영향을 많이 받았다. 고창高昌의 경우 4세기 후반 이후 불교가 이미 국교가 되었다. 북량北凉 승평承平 18년에 저거씨沮渠氏는 멸망하였고, 궐厥의 백주伯周(?-477)가 고창 왕으로 옹립되었다. 궐씨厥氏(460-491), 장씨张氏(491-496), 마씨马氏(496-499) 이 세 정권의 노력으로 국씨麴氏(499-640)가 통치할 때까지 고창의 정치, 경제, 문화는 이미 큰 발전을 거두었다. 6세기 초, 고창 국왕인 국가麴嘉 (?-523)가 재위할 때 국위가 크게 높아져 쿠차(库车, Kuqa)와 차라사르(焉耆, Qarasahr)는 모두 그 세력 범위 안에 속하였다. 한汉나라 사람의 후대인 국가麴嘉는 중원문화를 대단히 숭상하여 유가 교육을 적극적으로 실시하였고, 사절을 북위北魏 왕조에 파견하여 "오경五经"과 다른 문화 전적典籍의 수입을 요청하였으며,18) 국자감의 조교인 류섭刘燮을 박사로 모셨다. 국견麴坚이 통치하던 시기에 이르러 중국 문화를 더욱 제창하게 되었으며 왕실에 노나라 애공哀公이 공자에게 정치를 묻는 모습을 걸어두기도 하였다. "그곳의 풍속과 정치는 화하华夏와 비슷하였고, 병기로는 활, 칼, 화살, 방패, 갑옷, 창이 있다. 문자는 화하와 동일하고, 호서胡书를 함께 사용한다. 『모시毛诗』, 『논어论语』, 『효경孝经』이 있고, 학관제자学官弟子를 두어 서로 가르친다. 비록 그것을 읽고 공부하지만 모두 호어胡

예언礼言(唐)의 『梵语杂名』, 승려인 달다벽다怛多蘗多(唐) 등의 『唐梵两语对集』, 법운法云(南宋)의 『翻译名义集』 등이 있다. 이상은 사전 『大正藏』 권54에 수록되어 있다.

18) 지난 몇 십 년 동안 투루판吐鲁番지역에서 국씨麴氏 고창高昌왕국 시기의 『毛诗』, 『论语』, 『孝经』, 『尚书』의 필사본 잔권을 출토하였는데, 『论语』는 당시 유학 계몽 도서였고, 『孝经』은 심지어 순장품에 포함되었다.
쉐종정薛宗正, 『출토문서에서 본 당대 적서(서역의 통칭)의 한문교육, 유학과 한방 의학从出土文书看唐代碛西的汉文教育, 儒学和汉方医学』, 『투루판 학술 연구 전집吐鲁番学术研究专辑』, 敦煌吐鲁番学新疆研究资料中心编(1990) 참고할 것.

语이다. …… 그 형법, 풍속, 혼인, 상례는 화하와 조금 다르지만 대체적
으로는 같다."[19) 따라서 589년 남인도 승려인 달마급다达摩笈多(약 6-7세
기)가 북도北道 여러 나라를 거쳐 고창에 이르러 "손님이 이 절에 왔는데
이 나라는 승려가 많고 모두 한汉나라 언어를 공부한다."라고 하였다.[20)
고창 주민은 한위汉魏시기 주둔한 융민戎民의 후예와 전란을 피해서 달아
난 내지 이민이 가장 많았지만, 동아시아에서 온 소구드인과 그 후예(소
위 소무구성"昭武九姓"을 말한다)[21)도 적지 않았다. 정부가 중국 문화 교육을
제창하고 중국 문화 전적을 이해하도록 하는 전제가 중국어를 할 줄 아
는 것이기 때문에 당시의 중국어 교육은 당연히 제2언어 교육이었다.

2.2.2 중국어 교사

2.2.2.1 유명한 사원의 승려들

동한东汉에서 수隋나라 이전까지 하서도로河西道路의 큰 불교사원 중에
는 전문적으로 중국어를 가르치는 승려가 있었을 가능성이 있다. 인도
와 서역으로부터 중국으로 온 승려들은 이곳에서 머무르는 기간 동안
이 절에 있는 승려들로부터 중국어와 중국어의 불교식 표현 방식을 배
웠을 것이다. 서진西晋 때 서쪽으로는 둔황에서 동쪽으로는 낙양洛阳까지
의 큰 사원에는 모두 역경승이 있었고, 서진 승려인 법호法护[22)의 번역

---

19) "其风俗政令, 与华夏略同, 兵器有弓, 刀, 箭, 楯, 甲, 槊。文字亦同华夏, 兼用胡书。有『毛诗』,
『论语』, 『孝经』, 置学官弟子, 以相教授。虽习读之, 而皆为胡语。…… 其刑法, 风俗, 昏姻,
丧葬与华夏小异而大同。"『北史 · 高昌传』.
20) "客游诸寺, 谓此国僧侣众多, 皆习汉言。"『续高僧传』권2, 『大正藏』권50, 435b.
21) 역자 주:『新唐书』以康, 安, 曹, 石, 米, 何, 火寻, 戊地, 史为昭武九姓, 而以东安国, 毕国, 捍,
那色波附于其间, 曹国又分为东, 西, 中三国。
22) 역자 주:법호는 서진 승려로 불경 번역가이다. 원래는 월씨족이고 둔황에서 살았다. 본

은 둔황, 주천酒泉, 천수天水 등지까지 곳곳에 파급되었다. 내지의 유명한
승려들이 관장하는 역장译场은 중국 승려가 개설한 산스크리트어 연수반
외에도 서역에서 중국으로 온 외국 승려가 개설한 중국어 연수반도 개
설되었을 가능성이 크다. 동한东汉 서진西晋시기 때 이 역장들은 지참支
谶23)이 있는 허창사许昌寺, 서진 승려인 법호法护가 있는 백마사白马寺와
천수사天水寺, 무차라无叉罗24)가 있는 창원사仓源寺가 있고, 동진남북조 시
기에는 구마라습鸠摩罗什25)이 있는 소요원逍遥园, 고장姑臧에 있는 담무참昙
无谶의 한예궁사闲豫宮寺, 각현觉贤26)과 법현法显27)의 도창사道场寺, 삼장三

래 성씨는 지支였는데 8살에 축고좌竺高座를 따라 출가하여 축법호竺法护가 되었다. 범명
梵名은 Dharmarakṣa로 음역하면 담마나찰昙摩罗刹이고, 찰刹은 또 찰察이라고도 한다. 학
문이 깊이가 있고 기록하는 것을 잘하며 여러 가지 언어문자를 잘 알았다.
23) 역자 주 : 원래 이름은 지루가참支娄迦谶이며 약칭으로 지참支谶이라고 한다. 중국 동한시
기의 승려로 원래 월씨족 사람이며 불경을 번역하였다. 동한东汉 환제桓帝 말년에 낙양洛
阳으로 와서 한汉 영제灵帝 때『도행반야경道行般若经』과『두사경兜沙经』등을 번역하였으
며, 가장 일찍 대승불교를 중국으로 들여온 서역의 고승이다.
24) 역자 주 : 서진西晋 역경승译经僧으로 우진于阗사람이며 무라차无罗叉라고도 한다. 축숙란
竺叔兰과 진류陈留 하남河南성 개봉开封시 의 창원仓垣에 있는 수남사水南寺에서 지내면서
주사행朱土行(203-282)이 가져온 우진于阗의 산스크리트어 불경인『방광반야바라밀경放
光般若波罗蜜经』30권을 번역하였다.
25) 역자 주 : 구마라습鸠摩罗什(Kumārajīva, 344-413)은 "구마라습(기)파摩罗什(耆)婆"라고도
하고 약칭으로 "라습罗什" 혹은 "습什"이라고도 하는데, 의역하면 "동수童寿"라는 뜻이
다. 조상은 천축天竺 사람으로 혼혈이며 서역 구자국龟兹国(현재 신장의 쿠차)에서 태어
났다. 가문이 훌륭하여 조상 대대로 재상을 지냈고 호방한 것으로 잘 알려져 있다. 구마
라습은 어려서부터 천부적인 재능을 타고나 한 살이 채 되지 않았을 때부터 말을 하였
고, 3세 때는 글자를 익혔으며, 5세 때는 많은 책을 읽기 시작하였고, 7세 때는 어머니
를 따라 함께 출가하였다. 천축의 여러 나라를 돌아다니면서 유명한 승려들을 찾아 심
오한 도를 익혀나갔다. 젊을 때부터 열심히 공부하여 많이 듣고 많이 기록하였으며, 산
스크리트어에 능통할 뿐만 아니라 한문에 익숙하였고 불교에도 조예가 깊었다. 대승불
교, 소승불교에 대해 박학하고, 경장经藏, 율장律藏, 논장论藏 삼장三藏에도 능통하여 이를
자유롭게 운용할 줄 알았다. 삼장법사三藏法师인 현장玄奘, 불공不空, 진체真谛와 함께 중
국 불교 4대 역경가로 불리는데 그중 첫 번째로 손꼽히며 번역학의 비조이고 언어학의
대가이다.
26) 역자 주 : 각현觉贤은 후진后秦 때 중국으로 온 고인도古印度의 가비라위迦毗罗卫(Kapilavastu)
국 (현재 네팔) 승려이다. 부다바다라佛跋陀罗(buddhabhadra 359-429), 부다바다佛大跋陀

藏[28])의 장간사長干寺, 보리유지菩提流支[29])의 영녕사永寧寺, 진체真諦[30])의 건흥사建興寺가 있다.

2.2.2.2 중국어 환경 속에서 자라난 이중 언어 인재

한漢나라 이후 실크로드를 통해 중국과 서역의 물질적 문화적 교류가 점점 빈번해졌고 수隋나라를 거쳐 당唐나라에 이르러서는 교류가 최고조에 달했다.[31] 그중 많은 인도 사람과 서역 사람이 중국에 거주하며 자녀를 낳았는데 이들 2세대 이민자들이 받은 교육이 중국어를 모어로 하는 교육이었다. 매개 언어의 장애가 없어서 그들은 다른 서역에서 중국으로 온 승려와 일반인들에게 중국어 공부를 쉽게 도와줄 수 있었다. 이 젊은이들은 중국어 환경 속에서 자라났고 가정에서 모어 교육을

라고도 부른다.

27) 역자 주 : 법현法顯(334-420)은 동진東晉 사주司州 평양군平陽郡 무양武陽(현 산시山西린펀臨汾 지역) 사람이다. 중국 불교사에서 유명한 승려 중 한 사람으로 탁월한 불교 혁신 인물이다. 처음으로 해외로 가서 구법을 한 승려이고 걸출한 여행가이자 번역가이다.

28) 역자 주 : 삼장三藏은 불교경전 중 경经, 율律, 론论 삼장三藏에 능통한 사람에 대한 존칭이다. 또 삼장비구三藏比丘, 삼장성사三藏圣师라고도 한다. 서역의 불전을 중국어로 번역한 승려로 역경삼장译经三藏 혹은 삼장법사三藏法师라고 높여 부르기도 한다.

29) 역자 주 : 보리유지菩提流支는 북인도 사람으로 대승유가大乘瑜伽계 불교학자이다. 경经, 율律, 론论 삼장三藏에 정통하고 또 생긴 지 얼마 되지 않은 밀종密宗에도 조예가 깊다. 불법을 널리 알리겠다는 뜻을 품고 북위北魏 영평永平 원년(508)에 서역을 거쳐 낙양으로 왔는데 위魏 선무제宣武帝의 특별대우로 우월한 조건 속에서 불경을 번역할 수 있었다.

30) 역자 주 : 진체真諦(499-569)는 인도 우자야나(Ujayana, 优禅尼)국의 승려로 대승불교에 정통하다. 진체는 남북조南北朝 양梁 무제武帝 때 대량으로 산스크리트어 경전을 가지고 배를 타고 양나라 수도인 건강建康으로 와서 불경을 번역하려고 막 준비할 때 "후경지란侯景之乱"이 발생하여 부춘富春으로 와서야 불경 번역을 시작할 수 있었다.

31) 스윈타오石云涛의 최근 연구에 따르면, 이전 학자들이 위진 남북조시기에 중국과 서역이 육지 상에서 단절되어 있다고 보는 관점을 잘못된 것이다. 스교수는 3세기에서 6세기까지 중국과 서역의 교통과 교류는 중단된 적이 없다고 말한다.
스윈타오石云涛, 『3~6세기 실크로드의 변천三至六世纪丝绸之路的变迁』, 文化艺术出版社, 2007년.

유지하고 있었을 가능성이 있으므로 그들은 이중 언어의 분위기 속에서 자라났다고 할 수 있다. 그중 가장 유명한 사람으로는 지참支讖이 있다. 그는 대월씨大月氏의 후예로 조부 법도法度가 영제靈帝(168-189) 때, 백국白国 사람들을 거느리고 동한东汉으로 귀화하여 "솔선중랑장率善中郎将"에 임명되었는데 이 직책은 대월씨 이민족 지도자에 상당하였다. 지참支讖은 어려서부터 중국의 전적을 공부하였고 "호서胡书를 배우고 육국六国의 언어에 능통하였다."32) 승전 중 지참支讖이 중국어를 가르쳤다는 직접적인 기록은 없지만 이러한 배경은 그가 훌륭한 중국어 교사라고 생각하기에 의심의 여지가 없다.

서진西晉 무제武帝 사마염司马炎(265-290) 때 인도 승려인 축고좌竺高座는 둔황에서 8살 된 월씨 남자 아이를 사미승沙弥으로 받아들였는데 그가 바로 축법호竺法护이다. 법호法护의 선조는 월씨 사람이지만 그는 둔황에 살아서 첫 이름은 지법호支法护였고 스승인 축고좌竺高座를 따른 후에야 당시의 풍습에 따라 스승의 성姓인 "축竺"을 따르게 되었다. 그는 축고좌竺高座와 월씨어로 소통할 수 있었고, 또 경전을 강의할 때 월씨어를 사용할 수 있었다. 승전에서33) 법호法护는 서역 36개국의 문자에 정통했을 뿐만 아니라 육경을 읽었고 백가百家를 섭렵하였다고 하였다. 이것으로 볼 때 당시 법호法护가 둔황에서 다양한 언어 교육과 문화 교육을 받았음을 알 수 있다. 그가 번역에 특출한 능력을 보여서 당시 사람들은 그를 "월씨보살月氏菩萨" 혹은 "둔황보살敦煌菩萨"이라고 불렀다. 이밖에 승전 중 또 다른 예가 있는데 원가元嘉년간(424-453)에 남강군南康郡에서 태어난 축법도竺法度는 겉으로 보기에는 인도 사람이지만 중국 땅에서

---

32) "学胡书, 备通六国语"『出三藏记集』권13, 『大正藏』권55, 97b.
33) 『出三藏记集』권13, 『大正藏』권55, 97c/98b.

자랐기 때문에 사실 중국에 대해 더 잘 알았다.

하남河南에서 태어난 인도 사람인 축숙란竺叔兰(서진 竺法护와 동시대 사람) 또한 중국에서 자라서 유아 때부터 두 삼촌한테 불교 경론经论을 공부하였는데, 승우僧祐는 그를 "호어胡语, 중국어汉语, 책书에 능하고, 여러 문학과 역사에도 능하다. …… 진晋나라 원강元康 원년에 『방광경放光经』과 『이유마힐异维摩诘』 십여만 문장을 번역하였다. 호어와 중국어를 모두 배워서 번역의 뜻이 정확하였다."라고 하였다.[34]

축법호竺法护가 축고좌竺高座를 도와준 것처럼 중국에 온 많은 서역 승려는 하서도로나 중국 내지에서 자라난 인재들의 도움이 있어 중국에서 중국어를 배우고 살아갈 수 있었다.

2.2.2.3 역장의 중국 도우미들

중국으로 온 많은 역경승이 중국어를 배운 후 번역을 하는 과정 속에서 자신의 중국어 수준을 끊임없이 갈고 닦았다. 구마라습鸠摩罗什의 경우 그의 중국어 수준은 높은 편이었지만 역장译场에서는 항상 그의 중국 제자들에게 의지하였고 끊임없이 그의 중국제자들한테 중국어를 배웠다. 구마라습이 역장에서 중국 제자들을 아침저녁으로 만나면서 그의 중국어 수준은 비약적으로 발전하였다.『고승전高僧传・구마라습鸠摩罗什』 기록에 따르면 구마라습은 계빈罽宾왕국[35] 시기 때 유명한 소승 불교 스승인 반두달다盘头达多를 따라다니며 소승불교를 배웠고, 그 후 대승 불교의 "승의胜义(절대적 진리)"를 알고 난 후 그는 한 달 동안 반복해서 논

---

34) "善胡汉语及书，亦兼诸文史。……以晋元康元年译出『放光经』及『异维摩诘』十余万言。既学兼胡汉，故译义精允"『出三藏记集』권13,『大正藏』권55, 98b/c.
35) 한汉나라 때 서역西域의 국명이다.

증하여 마침내 그의 스승이 대승 불교의 교의를 믿게 하였다. 그래서 반 두달다는 구마라습을 스승으로 삼으며 '스님은 나의 소승불교 스승이고, 저는 스님의 대승 불교 스승입니다'라고 말하였다."36) 만약 그의 중국 제자들 앞이라면 구마라습은 "너희들은 나의 중국어 선생이고, 나는 너 희들의 불교 스승이다"37)라고 말했을 것이다.

2.2.3 중국어 학습 내용

초기에 중국으로 온 승려는 실크로드를 오가는 상인들에게 조금씩 중 국어를 배울 수밖에 없었지만 중국으로 오는 승려들이 점점 늘어나면서 둔황과 양주涼州 등지에 서역 승려들의 중국어 연수반이 만들어졌는데 이곳에서 주로 중국 불교와 관련된 내용을 가르쳤을 가능성이 있고, 그 연수반은 큰 절에 개설되었을 가능성이 있다. 구마라습鳩摩羅什은 양주에 서 지낸 16년 동안(385-401) 중국어를 배웠고 한漢나라의 전통 문화에 접 촉하였으며 불교 이외의 한문漢文으로 된 경사經史 전적을 보게 되었다. 또한 양주로 가서 그와 함께 불교를 배운 승조僧肇(384-414)로부터 내륙 지역의 불교가 전해지는 상황과 번역 상황에 대한 정보를 얻었다.

이러한 시기적인 특수성으로 인해 동한에서 위진남북조까지 승려가 실시한 외국어로서의 중국어 교육의 내용은 일반적인 언어 교육 외에 문화와 종교적인 전수—중국 문화(주로 유가전통) 교육을 받고 중국에서 불교 전파상황을 이해하는 것이 핵심이었다.

따라서 당시 서역의 불교 승려가 중국어를 가르친 내용에 따라 당시

---

36) '和上是我大乘老师, 我是和上小乘师矣'『高僧传』권2,『大正藏』권55, 331b.
37) '汝等是我汉语师, 我是汝等佛教师'

의 교재는 이미 중국어로 번역된 불교 경전이나 유가의 일부 경전일 것이라고 추측할 수 있다. 구마라습鳩摩羅什은 양주에 있는 동안 대량의 축법호竺法護의 불경 번역본을 읽은 적이 있다.

2.2.4 외국어로서의 중국어 교육의 성과 - 승려의 중국어 수준

승전 중에 중국어 수준이 상당히 높았던 역경승에 대한 기록이 있는데 과장하여 칭찬하는 말이 많기는 하지만 그 속에서 외국어로서의 중국어 교육의 성과를 볼 수 있다. 지금까지 전해져오는 경전의 반 정도가 바로 서역 인도 승려들이 번역한 천여 권의 불경이며 이것은 그들의 중국어 습득 성과가 최고 수준에 달했다는 것을 증명한다.[38]

승전에서 초기에 중국으로 온 서역 역경승들의 중국어 수준과 그 성과에 대해 과하게 칭찬하고 있지만 그들의 중국어 수준이 실제로는 그다지 높지 않았다. 원인은 여러 가지가 있는데 그중 가장 큰 원인은 당시에 외국어로서의 중국어 교육 체계와 경전을 번역할 역장 체계가 완벽하게 갖추어 있지 않았기 때문이다. 찬녕贊寧(919-1001)[39]은 이 시기 역경의 특징을 언급할 때, "천축에서 온 손님과 중국의 승려는 서로 그 언어를 듣고 뜻을 추측했다. 이는 네모나고 둥글게 자른 금속이 서로 어울리기 힘든 상황과 같았다. 세간의 일에 빗대어 설명하고 이를 삼매三昧라고 이름 하였다. 실제로 지척지간에 있으나 천리만큼 멀리 떨어진 거리감을 느끼는 것처럼 직접 얼굴을 맞대고 있어도 의사소통하기는 힘들

---

38) 일본 『대정장大正藏』에 따르면, 모든 불경은 아함阿含, 본연本緣, 반야般若, 법화法华, 화엄华严, 보적宝积, 열반涅槃, 대집大集, 경집经集, 밀교密教 10부로 나누어지며 모두 1,460부 4. 225권을 수록하고 있다.

39) 역자 주 : 찬녕贊寧(919-1001)은 북송北宋 승려이자 불교 사학자이다.

었다."40) 따라서 진정한 의미에서의 교류는 아직 이루어지지 않았다. 3,
400년 후, 외국어로서의 중국어 교육이 계속적으로 발전하고 역장제도
가 완벽해지면서 많은 역경승의 중국어 수준이 크게 발전하였다. 찬녕贊
宁은 이 시기의 경전 번역에 대해서 "그 다음은 저쪽에서 중국의 말을
이해하고 우리도 천축의 말을 알아듣게 되었는데, 열의 여덟아홉은 알
아들을 수 있게 되었으며 간혹 틀린 게 있을 정도였다."41)라고 하였다.
이 시기에 축법호竺法护나 구마라습鳩摩罗什 등과 같은 유명한 역경승이
출현하게 된 것은 또 다른 측면으로 볼 때 당시 외국어로서의 중국어
교육이 성공적이었다는 것을 보여준다.

남조의 유명한 은사隐士인 류규刘虯(438~495)는 인도 승려 담마가타야
사曇摩伽陀耶舍의 중국어 실력에 대해 다음과 같이 칭찬하였다.

> 제齊 건원建元 3년에 또 기이하고 비밀스러운 것을 찾으며 멀리 영남岭南
> 에 이르렀다. 광저우广州 조정사朝亭寺에서 천축 사문沙门 담마가타야사曇摩
> 伽陀耶舍를 우연히 만났는데 그는 예서隶书를 능숙하게 쓸 수 있었으며 제
> 나라 말을 잘 알고 있었다. (그는) 이 경전을 전하려고 했으나 누구에게
> 전수해야 할지 몰랐다.(『대정장大正藏』권65, 68b)
>
> 以齐建元三年, 夏访奇搜秘远至岭南, 于广州朝廷寺, 遇中天竺沙门曇摩伽陀耶
> 舍, 手能隶书, 口解齐言, 欲传此经未知所授。『大正藏』권65, 68b.

남조南朝 양梁나라의 대동大同 원년(546)에 경전을 가지고 중국 남해에
도착한 인도 역경승 진체真谛(499~569)는 중국에 왔을 때 마침 후경侯景의
난이 일어나서 나라가 혼란스러웠고 강남이 어수선하였다. 진체真谛는

---

40) "梵客华僧, 听言揣意, 方圆共凿, 金石难和, 碗配世间, 摆名三昧, 咫尺千里, 觌面难通。"『宋
　　高僧传』권3, 『大正藏』권50 723b.
41) "次则彼晓汉谈, 我知梵说, 十得八九, 是有差违。"『宋高僧传』권3, 『大正藏』권50 723b.

일생에서 극도의 어려움을 겪었지만 혼란스러운 인생사 속에서 그는 매우 빨리 중국어를 익힐 수 있게 되었다. 혜개慧愷(518-568)는 그를 칭찬하며 "법사가 여기저기 돌아다닌 것이 오래되어 이 지역 언어의 소리와 뜻에 정통하였으니, 번역한 것은 모두 말을 일일이 헤아리고 따질 필요가 없었다."라고 말하였다.[42] 이런 예는 매우 많다. 한자를 쓸 수 있고 또 중국어도 말할 수 있는 인도와 서역의 역경승은 육조시기 중국에서는 매우 정상적인 일이었다. 중국으로 온 승려는 성공적으로 경전을 번역하였고, 중국과 서역 그리고 중국과 인도의 문화 교류에도 큰 공헌을 하였다.

2.3 수당시기 외국어로서의 중국어 교육

수당隋唐시기 중국과 외부의 교류는 많이 증가하였고 대외적으로 경제 문화 교류도 크게 늘어났다. 동아시아와 동남아시아 이외에 중앙아시아, 서아시아, 유럽, 심지어 아프리카와도 경제적 문화적인 측면에서 빈번하게 교류하였다. 일부 외국인은 중국의 고대 문화, 선진 생산 기술, 풍부한 물산을 동경하여 중국에 사절로 오거나 불교를 전파하러 오거나 장사하러 오거나 여행 오는 것에 관심을 가졌다. 중국어는 중국과 외국의 경제 문화 교류에서 빠질 수 없는 도구가 되었고, 중국어 교수·학습의 중요성과 절박성은 갈수록 커졌으며 국내외 통치자들도 크게 관심을 갖게 되었다. 중국어를 효과적으로 교육하고 중국어 교육의 첩경을 적극적으로 탐색하기 위해 당나라는 완벽한 유학생 제도를 만들어 냈다. 그

---

42) "法師游方既久。精解此土音义。凡所翻译。不须度语。"『俱舍释论序』,『大正藏』 권29 161b.

이후, 제2언어로서의 중국어 교육이 점점 정규화 하였고 일정한 규모로 발전해 나갔다. 이러한 교수·학습은 좀 더 성행하거나 좀 더 약해지거나 하는 차이가 있기는 했지만 끊이지 않고 계속 이루어졌다.

수당시기 외국어로서의 중국어 교육은 당시의 중외 경제 문화 교류 활동에 기대어 주로 세 가지 경로로 이루어졌다. 첫째, 중외 경제무역(정부 무역과 민간 무역), 둘째, 외국 정부 사절이나 유학생 파견 등, 셋째, 종교적인 경로, 즉 불교, 기독교, 이슬람교 등이 연이어 중국으로 전해짐에 따라 불교도와 선교사의 구법, 포법, 역경 등으로 외국어로서의 중국어 교육이 진행되었다.

이밖에 수당시기에는 해상과 육상 교통이 전례 없는 속도와 규모로 발전하여 당대唐代에는 이집트와 동아프리카까지 해상교통의 길이 어느 정도 열렸다. 이렇게 편리한 교통은 세계 각국이 중국으로 사절을 파견하거나 유학생을 보내는데 편리한 조건이 되었고 중국어의 전파 범위가 확대될 가능성을 마련하게 되었다. 성당盛唐시기의 장안長安은 인구가 백만 명에 달해 당시 세계에서 가장 큰 도시 중의 하나였으며, 장안에 살고 있는 외국인은 수천 명에 달했고 국자감国子監에서 공부하는 각국의 유학생도 수백 명에 달했다. 일본, 신라, 백제, 고려, 니파라尼婆罗(현 네팔), 천축(현 인도), 임읍林邑(현 베트남의 동남부), 진랍真腊(현 미얀마), 가령诃陵(현 인도네시아 자바), 표국骠国(현 미얀마 피에(Prome, Pye), 사자국狮子国(锡兰, 현 스리랑카) 등은 당나라의 수준 높은 문명에 대해 흠모하였고, 끊임없이 사절, 유학생, 유학승을 장안으로 파견하여 중국의 경经, 사史, 법률, 예제礼制, 문학, 기술을 익히도록 하였다. 이밖에 유학생을 파견한 나라와 지역으로는 발해渤海, 고조高诏, 고창高昌, 토번吐蕃 등이 있었다.

2.3.1 정부파견 유학생 제도

수당隋唐시기에는 중국과 외국의 교류가 빈번하여 외국유학생이 크게 늘어났고 이러한 유학생을 효과적으로 교육하기 위해 당나라는 과학적이고 진취적이며 실무적인 유학생 정책을 실시하였다. 외국 유학생은 중국에 온 후 중국 최고 학부인 국자감国子监에서 공부를 할 수 있었는데 모든 비용은 중국 정부에서 지원하였다. 이러한 정책은 유학생 교육을 순조롭게 진행하기 위한 강력한 지원으로, 많은 국가와 지역의 학생들이 중국으로 공부하러 왔고 이로 인해 당대唐代에는 유학생에 대한 중국어 교육의 흥성을 가져왔다.

당나라의 유학생은 학문생學问生, 청익생请益生, 환학생还学生으로 나뉜다. 학문생은 오랜 시간동안 유학하고 깊이 연구할 뜻이 있는 사람을 가리킨다. 청익생은 당나라로 오기 전에 이미 어떤 분야에 대한 연구가 있거나 조예가 깊은 상태에서 중국으로 와 한 단계 높은 연수나 토론을 하는 유학생을 말한다. 당나라에 사절로 파견되어 중국에 온 사람은 청익생이고, 당나라의 사절과 함께 자국으로 돌아가는 사람을 환학생이라고 한다. 각 유학생은 국자감에서 경학, 사학, 문학, 법률, 서법书法, 산술算术 등을 배우고, 또 다른 일부 사람들은 당나라의 전문학교에서 전문교육을 받기도 하였다.

당나라의 유학생 관리 기구를 홍루사鸿胪寺라고 부른다. 외국 유학생이 중국에 온 이후 먼저 홍루사에서 학적 서류를 만들면 홍루사는 관련 규정에 따라 일상용품과 숙식을 제공한다. 외국 유학생의 학습 기간이 끝난 후에는 홍루사가 책임지고 유학생의 귀국을 재촉한다.

국자감은 당대唐朝 최고의 교육기관으로 전국의 교육을 관리 담당할 뿐만 아니라 유학생 교육을 책임지는 기구이다. 국자감은 국학관国学馆, 태학관太学馆, 사문관四门馆, 율학관律学馆, 서학관书学馆, 산학관算学馆 6개의 하급기관을 두고 있다. 외국 유학생은 중국 황제의 비준을 얻은 후 일반적으로 국자감에서 공부를 하는데 각각 태학太学, 국자학国子学, 사문학四门学에 가서 공부를 하게 된다. 학습 교과목으로는 주로 『예기礼记』, 『좌전左传』, 『춘추春秋』 등 대경大经과 『주례周礼』, 『의례仪礼』, 『모시毛诗』 등의 중경中经이며, 또 『상서尚书』, 『주역周易』, 『공양전公羊传』, 『곡량전谷梁传』, 『효경孝经』, 『논어论语』 등의 경전도 배운다.

관학官学은 인원제한이 있어서 중국으로 공부하러 온 사람을 대상으로 관련 부서가 기초적인 선발 작업을 하는데 그중 중국어는 중요한 심사 과목이다. 만약 승려가 중국어에 정통하지 못하면 통역사를 데리고 오거나 필담으로 순례를 하면서 구법 활동을 할 수 있지만, 유학생이 당음唐音을 모르면 선생님의 수업을 받을 수가 없다. 관학에서는 중국어 수준이 너무 낮은 유학생의 입학을 거부한 사례도 있다.

당나라로 온지 얼마 되지 않은 외국 학생들은 중국어 수준이 낮고 중국 유학 경전에 대해 익숙하지 않아서 국자감의 정상적인 교육 속도를 따라갈 수가 없기 때문에 국자감은 상시로 경학 교사를 홍루사에 파견하여 강학이나 보충지도를 하였다. 『구당서·일본전旧唐书·日本传』에는 다음과 같은 기록이 있다. "당唐 개원开元 초기에 또 사절이 조정으로 와서 유학사儒士를 초청하여 경전 수업을 받았다. 국자감 사문四门의 조교인 조현묵赵玄默을 불러 홍루사로 가서 그들을 가르치도록 하였다. 곧 조현묵赵玄默을 파견하여 넓은 천을 속수의 예로 삼았다."[43]

---

43) "开元初, 又遣使来朝, 因请儒士授经。诏四门助教赵玄默,就鸿胪寺教之。乃遣玄默阔幅布以为束修之礼。"

중국으로 온 유학생 중 신라와 일본 유학생이 가장 많았다.

2.3.1.1 신라에서 중국으로 온 유학생

한반도는 오랜 중국어 학습의 역사를 지니고 있다. 진晉나라 때 이미 중국어 수준이 뛰어난 중국어 인재가 한자와 한문화汉文化를 전파하였다. 고구려는 중국어 인재 양성을 중시하여 귀족 자재를 위한 태학太学을 설립하였을 뿐만 아니라 전국 각지에 평민 학교인 "경당扃堂"을 만들었는데 귀족 자제들이 혼인하기 전에는 이곳에서 밤낮으로 글을 읽고 활쏘기를 배웠다. 경당에서 읽는 책으로는『오경五经』,『사기史记』,『한서汉书』,『후한서后汉书』,『삼국지三国志』,『진춘추晋春秋』 등의 경사经史 저작이 있었고, 또『옥편玉篇』,『자통字统』,『자림字林』 등의 한자 저작과『문선文选』 등의 문학 저작이 있었다. 이것으로 볼 때 고구려에 중국어, 한자, 한문화가 광범위하게 전파되었음을 알 수 있다.[44]

신라가 통일을 한 후 당과의 우호관계는 지속적으로 발전하였다. 신라 상인이 당나라로 와서 무역을 하는 경우가 많았는데 그 활동 범위가 북으로는 등주登州, 내주莱州(산동 액현(山东掖县))에서, 남으로는 초주楚州, 양주扬州까지 이르렀다. 신라 정부는 당나라 문화를 적극적으로 수용하여 귀족자제의 중국 유학을 장려하는 각종 조치를 취했다. 640년 신라의 국왕은 처음으로 왕실자제를 당나라에 파견하여 당시의 관학官学에 들어가서 공부하도록 하였다. 이후, 신라에서 공적으로 중국에 파견한 학자가 날로 늘어났는데 9세기에는 최고조에 달하여 당나라로 유학생을 가장 많이 파견한 나라가 되었다. 837년에는 당나라에서 공부하는 신라

---

44) 둥밍董明,「수당시기 한반도에서의 중국어 전파隋唐时期汉语在朝鲜半岛的传播」,『北京师范大学学报(社会科学版)』, 1999년 특집(专刊).

유학생이 216명에 달했다. 또 다른『구당서·신라전旧唐书·新罗传』에 따르면 당唐 문종文宗 개성开成 5년(840)에 "홍루사가 아뢰기를 신라가 슬퍼하였는데 볼모로 온 왕실 자제와 나이가 차서 귀국하는 학생 105명을 모두 돌려보냈다."라고 기록되어 있다.45) 한 번에 중국에서 고향으로 돌아가는 유학생이 105명이니까 중국에 있던 한반도의 유학생이 얼마나 많았는지 충분히 알 수 있다.

신라 유학생 중 많은 사람이 당나라 진사进士 과거시험에 참가하였고 진사에 급제한 후 당나라에 남아 관리가 되기도 하였다. 저우이량周一良의 통계에 의하면 "9세기에서 10세기 중엽까지 약 150년 동안 중국 과거 시험에 급제한 조선 사람은 약 90명이다."라고 하였다.46) 신라에서 중국으로 온 유학생 중 가장 우수한 학생은 최치원崔致远(857-?)이다. 최치원은 신라시대 유명한 시인으로 12살 때 중국으로 공부하러 와서 18살 때 중국 과거시험에 급제하였다. 881년에 회남淮南 절도사节度使에 임명되었고, 후에 당唐 희종僖宗으로부터 도통순관都统巡官 승무사承务郎 시어사侍御史 내공봉内供奉 직을 받았다. 884년에 당 사절의 신분으로 귀국하였고, 신라국왕이 시독侍读 겸 한림학사翰林学士, 수병부시랑守兵部侍郎 지서서감知瑞书监으로 임명하였다. 최치원은 중국에서 많은 시문을 썼는데『신당서·예문지新唐书·艺文志』에 그것이 전해오고『전당시全唐诗』에도 그의 작품이 수록되어 있다. 그의 시문집『규원필경집桂苑笔耕集』(20권)은『사고전서四库全书』에 수록되어 있다.

수당시기 대규모의 중국어 교육을 거쳐 한반도에는 상당수의 중국어

---

45) "鸿胪寺奏, 新罗国告哀, 质子及年满合归国学生等一百五人, 并放还"
46) "从九世纪到十世纪中叶约一百五十年间, 朝鲜人在中国科举考试及第约有九十人。"『唐会要』권36, 附学读书条.

인재가 육성되었고, 한반도에 문자가 있기 전에 한자는 문인들이 교류하는 중요한 도구가 되었다. 7세기 말엽 신라 학자인 설총薛总은 이두吏读를 만들었는데 한자를 음의 부호로 하여 조선어의 조사, 조동사 등을 표기하는 방식으로 문화 보급에 큰 역할을 하였다.

2.3.1.2 일본에서 중국으로 온 유학생

수당시기 중국과 일본의 우호적인 왕래와 교류는 전례 없이 번창하였다. 당시 일본 사회는 노예제가 붕괴하고 봉건제가 확립되어 공고해지던 단계였는데, 당시 당나라의 흥성에 대해 극찬을 하며 당나라에 많은 수의 사절, 유학생, 학승 등을 파견하였다.

수나라 짧은 38년 기간 동안 일본은 중국으로 여러 차례 사절과 유학생을 파견하게 된다. 『수서·왜국전隨书·倭国传』의 기록에 의하면 수나라 개황开皇 20년(600)에 왜왕의 "사절을 파견하여 입궐하다"[47]는 즉 일본이 일찍이 600년에 수나라로 이미 첫 번째 견수사遣隋使를 파견하였다는 것이다.[48] 『일본서기日本书记』 스이코推古 15년(607)에는 "음력 7월, 무신戊申년 초하루 경술庚戌 일에 대례大礼인 오노 노 이모코小野 妹子[49]를 당나라에 파견하고 구라쓰쿠리 노 후쿠리鞍作 福利[50]를 통사로 삼았다"라고 기록되어 있다.[51] 오노 노 이모코를 대사로 하는 두 번째 견수사는 수나라 양제煬帝에게 온 뜻을 분명히 밝히고 있다. "바다 서쪽에 있는 보살 황제께서 불법을 중히 여기고 흥하게 한다는 소식을 듣고 승려 수십

---

47) "遣使诣阙"
48) 이 사절 파견에 대해서 일본학계는 의문을 갖고 있다. 왕용王勇, 「견수사에서 견당사까지 从遣隋使到遣唐使」 『郑州大学学报(哲学社会科学版)』, 2008년 제5기.
49) 오노 노 이모코, Ono no Imoko, 小野 妹子, 6-7C, 일본인.
50) 구라쓰쿠리 노 후쿠리, Kuratsukuri no Fukuri, 鞍作 福利, 6-7C, 일본인.
51) "秋七月戊申朔庚戌, 大礼小野臣妹子遣于大唐, 以鞍作福利为通事。"

명이 불법을 배우러 왔습니다."[52] 대업大业 4년(608) 9월, 일본은 세 번째 견수사를 파견하였고 614년에 또 네 번째 견수사를 파견하였다.

당 정관贞观 5년(631)에 일본은 유학생과 학승으로 구성된 첫 번째 "견당사遣唐使"를 파견하였다. 당 개성开成 3년(838)까지 일본은 당나라에 총 13차례 사절을 보냈고 그밖에 당으로 세 차례 "영입당사迎入唐使"와 "송객당사送客唐使"를 파견하였다. 당나라 초기에 일본이 파견한 사절단은 보통 200명을 넘지 않았으나 8세기 초부터 그 수가 급증하여, 717년, 733년, 838년까지 세 차례에 파견된 사절단의 수가 평균 550명 이상이었다.

수나라로 보낸 유학생이나 학승이 중국에 머문 시간은 길게는 30여 년 짧게는 10여 년 정도로 매우 길었다. 그들은 중국어 공부에 많은 성과를 거두었을 뿐만 아니라 더 중요한 것은 중국의 정치, 경제, 사회, 문화 등에 대해 전체적으로 깊게 이해했다는 것이다. 그들이 공부를 마치고 본국으로 돌아간 이후, 이러한 정보를 일본으로 가지고 가서 일본 통치자들이 중국을 배우고자 하는 마음을 더욱 크게 만들었다. 당나라 때에는 공식적으로 13차례 유학생이 파견되었는데 매번 적게는 10-20명, 많게는 20-30명 정도였고 모두 관학에 들어가서 공부를 하였는데 어떤 사람은 수년 동안 심지어 20-30년씩 공부하는 사람도 있었다. 예를 들면, 아베 노 나카마로阿倍 仲麻呂[53]는 중국 이름이 조형晁衡인데 공부를 마친 후 장안长安에 남아 비서감秘书监 관직까지 수행하였다. 그는 중국에서 54년을 살았고 중국에 묻혔다. 기비 노 마키비吉备真备[54]도 중일 문화교

---

52) "闻海西菩薩天子重兴佛法, 故遣朝拜, 兼沙门数十人来学佛法。",『随书·倭国传』.
53) 아베 노 나카마로, Abe no Nakamaro, 阿倍 仲麻呂, 698-770, 일본인.
54) 기비 노 마키비, Kibi no Makibi, 吉备 真备, 694-775, 일본인.

류에 큰 공헌을 유학생이다. 그는 당나라에서 19년 정도 유학하였고 당
대의 천문, 역법, 음악, 법률, 병법 등을 연구하였다. 노마사비吉备真备는
한자 해서楷体의 편방으로 "가타카나片假名"를 만들어 8세기 이전 일본
이 한자로 음을 표기하고 뜻을 기록하는 도구로 삼던 역사를 바꾸어
놓았다.

2.3.2 중국에 온 승려들의 구법과 중국어 학습

수당시기에는 불교가 크게 발전하여 불교 종파가 많이 늘어났다. 유
식종唯识宗, 율종律宗, 현수종贤首宗, 선종禅宗, 정토종净土宗, 밀종密宗 여섯
개의 종파가 나왔고 고승高僧이 배출되었으며 경전이 넘쳐났고 불경 번
역도 많은 성과를 거두었다. 이 시기 중국으로 온 승려들은 대체로 두
부류로 나누어진다. 첫째는 조선이나 일본 등의 정부에서 파견하여 구
법求法을 하러 중국으로 온 유학승이고, 둘째는 인도 혹은 다른 중앙아
시아국가와 지역에서 불법佛法을 전수하고 불경을 번역하러 중국으로 온
승려들이다.

2.3.2.1 유학승

한반도의 신라는 528년에 공식적으로 불교를 인정하였고 이후로 계
속해서 중국으로 승려를 파견하여 불법佛法을 배웠다. 6세기 중반 이전
에서 10세기 초반까지 약 380년 동안 당나라로 구법을 하러 온 고승은
64명이며, 그중에 당으로 왔다가 인도로 가서 구법을 한 승려로는 혜초
慧超(704-787), 현조玄照, 구본求本, 현각玄恪 등 10명이 있다. 그중 당으로
가서 구법을 하여 최고의 성과를 거둔 사람으로는 원측圓測(613-696)[55]이

있다. 원측은 원래 신라 왕실 자제로 전체 이름은 "원측문아圓測文雅"이다. 그는 627년 당으로 가서 구법을 하였는데 15세부터 유명한 승려인 법상法常과 승변僧辯으로부터 비담毗曇, 성실成实, 구사俱舍, 파사婆沙 등의 경론을 공부하였다. 645년 현장玄奘(602-664)이 장안长安으로 돌아온 후 현장을 따라 유식론唯识论을 배웠다. 원측은 학식이 깊었고, 664년 현장이 죽은 후 사명사四明寺에서 현장을 계승하여 유식론의 교의를 널리 전파하였다. 그밖에 비교적 알려진 유학승으로는 의상义湘(625-702),[56] 혜초慧超(704-787),[57] 지장地藏(695-794)[58] 등이 있었다.

일본에서 중국으로 와서 공부하던 학승은 모두 90여 명이 있는데 그 중 가장 유명한 승려가 구카이空海(774-835)[59]이다. 그는 당 정원(贞元) 20년(804)에 중국으로 와서 장안 청룡사青龙寺에서 혜과惠果(746-805)에게 밀종密宗을 배웠고 귀국할 때 180여 부의 불경을 가지고 가서 일본에서 밀종을 만들었다. 그는 또 중국의 문학과 문자에 대해 깊이 연구하여 중일 문화교류에 중요한 공헌을 하였다.

---

55) 역자 주 : 원측圓測(613-696)은 신라의 승려이다. 원측의 성은 김, 속명은 문아文雅이고, 신라 왕족으로서 경주 모량부牟梁部 출신이다. 3세에 출가했고, 15세(627)에 당나라로 유학을 떠나, 효소왕孝昭王 5년(696)에 84세로 당나라에서 입적하였다.

56) 역자 주 : 의상义湘(625-702)은 고대 통일신라시대 중기의 왕족 출신, 고승이다. 또한, 통일신라시대 초기의 작가이자 철학자이기도 했다. 그는 중국 당나라에 유학하여 지엄至严으로부터 화엄종华严宗을 수학하고 법통을 받아 중국 화엄종의 제3세조가 되었다.

57) 역자 주 : 혜초(慧超 또는 惠超, 704-787)는 신라 성덕왕(또는 경덕왕) 때의 고승으로, 787년에 중국의 오대산五台山 건원보리사乾元菩提寺에서 입적하였다. 그의 인도기행문인 『왕오천축국전往五天竺国传』이 1908년 발견되어 동서교섭사 연구에 귀중한 사료로 평가되고 있다.

58) 역자 주 : 지장地藏(697-794)은 신라의 승려이다. 신라 성덕왕의 첫째 아들로 속명은 중경重庆이다. 24세에 당나라에서 출가하여 교각桥觉이라는 법명을 받았다. 안후이성安徽省 구화산九华山에서 화엄경을 설파하며, 중생을 구제하는 지장보살의 화신으로 평가받았다.

59) 역자 주 : 구카이, くうかい, kukai, 空海, 774-835, 일본인. 일본 불교인 진언종真言宗의 창시자이다.

2.3.2.2 불법을 전하고 경전을 번역하는 승려

수당시기에는 불경 번역의 양이 많아졌고 그 수준도 상당히 높아서 중국어 학습 붐이 일어나기도 하였다. 당나라 초기부터 덕종德宗 정원貞元 6년(800)까지 183년 동안 모두 46명의 역사譯師가 있었는데 번역한 불경이 435부, 2,476권이었고, 유명한 중외 역경 전문가들이 쏟아져 나왔다. 그들은 각각 인도, 삼한三韓, 서역의 토화라吐火羅, 우전于闐(BC232-AD1006), 강국康国, 하국何国(Kushanika), 카슈미르克什米尔(Kashmir) 등의 국가에서 온 사람들이었다. 그들 중 어떤 사람은 중국에 오기 전에 이미 중국어와 산스크리트어 두 종류의 언어에 정통한 사람도 있었고, 어떤 사람은 중국에서 산스크리트어를 익숙하게 사용하는 중국인 승려와 협력해서 불경 번역에 종사하고 불법을 설파하는 과정 중에 중국어를 공부하기도 하였다.

당대에 중국으로 온 인도 승려가 매우 많았는데 그들 중 대부분은 한문에 정통하였다. 사료에서는 "당 개원开元년간 3대 승려"인 선무외善无畏(637-735), 금강지金刚智(671-741), 불공不空(705-774)은 당대 밀종의 창시자이라고 하였다. 금강지는 남인도사람인데 어릴 때부터 수준 높은 교육을 받았으며, 그는 출가한 후 인도의 유명한 사찰인 나찬타사那烂陀寺에서 불법을 공부하고 20여 개국을 주유하면서 다양한 언어를 학습한 경험이 있다. 그는 불법에 대한 조예가 매우 깊었으며 중국어 음운 연구에도 뛰어나다. 그래서 "금강지金刚智가 번역한 다라니总持 밀인密印(印契)은 수행하면 모두 신통력을 보였으며 밀법密法에서도 가장 널리 유행하였다."60)라고 하였다.

---

60) "所译总持印契, 凡至皆验, 秘密流行, 为其最也。", 『宋高僧传』권1.

불공不空은 사자국狮子国(현 스리랑카) 사람으로 720년 금강지삼장金剛智三藏(671-741)을 따라 중국에 왔다. 불공은 "모든 불경을 잘 해석하였고 다른 나라 책과 언어를 잘 이해하였다."[61] 그래서 금강지는 그에게 경전을 함께 번역하자고 하였다. 그는 역저 방면에 많은 공헌을 하였고 널리 현교显教와 밀교密教의 경전을 번역하고 가르쳤으며 불교에 입문하여 불법을 전수하였는데 그의 교화가 매우 성행하였다. 그가 번역한 경전은 그 수량이 매우 많았는데 천보天宝에서 대력大历 6년까지 모두 77부, 120여 권의 경전을 번역하였다. 번역한 경전은 수당시기 전체 역서의 25%를 차지하여, 라습罗什(344-413), 진체真谛(499-569), 현장玄奘(602-664)과 함께 중국 4대 번역가로 불린다.

선무외善无畏(637-735)는 동인도 사람이다. 당 현종 개원开元 4년(716)에 선무외는 80세라는 많은 나이임에도 불구하고 중국 장안에 도착하였다. 그는 밀교 경전 번역에 주력하였고, 경전을 번역할 때 종종 중국 승려를 모시고 중국어와 산스크리트어를 함께 연구하였다. 그가 번역한 불경은 "문장의 내용과 표현형식을 삭제하거나 덧붙이며 다듬었고, 수식과 내용이 서로 알맞게 갖추어져 조화를 이루었다. 오묘하고 깊은 뜻은 위로 불법에 부합하고 아래로는 사람들의 근기(근성根性)에 맞으니 세상을 이롭게 하는 공덕의 주요한 방편으로 이 글이 으뜸이다"라고 하였다.[62]

인도 승려 이외에 서역 각국에서 중국으로 온 승려 중 중국어에 정통한 사람도 많았다. 소륵疏勒[63]의 승려인 혜림慧琳은 중국어와 산스크리트어 모두 조예가 깊었다. "안으로는 불교를 가지고 있고 밖으로는 유교를

---

61) "善解一切有部, 谙异国书语", 『宋高僧传』권1.
62) "删缀辞理, 文质相半, 妙谐深趣, 上符佛意, 下契根缘, 利益要门, 斯文为最", 『宋高僧传』권2.
63) 역자 주 : 서역의 36국 중의 하나이다. 오늘날의 신장新疆의 카스가얼喀什噶尔 지역이다.

연구하였으며, 인도에서 명성이 높았고, 지나어支那와 훈고학에도 정통하지 않음이 없었다. 산스크리트어를 중국어로 번역하였는데, 중국어는 모두 전고典故가 있었고 그 전고가 매우 자세하였다. 『자림字林』, 『자통字统』, 『성류声类』, 『삼창三仓』, 『절운切韵』, 『옥편玉篇』과 여러 경서를 인용하였고, 불교의 교의에 맞추어 옳고 그름을 자세히 조사하여 불경 음의音义 일백 권을 편찬하였다."[64]

이 시기 산스크리트어에 정통한 중국 승려들이 많았다는 점은 언급할 만하다. 그들 중 일부는 중국 국내에서 불법을 설파하였고 어떤 사람들은 다른 나라에 가서 불법을 전하고 또 어느 정도 중국어 교육을 하였다. 현장玄奘대사(602-664)는 중국의 4대 역경사译经师 중 최고로 알려져 있었는데 일본 승려인 도조道照와 신라 승려인 원측圆测은 모두 그를 따라 공부하였으며 중국어 수준을 향상시켰다. 의정义净(635-713)은 토화라吐火罗 승려인 달마말마达磨末磨, 중천축中天竺 승려인 발노拔弩, 계빈罽宾 승려인 달마난타达磨难陀, 동천축东天竺 거사居士인 이사라伊舍罗와 구담금강瞿昙金刚 등과 함께 공동으로 경전을 번역하였다. 경전을 중국어로 번역하는 과정에서 외국에서 온 승려들의 중국어 수준은 갈수록 높아졌다. 이밖에 의정은 중국 최초의 산스크리트어와 중국어의 이중언어사전인 『범한천자문梵汉千字文』을 편저하였고, 그중에 상용 산스크리트어 단어 995개를 수록하였는데 각 단어는 모두 한자를 대조한 음이 있고 아래에 한자로 표기하였다. 이 이중언어사전은 중국인이 산스크리트어를 배우는 최고의 도우미가 되었고, 산스크리트어를 아는 외국 승려들이 중국어를

---

64) "内持密藏, 外究儒流, 印度声名, 支那训诂, 靡不精奥。尝谓翻梵成华, 华皆典故, 典故则西乾细语也。遂引用『字林』, 『字统』, 『声类』, 『三仓』, 『切韵』, 『玉篇』, 诸经杂史, 参合佛意, 详察是非, 撰成『大藏音义』一百卷。", 『宋高僧传』권5.

배우는 데에도 큰 도움을 주었다. 일본으로 건너간 중국 승려 중 영향력이 가장 큰 사람은 감진鑒真(688-763) 스님이었다. 감진은 일본의 쇼무천황圣武天皇(706-756)의 초청으로 일본으로 건너갔다. 여섯 차례 일본으로 건너가 어려움을 겪고 두 눈까지 실명하고 754년(天宝13년)에는 마침내 제자들을 데리고 일본에 도착했으니 때는 이미 칠순이었다. 그는 일본에서 중국어로 율종律宗의 교리를 강의하였고 많은 일본 사람의 존경을 받았다.

2.4 송대 외국어로서의 중국어 교육

양송兩宋시기 중국 문화를 배우겠다는 주변 국가들의 열기는 식지 않았고 외국의 정부기관에서 파견된 사절과 유학생들은 여전히 중국으로 와서 국립학교에서 공부를 하였다. 고려(918-1392)가 한반도를 다스린 이후 고려는 여러 차례 유학생을 중국으로 보내 언어, 문화, 기술을 배우도록 하였다. 중국에서 불법을 구하거나 유학을 하는 고려 승려도 대단히 많아서 양국의 문화 교류측면에서 교량 역할을 하였다.

송대宋代에는 중일 교류도 비교적 빈번하게 이루어졌는데 당시 명주明州가 양국 교통의 문호였다. 당시 문화교류에 있어서 양국 승려들이 중요한 역할을 하였다. 일본의 유명한 승려인 에이사이荣西65)는 1168년과 1187년 두 차례 중국으로 와서 열심히 공부한 후 일본에 선종禅宗을 전파하였다.

베트남은 줄곧 송과 긴밀한 교류 관계를 유지하였다. 문화교류에 있

---

65) 에이사이, Eisai, 荣西, 1141-1215, 일본인.

어 중국 문자는 베트남에 큰 영향을 미쳤고 베트남은 오랫동안 한자를 사용하기도 하였다. 13세기와 14세기 즈음에 베트남인은 자신들의 문자를 개발하였는데 이를 "추놈(Chunom, 字喃)"이라 한다. 추놈은 한자를 소재로 하였는데, 형성, 회의, 가차 등의 조자방식을 운용하여 창조한 문자로 베트남의 언어를 기록하였다.

양송시기 중국과 서남지역의 관계도 더욱 발전하였다. 북송이 시작될 때부터 아랍지역과의 교류를 매우 중시하였다.『송사・대식전宋史・大食传』에 분명하게 기록되어 있다. 건덕乾德 4년(966) 송나라는 사절로 승려 행근行勤을 대식大食으로 보냈다. "서역을 다니며 그 왕의 서신을 전해 주어 그 나라에 대한 관심을 불러일으켰다."[66] 천위안陈垣의 고증에 따르면 요辽나라 천찬天贊 3년(924)부터 송나라 개희开禧(1207)까지 284년 동안 대식大食은 39차례 사절을 파견하였다.[67]

이전에 비해 송나라의 중국어 교육은 두 가지 독특한 점이 있었다. 첫째, 해외무역의 번영으로 중국어 교육대상과 교육기관에 새로운 변화가 생겨났다. 주로 연해 항구에 전문적으로 외국인을 모집하는 번학蕃学이 설립되었다. 둘째, 송나라에는 동시에 병존하는 소수민족 정권이 많이 있었다. 이 정권의 통치자들은 중원문화를 매우 중시하고 중국어와 한문화 교육을 적극적으로 펼치고자 하였으며 심지어 한자를 근거로 자기 민족의 문자를 만들었는데 이로써 중국어 교육의 깊이가 더욱 깊어졌다.

---

66) "游西域。因赐其王书，以招怀之。"
67) 천위안陈垣,『回回教入中国史略』, 바이서우이白寿彝,『中国伊斯兰史存稿』(부록), 宁夏人民出版社, 1982년에 수록되었다.

2.4.1 번학(蕃学)의 설립

당나라 때 외국과의 교류는 주로 서북 육로를 통해 이루어졌다. 양송시기 때는 전쟁으로 인해 서북육로가 끊어졌다 이어지기를 반복하였기 때문에 외국과의 경제문화 교류는 주로 동남쪽 바닷길을 이용하였다. 북송 때는 송나라 정부가 해외무역을 매우 중시하여 해외무역이 이전 시기보다 훨씬 성행하였다. 개보开宝 4년(971), 북송 정부는 일찍이 광저우广州에 시박사市舶司[68]를 설치하였고, 그 후에 또 항저우杭州, 명주明州, 취안저우泉州, 미저우密州의 판교진板桥镇(산동 교현(山东 胶县)), 수주秀州의 화정현华亭县(상하이시 주강(上海市珠江) 일대)에 시박사나 시박무市舶务를 설치하였다. "해상 선박, 세금 징수, 무역 등의 일을 처리하면서 먼 곳에서 온 사람들을 관리하고 멀리서 온 물건을 교류하였다."[69] 남송 때, 미저우密州가 금金나라로 귀속된 후 다른 다섯 곳의 시박市舶기구는 계속 남았고, 온주温州, 강음군江阴军 두 곳은 시박무를 증설하였다.

광저우广州는 양송시기 가장 중요한 항구도시였다. 주거비周去非[70]의 『영외대답岭外代答』의 기록에 따르면 송나라 때 많은 국가와 지역들이 광저우와 밀접한 교류를 맺고 있었는데, 그중 동남아 지역의 안남국安南国(현 베트남 북부), 점성국占城国(현 베트남 중부), 빈동롱국宾瞳胧国(현 베트남 판롱(Phan Long)부근), 진랍국真腊国(현 미얀마 및 태국남부), 포감국蒲甘国(현 미얀마 Bagan), 등류매국登流眉国(현 말레이반도), 불라안국佛罗安国(현 말레이반도 클랑(Klang)항 부근), 마라노국麻啰奴国(현 칼리만탄섬(Kalimantan Island) 서북부), 상하

---

68) 역자 주 : 시박사는 송宋, 원元, 명초明初에 각 항구에 만들어진 해상대외무역을 관리하는 관청으로 오늘날의 세관海关에 해당한다.
69) 『송서·직관지宋书·直官志』
70) 역자 주 : 주거비周去非의 자字는 직부直夫이고 영가永嘉(지금의 절강) 사람으로 남송 지리학자이다.

축上下竺(현 말레이반도 남부 아우라섬(Pulau Aur)), 난리국쁘里国(현 수마트라섬 아체(Aceh)), 삼불제국三佛齐国(현 수마트라섬 발렌방(Balenbang)일대), 파사국波斯国(현 수마트라섬 서부), 도파국闍婆国(현 자바섬 중부), 사화공국沙华公国(현 인도네시아 말루꾸(Maluku)군도 일대), 십이자석十二子石(현 카리마타(Karimata)군도의 세루트(Serut)섬), 남아시아의 천축국天竺国, 주련국注辇国(현 인도 코로만델(Coromandel)해안 일대), 세란국细쁘国(현 세렌디브(Serendib)섬), 고림국故临国(현 퀼론(Kollam)), 남니화라국南尼华罗国(현 파키스탄 신드(Sind)지역), 서남아시아의 대식국大食国, 백달국白达国(현 이라크 바그다드), 대진국大秦国(현 이라크 혹은 인도 남부), 묵가국默加国(현 사우디아라비아 메카(Mekka)), 마리발국麻离拔国(현 아랍반도 남부), 아프리카의 물사리국勿斯里国(현 이집트), 타반지국陁盘地国(현 이집트 다미에타(Damietta)항), 곤륜층기국昆仑层期国(현 모잠비크와 마다가스카르섬 일대), 심지어 유럽의 목란피국木쁘皮国(현 스페인 남부) 등이 있다.

외국과의 경제무역이 날로 빈번해짐에 따라 광저우에 모여 사는 외국인이 현저하게 늘어났고 중국에서 머무는 시간도 길어져 교민이 되었다. 그들은 자신이 모여 사는 곳에 "번방蕃坊71)"과 "번항蕃港"을 만들었고, 자신들이 "번장蕃长"을 추천하여 "번방蕃坊"을 관리하며 교민 스스로의 지역 주민센터社区, 시장, 교회教堂를 가지게 되었다. 송 휘종徽宗 대관大观 2년(1108) 광저우에는 또 번학蕃学을 설립하였는데, 교육대상은 외국 화교 자녀들이었고 교육내용은 중국어와 한문화였다.

송대에 취안저우泉州는 농업과 수공업이 크게 발전하였고 해외 교통

---

71) 역자 주 : 번방蕃坊은 "번방番坊"이나 "번항蕃巷"이라고도 하는데, 중국 당송唐宋시기 아랍과 페르시아의 이슬람 교민이 중국에서 모여 사는 지역으로 이슬람교가 중국으로 들어오는 초기의 조직 형식이다. 당시 중국으로 온 아랍(대식국), 페르시아 상인을 "번상蕃商", "번객蕃客"이라고 하였다. 외국 상인들이 번방에 많이 거주하고 있어서 외국 물건을 거래하는 번시蕃市가 있었다.

무역이 번성하였다. 북송에 이르러 취안저우의 대외무역은 31개 국가와 지역까지 확대되었고, 명주明州(현 절강 영파(浙江宁波)) 수준이거나 그것을 뛰어넘는 수준으로 광저우 다음이었다. 기록에 따르면 당시 취안저우의 해외 58개 국가나 지역과 통상을 하여 "외국인들과 중국인들이 함께 살고 있었으며 권세가들이 나란히 살고 있는"72) 국제도시가 되었다. 북송의 대관大观, 정화政和 년간(1107-1117)에는 취안저우에 번학蕃学을 건립하고 전문적으로 현지의 외국인 자녀를 모집하였으며, 이곳에서는 주로 외국어, 중국어, 한문화를 교육내용으로 삼았다.

송나라 때에는 해상무역에 관심을 가졌을 뿐만 아니라 서북 육로교통 관리를 강화하려고 시도하였다. 당말唐末 오대五代에서 송초宋初까지 청해青海는 토번吐蕃의 지방 세력과 크고 작은 종교 지도자들이 분산통치를 하는 곳이었다. 송대 진종真宗 대중상부大中祥符(1008-1016) 초년에 이립존李立遵은 곽주廓州에서 각사라角厮罗(997-1065)를 찬보赞普73)로 추대하였는데 이는 하황河湟 지역의 토번吐蕃 정권－각사라 정권의 탄생을 의미한다. 경내는 토번 사람이 주체가 되었고, 그밖에 당항党项 사람, 한汉나라 사람, 회골回鹘74) 사람, 서역 상인 등이 있었는데 인구가 가장 많았을 때는 약 백만 명에 달했다. 각사라가 강성해지고 그 곳이 중요한 전략적 위치를 차지하면서 주변 민족과 국가의 관심을 불러일으켰다. 각사라 정권은 송, 서하西夏, 요辽, 회골, 서역과 모두 교류하였고, 송과는 특히 밀접한 관계를 유지하였다. 송 정부는 희하熙河의 난황로兰湟路에 번학을 설치하였고 토번 귀족 자제에게 유학 교육을 실시하였다. 이 학교들의 교재

---

72) "夷夏杂处, 权豪比居"『宋书·诸蕃志』
73) 역자 주 : 토번의 왕에 붙는 이름이다.
74) 역자 주 : 회골은 중국의 소수민족이 살고 있던 곳으로 신장新疆, 네이멍구内蒙古, 간쑤甘肃, 몽골蒙古 그리고 중앙아시아의 일부지역을 가리킨다.

는 당시 최고 학부인 국자감의 표준 교재였고, 교사는 유학에 정통하고 현지 민족 풍습에 익숙한 한족 인사가 담당하였다.[75]

2.4.2 중국어 한자의 전파와 한문학 체계의 형성

"아시아 역사에서 한족이 아닌 사람이 대규모로 한자를 차용한 것은 남북조에서 송까지 약 800년 동안이었다. 한자는 이 기간 동안 거란契丹, 여진女真, 조선, 일본, 베트남에 전해졌고, 백족白族, 묘족苗族, 동족侗族, 수족水族 등 많은 소수 민족이 거주하던 지역에 전해져 이 민족들이 자신의 언어를 기록하는 중요한 도구가 되었다."[76] 다른 나라와 지역의 소수 민족은 중원의 한자가 만들어진 것을 참고하여 주동적으로 자신의 문자를 만들었는데, 직접적인 원인은 중국의 한문자가 오랜 기간 동안 광범위하게 전해졌기 때문이며, 근본적인 원인은 "당, 송, 원 3대 왕조가 강력한 정치세력과 번영된 민족 문화를 가지고 있었기 때문에 나타난 것으로 이는 필연적인 결과이다."[77]

거란대자契丹大字는 요나라(907-1125)의 정부 공식 문자이다. 거란은 요나라를 건국한 후, 통치자가 중원 문화를 숭상하여 중원 문화와 언어를 적극적으로 수용하였다. 920년, 요나라 태조 예률아보기耶律阿保机의 관심 속에 요나라 대신인 예률돌려불耶律突呂不은 한자를 모방하여 거란문자를 창제하였는데 글자 수는 총 수천 개다.

여진문자女真文은 금나라(1115-1234)의 정부 공식 문자이다. 금 태조 완

---

75) 『续资治通鉴长编』 권223, 권248 참고.
76) 녜홍인聶鸿音, 『중국문자개략中国文字概略』, 语文出版社, 1998년 p89-96.
77) "唐, 宋, 元三大王朝强大的政治势力以及繁荣的民族文化所导致的必然结果."
   녜홍인聶鸿音, 『중국문자개략中国文字概略』, 语文出版社, 1998년 p71-72.

안아골타完顔阿骨打는 완안희윤完顔希尹에게 자신의 뜻을 알리어 글자를 창
제하게 되었고 1119년에 정식 반포하였다. 여진문자의 창제 원칙은 "중
국인의 해자楷字를 모방하였는데 거란의 글자제도에 따라 본국의 언어로
적합하다."78)이다. 그중 "중국인의 해자를 모방하였다"는 것은 여진문자
의 자형이 중국어의 해서楷书를 모방하였음을 가리킨다. 한자의 자형을
차용하고, 한자의 필획을 늘리거나 줄이고, 한자의 가로 쓰기(橫, 횡), 곧
게 내려쓰기(竪, 수), 왼쪽으로 삐치기(撇, 별), 오른쪽으로 삐치기(捺, 날) 등
의 필획을 이용하여 다시 글자를 만들었다.

서하西夏(1039-1127)는 강羌나라 사람의 한 부류인 당항강党项羌이 주체
가 되어 만든 봉건 왕조이다. 서하는 아직 정식으로 나라를 세우기 전에
외명원호嵬名元昊(1003-1048)가 신하 야리인영野利仁荣에게 문자를 창제하라
고 명령을 내려 당항어를 기록하라고 하였다. 서하문이 만들어진 후에
"나랏글자国字"라고 높이 부르니 정부와 민간에 대대적으로 널리 알리고
응용하여 한문자 체계 중 가장 보급이 잘된 문자가 되었다. 서하가 나라
를 세운 후 역대 통치자들은 계속해서 "유교 숭배, 불교 신봉"의 문교文
教정책을 펼쳐나갔다. 이원호79)는 건국 2년(1039)에 정식으로 번학과 한
학을 설치하고, 번蕃과 한汉 관리의 자제들을 선별 입학시켰다. 1145년,
대한태학大汉太学을 창립하고 유명한 유학자를 엄선하여 강의를 하도록
하였다. 그 후, 서하는 중앙에는 연이어 한학(국학, 태학), 번학, 소학小学,
내학内学을 만들고, 지방에는 주현州县의 학교와 주현의 번학蕃学을 만들
었다. 번학과 한학의 교육내용은 한문화 전수가 주를 이루었으며, 교재
는 경经, 사史, 자子, 병兵, 의医, 자字 등의 서적을 포함한 한문화 전적이

---

78) "依仿汉人楷字, 因契丹字制度, 合本国语"『金史‧完颜希尹传』
79) 역자 주 : 이원호李元昊(1003-1048)는 당항족党项族으로 서하西夏 개국 황제이다.

었고, 특히 언어 문자 교육을 중시하여 이중 언어 교육을 적극적으로 추진하였다.

2.5 원대 외국어로서의 중국어 교육

13세기 몽골이 흥기한 이후 징기스칸Ghinggis Khan[80])과 계승자는 중국 역사에서 전무후무한 방대한 원 제국(1279-1368)을 건설하였다. 『원사·지리지元史·地理志』에 원나라의 국토는 "북쪽으로 음산陰山을 지나가고 서쪽으로 유사流沙(내몽골고비) 사막에 이르며 요동辽左[81])에 이르렀고 남쪽으로 바다 건너의 땅을 뛰어 넘었다. 그 영토의 넓이는 한汉이나 당唐과 비교할 때 동남쪽으로 뒤지지 않으며 서북쪽으로는 그것들을 뛰어넘었으니 리里의 수로는 경계 짓기 어려운 면이 있었다."[82])라고 하였다. 원 정부는 동서 수륙 요충도로를 적극적으로 개통하였는데, 육로로는 서남 아시아를 거쳐 유럽과 아프리카에 이르는 노선이 있는데 이는 러시아, 동유럽, 아랍, 터키, 아프리카까지 갈 수 있었고, 수로로는 아랍, 인도, 이란波斯, 아프리카까지 갈 수 있었다.

원나라는 조선, 일본, 베트남, 미얀마, 이슬람 국가 등 아시아 국가와 적극적으로 외교 활동을 펼쳤고 정부나 민간 교류를 함께 진행하였다. 원나라가 전국을 통일함에 따라 이슬람교가 중국에 광범위하게 전파되었고, 마침내 중국 내에 무슬림 민족과 이슬람 문화를 형성하였다. 원대

---

80) 징기스칸, Ghinggis Khan, 成吉思汗, 1162-1227, 몽고족.
81) 역자 주 : 辽左는 辽东의 별칭이다.
82) "北逾阴山, 西极流沙, 东尽辽左, 南越海表", "东南所至不下汉、唐、而西北则过之, 有难以里数限者." 『元史·地理志』

에는 취안저우泉州에 거주하는 번객蕃客이 많았는데 천주에서 장사를 한 사람으로 가장 유명한 아랍大食 상인인 포수경蒲壽庚[83]은 1278년 송을 배반하고 원나라로 투항하였고 원나라에 중용되어 푸젠행성福建行省 중서좌승中書左丞으로 승진하였으며 오직 원나라를 위해 상인들을 투항하게 하였다. 원 정부는 이전 어떤 때보다 유럽과 더욱 밀접한 관계를 마련하였다. 『마르코 폴로의 동방견문록马克·波罗游记』[84] 기록에 따르면 원 정부는 지리적으로 멀리 떨어진 유럽 로마 교황청으로 사신을 파견하여 주동적으로 교황과 서신을 주고받았다. 원나라에서 시행한 대외개방 정책은 해외 문명을 대대적으로 중국에 들여왔을 뿐 아니라, 중국의 찬란한 문명을 해외로 전하기도 하였다. 이로써 많은 외국인들은 중국의 오래된 문화, 선진적인 생산 기술, 풍부한 물산에 대해 이해하게 되었다.

원 제국이 형성되고 국경이 점차 확대됨에 따라 중세기 처음으로 넓은 지역 내의 각 민족끼리 교통이 서로 통해야 하는 상황이 되었고 각 민족이 이동하고 집결하는 새로운 기회가 만들어졌다. 그리고 객관적으로 볼 때, 동서 교통의 새로운 시대가 열려 중외문화의 교류와 전파를 위한 예전에 없던 좋은 환경이 만들어졌다. 이러한 문화 교류 속에서 제2언어로서의 중국어 교육이 더욱 필요하게 되었다.

---

[83] 역자 주 : 포수경蒲壽庚(1205-1290)은 포수경蒲受畊이라고도 하며 호는 해운海云이다. 송 말末末 원초 시기 사람으로 아랍色目 상인 후예로 포개종蒲开宗의 아들이다. 『泉州人名泉·蒲开宗』취안저우泉州 시박사에서 30년을 재임하였고, 송원시기 "번객회족蕃客回回"의 대표 인물이다. 후에 송을 배반하고 원에 투항하였고 유명한 무슬림 해상, 정치가, 군사가로 평생 동안 많은 업적을 남겼다.

[84] 『马克·波罗游记』(*The Travels of Marco Polo*).

2.5.1 몽고 국자학

몽고 통치자들은 중원으로 들어오기 전부터 중원 지역의 선진 문화를 대단히 중시하였다. 원나라 태종 오고타이(Ogotai, 窩闊台)는 재위 기간 동안 유학자를 중용하여 공자 51대손인 연성공衍聖公으로 하여금 공자묘를 대대적으로 수리하게 하였고, "먼저 귀족 자제들을 지도하고, 중국어에 정통하게 하라"[85]고 하였다. 오고타이는 중국어로 강의하는 교과 과정으로 된 귀족 자제 학교를 설립하였다.

원 세조인 쿠빌라이 칸(Kublai Khan, 忽必烈, 1215-1294, 몽고족)은 중국을 통일한 이후, 과거 전반적으로 한문화를 모방하던 교육정책을 바꿔 몽고문화를 시행함과 동시에 한화汉化를 심화하는 이중 정책을 실시한다. 1271년 원 정부는 대도시에는 몽고국자학蒙古国子学을 설립하고 지방에는 몽고자학蒙古字学을 설치하였는데, 몽고인뿐만 아니라 중국인과 색목인色目人 자제의 입학도 허용하였다. 원나라는 중국인 이외의 서역 각 민족과 서하西夏인을 색목인이라고 불렀는데 그것은 피부색과 눈동자 색이 다르다는 것을 의미한다. 색목인의 종류는 매우 복잡한데, 그중에 회족이 가장 많았고, 옹구트(Ongut, 汪古, 현 네이멍구 대청산(大青山) 일대)인, 서하(Kingdom Of Xia, 西夏, 하서河西사람이라고도 한다. 현 영하 간쑤宁夏甘肃 일대)인, 위구르(Uyghur, 畏兀儿人, 현 위구르, 당시 주로 신장新疆 동부에 있었다)인, 카를룩(Qarluq, 哈剌鲁, 중앙아시아 발하슈(Balkhash) 호수 남쪽 일대)인, 캉글리(Kangli, 康里, 중앙아시아 아랄해(Aral Sea) 이북 일대)인, 칩차크(Qipchaq, 钦察, 중앙아시아 흑해 이북 일대), 아조프(Azov, 阿速, 서아시아 코카서스(Caucasus))인, 아르군(arghun, 阿儿浑, 중앙아시아 제티슈(Zhetysu)지역에서 초하유역 일대)인 등이 있다.

---

85) "首诏国子, 通习华言" 마조상(马祖常, 1279-1338), 『大兴府学孔子庙碑』.

당시의 유럽인(Frank, 发郎, 郎人)은 당연히 색목인에 속한다. 그러므로 색목인에게 개설된 중국어, 한문화 교과과정은 당연히 원나라의 외국어로서의 중국어 교육 사업에서 중요한 구성 부분이다.

『원전장·예부元典章·礼部』의 기록에 따르면, 몽고국자학과 몽고자학이 두 학교는 유가 경전을 공부하는 것이 주요 학습 내용이다. 과거시험에서 "몽고인과 색목인의 경우 첫 번째 시험은 경전 중 다섯 가지를 묻는데, 『대학大学』, 『중용中庸』, 『맹자孟子』, 『논어论语』 안에서 질문을 하고, 뜻이 분명하고 문체가 전아한 것 가운데에서 선정하고, 주희朱熹의 장구를 사용한다.[86] 두 번째 시험의 두 번째 문제는 주로 실무 위주의 문제이고, 오백 자 이내로 글자 수를 제한한다."[87]

중국인과 몽고 통치자들이 더욱 편리하게 교류하기 위해 원 세조 쿠빌라이는 『지원역어至元译语』를 편찬하였는데, 몽고어 어휘를 천문, 지리, 인사, 기물로 분류하여 한자로 몽고어 어휘를 기록하였고, 다시 중국어로 단어를 해석하여 특수한 형식의 이중 언어 대역사전을 만들었다. 이러한 사전은 몽고어를 사용하는 사람이 중국어를 공부하는 데에 유용한 공구서가 되었다.

2.5.2 중국 밖에서 이루어진 외국어로서의 중국어 교육과 『노걸대』, 『박통사』

중국 본토에서 진행된 외국어로서의 중국어 교육 외에 외국 정부가 본토에서 중국어 학습을 이끌어내기도 하였는데 그곳에서도 중국어를

---

86) 『大学』, 『中庸』, 『孟子』, 『论语』内设问, 义理精明, 文辞典雅为中选, 用朱氏章句。
87) 以时务为题, 限五百字以上。

가르치는 중국인이 있었다. 『광동신어广东新语』에 따르면, 송 말에 원나라한테 반항한 것이 실패로 끝난 후, 이죽은李竹隐[88]은 일본으로 건너가 일본인에게 주자학설朱子学说을 가르쳤는데 현지 일본인들로부터 부자夫子라고 불리기도 하였다. 원나라 황제는 보타산普陀山의 고승을 국가 사절로 일본에 파견하였다. 1299년 묘자홍제妙慈弘济 대사인 일산일영一山一宁(1247-1317)이 일본에 사절로 가서 오랫동안 중단되었던 중일 우방외교를 회복하였다. 그는 일본에서 중국어 교육에 종사하였고 불교와 세속에서 제시된 각종 언어문화 문제에 답할 수 있어서 "일산파선학一山派禅学"을 창립하고 불교에 귀적한 후 일본 황제로부터 "국사国师"라는 칭호를 받았다. 명극초준明极楚俊(1262-1336)과 축선범선竺仙梵仙(1293-1349) 등은 일본으로 건너가 중국어를 가르치고 일본의 오산학파五山学派에 큰 영향을 미쳤다.

한반도도 중국어 교육을 적극적으로 펼쳤다. 원대부터 고려는 원 정부의 책봉을 받기 시작하였기 때문에 중국어 인재를 키워내지 않으면 외교활동에 불리하게 작용했을 것이다. 그래서 삼한三韩에서 고려에 이르기까지, 고려는 한어도감汉语都监과 사역상서방司译尚书房을 만들어 중국어를 가르쳤다. 그리고 일부 고려 백성은 자식들을 현재 국제 학교와 비슷한 한아학당汉儿学堂으로 보냈다. 『조선왕조실록朝鲜王朝实录』은 "원나라 때에 한남汉南 사람인 한방韩昉, 이원필李原弼 등은 고향을 떠나 학생들을 가르치는 중요한 임무를 맡았다."[89]라고 기록하고 있다. 그밖에, 홍집洪楫,[90] 설장수偰长寿(1341-1399) 등도 고려에서 중국어를 가르쳤다.

---

88) 생몰연대 미상, 송나라 사람이다.
89) "在先元朝之际, 汉南人韩昉, 李原弼等辈, 避地出来, 训诲生徒, 谨备事之大任."
90) 역자 주 : 홍즙이라고도 한다.

현재 볼 수 있는 고대 한반도 최초의 중국어 교과서는『노걸대老乞大』
와『박통사朴通事』이다. 이 두 교재는 조선 이조 초기 고려 사람들이 중
국어를 배우는 교과서로 대략 원 말년에 완성되었다. 그 근거는 다음과
같다. (1)『성종실록成宗实象』11년 10월 을축조乙丑条에 "이것은 원나라
때의 말이다. 오늘날 화어华语와는 많이 다르고 이해되지 않는 부분이
많이 있다."91) 따라서, "중국어를 할 줄 아는 사람을 선발하여『노걸대』
와『박통사』를 수정하였다."92) (2) 교재에 원나라 지정至正6년(1346) 성남
城南의 영녕사永宁寺에 가서 고려 승려인 보허步虚 대사의 설법을 들었다
고 기록되어 있다. 따라서 이 두 교재의 탄생은 1346년 이후에서 1368
년 원나라 멸망까지 22년 기간이 된다.

『노걸대』와『박통사』의 내용은 모두 일상 회화로 여행, 무역, 풍속 습
관, 문물제도 등이며 중국어를 배우는 사람한테는 매우 실용적이고 재
미있게 되어 있다.93)『노걸대』와『박통사』는 외국어로서의 중국어 교육
관련 교재발전사에서 대단히 중요한 위치를 차지하고 있다. 청샹원程相文
은 중국어를 제2언어로 하는 교재의 발전사는 모어 교재를 사용하는 단
계, 어휘 중심 단계, 본문 중심 단계, 문법 구조 중심 단계 이 네 단계를
거친다고 말한다. "'어휘 중심 교재'에서 '본문 중심 교재'로 넘어가는
역사의 변화 시기에서『노걸대』와『박통사』는 새로운 의의를 갖게 되는
데 그것은 중국어 제2언어 교육에 세 가지 변화를 가져왔다. (1) 어휘
교육 중심에서 본문 교육 중심으로의 전환, (2) 서면어 교육 중심에서
구어 교육 중심으로의 전환, (3) 언어요소 교육 중심에서 언어의 의사소

---

91) "此乃元朝时语也. 与今华语颇异, 多有未解处."
92) "选其能汉语者删改『老乞大』,『朴通事』"
93) 궈쭤페이郭作飞,『『조선시대 중국어교과서 총간』간평朝鲜时代汉语教科书丛刊』简评」,『世界汉语教
    学』, 2005년 제4기.

통 기능 중심으로의 전환이 바로 그것이다. 종합하면, 모어 교재에서 전문적인 제2언어 교재로의 근본적인 전환이 이루어졌다."94) 아울러 14세기에 출판된 『노걸대』는 현존하는 최초의 외국인이 공부하는 중국어 구어 교재일 것이다.

2.6 명청시기 이전 중국의 외국어로서의 중국어 교육의 특징

중국 고대의 외국어로서의 중국어 교육은 중국과 인도 등 서역국가와 민족 간의 문화 교류를 위해서 시작되었다. 일찍이 인도와 서역에서 중국으로 온 승려들의 동기는 매우 분명했는데 바로 불교를 전파하기 위한 것이었다. 그래서 그들은 중국어를 배우고자 하는 마음이 매우 강했고 일정한 시간동안 배운 중국어 지식을 이용하여 효과적으로 불경을 번역하고 강의하였다. 당연히 당시 중국어 교사는 대부분 불교 승려였고 그들은 제2언어로서의 중국어 교육에 대한 인식이 분명하지 않았다. 하지만 서진西晉 이후 대량의 우수한 불경 번역 인재들이 출현한 것은 경험의 측면에서 외국어로서의 중국어 교육을 하는 교사들을 배출하는 것이 매우 효과적이었다는 것을 설명해준다. 동한東汉에서 원元까지 외국어로서의 중국어 교육은 다음 몇 가지로 귀납할 수 있다.

---

94) 청샹원程相文, 「중국어 제2언어 교육 발전사에서 『노걸대』와 『박통사』의 위치『老乞大』和『朴通事』在汉语第二语言教学发展史上的地位」, 『汉语学习』, 2001년 제2기.

2.6.1 동한에서 서진(약 2~4세기)까지 - 모색 및 탐구 단계

1. 이 시기는 중국과 인도 두 문화권이 처음 접촉을 시작하였고, 중국으로 오는 많은 승려들은 모두 상인들과 함께 중국으로 오는 도중에 중국어를 배웠다. 또 전통의 차이로 인해 불경 번역 사업은 진정한 의미에서 문화 교류를 촉진하지는 못하였다.

2. 이 시기의 번역은 진정한 의미에서 정부의 계획 하에 진행된 것이 아니라 모두 민간의 지원 속에서 진행되었기 때문에 중국으로 온 역경승에 대한 중국어 훈련은 아직까지 체계적이지 않았다.

3. 역경의 규범과 역장 제도가 아직 갖춰지지 않았기 때문에 이 시기의 번역 방법은 비교적 간단하였다. 종종 외국 승려가 불경 원문을 외워서 말하면 "인도어度语"를 중국어로 번역하고, 다시 "필수笔受하는 사람"이 손으로 중국어로 기록한다. 그 후 윤색을 거쳐 불경 한 권이 출판되고 유통된다. "설인舌人"의 "인도어"를 필요로 하지 않는 역경승은 당시에 별로 없었기 때문에 이 시기의 불경 수준은 비교적 낮았다.

2.6.2 동진에서 수나라 이전(약 5~6세기) - 성숙 단계

1. 이전의 진秦 세조인 부견苻坚(338-385)과 후진后秦의 요흥姚兴(366-416)은 역장을 만들기 시작하였고 많은 번역 인재들이 번역에 종사할 수 있도록 선발하여 불교 경전을 중국어로 번역하는 최초의 개인 번역자가 정부가 주도한 번역 작업에 투입되었다.

2. 첫 단계의 역경승은 그들의 중국어 수준이 높지 않거나 중국어를 전혀 이해하지 못하였기 때문에 매우 진지하게 번역을 하였다. 사실 이 시기 역자들은 상황이 많이 달랐다. 구마라습鸠摩罗什은 대승불교大乘佛教

의 공종空宗에 정통하였고 스스로 자유롭게 중국어를 사용할 수 있어서 원래의 뜻을 제대로 아는 상황에서 원문 형식에 구속받지 않고 과감하게 번역을 해나갈 것을 주장하였다. 이것으로 볼 때 당시 역경승의 중국어 수준이 이미 많이 향상되었음을 알 수 있다.

2.6.3 수당송원시기 외국어로서의 중국어 교육의 서비스화와 제도화

수隋 당唐 송宋 원元 시기에 외국어로서의 중국어 교육은 국내외 통치자들이 매우 중요하게 생각한 분야로 점점 서비스화하고 제도화하였고, 수당 이후에는 정부 파견 유학생 제도가 점차 정규화하고 완벽해져갔다.

이 시기의 중국어 교육은 여전히 독립적으로 진행되는 것이 아니라 다른 목표를 위해 행하는 것으로 일반적으로 경학, 사학, 철학, 종교, 윤리학 등과 함께 연계하여 강의 하였다. 송원 이후에는 또 경제 무역활동을 위해 진행되기도 하였다. 이것은 역대로 중국에 와서 공부를 하는 사람들의 학습 목적과 중국의 중국어 교육기관의 특징에 따라 결정되었다.

2.6.4 고대 외국어로서의 중국어 교육의 특수한 성과
: 한문자 체계의 형성

기원전 깊이 있는 중원 문화의 바탕에서 탄생한 한문자汉文字는 이미 다른 나라로 전해졌고 심지어 각 현지의 언어를 기록하는 데에도 사용되었다. 하지만 다른 나라(민족)는 "10세기 이후 주동적으로 한자를 대조하면서 자신의 민족 문자를 만들어내었는데, 이것은 당 송 원 3대 왕조의 강력한 정치력과 우수한 민족 문화로 만들어진 결과라고 볼 수 있다."95)

2.6.5 수당송원시기 외국어로서의 중국어 교육 교재의 변화

隋隋 당唐 송宋 원元 시기의 중국어 교육에 관한 교재는 다음 세 부분으로 구성된다.

첫째, 이 시기 "전직 혹은 "겸직"하는 중국어 교사는 교육할 때 직접 유가경전이나 경经, 율律, 논论, 어록语录, 비온秘蕴 등의 불교 문헌을 교육용 교재나 자료로 삼았다. 이것은 당시 사람들이 모어 학습과 제2언어 학습에 대한 인식적 차이가 그다지 크지 않았음을 설명한다.

둘째, 중국어와 외국어를 대조한 이중언어사전이나 수첩의 출현은 수당 송 원 시기 외국어로서의 중국어 교육의 발전으로 볼 수 있으며, 그것은 교육자나 학습자의 중국어 학습에 대한 절실한 요구가 있었고, 어휘 교육에 대한 중요성을 충분히 인식하고 있었음을 반영한다.

현존하는 최초의 외국어와 중국어 이중 언어 자전蕃汉双语字典으로는 13종의 선비어鲜卑语 중국어 대조자서对照字书가 있는데 그것은 바로『국어国语』,『국어물명国语物名』,『국어진가国语真歌』,『국어잡물명国语杂物名』,『국어십팔전国语十八传』,『국어어가国语御歌』,『국어호령国语号令』,『국어잡문国语杂文』,『선비호령鲜卑号令』,『잡호령杂号令』이다.『수서・경적지隋书・经籍志』의 기록에 따르면 "후위后魏가 애초에 중원으로 도읍을 정하고 군대에서 호령을 하는데 모두 이어夷语로 하였다. 후에 중원의 풍속에 물들어 대부분 통할 수가 없어서 그 본래의 언어를 기록하고 서로 배우고 가르치며 전수하였는데 이것을 "국어"라고 한다."라고 하였다.[96] 당唐 현응玄应의『일체경음의一切经音义』와 혜림慧琳의『일체경음의一切经音义』는 많은 음

---

95) 네홍인聂鸿音,『중국문자개략中国文字概略』, 语文出版社, 1998년 p71-72.
96) "后魏初定中原, 军容号令, 皆以夷语. 后染华俗, 多不能通, 故象其本言, 相传教习, 谓之'国语'."

역된 산스크리트어를 해석하였다. 당 이후에는 한자로 다른 민족의 언어를 기록하고 자서를 편찬하는 전통이 여전히 이어져 내려왔다. 골륵무재骨勒茂才가 편찬하여 1190년에 출간한 『번한합시장중주番汉合時掌中珠』는 서하문西夏文과 한문汉文의 어휘대조집이며, 당시 서하지역에 널리 전해진 외국어와 중국어의 언어 문자를 소통하는 상용 사전이었다. 원대의 『지원역어至元译语』도 이런 종류에 속하는 서적이다.

셋째, 원나라 때의 『노걸대』와 『박통사』의 출현은 외국어로서의 중국어 교육에 있어 전문 교재의 출현을 상징한다. 외국인이 편찬한 이런 교재는 내용의 대부분이 일상생활에 관련된 것이며 구어체를 채택하였다. 이것은 송원 이후 중국과 다른 나라들이 단지 문화 교류만 하는 것이 아니라 경제 무역의 비중이 점점 높아지고 있었기 때문에 외국 민족들이 중국어 구어를 잘 할 필요가 있어서 전통적인 문언문 위주의 중국어 교재는 더 이상 학습자들의 요구를 충족시킬 수 없었다.

생각해 볼 문제

명청 이전 중국 고대시기 외국어로서의 중국어 교육의 특징을 설명하세요.

제3장 │ 명청시기 외국어로서의 중국어 교육

3.1 명청시기 외국어로서의 중국어 교육

중국과 유럽 간의 문자 교류와 접촉이 처음 시작된 것은 실크로드 때이다. "실크로드를 왕래하던 사람들은 자기 민족의 언어로 말하고 원래 그들이 살던 지역의 종교와 신앙을 가지고 있어서 마치 가장 이익이 많이 남는 자국의 제품을 전하는 것처럼 자신들의 신앙을 전파하였다."[1] 몽고 철기 기마군[2]은 유럽과 아시아 대륙의 교통을 개척함으로써 천주교가 중국에 들어올 수 있게 만들었고, 원나라 수도인 베이징에 첫 번째 주교로 임명된 몬테코르비노Montecorrino[3]는 라틴어를 가르치고 시 낭독반을 만들었다.[4] 하지만 중국과 유럽 간의 진정한 대규모의 언어 교류 — 유럽 사람들이 중국어를 배우는 것은 포르투갈 사람들이 동쪽으로

---

1) 장-노엘 로베르(Jean-Noel Robert, 让-诺埃尔·罗伯特, 프랑스인), 『로마에서 중국까지de Rome a la Chíne 从罗马到中国』, 마쥔马军·쑹민성宋敏生 역, 广西师大出版社, 2005년 p226.
2) 역자 주 : 蒙古铁骑 Mongolia cavalry.
3) 역자 주 : 조반니 다 몬테코르비노, Giovanni da Montecorvino, 孟高维诺, 1246-1328, 이탈리아인.
4) 팡하오方豪, 『중국 천주교 인물전中国天主教人物传』1책, 中华书局, 1988년 p28.

이동한 것에서 비롯되었다.[5]

3.1.1 루지에리와 마테오 리치의 중국어 학습

포르투갈 사람들이 마카오에 들어와서 중국 정부와 교류를 할 때 항상 통역을 데리고 왔는데 중국 관리들은 선교사들에게 분명하게 말하였다. "당신들은 먼저 학생이 되어 우리 중국어를 배우시오, 그 후 당신이 우리의 선생이 되어 우리에게 당신들의 교리를 알려주시오."[6] 그래서 예수회[7] 사람들은 마카오로 온 후에 중국 공식 언어를 배우는 것을 가장 중요한 일로 삼았다.

---

5) 포르투갈 사람들이 말라카 해협(Strait of Malacca)을 점령한 이후 중국어를 배웠는지의 여부에 대한 사료가 아직 없지만, 중국 현지인이 유럽언어를 배웠던 것은 틀림없다. 명明나라 정덕正德년간에 중국을 방문했던 첫 번째 포르투갈 대표단의 통역이 화자아산火者亚三이었다.
완밍万明, 『중국 포르투갈 초기 관계사中葡早期关系史』, 社会科学文献出版社, 2001년 참고할 것.
진궈핑 金国平 · 우즈량吳志良, 『마카오 관문을 넘어서过十字门』, 澳门成人教育学会, 2004년 참고할 것. 화자아산은 아마도 중국에서 최초로 유럽언어를 배웠던 사람이며, 중국 최초의 중국어 유럽어 통역사였을 것이다.
6) 베르나르 앙리(Bernard Henri, 裴化行, 1889-1975, 프랑스인), 『천주교 16세기 재중 선교지天主教十六世纪在华传教志』, 샤오루이화萧睿华 역, 商务印书馆, 1936년 p12, p183.
7) 역자 주 : 예수회(Society of Jesus, 耶稣会)는 로마 가톨릭교회 소속 수도회이다. 1534년 8월 15일에 군인 출신 수사였던 이냐시오 데 로욜라(Ignacio de Loyola, 1491-1556, 스페인인)에 의하여 설립되었다. 예수회는 전통적인 수도회가 내세우는 삼대 서원인 청빈, 정결, 순명 외에 구원과 믿음의 전파를 위해 내려지는 교황의 명령을 지체 없이 실행에 옮겨야 한다는 네 번째 서원이 덧붙여져 있다. 이것은 예수회만의 특징으로 이와 같은 정신은 종교 개혁의 물결로부터 가톨릭교회를 지키는 데 중요한 역할을 수행할 수 있게 해 주었다. 이 수도회는 전통적인 수도회의 모습 중에서 불필요하다고 보는 것은 과감하게 탈피하는 개혁적인 모습을 보여준다. 수도자의 외적인 모습보다는 내적이고 영적인 면을 더 중시하여 수도복을 입지 않는다. 수도원의 전통적인 면은 그대로 받아들이되 선교 활동이나 형식은 시대의 흐름에 맞게 자유롭게 변형을 하고 있다. 예수회의 표어는 '하느님의 더 큰 영광을 위하여(Ad majorem Dei gloriam)'이다.

1574년, 예수회 선교사인 루지에리Ruggieri[8]는 마카오에 도착한 첫 번째 사람으로 중국에서 선교를 시작하였으며 아울러 자신의 한학 생애를 시작하였다.

처음 마카오에 도착했을 때 천주교 신부인 발리냐노Valignano[9]가 했던 "중국어와 중국 글을 반드시 배워야 한다."[10]는 말을 따라 그는 중국어를 배우고 중국의 풍습을 이해하기 시작하였다. 당시 마카오에 있던 대부분의 선교사는 발리냐노의 뜻을 잘 이해하지 못해서 중국어를 배울 필요성을 인식하지 못했기에 루지에리의 행동은 많은 반향을 불러일으켰다. "지인들 중 유용한 시간을 허비하며 영원히 성공하기 힘든 연구에 종사한다는 것 때문에 완전히 그만두거나 비웃는 자가 있었다."[11] 어떤 사람은 "왜 많은 시간을 낭비하면서 중국어를 공부하고 희망 없는 작업을 해야 하나요?"[12]라는 의문을 가졌다.

처음 중국어를 배울 때의 어려움에 대해 루지에리는 편지에 이렇게 적었다. "신부님께서 편지로 저에게 중국의 언어 문자를 공부하라고 말씀하셨습니다. 읽고, 쓰고, 말하는 세 가지 모두 나란히 발전해가고 있습니다. 제가 신부님의 명을 받은 후 바로 최선을 다해서 받들고 있습니다. 하지만 중국의 언어 문자는 우리나라 것과 다를 뿐 아니라 세계 어떤 나라의 언어문자와도 다릅니다. 자모도 없고, 일정한 글자 수도 없고,

---

8) 미켈 루지에리, Michele Ruggieri, 罗明坚, 1543-1607, 이탈리아인.
9) 알레산드로 발리냐노, Alessandro Valignano, 范礼安, 1539-1606, 이탈리아인.
10) 마테오 리치(Matteo Ricci, 利玛窦, 1552-1610, 이탈리아인),『천주교의 중국 전파 역사 天主教传入中国史』(*Della Entrata Della Compagnia Di Gesù e Christianita Nella China*), 台湾光启出版社, 1986년 p113.
11) 루이 피스테(Louis Pfister, 费赖之, 1833-1891, 프랑스인),『재중 예수회 선교사 열전과 서목在华耶稣会士列传及书目』상책, 펑청쥔冯承钧 역, 中华书局, 1995년 p23.
12)「루지에리가 메르퀴리아뉘스(Mercurianus) 신부님께 드리는 글罗明坚与罗马麦尔古里诺神父书 (1580년 11월 8일)」,『마테오 리치 통신집利玛窦通信集』, 台湾光启出版社, 1986년 p426.

글자 하나에 하나의 뜻이 있습니다. 중국인은 자신의 책을 읽을 수 있는 데 15년의 힘든 세월이 필요합니다. 제가 처음 공부할 때 정말 어렵다고 생각했지만 신부님의 뜻을 받들고자 열심히 노력하고 있고 굳은 의지로 공부하고 있습니다."[13] 마테오 리치는 편지에서 중국어 학습의 어려움을 호소하고 있다. 그는 편지에서 "중국어로 된 글은 그리스어나 독일어로 된 글보다도 어렵습니다. 발음에 있어서 소리는 같으나 의미가 다른 글자가 많고, 천여 개의 뜻을 가지고 있는 말도 많습니다. 수많은 발음 외에도 평성平声, 상성上声, 거성去声, 입성入声이라는 사성四声이 있습니다. 중국인들도 글로 써서 그들의 생각을 표현하여야 하지만 그들 사이에서도 문자가 구별되지 않습니다. 하지만, 중국 문자의 구조는 직접 보거나 직접 쓰지 않으면 형용하기 힘듭니다. (지금 우리가 배우는 것처럼) 정말 어떻게 얘기해야 할지 모르겠습니다."라고 말하였다.[14]

　루지에리는 의지가 강하고 천부적인 능력이 많은 선교사였다. 마카오에 도착한지 2년 여 만에 15,000개의 중국 글자를 모두 알게 되었고 그 후 어느 정도 중국 서적을 읽을 수 있게 되었으며 3년이 좀 지난 후 중국어로 작문을 시작하였다.[15] 루지에리가 중국어를 공부하는 목적은 선교를 하는 데에 있었다. 그는 "이것은 그들을 귀화시키기 위해 반드시 해야 할 단계이다. 앞으로 중국어로 책을 쓰고 중국 글 속(종교에 관련된

13) 마테오 리치(Matteo Ricci, 利玛窦, 1552-1610, 이탈리아인), 『마테오 리치 서신집利玛窦书信集』(上), 뤄위罗渔 등 역, 台湾光启出版社, 1986년 p32.
14) 마테오 리치, 『마테오 리치 서신집利玛窦书信集』(上), 뤄위罗渔 등 역, 台湾光启出版社, 1986년 p446.
15) 마테오 리치, 『천주교의 중국 전파 역사天主教传入中国史』, 台湾光启出版社, 1986년 p114.
　　안데르스 융스테트(Anders Ljungstedt, 龙思泰, 스웨덴인), 『초기 마카오사早期澳门史』, 东方出版社, 1997년 p193.
　　루이 피스테(Louis Pfister, 费赖之, 1833-1891, 프랑스인), 『재중 예수회 선교사 열전과 서목在华耶稣会士列传及书目』 상책, 펑청쥔冯承钧 역, 中华书局, 1995년 p2.

것)의 오류를 반박하려면 반드시 해야 한다. 앞으로 하느님을 위해 일할 수 있게 되고, 진리의 빛이 이 많은 민족을 밝게 비춰줄 수 있기를 바란다……"라고 생각하였다.16)

루지에리의 중국어 실력이 향상됨에 따라 그의 선교 업무도 많이 진척되었다. 그는 마카오에 첫 번째 선교소를 설립하였고 마카오에 살고 있는 중국인들에게 중국어로 선교하기 시작하였다. 루지에리는 이 선교소를 "경언학교经言学校"라고 이름 짓고, 나중에 "성 마틴 경언학교圣玛尔丁经言学校"라고 하였다. 이것은 만명晚明 시기 중국의 첫 번째 외국인 중국어 학습 학교인데 루지에리는 "현재 나는 이곳에서 중국어문을 공부하고 있다. …… 이곳의 교우들은 앞으로 나의 가장 좋은 통역사가 되어 선교 업무에 큰 도움을 줄 것이 틀림이 없다."라고 말한 바 있다.17) 로마예수회 고문서보관소18)에는 루지에리가 중국어를 배우고 연구하던 첫 번째 수기 문헌 자료를 보관하고 있는데 그것을 통해 구체적이고 사실적으로 선교사의 중국어 학습 상황을 이해할 수 있다.

먼저, 루지에리의 한자 공부에 대해 살펴보자.

로마예수회 고문서보관소에 있는 Jap.Sin-198호 문헌의 32~125쪽은 중국어와 포르투갈어의 어휘대조사전이다. 양푸몐杨福绵은 음운학적인 측면에서 연구한 후 그 사전의 저자가 루지에리라고 생각하였다. 이 문서의 낱장 페이지에는 승려 한 명과 "채일룡蔡一龙"이라는 사람의 송사 소장이 끼어 있었는데 고증을 거친 후 이 승려가 루지에리라는 것을 알게 되었고, 『마테오 리치 중국견문록利玛窦中国札记』을 통해 루지에리가 이

---

16) 『利玛窦书信集』(上), 뤄위罗渔 등 역, 台湾光启出版社, 1986년 p413.
17) 『利玛窦书信集』(上), 뤄위罗渔 등 역, 台湾光启出版社, 1986년 p432.
18) 罗马耶稣会档案馆(Archivum Romanum Societatis Iesu).

증언을 한 사람이라는 것을 알 수 있었다. 이 두 문헌 모두 루지에리의
중국어 수준을 잘 보여주고 있다.

글자를 익히는 것은 선교사가 중국어를 공부하는 단계의 첫 걸음이지
만 그들에게는 한자가 너무 많아서 한자를 공부하는 것이 매우 어려운
일이었다.[19] 문헌의 p24, p25, p25V, p26, 이 네 쪽은 모두 글자표字表
인데 글씨체로 볼 때 루지에리의 스승이 쓴 것 같다. 글자표에는 모두
306자가 수록되어 있는데 이 글자표에서 가장 두드러진 특징은 "간결
함"이다. 이것은 중국어 학습 단계에서 선교사들에 대한 한자교육이 실
용성 위주로 진행되었다는 것을 설명해준다. 사실, 한자의 총 수량은 비
교적 많은 편이지만 상용자는 별로 많지 않다. 『현대중국어 상용자표现
代汉语常用字表』에는 모두 3,500자가 수록되어 있는데 그중 2,500자는 상
용자이고, 1,000자는 차상용자이다. 학자들의 통계에 따르면 현대 상용
자에서 1획에서 7획까지의 상용자는 모두 791자인데, 허신许慎의 『설문
해자说文解字』에 나오는 것만 해도 714자로 약 90%를 차지하고 있다.[20]
현대 한자의 상용자는 3,650개인데 만약 2,000자만 알고 있다면 일반
문장의 97.4%를 읽고 이해할 수 있다. 현대 중국어 교육에서 글자를 익
히는 속도는 매우 제한적이므로[21] 어떻게 집중적으로 글자 공부를 해서

---

19) 한자의 수에 대한 선교사들의 인식에 변화가 있다. 처음에 가스파르 다 크루스(Gaspar
    da Cruz, 克路士, 1520-1570, 포르투갈인)는 5천 자 정도라고 생각하였고(복서, C. R.
    Boxer, 博克舍, 영국인), 『16세기 중국 남부 여행기十六世纪中国南部行记』(*South China in the
    sixteenth century*), 中华书局, 1990년, 후안 곤잘레스 데 멘도사(Juan González de Mendoza,
    门多萨, 1545-1618, 스페인인)는 6천 자가 넘는다고 하였다(『중국대제국사中国大帝国史』
    (*Historia del Gran Reino de la China*), 中华书局, 1998년.
20) 리카이李开, 『중국어 언어학과 외국어로서의 중국어 교육론汉语语言学和对外汉语教学论』, 中
    国社会科学出版社, 2002년 p109.
21) 『기초중국어 교과서基础汉语课本』는 앞 10개 과의 발음 부분에서는 68개의 한자만을 배
    운다. 『실용중국어 교과서实用汉语课本』는 앞 12개 과의 발음 부분에서는 191개의 한자만
    을 배운다. 『초급중국어 교과서初级汉语课本』는 앞 15개의 과에서는 모두 236개 한자를

학생들이 짧은 시간 안에 가장 기본적인 한자를 익히도록 할 것인가는 하는 문제는 해결하기 어렵다.

선교사의 중국어 학습은 중국 전통적으로 사숙私塾에서 글자를 익히는 것에서 시작하는데 바티칸 도서관에는 그들이 당시에 한자를 공부한 『천자문千字文』, 『삼자경三字经』 등의 교재를 여전히 보관하고 있다. 사실 중국 전통적인 어문교육은 항상 글자字 중심이었다. 이는 진秦나라의 『창힐전仓颉篇』, 서한西汉의 『급취편急就篇』에서부터 남조南朝의 『천자문』, 송대宋代의 『삼자경』, 『백가성百家姓』에 이르기까지 이러한 방식의 어문 교육법은 천년 이상 계속되었다. 이것은 경험적인 방법에만 그치는 것이 아니라 중국어 특징에 대한 기본적인 인식을 포함하고 있다. 자오위안런赵元任은 "중국어는 단어를 헤아리지 않는데 그것은 지금까지도 그러하다. 중국인의 관념에서 '자字'는 중심 주제이다."라고 말한다.[22] 쉬통창徐通锵도 "중국어의 구조는 '자字'를 본위로 하므로 당연히 '자字'를 기초로 통사론句法을 연구해야 한다."라고 지적한다.[23] 루지에리의 이 간단한 글자표는 우리에게 상용한자 교육의 중요성과 역사적인 관점에서 이 문제를 중시해야 한다는 것을 알려주고 있다.

이 문헌 중 p27, p27V, p29, p29V, p30V, p31, p31V는 모두 루지에리가 단어를 공부하는 것에 관한 기록이다. 이 안에는 약 300개의 2음절 상용단어가 있고 그중에는 많은 반의합성어反义复合词가 있다. 루지에리가 마카오에서 중국어를 배울 때 다른 사람에게 보낸 편지에서 다음

배운다.

22) 자오위안런赵元任, 「중국어 단어의 개념 및 그 구조와 리듬汉语词的概念及其结构和节奏」, 『중국 현대 언어학의 개척—자오위안런 언어학 논문선中国现代语言学的开拓—赵元任语言学论文选』, 清华大学出版社, 1992년.

23) 쉬통창徐通锵, 「자와 중국어의 통사구조字和汉语的句法结构」, 『世界汉语教学』, 1994년 제2기.

과 같이 말하였다. "나는 그들이 관화官话라고 하는 중국 언어를 공부하고 있다. 중국의 지방 관리와 조정 대신 모두 이 언어를 쓰고 있다. 그것은 거의 무한할 정도로 많은 어휘를 가지고 있어서 배우기가 매우 어렵다. 중국인 자신들도 배우는 데 많은 시간이 걸린다."24) 반의합성어는 대칭성이 있어서 기억하기 쉽고 비교적 이해가 쉽기 때문에, 루지에리의 이러한 어휘표는 반의합성어를 공부하는 좋은 방법으로 오늘날 중국어 교육에도 시사하는 바가 많다.

다음으로 루지에리의 서면어书面语 학습을 살펴보자.

서면어와 구어口语의 차이는 중국어의 중요한 특징인데 선교사들도 중국으로 온 후 이 점을 파악하게 되었다. 마테오 리치는 "나는 중국어의 애매모호하고 불분명한 특징은 바로 예로부터 그들이 서면어의 변화에만 주로 관심을 갖고 구어에는 별로 관심을 기울이지 않았기 때문이라고 생각한다."라고 말했다.25) 그래서 선교사들이 중국 사람들과 교류하고 싶다면 서면어는 반드시 배워야 했다. 로마예수회 고문서보관소에 있는 Jap.Sin 문헌 중 『서간문 입문尺牍指南』은 루지에리가 사용한 중요한 중국어 학습 문헌이다.26) 이 문헌은 사실 어떻게 글을 쓰고 어떻게 사람들을 응대해야 하는지를 가르치는 것으로 거의 문인들의 서면어이다. 이 자료는 서양 사람들이 중국어를 배우기 시작할 때 서면어에 대한 공부를 중요한 내용으로 삼는다는 것을 설명하고 있다. 이것은 서면어 연

---

24) 『국제한학国际汉学』, 2기 인용, 大象出版社, 1998년 p254.
25) 마테오 리치 등 『마테오 리치 중국견문록利玛窦中国札记』, 허가오지何高济 등 역, 中华书局, 1983년 p28.
26) 선교사의 초기 중국어 학습 교재는 현재 루지에리의 이 문헌 외에 가장 중요한 것이 바로 중국국가도서관에 보관되어 있는 『천주교의天主教义』이다. 장시핑张西平, 『중국과 유럽의 초기 철학과 종교 교류사中国和欧洲早期哲学与宗教交流史』, 东方出版社, 2000년 참조할 것.

구와 교육을 강화해야 하는 역사적인 근거를 제시하고 있다.

루지에리가 유럽으로 돌아간 후 마테오 리처는 중국 선교의 지도자가 되었다. 중국에서의 선교 사업은 루지에리가 시작을 하였고 그 후에 더 힘든 임무는 루지에리의 후계자인 마테오 리치가 완성하게 되었다. 중국어를 배우기 시작할 때 마테오 리치는 알파벳 문자와 전혀 다른 중국어에 대해 흥분을 감추지 못하였으며 불가사의한 것처럼 느끼기도 하였다. 그는 천부적인 자질을 갖고 있는데다 성실하기까지 하여 이 동양 언어를 매우 빨리 익혔다.

3.1.2 선교사의 중국어 교사

루지에리가 처음 마카오에 와서 중국어를 배우면서 느낀 가장 큰 어려움은 바로 "교사 부족"[27)]이었다. 루지에리는 나중에 중국 화가인 선생님 한 분을 찾았는데[28)] 이 중국 선생이 누구인지는 알 수 없지만 아마도 명대 첫 번째 중국어 교사가 아닐까 한다.

이후에 마테오 리치가 중국으로 온 후에 중국 선교의 기독교 책임자가 되었는데, 그는 자신이 중국어를 배우는 이야기를 할 때도 중국어 교사 초빙을 언급하였고, 이 예수회 회원들은 높은 임금을 아끼지 않으며 중국어 선생님을 집에 모셔서 함께 생활하였다. 중국 교사는 당시에 구어만 가르친 것이 아니라 글쓰기도 가르쳤다. 당시 중국인은 여전히 뿌리 깊은 "중화사상夷夏大防"[29)]의 관념이 있는데다가 명나라 정부가 외국

---

27) 장시핑張西平, 『중국과 유럽의 초기 철학과 종교 교류사中国和欧洲早期哲学与宗教交流史』, 東方出版社 2000년.
28) 안데르스 융스테트(Anders Ljungstedt, 龙思泰, 1759-1835, 스웨덴인), 『초기 마카오사早期澳门史』, 東方出版社, 1997년 p193.

인에게 중국어 가르치는 것을 사회적으로 크게 죄악시하였기 때문에 중국인이 주동적으로 선교사에게 중국어를 가르치는 것은 제약을 많이 받을 수밖에 없었다.

당시 외국어로서의 중국어 교육은 두 가지 기본적인 특징이 있었다. 하나는 "가르침"과 "배움"의 관계에 있어 "배우는" 측은 주동적이고 "가르치는" 쪽은 피동적이었다는 점이다. 이러한 "가르침"과 "배움"의 특수 관계는 명나라의 당시의 전반적인 정책과 관련이 있다. 오랫동안 "중국인과 외국인 나누기夷夏之分" 관념을 가지고 있던 중국인이 외국인을 가르치는 일에 대해 의미를 찾지 못하는 것은 당연하였다. 둘째는 중국어 교사 업무가 매우 개인적이었다는 점이다. "가르침"은 피동적이므로 중국 쪽만 생각해보면 조직적인 교육이 이루어지기는 힘들었기 때문에 교사들의 중국어 교육은 완전히 개인적이었다. 선교사들은 명망 높은 학자를 선생님으로 초빙하였을 뿐만 아니라 어린 아이를 옆에 두고 회화 선생님으로 삼기도 하였다. 이렇게 선생님을 초빙하는 것은 전적으로 선교사 개인의 일이었다.

현재 파악한 자료에서 중국으로 온 예수회 선교사의 중국어 회화 교사의 구체적인 이름을 찾지는 못했다. 언어 학습은 지금까지 기능적인 학습에만 그치지 않았다. 이는 언어는 문화를 담고 있는 운반체이고 중국어는 "문자 구성의 근거, 사물의 법제 제도에 대한 해석으로 모두 직간접적으로 문화 문제와 관련이 되어 있거나 심지어 문화를 위해서 존

---

29) 역자 주 : 이하대방夷夏大防은 이하지방夷夏之防이라고도 한다. 중국은 고대에 민족 간의 경계를 엄격하게 나누어서 중국華夏는 숭배하고 다른 민족은 천시하는 이론을 주장하였다. 구체적으로 이민족은 경계하고 다른 민족과의 통혼을 금지하는 등의 예가 있다. 중국의 선진문화가 이민족에게 전달되는 것을 금지하고 또 이민족들의 좋지 않은 풍습이 중국에 영향을 미치는 것을 경계하였다.

재해야 하는 것이기 때문이다."30) 선교사의 중국어 공부가 어느 정도 진행되었을 때 특히 글쓰기 단계까지 이르렀을 때 어려움을 느낄 수 있는데 이러한 어려움은 일반적으로 시골에 사는 사람이나 하층 문인이 해결할 수 있는 문제가 아니다. 왜냐하면 중국어로 서양의 종교철학사상을 표현하고 서양의 과학과 기술을 전파해야 하기 때문에 그들이 중국어로 표현하는 것은 일반 중국 학생들이 표현하는 것과는 다르기 때문이다. 그러므로 그들은 고위층 사대부들과 교류해야 하였고 중국의 고급 사대부들로부터 배워야 하였다. 또 한 가지는 중국에 온 예수회 선교사는 마테오 리치의 "유교 중시, 불교 배척合儒排佛"의 관점을 관철하여 중국에 발을 붙일 수 있었고, 마테오 리치는 심지어 베이징까지 진출하여 마침내 만력황제万历皇帝의 식객이 될 수 있었다. 마테오 리치의 실제 생각은 유가 문화를 가까이 하여 유가문화를 바꾸고 기독교가 중국에서 뿌리내리게 하는 것이었다. 이렇게 하려면 선교를 위한 전략적 차원에서든지 아니면 중국어 학습의 차원에서든지 중국에 온 예수회 선교사들이 명청明清의 지식인들과 광범위한 접촉이 있을 수밖에 없다.31) 이러한 접촉 과정에서 선교사들에게 중국어와 문화를 가르쳐주는 교사들이 생겨났다.

서광계徐光启(1562-1633)는 "중국 천주교의 3대 기둥" 중 한 사람이자 중국 근대 과학자이며, 명청시기 가장 일찍 선교사들에게 중국 문화를 가르친 교사이다. 중국 과학 발전에 대한 그의 공헌으로는 마테오 리치와 함께 『기하원본几何原本』을 번역한 것인데 이 공역서는 마테오 리치가

---

30) 싱푸이邢福义, 『문화언어학文化语言学』, 湖北教育出版社, 2000년 p2.
31) 천서우이陈受颐, 「명말청초 예수회 선교사의 유교관과 그 반응明末清初耶稣会士的儒教观及其反应」, 『중국 유럽 문화 교류사 논총中欧文化交流史论丛』, 台湾商务印书馆, 1970년.

말로 옮기고 서광계가 글로 쓴 것이다. 『기하원본』에 대한 이해와 소개
에서 마테오 리치는 서광계의 스승이고, 중국어로 번역하는 것에서는
서광계가 마테오 리치의 스승이었는데, 이러한 윤색 과정도 마테오 리
치가 중국어로 글 쓰는 것을 배우는 과정이다. 마테오 리치가 죽은 지
얼마 지나지 않아 아담 샬Adam Schall[32]과 요한 슈렉Johann Schreck[33]이
베이징으로 왔다. 1625년과 1626년 이 두해 동안 두 사람은 베이징에서
주로 중국의 언어문자와 문학을 배웠고 서광계는 "아담 샬의 한문 스
승"으로 불렸다.[34]

명청시기에 선교사들과 함께 역서를 내면서 선교사들의 중국어 글쓰
기 선생님이 되었던 사람은 다음과 같다.

이지조李之藻(1565-1630)는 마테오 리치와 함께 『원용교의圓容較义』와 『동
문산지同文算指』를 번역하였고, 푸르타두Furtado[35]와 『명리탐名理探』을 공
역하였다.

주자우周子愚와 탁이강卓尔康(1570-1644)은 우르시스Ursis[36]와 『표도설表
度说』을 공역하였다.

양정균杨廷筠(1562-1627)은 알레니Aleni[37]와 『직방외기职方外记』를 공역하
였다.

왕정王征(1571-1644)은 트리고Trigault[38]와 『서유이목자西儒耳目资』를 함께

32) 요한 아담 샬 폰 벨, Johann Adam Schall von Bell, 汤若望, 1592-1666, 독일인.
33) 요한 슈렉, Johann Schreck, 邓玉函, 1576-1630, 독일인.
34) 알폰스 페트(Alfons Väth, 魏特, 1874-1937, 독일인), 『아담샬전汤若望传』, 양빙천杨丙辰
   역, 商务印书馆, 1949년 p100.
35) 프란시스쿠스 푸르타두, Franciscus Furtado, 傅泛际, 1557-1635, 포르투갈인.
36) 사바틀른 데 우르시스, Sabbathln de Ursis, 熊三拔, 1575-1620, 이탈리아인.
37) 율레스 알레니, Jules Aleni, 艾儒略, 1582-1649, 이탈리아인.
38) 니콜라 트리고, Nicolas Trigault, 金尼阁, 1577-1628, 프랑스인.

저술하고, 요한 슈렉과 『원시기기도설远西奇器图说』을 함께 저술하였다.

이응시李应试는 마테오 리치와 "공동으로 고증"하여 『서의현람도西仪玄览图』를 수정 제작하였다.

장원화张元化는 삼비아시Sambiasi[39]의 『수답睡答』과 『화답画答』을 교정하였다.

한림韩霖은 바뇨니Vagnoni[40]의 『신귀정기神鬼正纪』, 『제가서학齐家西学』, 『동유교육童幼教育』, 『수신서학修身西学』, 『공제격치空际格致』와 트리고의 『서유이목자西儒耳目资』, 쟈코모 로Giacomo Rho[41]의 『천주경해天主经解』를 교열하였다.

진극관陈克宽, 임일준林一俊, 이구표李久标, 이구공李九功은 루도미나Rudomina[42]의 『구탁일초口铎日抄』를 교열하고 수정하였다.

장경张庚은 몬테이로Monteiro[43]의 『천학략의天学略义』, 롱고바르디Longobardi[44]의 『성약살청행실圣若撒清行实』을 교정하였다.

웅사기熊士旗, 번사공潘师孔, 소부영苏负英은 함께 알레니의 『성몽가圣梦歌』를 교열하였다.

단곤段衮은 한림韩霖, 위두추卫斗枢, 양천정杨天精과 바뇨니의 『제가서학齐家西学』을 교열하였고, 또 한림韩霖과 함께 바뇨니의 『동유교육童幼教育』, 『성모행실圣母行实』, 『신귀정기神鬼正纪』를 교열하였으며, 또 단독으로 바뇨니의 『비학경어譬学警语』를 교열하였다.

유응刘凝은 프레마르Prémare[45]의 스승으로 언어학 저술이 있으며, 프

39) 프랑수아 삼비아시, François Sambiasi, 毕方济, 1582-1649, 이탈리아인.
40) 알폰소 바뇨니, Alfonso Vagnoni, 高一志, 1566-1640, 이탈리아인.
41) 자코모 로, Giacomo Rho, 罗雅谷, 1593-1638, 이탈리아인.
42) 안드제이 루도미나, Andrzej Rudomina, 卢安德, 1596-1633, 폴란드인.
43) 조아네스 몬테이로, Joannes Monteiro, 孟儒望, 1603-1648, 포르투갈인.
44) 니콜라스 롱고바르디, Nicholas Longobardi, 龙华民, 1568-1654, 이탈리아인.

레마르가 『한어찰기汉语札记』를 저술하는 데 영향을 미쳤다.46)

이천경李天经은 아담 샬과 『서상곤과 격치西庠坤与格致』를 공역하였고, 이천경, 서광계, 이지조는 요한 슈렉과 롱고바르디와 함께 『숭정역서崇祯历书』를 번역하고 편집하였다.

주종원朱宗元은 디아스Diaz47)의 『경세금서轻世金书』를 윤색하였고, 또 몬테이로의 『천학략의天学略义』를 재교정하여 영파宁波에서 출판하였다. 순치顺治16년에 또 이조백李祖白과 하세원何世员은 공동으로 그라비나 Gravina48)의 『제정편提正编』을 교열하였다.

축석祝石은 마르티니Martini49)와 협력하여 마르티니가 구술하고 축석이 필역하여 『구우편述友篇』을 만들었다.

3.1.3 선교사의 중국어 학습 성적50)

중국으로 건너온 선교사들은 오랫동안 중국어를 공부하면서 중국어 글쓰기에서도 상당한 두각을 드러내게 되는데 두 가지의 모습에서 이를 잘 살펴볼 수 있다.

첫째, 루지에리의 중국어 시 작품이다. 로마예수회 고문서보관소에 소장 중인 Jap.Sin. II-159호 문헌에 루지에리가 쓴 중국시 34수가 기록되어 있고, 알버트Albert51) 신부는 이미 이 중국어로 된 34수의 시를 영문

---

45) 조세프 드 프레마르, Joseph de Prémare, 马若瑟, 1666-1736, 프랑스인.
46) 크누드 룬드벡(Knud Lundbæk, 伦贝, 1912-1995, 덴마크인), *Joseph de Prémare, S.J.*(1667 -1736), Chinese Philolagy and Figarism, p55, Aarhus University, 1991.
47) 에마누엘 디아스, Emmanuel Diaz, 阳玛诺, 1574-1659, 포르투갈인.
48) 예롱무스 데 그라비나, Hierongmus de Gravina, 贾宜睦, 1603-1662, 이탈리아인.
49) 마르티노 마르티니, Martino Martini, 卫匡国, 1614-1661, 이탈리아인.
50) 이 시기의 선교사들의 성과에 관해서는 다음에 구체적으로 기술하겠다.
51) 알버트 찬, S. J. Albert Chan, 陈纶绪, 1915-2005, 대만인.

으로 번역하였으며 이에 대해 초보적인 연구를 하였다.52) 로마예수회 고문서보관소에는 또 다른 『시운诗韵』이라는 모사본이 있다.53) 중국 고대 문인들이 시에 운을 적용할 때 운서를 근거로 하는데 이 운서는 모두 조정에서 배포한 것으로 "관서官书"로 불린다. 원대에는 『중원음운中原音韵』이 있었고, 명대에 수정 편찬한 정부 공식 운서 『홍무정운洪武正韵』이 있다. 『시운诗韵』은 동东 운韵에서 시작되고, 각 운 뒤에는 모두 운사韵词가 표기되어 있다. 루지에리가 가지고 간 이 운서는 그가 『시운诗韵』을 공부하였다는 것을 설명해 주고 있다. 또 Jap.Sin. I-198호 문헌 133쪽에는 붓으로 쓴 구词组가 있는데 시작할 때 사용한 단어와 서로 대응한다. 이것은 루지에리가 시문 학습과 글쓰기를 자신이 중국어를 배우는 주요 내용으로 삼고 있다는 것을 보여준다.

둘째, 선교사의 한문 쓰기이다. 선교사는 중국어를 능숙하게 말하고 중국어 선교 저술이나 서방 학문을 소개한 책도 썼다. 외국인이 중국어로 직접 글을 쓸 수 있다면 이것은 긍정적인 효과로 볼만한 가치가 있다. 명청 두 시기에 걸쳐 중국으로 온 선교사들이 도대체 어느 정도의 한문 저술을 만들어냈는지 지금까지 정확하게 알 수는 없다. 『도학가전道学家传』이라는 책은 명청시기 중국으로 온 선교사들의 생평에 대한 간략한 소개와 저술을 비교적 자세하게 수록한 저서 중의 하나로 학술적 가치가 매우 높다. 책 전체에 모두 89명의 선교사가 수록되어 있으며, 그중 중문 저술이 있는 사람은 38명, 중문으로 된 저술서는 총 224부이다.54) 『성교신증圣教信证』은 중국의 신도 장경张庚과 한림韩霖이 함께 편찬

---

52) 알버트 찬(S. J. Albert Chan, 陈纶绪, 1915-2005, 대만인), *S. J. Michele Ruggieri and his Chinese Poems*, Monumenta Serica 41(1993), p129-176.

53) 로마예수회 고문서보관소 Jap. Sin. II-162호 문헌.

54) 이 문서는 현재 프랑스 국립박물관(Bibliothèque Nationale de France, BNF) 모리스 쿠랑

한 저술인데 책 전체에 선교사 총 92명의 간단한 생평을 기록하였고, 36명의 선교사가 쓴 중문으로 된 문헌 229부에 대한 기록이 있다.[55] 이 저작물 중 『사고전서四庫全书』에 수록된 것은 모두 22부이고, 『사고전서 존목四庫全书存目』에는 15종이 수록되어 있다.

중국으로 온 선교사는 유럽에 한학 연구 분위기를 만들었고 유럽인들의 중국어 학습의 서막을 열었다. 제2언어 학습의 역사로 볼 때, 그들은 성공한 사람들이며 그들이 남긴 중국어 학습의 경험과 체험은 서양 사람들의 중국어 학습 역사를 정리할 때 중요한 자료가 되었고 오늘날에 이르러 외국어로서의 중국어 교육을 전개해나가는 데에 있어 중요한 경험의 원천이 되었다.

3.2 청 중기 전반부에 중국으로 온 선교사의 중국어 학습

명에서 청으로 왕조가 바뀌었지만 당시 중국에 있던 천주교는 어떠한 충격도 없었다. 청초淸初의 통치자들은 천주교에 대해 여전히 비교적 관용적인 태도를 유지해왔다. 아담 샬과 베르비스트Verbiest[56] 두 예수회 선교사는 청 조정에서 그들의 특수한 위치를 성공적으로 갖추게 되어 순치제는 아담 샬을 "마법瑪法(만주어로 할아버지)"라고 높여 칭하였고, 그에게 흠천감欽天監 업무를 담당하도록 하였다. 강희제康熙는 친정을 한 이

(Maurice Courant) No. "chinois 6903"에 소장되어 있다. 필자는 2002년 4월 프랑스 도서관에서 공부하던 중 열심히 읽어보았지만 책 전체를 베껴 쓰지는 않았는데 다행히 정안덕鄭安德의 정리본이 있어서 사용할 수가 있었다.

55) 그중 일부 문헌의 서명은 이미 분별할 수가 없고 정안덕鄭安德은 서명을 표기하지 않았는데 이런 문헌은 14 종류이다.

56) 페르디난드 베르비스트, Ferdinand Verbiest, 南怀仁, 1623-1668, 벨기에인.

후 서양의 천문, 수학, 물리 지식을 적극적으로 공부하였다. 이때 "국왕
의 수학자"라고 불리던 다섯 명의 예수회 선교사인 퐁타네Fontaney,[57]
콩트Comte,[58] 부베Bouvet,[59] 제르비용Gerbillon,[60] 비스델로Visdelou[61]는
프랑스 루이 14세에 의해 파견되었고 중국에 와서 강희제의 신임을 받
았다. 1693년, 부베는 베이징 궁정 특사 자격으로 프랑스에 파견되었는
데 중국으로 돌아올 때 또 예수회 선교사 12명을 선발해 그들과 함께
중국으로 왔다. 중국으로 오는 그 긴 여정동안 부베는 처음으로 중국에
오는 선교사들에게 중국어와 만주어를 강의하였다.[62]

순치제順治에서 강희제康熙가 통치하기 전까지 40년 동안 선교사들은
중국어도 공부하고 만주어까지 공부하여 궁정에 출입하면서 귀족들과
관계를 맺어서 중국에서의 천주교 선교활동이 많은 발전을 이루었다.

하지만 유명한 "중국예의지쟁中国礼仪之争"[63] 이후 선교사들의 선교활
동은 많은 제약을 받게 되었다.[64] 강희제 이후 옹정제雍正는 천주교를

---

57) 장 드 퐁타네, Jean de Fontaney, 洪若翰, 1643-1710, 프랑스인.
58) 루이 르 콩트, Louis le Comte, 李明, 1655-1728, 프랑스인.
59) 요아킴 부베, Joachim Bouvet, 白晋, 1656-1730, 프랑스인.
60) 장 프랑수아 제르비용, Jean François Gerbillon, 张诚, 1654-1707, 프랑스인.
61) 클라우드 드 비스델로, Claude de Visdelou, 刘应, 1656-1737, 포르투갈인.
62) François Froger, E. A. Voretzsch, *Relation du premier voyage des François à la Chine fait en 1698, 1699 et 1700 sur le vaisseau "L'Amphitrite"* Artibus Asiae Vol.2, No.2(1927), p154.
63) 색은파索隐派는 성경유형론(typology)의 범주에 속하는 것으로, 특수하고 논쟁을 일으키기 쉬운 주석해설『성경』텍스트의 체제이다. 색은파는 부베가 만들었는데, 그 이론적인 틀과 사상적 경향은 문자를 분석함으로써 중국 전적을 해석하는 것으로, 중국역사를『성경』체제 속으로 넣고, 중국 고적에서 하느님의 진리를 찾는 것이다.
64) 역자 주 : 중국예의지쟁(중국전례논쟁, 중국성례논쟁, Chinese Rite Controversy)은 17세기에서 18세기까지 중국 전통예의가 천주교의에 위배되는지의 여부를 놓고 벌어진 서양 선교사들의 논쟁을 가리킨다. 좁은 의미에서, 이것은 강희와 선교사들 사이에서 유교숭배로 인해 일어난 논쟁을 가리키는 것이며 교황 클레멘스 11세가 당시 중국 유교의 선구자인 공자와 선조를 숭배하는 것은 천주교 교리에 위배된다고 하여 도명회(Ordo Dominicanorum)를 지지하고 예수회를 탄압하게 되는데 그 결과 청 조정의 제재를 유발하게 되고 선교 활동을 엄격하게 제한 당하게 되었다. 1939년 로마교정이 중국교도가

철저히 금지하고 선교사를 쫓아버린다. 건륭乾隆시기에는 때로는 심하게 때로는 약하게 제한을 받았지만 몇 대에 걸쳐 천주교에 대한 관용정책에서 엄격히 금지하는 것으로 태도가 바뀌었고 이런 분위기는 아편전쟁까지 이어졌다. 이러한 금교禁教정책은 중국에서 천주교의 포교활동을 심각하게 탄압하는 것이었는데 이는 중국에 온 선교사들의 일상생활에 큰 영향을 미칠 뿐 아니라 그들의 중국어 학습의 진도와 학습의 정도에도 영향을 미쳤다. 그래서 건륭 후기에는 예수회 선교사 중 중국 전적에 정통한 사람이 크게 줄어들었다.

강희, 옹정, 건륭 이 3대 동안 선교사들이 열심히 노력했지만 각자 타고난 소질이 달라 중국어 수준도 선교사마다 차이가 많이 났다. 어떤 사람들은 글쓰기를 잘했고 어떤 사람들은 구어를 잘했고 어떤 사람들은 둘 다 겸비하고 있었는데 그중에는 또 중국 언어 문자와 중국문화에 대한 연구에 있어 상당히 높은 성과를 이룬 예수회 선교사들이 많이 있었다. 이 시기의 대표적인 인물로는 프레마르Prémare,[65] 앙투안 고빌Antoine Gaubil,[66] 아미오Amiot[67] 3대 신부가 있는데 이들은 프랑스 초기 3대 한학자로 불린다.

프레마르는 광저우广州에 도착한 후 "중국의 시가와 문자"가 자신의 특기가 되기를 바랐다. 프레마르는 스승인 부베의 영향을 받아 중국어와 중국 문학을 공부하는 데 온갖 노력을 다 쏟았다. 프레마르가 번역한 원곡元曲『조씨고아赵氏孤儿』은 1775년 파리에서 간행되었는데 유럽에 전해진 최초의 중국 희곡이다. 『조씨고아』는 후에 볼테르Voltaire[68]가 수정

제사지내는 것을 금지하는 금령을 철폐할 때까지 계속되었다.
65) 조세프 드 프레마르, Joseph de Prémare, 马若瑟, 1666-1736, 프랑스인.
66) 앙투안 고빌, Antoine Gaubil, 宋君荣, 1689-1759, 프랑스인.
67) 장 조세프 마리 아미오, Jean Joseph Marie Amiot, 钱德明, 1718-1793, 프랑스인.

하여 『중국고아中国孤儿』로 이름을 바꿔서 파리에서 상연하였는데 당시
유럽 문단에 큰 반향을 불러일으켰으며 중국과 프랑스 문학관계사의 큰
사건이었다. 프레마르는 또 예수회 색은파索隐派[69]의 주요 구성원으로『설
문해자说文解字』와『역경易经』에 대해 깊이 있는 연구를 하였으며 한학에
도 조예가 깊어 후세 학자들은 서양인 중 중국어문학과 역학 전문가의
선구자로 인정한다. 라틴어와 한문으로 된 그의 수필 원고인『한어찰기
汉语札记』는 역작으로 널리 알려져 있다. 이 책은 1728년에 완성되었고
처음으로 백화와 문언이 동시에 연구 범위 안에 들어온 저서이다. 이 책
은 중국어 연구의 깊이나 예증의 넓이에서 프레마르가 중국어문에 상당
히 뛰어난 역량이 있다는 것을 반영하고 있다. 레뮈자Rémusat[70]는 "중국
에 있는 선교사 중 중국문학에 대한 조예가 가장 깊은 사람은 바로 프
레마르와 앙투안 고빌 두 신부이다. 이 두 사람의 중국문학은 당시의 사
람들이나 다른 유럽인들이 따라잡을 수 있는 수준이 아니었다."라고 말
했다.[71]

68) 볼테르, Voltaire, 伏尔泰, 1694-1778, 프랑스인.
69) 역자 주 : 색은파는 색은주의를 주장하는 사람들을 일컫는 말이며, 색은주의는 피규리즘
(figurism)의 번역어이다. 피규리즘이라는 말이 처음 사용된 것은 프랑스 학자 니콜라스
프레레(Nicholas Freret)가 1732년 프레마르(Premare) 신부에게 쓴 편지에서 발견된다고
하지만 그가 이 용어를 만들어냈는지는 명확하지 않다. 당시 프레레는 고빌(Antoine
Gaubil) 신부 및 프레마르 신부와 종종 편지를 주고받으며 중국에 대한 정보를 얻었는데
이런 서신들을 통해서 명확히 언제 누가 최초로 이 용어를 사용했는지를 단정하기는 어
렵기 때문이다. 분명한 것은 프레레가 그 과정에서 피규리즘이라는 용어를 경멸적인 의
미로 사용했으며, 구체적으로 부베(Bouvet), 푸케(Foucquet), 프레마르, 골레(Gollet) 등 네
명의 프랑스 예수회 신부를 언급했다는 사실이다. 예수회 신부들은 중국문명이 유대 그
리스도교 전통에서 분화되었음을 입증할 수 있다는 믿음을 가지고 있었는데 이러한 관
점을 피규리즘이라고 한다. 「예수회 색은주의 선교사의 유교 이해」(이연승 : 2009).
70) 장 피에르 아벨 레뮈자(Jean Pierre Abel-Rémusat, 雷慕沙, 1788-1832, 프랑스인)는 프
랑스의 유명한 한학자이자 동방학자이다. 대표작으로는『한문계몽汉文启蒙』과『아주잡찬
亚洲杂纂』등이 있다.
71) 루이 피스테(Louis Pfister, 费赖之, 1833-1891, 프랑스인),『재중 예수회 선교사 열전 및

앙투안 고빌은 중국 천문학사에 대해 깊이 연구하였다. 그는 중국어와 만주어 실력이 매우 뛰어나서 황제의 두터운 신임을 받았고 유럽에서 새롭게 오는 인원이나 중국과 외국 간의 교류 업무에 있어 통역을 담당하게 되었다. 후인들은 그를 "인류의 두 가지 완전 다른 정신적 산물과 두 종류의 서로 다른 언어문자를 모두 꿰뚫었다."라고 평가하였다.[72] 앙투안 고빌은 『시경』, 『서경』, 『예기』, 『역경』을 번역하였는데 번역본에 사용한 단어도 정확하였고 중국 색채도 농후하여 당시 비교적 훌륭한 번역본이라고 할 수 있다. 아벨 레뮈자는 그를 "18세기 가장 위대한 한학자"라고 극찬하였다.

아미오Amiot[73]는 건륭 연간에 중국으로 왔는데 한문에 능하였으며 중국 역사와 유교문화에 대해 많은 연구를 하여 평생 동안 쓴 저서가 매우 많았는데 음악, 역사, 문학, 철학, 언어문자 등 모든 분야를 망라하고 있다. 그는 또 다른 10여 명의 예수회 선교사들과 『중국잡찬中国杂纂』을 편찬하였는데 예수회 시대가 끝나기 전 최후의 한학 성과물이 되었다. 이 작품은 이전의 『중화제국전지中华帝国全志』, 『예수회 선교사 서간집耶穌会士书简集』과 함께 예수회의 3대 한학 거작으로 불린다. 1775년 로마 교황의 예수회 해산 명령이 베이징에 전해지기까지 아미오는 예수회의 주베이징선교단의 마지막 회장이었고 베이징에 남아 있다가 1793년에 세상을 떠났다.

서목在华耶穌会士列传及书目』상책(上册), 펑청쥔冯承钧 역, 中华书局, 1995년판 p528.
72) 앙투안 고빌(Antoine Gaubil, 宋君荣, 1689-1759, 프랑스인) 신부의 일생은 루이 피스테 (Louis Pfister, 费赖之, 1833-1891, 프랑스인)의 『재중 예수회 선교사 열전 및 서목在华耶穌会士列传及书目』상책上册, 펑청쥔冯承钧 역, 中华书局, 1995년 제314전을 참고할 것.
73) 장 조세프 마리 아미오, Jean Joseph Marie Amiot, 钱德明, 1718-1793, 프랑스인.

3.3 청 전기와 중기에 유럽으로 간 중국어 교사

예수회가 중국에 들어온 후에 서양 각국의 선교사들이 중국에서 선교 활동을 하였으며 또 중국 신도들을 유럽으로 데리고 가기도 하였는데 이런 사람들은 비교적 이른 시기에 유럽으로 간 중국인이다. 팡하오方豪 (1910-1980)의 통계에 따르면 1975년에 서양으로 유학 간 중국인 중 이름이 남아있는 사람은 63명이다.[74] 이 사람들 대부분은 선교사가 데리고 갔고 서양에서 신학, 서양철학, 어문 등을 공부하였다. 그들은 유럽에서 중국어를 가르치거나 중국 문학을 강의해야 할 사명은 없었지만, 그들 중 일부는 서양 종교문화를 공부하면서 중국 문화를 전파하거나 심지어 중국어를 가르치는 일도 함께 하였다. 그들이 이렇게 하는 것이 자각적인 것은 아니었지만 그들이 가장 초기에 유럽으로 유학을 갔고 유학하면서 서양 사람들에게 중국어와 중국문화를 가르친 사람이므로 외국어로서의 중국어 교육사로 볼 때 중요한 가치를 갖는다.

3.3.1 유럽 군왕에게 중국 문화를 소개한 심부종

심부종沈福宗[75]은 강희康熙19년(1680)에 선교사인 쿠플레Couplet[76]를 따라 유럽으로 갔다. 그는 가장 먼저 유럽에서 유학한 중국유학생 중 한 사람으로 주로 신학과 서양 문화를 배웠고 강희33년(1694)에 중국으로 돌아왔다. 유럽에서 보낸 14년 동안 프랑스와 영국에 가보았고 뜻하지 않게 중화 문화를 전파하는 사절과 중국어 교사의 역할을 했다.

---

74) 팡하오方豪, 『팡하오육십자정고方豪六十自定稿』, 台湾学生书局, 1969년 p379-420.
75) 역자 주 : 심부종, Michael Alphonsius, Shen Fu-Tsung, 1657-1692, 중국인.
76) 필리프 쿠플레, Philippe Couplet, 柏应理, 1623-1693, 벨기에인.

심부종은 프랑스에 있던 기간 동안 프랑스 왕인 루이14세를 접견한 적이 있는데 1684년 9월 프랑스의 메르퀴르 갈랑(Mercure Galant) 잡지는 그 회견을 보도하였다.

> 그가 데려온 중국 청년은 라틴어가 유창하였고 이름은 미켈흐 신(Mikelh Xin)이다. 이번 달 15일 그 두 사람은 베르사유 궁전에 와서 황제를 접견하였는데 강에서 즐겁게 지냈고 다음날 또 연회를 열었다. …… 황제는 그가 중국어로 기도문을 읽는 것을 다 듣고 난 후, 그에게 식탁에서 긴 상아 젓가락을 사용하는 자세를 보여줄 것을 부탁하였는데 그는 오른손을 사용하였고 두 손가락 중간에 젓가락을 끼웠다.
>
> 他带来的中国青年, 拉丁语说得相当好, 名曰 Mikelh Xin。本月十五日他们二人到凡尔赛宫, 获蒙皇帝召见, 在河上游玩, 次日又蒙赐宴。…… 皇帝在听完他用中文所念祈祷文后, 并嘱他在餐桌上表演用一尺长的象牙筷子的姿势, 他用右手, 夹在两指中间。

심부종은 또 이 기회에 프랑스 사람들에게 중국 문화를 소개하였다. 그는 서양인에게 공자상孔子像을 보여주었고 중국 붓으로 글자를 썼으며, 서로 연락을 주고받는 과정에서 중국인은 30세가 되면 중국 글자 8만 자를 익숙하게 쓸 수 있으므로 중국인의 기억력이 얼마나 좋고 상상력이 얼마나 풍부한지에 대해 필요할 때마다 크게 칭송하였다. 또 중국은 학교와 빈민구휼기관이 매우 많아서 거지를 볼 수 없으며, 평지에 양친을 매장하고 예절을 중시하며 반드시 머리를 조아려야 한다고 말했다.[77]

그는 본인이 머무른 예수회 숙소에서 손님들에게 한자의 서사방식과 중국어의 발음변화를 소개하였다.

---

77) 팡하오方豪, 『方豪六十自定稿』, 台湾学生书局, 1969년 p388.

심부종이 유럽에 있을 때 또 교황과 영국 국왕을 만났는데 국왕은 그의 초상화를 침실에 걸어두기까지 하였다. 그중 가장 의미가 있는 일은 그가 옥스퍼드대학에서 당시의 동방학자인 하이드Hyde[78]를 만난 일일 것이다. 그들은 함께 옥스퍼드대학 보들리안 도서관(Bodleian Library)의 중문 장서목록을 편집하였고 심부종은 하이드에게 중문의 성질에 대해 자세하게 전해 주었다. 하이드는 심부종이 그에게 말해준 중국 관련 지식으로 이후 몇 권의 책을 출판하였고 심부종이 기술하고 평가한 부분을 라틴어로 기록하였다. "중국 남경南京 사람인 심부종이 나에게 많은 중국 지식을 알게 해주었다. 쿠플레 신부가 중국으로부터 그를 데리고 왔는데 최근 몇 년 동안 예수회 선교사들이 유럽에 머무르면서 파리판 중국철학 저술을 편집하고 있다. 이 젊은이는 지금 30세로 성정이 선량하고 성실히 공부하며, 예의가 바르고 열정적이며, 중국문학과 철학분야에도 뛰어난 교양을 갖추고 있고, 한문으로 쓴 각종 서적을 읽은 적이 있으며 그가 중국에 있을 때 라틴어를 익힌 몇 안 되는 사람 중의 한 명이다."[79] 지금까지 하이드의 유고집에는 아직도 "심부종의 라틴어 통신과 기보(장기 두는 법), 승관도升官图, 도량형, 한문과 라틴어를 대조한 생활 실용 용어" 등이 소장되어 있다.[80] 여기서 언급한 한문과 라틴어를 대조한 생활 실용 용어는 심부종이 만든 것이며 하이드에게 중국어를 소개하고 이해시키는 데 이것을 사용하였으므로 가장 간단한 중국어 교재라

---

78) 토마스 하이드, Thomas Hyde, 海德, 1636-1703, 영국인.
79) 판지싱潘吉星, 「17세기 유럽에서 심부종의 학술 활동沈福宗在十七世紀欧洲的学术活动」, 『传统文化与现代化』, 1994년 제1기. 이 글은 최근 들어 심부종에 대해 가장 전면적으로 연구한 논문이다.
80) 팡하오方豪, 『중국천주교사 인물전中国天主教史人物传』2책, 香港公教真理学会, 1970년 p202. 한치韓琦『중국과학기술의 서양 전파와 그 영향中国科学技术的西传及其影响』, 河北人民出版社, 2000년 p48.

고 말할 수 있다.

3.3.2 프랑스 중국어 교육의 창시자 황가략

황가략黃嘉略은 푸젠성福建省 보전현莆田县의 천주교도로 "예의지쟁" 과
정에서 파리외방선교회[81]의 선교사인 리온Lionne[82]이 1702년 2월에 프
랑스로 데리고 갔는데 유럽에 도착한 후 리온이 또 그를 로마로 보냈고
그 후 다시 파리로 돌아왔다. 얼마 후, 당시 프랑스 왕실의 학술총감이
자 선교사인 비뇽Bignon[83]의 도움으로 프랑스 국왕의 중국어 통역사라
는 명분으로 파리에 남았다. 프랑스에서 결혼해 아이를 낳고 살다가
1716년 10월 13일 파리에서 36세 때 병환으로 생을 마감하였다.[84]

쉬밍룽许明龙은 황가략을 프랑스 본토 중국어 교육의 창시자라고 하였
다. 그는 프랑스 한학사상 처음으로 중국어 문법책과 중국어 사전을 편
찬하였다. 그의 영향으로 프랑스 현지에서는 최초의 한학자인 프레레
Freret[85]와 푸르몽Fourmont[86]이 탄생하였다.

당시 프랑스는 중국에 대한 열정과 환상이 가득했지만 프랑스 전국에
서 중국어를 아는 사람이 없어서 프랑스 사람들은 난감해하였다. 푸르

---

81) 巴黎外方传教会, Paris Foreign Missions Society.
82) 아르투스 데 리온, Artus de Lionne, 梁宏仁, 1655-1713, 이탈리아인.
83) 장 폴 비뇽, Jean Paul Bignon, 比尼昂耳, 1662-1743, 프랑스인.
84) 이하 황가략에 관한 서술 자료는 모두 쉬밍룽许明龙의『황가략과 초기 프랑스 한학黃嘉略
与早期法国汉学』에서 가져왔다. 쉬밍룽의 이 저서는 최근 들어 서방한학사에 관해 연구한
가장 선구적인 저술 중의 하나이고, 심지어 황가략 이 오랫동안 역사 속에서 잊힌 인물
이 쉬밍룽의 연구를 통해서 다시금 역사로 돌아올 수 있었고, 프랑스 한학사에서 그의
역사적 위치를 회복하였다. 쉬밍룽의 이 창조적인 학술연구에 대해 필자는 이 자리를 빌
려 감사의 뜻을 표한다.
85) 니콜라스 프레레, Nicolas Freret, 尼古拉·费雷莱, 1688-1749, 프랑스인.
86) 에티엔 푸르몽, Etienne Fourmont, 埃狄纳·傅尔蒙, 1683-1745, 프랑스인.

몽은 "유럽에 중문으로 된 서적이 많이 있고 중국을 다녀온 선교사와 여행가들의 보도로 인해 나는 이 나라에 대해 호감이 생겼고 더 알고 싶어졌다. 하지만 문법책과 자전이 없어서 도서관에 배치되어 있는 책들이 무용지물이 되어버렸다."라고 말했다.[87] 그래서 황가략이 첫 번째로 한 일이 바로 『중국어 문법汉语语法』 편찬이었다. 프레레의 도움으로 1716년 황가략은 프랑스 한학사에 있어 첫 번째 중국어 문법서를 완성하였다. 아쉬운 점은 황가략의 『중국어 문법』 책의 원고가 유실되었다는 점인데 다행히 일부 수기와 내용은 남아 있다. 이 책에서 일부분은 문법을 소개하였고, 일부분은 "중국에 관련된 각종 사물에 대한 독자들의 인식을 이끌어나가는 것"이었다. 서양 한학자의 측면에서 보면 이것이 서양인들에게 중국어를 가르쳐주는 첫 번째 문법서는 아니었다. 황가략 이전에 마르티니Martini[88]의 『중국 문법中国文法』과 바로Varo[89]의 『화어관화사전华语官话词典』이 있다. 하지만 황가략이 이 중국어 문법서를 편찬하였을 때는 기존의 이 책들을 보지 못했기 때문에 이것은 그가 프레레의 도움 하에 독자적으로 만든 중국어 문법서로, 중국 언어학사의 각도에서 본다면 이 책의 가치는 더 이상 말할 필요도 없이 매우 중요하다. 그것은 중국인이 편찬한 첫 번째 중국어 문법서이고 마건충马建忠(1845-1900)의 『마씨문통马氏文通』보다 172년이 앞서는 것이다. 또 이것은 중국인이 직접 편찬한 중국어를 제2언어 습득의 관점에서 본 중국어 문법서이다.

황가략이 두 번째로 한 일은 『중국어 자전汉语字典』을 만든 것이다. 황

---

87) 쉬밍룽许明龙, 『황가략과 초기 프랑스 한학黄嘉略与早期法国汉学』, 中华书局, 2004년 p129-130.
88) 마르티노 마르티니, Martino Martini, 卫匡国, 1614-1661, 이탈리아인.
89) 프란시스코 바로, Francisco Varo, 费朗西斯科 · 瓦罗, 万济国(중국어 이름), 1627-1687, 프랑스인.

가략은 편방偏旁과 부수部首 순으로 자전을 만들었고, "이미 완성된 부분에 모두 5,210자를 수록하고 있는데 이는 각각 85개의 부수에 속한다. 황가략이 당시의 모본으로 삼았던 『자휘字汇』와 『정자통正字通』에서 채택한 214개 부수에 따르면 그가 85개의 부수만을 편찬하였으므로 아직 반에 못 미친다. 하지만 필획이 많은 부수일수록 같은 부수에 속하는 글자가 적다는 점을 고려하면 그가 편찬한 일부가 이미 자신의 계획 속에 있는 모든 원고의 반 이상이었을 수 있다."90) 이 자전은 중국어를 제2언어로 학습하는 프랑스 사람들을 위해 만든 것으로, 그가 책을 만들 때에는 이 특징을 최대한 고려하였다. 그래서 쉬밍룽許明龙은 "글자의 선정, 단어의 배치, 의미 해석의 세 가지 측면에서 볼 때, 이 자전은 황가략이 상당히 잘 만들었으며, 『중국어 문법汉语语法』보다 수준이 높고, 300년이 지난 지금 이 책을 봐도 수확이 매우 크다"91)라고 생각한다.

『중국어 문법汉语语法』과 『중국어 자전汉语字典』의 편찬 상황으로 볼 때, 황가략은 가장 이른 시기에 유럽에서 스스로 중국어 교수·학습을 실천한 중국인이며, 가장 이른 시기에 비교적 체계적으로 중국 문화를 유럽에 알린 중국인이다.

3.3.3 유럽 초기의 중국 국정 교사 : 고류사와 양덕망

고류사92)와 양덕망93)은 건륭乾隆16년(1751) 선교사 바르보리에94)가 프

---

90) 쉬밍룽許明龙 주편, 『중서문화교류선구中西文化交流先驱』, 东方出版社 1993년 p282-283.
91) 쉬밍룽許明龙 주편, 『중서문화교류선구中西文化交流先驱』, 东方出版社 1993년 p169.
92) 고류사, 高类思, 1733-약1790, 중국인.
93) 양덕망, 杨德望, 1733-약1789, 중국인.
94) 이냐티위스 바르보리에, Ignatius Barborier, 卜纳爵, 1663-1727, 프랑스인.

랑스로 데리고 갔다. 그 두 사람은 프랑스 예수회 학교와 교회 학교에서
공부를 마친 후, 프랑스의 당시 국무부 비서인 브리송Brison[95])과 루이
16세 집권 시기의 재정부장관인 튀르고Turgot[96])의 추진으로 프랑스 과
학원에서 물리, 화학 등 간단한 교과과정을 이수하였고, 프랑스의 군수,
방직, 염색, 금속가공 등과 관련된 공장을 참관하였다. 두 사람은 중국
으로 돌아오기 전에 중국 국가 정세에 관한 장편의 조사보고서를 완성
하였는데 이 보고서는 "튀르고의 명저인『부의 형성과 분배에 대한 고찰论
财富的构成及分配』[97])의 시작이 되었다. 7년 후에 애덤 스미스Adam Smith[98])
는 이 책으로부터 영향을 받아『국부론』[99])을 저술하였는데 이 모든 책
은 근대 경제학의 경전과도 같은 작품이다."[100])

튀르고는 중농학파의 주요 인물로, 고류사와 양덕망이 중국어를 가르
치는 선생의 역할을 하지는 않았지만 중국 문화를 소개하는 역할을 하
였으며, 처음으로 비교적 체계적으로 경제, 과학, 공예 분야에 있어 중
국과 프랑스의 차이를 비교하였다. 바로 이렇게 중국 사정에 대한 소개
와 체계적인 비교 조사는 튀르고가 새로운 세계에 눈뜰 수 있게 만들었
고 중농학파의 사상에도 영향을 미쳤다.[101]) 그러므로 일정한 의미에서는
고류사와 양덕망도 중국어 교사의 역할을 하였는데 그들이 가르친 것은
언어나 문자가 아니라 중국의 경제, 과학, 공예 등 중국의 상황이었다.

---

95) 브리송, M. Brison, 贝尔坦, 1719-1792, 프랑스인.
96) 안 로베르 자크 튀르고, Anne Robert Jacques Turgot, 杜果, 1727-1781, 프랑스인.
97)『论财富的构成及分配』(*Réflexions sur la formation et la distribution des richesses*).
98) 애덤 스미스, Adam Smith, 亚当·斯密, 1723-1790, 영국인.
99)『国富论』(*The Wealth of Nations*).
100) 장-피에르 드레쥬(Jean-Pierre Drège, 戴仁, 프랑스인) 주편,『프랑스 현대 중국학法国当
代中国学』, 경성耿升 역, 中国社会科学出版社, 1998년 p21.
101) 탄민谈敏,『프랑스 중농학파의 중국 연원法国重农学派的中国渊源』, 上海人民出版社, 1992년
p84-90.

3.4 청 후기에 중국으로 온 선교사의 중국어 학습

도광道光18년(1838)에는 능력 있는 선교사들이 역사의 뒤안길로 사라졌으며, 옹정과 건륭 두 왕조가 확정한 "기능은 갖고 그 학술은 금지한다."라는 정책에 의해 철저하게 배척당했고, 약 200년 동안 빈번하게 이루어졌던 중서 문화의 교류가 한순간에 흔적도 없이 사라지게 되었다. 이때 "서양 학문은 사회에서(황제 포함) 깨끗하게 잊혔고",102) 선교사들이 중국으로 와서 중국어를 공부하는 모습도 더 이상 볼 수 없었다. 2년 후에 영국의 대포가 호문虎门103)을 대대적으로 공격하였다. 이로써 중서문화관계는 철저하게 또 다른 모습으로 돌아갔고 서양 사람들의 중국어 학습은 새로운 단계로 접어들었다.

19세기 초, 영국성공회104)는 중국에 신교 선교사를 파견하였는데 신교도로는 모리슨Morrison105)이 중국에 온 첫 번째 사람이었다. 그는 중국 언어를 배우는데 천부적인 능력을 가지고 있어서 중국으로 출발하기 전 런던에서 용삼덕(容三德, Yong Sam Tak)이라는 중국인에게 중국어를 좀 배웠고, 1807년에 광저우로 온 후에 중국어로 글쓰기를 할 수 있었으며 관화와 광둥어로 능숙하게 의사소통을 할 수 있었다. 모리슨은 평생 동안 세 가지 성과를 이루었다. 첫째, 『성경』의 중국어 번역을 완성하였다. 번역문은 간단하였으며 문어체가 아니라 대중이 쉽게 이해할 수 있는

---

102) 천웨이핑陈卫平, 『첫 페이지와 시작第一页与胚胎』, 上海人民出版社, 1992년 p274.
103) 현재 광둥성(广东省) 둥완시(东莞市) 일대를 가리킨다.
104) 역자 주 : 잉글랜드 성공회(Church of England)는 16세기 잉글랜드 왕국의 종교개혁으로 형성된 잉글랜드의 성공회이다. 세계 성공회 공동체(Anglican Communion)의 원조(元祖)와도 같은 교회이다. 흔히 잉글랜드 국교회라고 부르는 교회는 성공회 전체를 지칭하는 것이 아니고 잉글랜드 성공회만을 가리킨다.
105) 로버트 모리슨, Robert Morrison, 马礼逊, 1782-1834, 영국인.

구어 어휘를 선택하였으며 후에 또 여러 차례 수정을 거쳐 중역『성경』
의 원본이 되었다. 둘째, 6권으로 이루어진『화영자전华英字典』(1923)을 편
찬하였다. 이 자전은 "당시 비교적 권위 있는 중서문자전中西文字典이었으
며 19세기 다른 선교사들을 포함한 서양 학자들이 유사한 사서를 편찬
하는 분위기를 만들었고, 근대 중서 문화 교류에 빼놓을 수 없는 도구가
되었다."106) 셋째,『통용 중국어 문법通用汉言之法』과『중국어 회화집汉语会
话集』등 실용성 위주로 된 여러 권의 중국어 학습서를 저술하였다. 또
1818년 말라카(Malacca, 말레이 반도에 위치)에 영화학원英华学院을 만들었는
데 이것은 기독교 신교가 동방으로 전파되어 온 후 서양인이 중국어를
배우는 첫 번째 학교이자 신교 선교사들이 중국으로 온 후 가장 중요한
한학汉学 학습 기지였다. 그는 1824년 영국으로 잠깐 돌아갔을 때 또
동문서사东文书社를 만들었고, 런던에서 중국어 과목을 가르친 첫 번째
영국인 교사가 되었다. 모리슨이 이뤄낸 이러한 창의적인 업적은 후대
에 매우 큰 영향을 주게 되었는데 중서문화 교류를 촉진하였을 뿐만
아니라 영국 한학과 중국어 교육의 창립과 발전에 든든한 기초를 마련
하였다.

모리슨이 중국으로 온 후, 1829년 미국 해외선교회107)도 브리지먼
Bridgman108)을 중국으로 파견하였는데, 이때 한 세기가 넘는 긴 시간동
안 미국의 대중국 선교활동의 서막이 열렸다. 이전의 예수회 선교사와
마찬가지로 개신교 선교사들도 대부분 수준 높은 교육을 받았고, 서양

---

106) 우이슝吴义雄,『종교와 세속 사이-화남 연해지역에서 기독교 신교 선교사의 초기 활동
연구在宗教与世俗之间-基督教新教传教士在华南沿海的早期活动研究』, 广东教育出版社, 2000년 p499.
107) 역자 주 : 美国(公理会)海外传道部, American Board of Commissioners for Foreign
Missions, ABCFM.
108) 엘리야 코울먼 브리지먼, Elijah Coleman Bridgman, 裨治文, 1801-1861, 미국인.

과는 전혀 다른 중국이라는 동방의 오래된 나라에 대해 높은 관심을 갖고 있어서 중국은 다시 한 번 선교사가 연구하고 글을 쓰는 주제가 되었다. 만약 명청시기 때 예수회 선교사들이 중서문화 교류의 선구자였다고 한다면 청말시기 개신교 선교사들도 그 속에서 중요한 역할을 맡았다고 말할 수 있다.

언어는 선교와 포교의 기초이므로 중국어는 모든 선교사들이 반드시 넘어야 할 장벽이었다. 중국에서 선교하기 위해 그들은 중국 언어를 뒷받침하는 문화적인 토양을 반드시 이해해야만 했다. "선교사 한 사람이 하나의 민족에 뿌리내리기 위해서 가장 먼저 해야 할 것이 바로 그 민족의 언어를 배우는 것이었고, 피상적으로만 이해할 수는 없으므로 반드시 철저하게 그들의 언어를 공부하였으며… 자신이 일상 대화 속에서 응용할 수 있을 뿐만 아니라 도서관의 장서를 찾아서 읽고 서적을 읽을 수 있어야 한다."[109] 이러한 인식을 바탕으로 대다수의 개신교 선교사들은 중국에만 오면 중국어를 공부하였고 가능한 모든 조건을 동원하여 자신의 중국어 실력을 향상시키려고 노력하였다. 하지만 처음의 예수회와 기타 탁발수도회[110]의 종파 차이처럼 자신이 속한 교파가 달라서 중국에 있는 몇몇 개신교파는 전도 방식에도 차이가 있었고 이로 인해 그들의 중국어 학습도 차이가 있었다.

내륙전도단[111]을 대표로 하는 복음주의 종파基要派[112]는 주로 직접 포교, 교리 전파, 종교 선전품 제공 등을 주장하며, 그들은 새롭게 중국으

---

109) 저스터스 둘리틀(Justus Doolittle, 卢公明, 1824-1880, 미국인), *Diary*(일기 원고)-*covering his life as a foreign missionary in Foochow, China, until the year 1873*, Burke Library, Hamilton College.

110) 托钵修会, Mendicants.

111) 内地会, Inland Mission.

112) 역자 주 : 基督新教基要派의 약칭이다.

로 온 선교사들에게 수천만 명에 달하는 중국인이 하나님의 신앙을 믿
지 않아서 죽어간다고 선전하면서 반드시 지금 바로 선교를 시작해야
한다고 권고하였다. 복음주의 종파는 내세와 개인 영혼의 구제를 중시
하고, 하층민에 대한 선교를 중시하며, 중국의 문인과 문화에 대해서는
좋은 감정을 가지고 있지 않아서 하나님이 영혼의 구제를 위해 자신을
하늘에서 내려 보냈다고 생각하고, 중국어를 공부하거나 중국문화를 연
구할 필요가 없다고 생각하였다.

장로회를 대표로 하는 자유파는 구원은 점진적인 과정이므로 현생을
중시해야 함을 강조한다. 그들은 사회의 점진적인 교화와 복음 전파를
통해 공정한 인간 사회를 만들고 궁극적으로 "하나님의 나라"를 실현할
수 있을 것이라고 굳게 믿고 있다. 따라서 그들은 문화를 중시하고 "학
문으로 포교를 돕는다以學輔敎"를 행한다. 그들은 청 말기에 신문을 발행
하고 학교를 만들고 책을 편찬하고 서적을 번역하여 많은 성과를 이루
어냈다.

많은 개신교 선교사가 중국으로 들어오게 되어 서양인들이 중국어를
공부하는 두 번째 붐이 일어났다. 명청시기에 예수회 선교사들이 중국
어를 공부하는 것과 비교하면 이번 붐은 범위, 수준, 영향 등 여러 부분
에서 전자를 훨씬 뛰어넘었다. 모리슨 이후 개신교 선교사 중에서도 중
국어를 연구하는 전문가들이 쏟아져 나왔다. 영국인으로는 레그Legge,[113]
메드허스트Medhurst,[114] 에드킨스Edkins,[115] 와일리Wylie,[116] 프라이어
Fryer[117] 등이 있고, 미국인으로는 브리즈먼과 윌리엄스Williams[118]가 있

---

113) 제임스 레그, James Legge, 理雅各, 1815-1897, 영국인.
114) 월터 헨리 메드허스트, Walter Henry Medhurst, 麦都思, 1796-1857, 영국인.
115) 조셉 에드킨스, Joseph Edkins, 艾约瑟, 1823-1905, 영국인.
116) 알렉산더 와일리, Alexander Wylie, 伟烈亚力, 1815-1887, 영국인.

는데 그들은 당시에도 명망 높은 한학자였다.

레거는 영국 한학에서 국제적인 명예를 얻은 첫 번째 사람이었다. 그는 처음으로 체계적으로 중국 고대 경전을 번역하고 소개한 번역가로 유가경전 "사서오경"을 번역하고 재역하였는데 그 번역본의 수준이 매우 뛰어나서 당시에 높이 평가되었고 지금까지도 그 가치가 매우 높아 중국학자들은 그를 "영국 한학계의 현장玄奘"119)이라고 일컫는다. 그는 또한 1875년에 서양 한학 연구의 최고 명예상-스타니스래스 줄리앙상 (Prix Stanislas Julien) 한학 국제 번역상을 받았다. 1876년 그는 귀국한 후 옥스퍼드대학에 한학강좌 초대교수로 취임하고, 그곳에서 21년 동안이나 중국어, 중국문학, 중국문화 과목을 가르쳤다.

메드허스트는 영국런던선교회(London Missionary Society)120)에서 최초로 중국으로 온 선교사 중의 한 명으로 1835년 상하이에 거주하면서 상하이에 중국의 첫 번째 인쇄소-묵해서관墨海书馆을 세웠는데 이것은 또 서양 서적을 중국어로 번역하는 중국의 첫 번째 출판기구였다. 그는 중국어에 매우 조예가 깊어 중국어로 된 저서만『한영자전汉英字典』과『영한자전英汉字典』을 포함해 총 59종을 편찬하였다.

윌리는 레거에 견줄 정도로 박학다식한 선교사로 그는『신약·복음서 新约·福音书』와 수학교과서를 중국어로 번역하였다. 1940년대 그는 상하이의 묵해서관에 유명한 수학자인 이선란121)을 초빙하여 서학서적을 번

---

117) 존 프라이어, John Fryer, 傅兰雅, 1839-1928, 영국인.
118) 사무엘 웰스 윌리엄스, Samuel Wells Williams, 卫三畏, 1812-1884, 미국인.
119) 모둥인莫东寅,『한학발달사汉学发达史』, 上海书店, 1989년 p120.
120) 역자 주 : 영국에서 설립된 초교파적 성격의 해외선교단체로, 1795년 영국 런던에서 설립되었고, 1796년 이후 타이티를 시작으로 인도, 아프리카, 중국 등에서 선교활동을 전개하였다.
121) 이선란, 李善兰, 1810-1882, 중국인.

역하도록 하였다. 이선란은 윌리와 협력하여 서광계122)가 번역한『기하원본几何原本』의 전前 6권에 이어, 이 책의 후后 9권을 보충 번역하여 중서문화교류 역사에서 가장 위대한 역서를 완성하였다. 그의 저서인『한적해제/중국문헌간석汉籍解题/中国文献简释』(1867)은 중국의 문학과 전적에 대한 분류를 서술하고 있다.

에드킨스는 1848년에 중국으로 와서 선교활동을 하였고 1880년 중국세관의 총세무사인 로버트 하트Robert Hart123)의 초청으로 번역관으로 일했다. 그는 베이징에서 상하이로 직장을 옮긴 후 상하이에서 15년간 생활하였고 상하이에서 생을 마감하였다.124) 그는 유명한 언어학자로 중국의 언어문학과 역사에 대해 광범위하게 연구하였고『중국구어문법中国口语语法』이나『어문학사에서 중국의 위치中国在语文学上的地位』등과 같은 많은 관련 저술이 있다.

프라이어는 1861년에 중국에 온 후 베이징 동문관同文馆125)의 초청으로 영어 교습을 시작하였고, 1865년 상하이에서 강남제조국江南制造局126) 편역처编译处의 편집과 번역을 담당하였다. 1868년에서 1896년까지 28년 동안 프라이어는 그의 협력자와 함께 수학, 물리학, 화학, 광물학, 의

---

122) 서광계, 徐光启, 1562-1633, 중국인.
123) 역자 주 : 로버트 하트, Robert Hart, 罗伯特·赫德, 1835-1911, 영국인.
124) 1911년에 상하이가 아니라 영국에서 사망했다는 자료도 있다. 百度百科 참고할 것.
125) 역자 주 : 동문관은 청대 역관을 양성하는 양무학당洋务学堂이며 번역출판에 종사하는 최초의 기관이다. 함풍咸丰10년(1860)에 청 정부는 각국 업무를 관할하는 관청을 설립하였는데 서양 업무를 담당하는 중앙기관이다. 동시에 공친왕恭亲王 혁흔奕䜣 등의 건의로 각국 사무를 담당하는 기관 직속의 동문관을 만들었다.
126) 역자 주 : 강남제조국은 강남기기제조총국江南机器制造总局의 약칭이며 강남제조총국江南制造总局이나 상하이기기국上海机器局이라고도 한다. 이것은 청조 양무운동洋务运动 때 만들어진 근대 군사산업 생산기구로 만청晚清시기 때 중국의 가장 중요한 군수공장이었으며 청 정부 양무파洋务派가 만든 규모가 가장 큰 군사기업이었고 근대 최초의 신식공장 중의 하나였다.

학 등 대량의 서양 과학기술 서적과 과학기간지를 번역 소개하였으며, 그의 역서와 저서는 많은 근대 과학 문명의 중요한 지식을 들여오게 되었고 이는 중국과학계와 사상계에 매우 큰 의미가 있는 한 차례 충격이었다.

브리즈먼이 중국에 온 후 처음으로 한 중요한 일은 1832년 5월에 영문 기간지인『중국종보中国丛报』를 만든 것이다. 이 기간지는 중국문제를 연구하고 논의한 글만을 전문적으로 게재하여 19세기 가장 중요한 한학 간행물 중의 하나가 되었다. 1833년 윌리엄스Williams[127])가 중국에 와서 브리즈먼의 강력한 조력자가 되었다. 1841년 윌리엄스는『광둥방언 중문문선广东方言中文文选』을 출판하였는데 이것은 총 728쪽에 달하는 대작이며 간단하고 쉬운 글을 엄선하는 형식으로 서양인들이 중국을 공부하는 용도로 사용하였다. 각 쪽은 모두 세 줄로 나누어져 있는데 그 줄마다 영어, 중국어, 독음이 있고, 또 주해가 더해져 있으며 내용은 모든 것을 망라하고 있어서 중국어 백과전서와 유사하다. 이 책은 초기에 로마자 병음을 이용하여 중국어 공부를 시도하기도 하였다. 윌리엄스는 또 계속해서『쉬운 중국어拾级大成』[128)과『영화운부력계英华韵府历阶』를 출판하였으며, 언어학습에 관련된 대표작으로는『영화분운촬요英华分韵撮要』[129)가 있는데 약 7년에 걸쳐 완성되었으며 중국으로 온 개신교 선교사들의 필독서가 되었다.

개신교 선교사 외에 천주교 선교사들도 마카오에서 중국어 교육과 연구에 비교적 큰 성과를 거두었다. 포르투갈 국적의 천주교 선교사인 아

---

127) 사무엘 웰스 윌리엄스, Samuel Wells Williams, 卫三畏, 1812-1884, 미국인.
128) 역자 주 : *Easy Lessons in Chinese*.
129) 역자 주 : *A Tonic Dictionary of the Chinese Language in the Canton Dialect*.

폰수 곤살베스Afonso Gonçalves[130]는 마카오에서 지낸 28년 동안 영향력
있는 중국어 교재인 『한자문법汉字文法』을 저술하였고 다섯 권의 이중 언
어 자전을 편찬하였을 뿐만 아니라 많은 이중 언어 인재를 양성하였다.

3.5 청 후기의 중국어 교사

3.5.1 영국 초기의 중국어 교사

용삼덕容三德[131]는 광둥 사람으로 1804년 런던에 있는 한 중국인의 소
개로 당시 광저우에 있는 영국 동인도회사의 선장인 윌슨과 알고 지내
게 되었고, 윌슨의 도움으로 런던에 와서 당시 아프리카에서 식민 활동
을 하고 있던 라이언사와 아프리카 동방선교회(The Society for Missons to
Africa and the East)가 런던 교외에 함께 만든 아프리카청년학교에 들어가
서 영어를 배웠다. 런던선교회(London Missionary Society)의 협조 속에 용삼
덕은 1805년 10월 8일 런던시내로 이사 왔고, 곧 중국으로 파견될 선교
사인 모리슨Morrison[132]과 함께 살게 되어 모리슨이 중국어 배우는 것을
도와주었다. 런던선교회는 곧 중국으로 파견될 모리슨에게 중국어를 공
부할 것, 영화자전英华字典을 만들 것, 『성경』을 번역할 것이라는 세 가지

---

130) 조아킴 아폰수 곤살베스, Joaquim Afonso Gonçalves, 江沙维, 1780-1844, 포르투갈인.
131) 영어 이름은 Yong Sam-Tak인데 중국어로 번역된 이름은 일정하지가 않다. 어떤 사람
   은 "양삼덕杨三德"라고 번역하였고, 어떤 사람은 "웅삼덕熊三德"라고 번역하였다. 일부
   학자들은 용삼덕容三德이 광둥 중산현中山县 용容씨 가족의 후손이며, 그 선조가 최초로
   미국에 가서 공부한 용홍容闳이라고 보고 있다.
   리즈강李志刚, 『기독교 초기 재중 선교역사基督教早期在华传教史』, 台湾商务印书馆, 1985년
   p91 주42.
132) 로버트 모리슨, Robert Morrison, 马礼逊, 1782-1834, 영국인.

임무를 주었다. 이 세 가지 임무의 완수 여부는 모리슨의 중국어 수준에 달려있었는데, 모리슨이 중국으로 가기 전 영국에서 그에게 중국어를 가르쳐줄 수 있는 중국인을 만난 것은 큰 행운이었다. 용삼덕은 중국어 교육을 해본 적이 없는 교사로 그는 이 새로운 업무에 대한 아무런 준비도 하지 않았다. 그는 당시 모리슨에게 중국어를 가르치는 것 외에 중국에 있던 천주교 선교사가 남긴 중국어『성경』을 베껴 쓰는 것도 도왔다. 용삼덕이 처음 모리슨을 가르칠 때 사용한 교재가 어떤 것인지 찾아보았지만 찾을 수가 없었지만 그의 교육 효과는 분명했다. 모리슨은 그의 지도하에 중국어 실력이 빠른 속도로 향상하였다. 용삼덕은 영국에서 외국어로서의 중국어 교육을 담당한 첫 번째 교사로 중국어 교육 역사서에 이름이 남겨져 있다. "중국어를 가르치면서 두 사람은 런던박물관에 가서 중역된 일부 『성경』 원고를 베껴 썼고 영국왕립협회(Royal Society)로부터 라틴어, 중국어 자전의 원고를 빌려서 기록하였다."[133]

1836년 메드허스트Medhurst[134)는 주덕랑[135)을 미국으로 데리고 갔다. 당시 메드허스트는 모리슨의 중역본『성경』을 수정하고 있었고 "주덕랑은 필사원으로 메드허스트를 도왔다." 이러한 도움은 당시 서광계徐光啓와 마테오 리치의 관계와 유사한 것으로 주덕랑이 중국어 선생님의 역할을 하였다.

영화학원英華學院은 개신교 선교사가 중국으로 온 후 가장 중요하게 생각하는 한학 학습 기지였다. 이곳의 취지는 "중국과 유럽의 문학을 서로

---

133) 우이슝吳義雄,『종교와 세속 사이-화남 연해지역에서 기독교 신교 선교사의 초기 활동 연구在宗教与世俗之间-基督教新教传教士在华南沿海的早期活动研究』, 广东教育出版社, 2000년 p35, p62.

134) 월터 헨리 메드허스트, Walter Henry Medhurst, 麦都思, 1796~1857, 미국인.

135) 朱德郎, Choo Tih Lang.

가르치는 것으로, 한편으로는 유럽 사람들에게 중국문자와 문학을 가르쳤고 또 한편으로는 갠지스 강 밖에 있으면서 중국어를 가르치는 나라인 중국, 안남安南(베트남의 옛 이름)과 중국 동부의 번속국藩属国인 류큐琉球(현재의 일본 오키나와), 조선, 일본 등에게 영어, 유럽 문학, 과학을 가르치는 것"이었다. 이렇게 "유럽 국적의 선생님을 초빙하여 중국어로 유럽 학문을 가르치는 것과 현지 중국어 선생님을 초빙하는 것"136) 이것이 바로 학교의 기본 방침이었다. 당시의 중국어 교사로는 "이선생,137) 주정,138) 요선생,139) 염선생,140) 고선생,141) 최균142)"143) 등이 있다. 영화학원 외에 남양南洋지역에는 싱가포르학원도 "중문부中文部를 설치하였는데 1838년 4월 중문부에는 5명의 중국어 교사가 있었고 중국 문언 세 종류를 가르쳤으며 등록한 학생은 59명이었다."144) 아쉬운 점은 이 중국어 교사들의 이름을 알지 못한다는 것이다.

1807년 모리슨이 중국으로 간 후 개신교 전교사들은 중국어 학습의 서막이 열렸다. 하지만 이때 중국 사회는 갈수록 쇄국 정책을 펼쳤고 점차 외부세계와의 관계를 이어나가는 문호를 닫아버렸다. 1759년 플린트 Flint145)가 배를 이끌고 톈진天津으로 직접 들어갔다가 끝내 마카오에서

---

136) 리즈강李志刚, 『기독교 초기 재중 선교역사基督教早期在华传教史』, 台湾商务印书馆, 1985년 p204.
137) Lee, 李先生, 1820-1830.
138) Chu Tsiy, 朱靖, 1820-1832.
139) Yaou, 姚先生, 1824-1834.
140) Yim, 冉先生, 1827.
141) K'o, 高先生, 1834-1835.
142) Chuy Gwa, 崔钧, 1835.
143) 우이슝吳义雄, 『종교와 세속 사이-화남 연해지역에서 기독교 신교 선교사의 초기 활동 연구在宗教与世俗之间-基督教新教传教士在华南沿海的早期活动研究』, 广东教育出版社, 2000년 p334.
144) 리즈강李志刚, 『기독교 초기 재중 선교역사基督教早期在华传教史』, 台湾商务印书馆, 1985년 p204.
145) 제임스 플린트, James Flint, 洪任辉, 1720-?, 영국인.

8년 동안 구금당하는 신세가 된다. 플린트 사건이 발생한 후에 마카오 총독인 이시광李侍光은 오랑캐를 막을 수 있는 다섯 가지 조치에 관한 상주문을 올린다.146) 그는 상주문에서 이 사건을 중국인이 서양 사람에게 중국어를 가르쳐서 중국 상황을 이해하게 만들었기 때문이라고 하였다. 그 상주문에서 말한 "매국노 류아편"147)은 만청晚淸시기 외국인에게 중국어를 가르쳐서 교수형에 처해진 첫 번째 인물이다. 당시 영국 상사의 책임자인 브라운Brown148)은 광시广西 총독인 장린长麟에게 중국어를 공부하고 싶다고 부탁을 하면서 "잉글랜드 사람은 중국말 배우는 것을 좋아한다. 만약 광둥 사람이 우리 잉글랜드 상인에게 중국어를 말할 줄 알도록 가르쳐주는 것을 하락해준다면 중국 법률을 잘 알게 될 것이다."라고 말하였다. 장린은 이러한 부탁에 거절의 뜻을 분명히 하였는데, 그는 "사람들에게 따로 말을 가르칠 필요가 없고 정해진 규칙에도 위배된다."149)라고 생각하였다. 이러한 환경에서 외국인에게 중국어를 가르칠 수 있는 사람은 적을 수밖에 없어서 이 시기에 외국인에게 중국어를 가르친 교사로 알려진 중국인을 찾아내기는 매우 어렵다.

양광명杨广明150)은 모리슨이 광둥에 온 후에 초빙한 첫 번째 중국어 선생님이다. 그는 산시山西 출신의 천주교도로 오랜 시간동안 예수회에서

---

146) 이 다섯 가지는 다음과 같다. 첫째, 외국 상인들이 성에서 겨울을 나는 것을 금한다. 둘째, 외국인들이 마카오에서 거주하면서 점포를 열고 장사를 하고 있는데 이를 단속하고 조사해야 한다. 셋째, 외국인에게 자본을 제공하고 그들에게 일자리를 제공하는 것을 금지해야 한다. 넷째, 외국인들이 정보를 전하는 것을 영구적으로 금지한다. 다섯째, 외국선박이 황포에 정박하고 영업하는 사람들을 탄압하는 것을 고려해야 한다.
147) "奸民刘亚扁"
148) 헨리 브라운, Henry Brown, 布朗.
149) 린즈핑林治平, 『기독교와 중국 근대화 논집基督教与中国近代化论集』, 台湾商务印书馆, 1989년 p58-59.
150) Abel Yun Kwong.

라틴어를 배운 적이 있다. 그는 월급을 10위안에서 30위안으로 올려줄 것을 요구하였는데 모리슨은 그의 중국어가 별로라고 생각해서 해고하였다.151) 이선생李先生은 모리슨이 초빙한 두 번째 중국어 선생으로 포르투갈의 예수회 수도원에서 12년을 살았다. 당시 청나라 정부가 외국인에게 중국어 가르치는 것을 엄격하게 금지하였기 때문에 "양광명과 이선생 이 두 사람은 항상 청나라 관리의 조사를 너무나도 두려하였는데, 형벌을 받는 고통을 면하기 위해 그중 한 사람은 항상 몸에 독약을 지니고 있으면서 청나라 관리를 만나면 바로 독약을 먹고 자결하여 감옥살이하는 고통을 피하고자 하였다."152) 그밖에 런던에 있을 때 모리슨에게 중국어를 가르친 적이 있던 용삼덕容三德이 영국에서 광저우로 돌아온 후 모리슨에게 계속해서 "사서오경"을 가르쳤다. 또, 그는 나겸罗谦과 고高선생을 자신의 중국 문화 선생으로 초빙하였는데, "모리슨은 고선생은 만주 사람이며 교육이 직업이고, 나겸은 글쓰기를 잘하는데, 자신의 한학의 기초는 모두 두 사람의 영향을 받았다고 기록하고 있다."153)

나겸선생은 모리슨이 브리지먼Bridgman154)에게 추천한 중국어 교사이었다.155)

---

151) 우이슝吳义雄,『종교와 세속 사이-화남 연해지역에서 기독교 신교 선교사의 초기 활동 연구在宗教与世俗之间-基督教新教传教士在华南沿海的早期活动研究』, 广东教育出版社, 2000년 p36-37. 리즈강李志刚이 이 사람을 "양광명广明"으로 번역하였다.「기독교 초기 재중 선교사基督教早期在华传教史」, p66 참고. 광하오方豪,『동치제(同治帝) 이전 유럽 유학사략同治前欧洲留学史略』에서 나열하고 있는 인명표에서는 광둥 출신의 이씨 성을 가진 사람을 찾을 수 없다.
152) 리즈강李志刚,『기독교 초기 재중 선교사基督教早期在华传教史』, 商务印书馆, 1985년 p126.
153) 리즈강李志刚,「근대 유생과 기독교의 충돌 및 그 영향近代儒生与基督教的冲突及其影响」, 류샤오핑刘小枫 주편,『도와 말, 화하문화와 기독교의 만남道与言 : 华夏文化与基督教相遇』, 上海三联书店, 1995년 p244.
154) 엘리야 코울먼 브리지먼, Elijah Coleman Bridgman, 裨治文, 1801-1861, 미국인.
155) 리즈강李志刚,『기독교 초기 재중 선교사基督教早期在华传教史』, 商务印书馆, 1985년 p126.

양발梁发(1789-1855)은 최초의 중국인 선교사이다. 그는 원래 인쇄노동자이었는데 나중에 기독교에 입문하였고 모리슨이 선교사로 봉하였다. 양발은 일찍이 광저우, 난양南洋 일대로 온 선교사들, 즉 윌리엄스Williams,156) 밀른米怜,157) 아빌Abeel158) 등과 빈번히 교류하였다. 이 시기에 그는 여러 선교사들에게 중국어를 가르쳐 주었고 심지어 신학서적을 번역하는 과정에도 일정한 역할을 하였다.159)

1813년에 마카오에 도착한 천주교도 선교사 아폰수 곤살베스Afonso Gonçalves160)는 마카오에서 28년을 지내면서 세운 가장 중요한 업적이 중국어 교육과 연구에 관한 것이다. 그가 편찬한 중국어 교재인 『한자문법汉字文法』은 당시에 매우 영향력 있는 중국어 교재였는데, "책 전체는 9장으로 나누어져 있고 그중 중국어 음성, 한자 필획과 부수, 중국어 문법, 문답 형식으로 편집된 주제 실용 본문, 중국 속어, 중국 근대사, 작문법, 공문서 형식 등의 내용이 있다. 이 책은 내용이 풍부하고 다양하며 적용 범위도 넓고, 여러 장절의 내용에서 중국어 교육에 대한 그의 경험을 잘 녹아들게 하여 자신의 독특한 교수법을 적용시켰다."161) 이 밖에 그는 또 영향력이 대단한 『포중자전葡中字典』(또 『양한합자휘洋汉合字汇』로도 불린다), 『중포자전中葡字典』(또 『汉洋合字汇』로도 불린다), 『라틴어중국어본拉丁中国语本』, 『라틴중문포켓용자전拉丁中文袖珍字典』, 『라틴-중문 포켓용

156) 사무엘 웰스 윌리엄스, Samuel Wells Williams, 卫三畏, 1812-1884, 미국인.
157) 윌리엄 밀른, William Milne, 米怜, 1785-1822, 영국인.
158) 데이비드 아빌, David Abeel, 雅裨理, 1804-1846, 미국인.
159) 조지 헌터 맥뉴어(George Hunter McNeur, 麦沾恩 1798-1855, 미국인), 『양발-중국 최초의 선교사梁发-中国最早的宣教士』, 주신란朱心然 역, 香港基督教文艺出版社, 1998년.
160) 조아킴 아폰수 곤살베스, Joaquim Afonso Gonçalves, 江沙维, 1781-1841, 포르투갈인.
161) 류셴빙刘羡冰, 『이중 언어 인재와 문화교류双语精英与文化交流』, 澳门基金会, 1994년 p39, p41, p56, p63.

어휘표拉丁-中文袖珍辞汇表』다섯 권의 사전류를 편찬하였다. 중국어 교사로 그는 마카오에서 많은 이중 언어 인재를 배출하였는데 "그중 가장 뛰어난 사람은 바로 1822년에서 1869년까지 47년 동안 시정부市政府에서 통역을 담당하던 로드리게스 곤살베스Rodrigues Gonçalves[162]이었다."[163]

페드루Pedro[164]는 마카오 역사상 첫 번째 화무국华务局 국장이었으며 19세기 포르투갈의 유명한 한학자이다. 그의 학술성과는 주로 중국어 교육과 중국어 교재 편찬에서 잘 볼 수 있다. "1872년, 정부의 37호 공문에는 페드루가 세인트 조셉 대학교(University of Saint Joseph)에서 중국어를 가르치도록 하였는데 커리큘럼으로는 광둥어의 문법과 구어, 관화(베이징말 Pekim)의 구어, 중국어 번역이 있었다."[165] 당시 마카오는 중국어 인재가 매우 부족하였는데 페드루 혼자 다섯 개 학교의 중국어 교사를 겸직하고 있어서 소학교에서 중학교까지, 기초 과정에서 전공 과정까지, 당시 마카오 중국어 교육에 있어서 독보적인 존재였다고 말할 수 있다. 그가 잇달아 내놓은 교재로, 첫째, *O Circulo de Conhecimentos em Portuguez e China*가 있는데 이것은 홍콩에서 공부하는 포르투갈 아동용 시리즈 교재이며, 둘째, *Língua Sínica Fallada*(1권『어휘词汇』(1901), 2권『개량 교과서改良课本』(1902), 3권『성유광훈圣谕广训』(1903), 4권『상용구, 구어와 표준회화常用短语, 口语和标准会话』(1903))가 있고, 셋째, 『교육지침서教话指南』(1912), 넷째, 『국문교과서国文教科书』가 있다. 이밖에 그는 유럽 한학자가 편찬한 중국어 교재들

---

162) 조아우 로드리게스 곤살베스, João Rodrigues Gonçalves, 1806-1870, 포르투갈인.
163) 조지 헌터 맥뉴어(George Hunter McNeur, 麦沾恩, 1798-1855, 미국인), 『양발-중국 최초의 선교사梁发-中国最早的宣教士』, 주신란朱心然 역, 香港基督教文艺出版社, 1998년.
164) 페드루 놀라스쿠 다 실바, Pedro Nolasco da Silva, 伯多禄, 1842-1912, 포르투갈인.
165) "1872年, 政府第37号公报, 任命伯多禄在圣若瑟学院教授汉语, 其课程包括：越狱的文法和口语；官话(即北京话 Pekim)的口语；中文的翻译。"
   류센빙刘羨冰, 『이중 언어 인재와 문화교류双语精英与文化交流』, 澳门基金会, 1994년.

을 번역하였다. 페드루는 중국어 교재 편찬에 있어 풍부한 경험을 쌓았고 그의 이러한 편찬 원칙은 지금까지도 큰 의의를 갖는다. 예를 들어 그는『교육지침서敎话指南』의 "반드시 알아야 할 것"에서 중국어 교재 편찬에서 주의해야 할 점 일곱 가지를 언급하고 있다.

(1) 전체 교육 목표를 가지고 있어야 한다. 유창한 광둥어를 말할 수 있어야 한다. 중국어로 된 비즈니스 문건을 읽고 이해할 수 있어야 한다. 간단한 비즈니스 서신과 편지를 독립적으로 쓸 수 있어야 한다. 관화로 사람들과 의사소통을 할 수 있어야 한다. 중국어 문법 개요를 파악한다. 병음 지식을 파악한다. 회화와 회담의 방법과 기교를 파악한다. 2,533개의 한자를 학습한다.

(2) 단계별로 구체적인 교육 목적을 두어야 하며, 단계별 교재와 기간별 교육 진도가 있어야 한다.

(3) 서면어와 구어를 연계하고 광둥어와 관화를 연계하며, 읽고 말하고 듣고 쓰는 기본 실력 향상에 주의해야 한다.

(4) 글자 교육은 초보자 교육에서 중요한 내용이며 제일 높은 단계는 언어 운용이 핵심 부분이다.

(5) 음성, 문법, 어휘 각 체계는 각 학년별로 중점이 있지만, 또 전체가 하나로 통일되어야 하고, 반복하여 실력을 공고히 하여 종합적으로 운영한다.

(6) 교육의 사회적 요구를 받아들여 목표를 정확히 달성한다. 중학교와 소학교는 비즈니스 인재 양성을 목표로 한다. 정부 번역부서는 외교, 통역전문가 양성을 그 방향으로 삼는다.

(7) 순서에 따라 점진적으로 흥미를 유발하고 반복적으로 연습하는 등의 교육 원칙에 주의하며 일반적인 교육원칙과 특수한 문법현상 분석

에 유의한다. 표준 예문과 상용 공문 형식에 대한 교육을 중시한다.166)

조효운趙曉云은 샤먼廈门에서 중국어 교육에 종사한 교사로 1892년에서 1893년까지 샤먼에서 보렐Borel167)에게 중국어를 가르친 적이 있다.

3.5.2 만청시기 최초로 미국에 가서 중국어 교육을 한 교사 과곤화

과곤화戈鯤化(1838-1882)는 미국에 가서 중국어를 가르친 첫 번째 교사로 미국의 한학과 중국어 교육의 발전에 큰 공헌을 하였다. 당시 윌리엄스Williams168)가 예일대학에서 한학을 가르치고 있었지만 중국인이 중국어 교사를 맡은 것은 과곤화로부터 시작되었다. 과곤화는 일반적으로 외국에서 유학하면서 중국어교사를 하는 경우와는 달리 그는 하버드대학이 정식으로 초청한 중국어 교사였다.

과곤화의 중국어 교육은 그만의 독특한 특징이 있었다. 먼저, 그는 스스로 영어를 열심히 배워 그가 중국어 교육을 하고 미국에서 살아가기 위한 견실한 기반을 다졌다. 둘째, 그는 자신의 시집인 『화질영문华质英文』을 교재로 삼았는데 이것도 매우 독특하였다. "이것은 중국인이 영어로 중국문화를 소개한, 특히 중국시로 된 교재로, 역사적으로 볼 때 중국인이 편찬한 첫 번째 중국 시가 교재라는 점에서 비교적 큰 의의가 있다."169)

166) 류셴빙刘湊冰, 『이중 언어 인재와 문화교류双语精英与文化交流』, 澳门基金会, 1994년.
167) 보렐, Borel, 伯雷尔, 1871-1956, 네덜란드인.
168) 사무엘 웰스 윌리엄스, Samuel Wells Williams, 卫三畏, 1812-1884, 미국인.
169) 장홍성张宏生 편, 『과곤화집戈鯤化集』, 江苏古籍出版社, 2000년 p22.

3.5.3 만청시기 최초로 유럽으로 가서 중국어 교육을 한 교사 곽동신

나폴리의 성가학원䎃家学院은 중화서원中华书院이라고도 불리는데 이것
은 1710년 중국에 온 이탈리아 선교사인 마테오 리파Matteo Ripa170)가
설립하였다. 마테오 리파는 1724년 중국을 떠난 후 1732년 이탈리아의
나폴리에 성가학원을 만들어 중국의 젊은 성직자를 양성하였다. 초기에
이 학원은 중국의 젊은 성직자 양성에 그다지 성공적이지 못했지만 청
중기, 후기 이후 중국어 교사인 곽동신郭栋臣(1846-1923)이 온 후로 중국
어 교육에서 적지 않은 성과를 거둘 수 있었다.

곽동신은 자字가 송박松柏이고, 후베이湖北 첸장潜江 사람이다. 함풍咸丰
11년(1861) 성직자로 나폴리 성가학원에서 12년간 공부하고 졸업한 후
귀국하였다. 그는 광서光绪 12년 당시 로마 정보통신부传信部의 요청으로
성가학원에서 중국어를 가르쳤다. 여기에서 그는 『퇴어진경华语进境』과
『삼자경三字经』을 만들어 썼는데, 이 교재는 중국어와 이탈리아어를 대조
하는 형식을 채택하였다. 그의 『화어진경华语进境』은 문화교류에 있어 언
어의 역할과 중국어 교육에 대한 관점을 기술하였다. 먼저, 그는 외국어
학습의 중요성을 지적하였다. 그는 각 민족 간에 문화 교류를 하고자 한
다면, 우선 언어 교류가 있어야 한다고 생각하였다. 둘째로, 그는 서양
한학에 대한 이해를 통해 중국인들이 자각적으로 중국어 교육을 전개하
여 서양에 중국 문화를 소개할 것을 제시하였다. 중국에 있을 때 그는
중국으로 온 선교사들과 교류하면서 그들이 중국 문화를 연구한 성과에
대해 대단히 존경하고 높이 평가하였고, 레그Legge171)와 줄리앙Julien172)

---

170) 마테오 리파, Matteo Ripa, 马国贤, 1682-1745, 이탈리아인.
171) 제임스 레그, James Legge, 理雅各, 1815-1897, 영국인.
172) 스타니슬라스 줄리앙, Stanislas Julien, 儒莲, 1797-1873, 프랑스인.

등의 유럽 한학자들은 모두 학식이 풍부한 사람이라고 생각하였다. 하지만 그의 이러한 한학자들에 대한 존경은 단지 그가 중국 문화 연구에 있어 이 한학자들에게 뒤지고 싶지 않다는 표현일 뿐이다. 그는 중국 문화의 오랜 역사와 심오함이 "우리나라 정원에 있는 수 천 수 만 종류의 꽃이나 풀과 같다"라고 말하며 자발적으로 중국어 교육을 펼쳐나가야 한다고 하였다. 곽동신은 중국어 교육의 필요성을 이미 상당히 자각하고 있었는데 만청시기에 이런 생각을 갖는 것은 매우 드문 일이었다고 볼 수 있다.

명청시기에 얼마나 많은 중국인이 해외에서 중국어 교사를 하였는지 아직 정확히 알지 못하기 때문에 이에 대한 사료를 찾아 연구할 필요가 있다. 근대 이후 중서간의 문화 교류가 빈번해졌으므로 해외에서 중국어 교육에 종사했던 사람이 위에서 언급한 몇몇 사람으로만 그친 것은 아닐 것이다.173) 외국어로서의 중국어 교육을 개척한 사람들에게 깊은 경의를 표해야 한다.

---

173) 1879년 7월 28일 에드워드 뱅스 드류(Edward Bangs Drew, 杜德维, 1843-1924, 미국인)는 찰스 윌리엄 엘리어트(Charles William Eliot, 查尔斯·威廉·艾略特, 1834-1926, 미국인)에게 보낸 서신에서 "프랑스 정부는 중국 교사 한 분을 파리로 초빙하였는데, 신임 프랑스 주중 영사관과 다른 외교관들에게 초급 중국어를 가르친다."라고 하였다. 『과곤화집 戈鲲化集』, p291 참고. 저우전허周振鶴도 "나는 적어도 프랑스에서 가르친 적이 있는 두 사람을 알고 있다……"라고 말하였다. 저우전허周振鶴, 「그는 중국에서 서양으로 와서 교육에 종사한 첫 번째 사람이 아니다他不是中到西方任教的第一人」, 『中华读书报』, 2001년 5월 9일.

3.6 명청시기 타이완에 있는 외국인들의 중국어 학습

3.6.1 타이완의 언어 환경

몇 천 년 전부터 타이완에서 거주한 "산지족山地族"(또는 고산족이라고 부른다)은 타이완의 "원주민"(현재 인구 약 40만)으로 오스트로네시아어 (Austronesian Language, 남도언어)(오스트로네시아어족은 중국 내륙에서 기원하였다)를 사용하고, 타야어군(Atayalic, 泰耶尔分支)은 타이완의 북부 산지 난터우 南投, 타이중台中, 먀오리苗栗, 신주新竹, 타오위안桃园, 타이베이台北, 이란宜 兰, 화롄花蓮 등지에 분포하며, 조어군(Tsouic, 邹分支)은 중부인 아리산阿里山 일대, 쟈이嘉义와 가오슝高雄의 경계 지역에 분포하고, 파이완어군 (Paiwanic, 排湾语群)은 동남부 산지와 동해안 평원의 좁고 긴 지역에 분포한다.[174] 송원 시기(960-1368)에 한족은 이미 상당수가 펑후열도澎湖列島에 거주하고 있었고 점점 타이완으로 가기 시작하였다. 명 정부(1368-1644)는 이전에 조직적으로 타이완에 이민을 보냈다. 17세기 초, 네덜란드와 스페인 식민통치자들이 연이어 타이완을 침입한 후, 스페인이 네덜란드에게 쫓겨나면서 타이완은 네덜란드의 식민지가 되었다. 1662년 정성공郑成功(1624-1662)이 네덜란드를 이겨 타이완을 수복한 후, 한족이 대대적으로 타이완으로 이주하였고, 민방언闽方言이 대량으로 타이완에 전해졌으며, 장저우漳州와 취안저우泉州의 민방언이 가장 보편적인 언어가 되었다. 타이완이 청나라(1616-1911) 지도에 들어간 후 청 정부는 타이완부台灣府(1684)를 설치하고 푸젠성福建省을 예속시켰다. 광둥에서 온 이민자들은 객가방언客家方言(Hakka dialect)을 유입하였다. 1811년 즈음 타

---

174) 쑨훙카이孫宏开·후쩡이胡增益·황싱黃行, 『중국의 언어中国的语言』, 商务印书馆, 2007년.

이완 인구는 190만 명에 달하였는데 그중 대부분이 푸젠福建이나 광둥广东에서 온 이민자였다. 1894년 일본이 청일전쟁을 일으키고 청이 패함에 따라 1895년 4월 17일에 시모노세키조약马关条约을 맺고 일본에게 타이완을 이양한다. 일본 식민지가 된 타이완은 약 50년이라는 오랜 시간동안 일본어를 사용하였고, 1945년 일본이 2차 세계대전에서 패함에 따라 타이완은 다시 중국으로 돌아가게 되고 국민 정부가 관할하게 된다. 이 시기에 중국 내륙에서 온 이민자들은 오방언吴方言, 월방언粤方言과 북방방언北方方言을 사용하게 된다. 이와 같이 타이완의 다양한 언어 환경의 형성은 타이완의 근대 역사와 밀접한 관련이 있다. "이러한 정치적인 요소로 인하여 여러 이민자들이 타이완으로 들어오게 되고 다양한 언어 사회를 형성하게 되었다."[175]

타이완의 언어 환경은 여러 가지 변화를 겪어서 방언이 복잡하지만 "국어国语"는 계속 정부 공식 언어, 즉 "관화官话"로 사용되었다. 정성공郑成功, 류명전刘铭传이 공무를 처리할 때 사용한 언어가 국어였다. 타이완의 각 지역에 있는 서원에서는 수많은 수재와 인재를 양성하였고 심지어 진사进士를 배출하기도 하였는데 그들이 서원에서 학문에 대해 토론할 때 국어를 사용하였다. 정예룡郑芝龙(정성공의 아버지)의 방대한 상선商船들은 각 지역을 다니며 무역을 하였는데 그때 사용한 언어 또한 국어였다. 그래서 국어는 항상 타이완의 본토 언어 중 하나였다. 명 말 각 지역 상인이 모여들 때부터 청 정부가 통치할 때까지 공무원과 지식인은 모두 관화(당시의 국어)를 사용하였다. 일본이 점령한 시대에도 관화는 완전히 사라지지 않았다. 일본학자인 国府种武는 타이완에 거주하던 시기

---

175) 주자닝竺家宁, 「타이완의 역사적 변화와 타이완 언어-다원화한 언어사회를 논하며台湾缘 与台湾语-论多元的语言社会」, 『海峡评论』, 1999년, 98기.

에 관한 기록에서, 일본 사람들이 타이완의 사람들과 말을 하려면 먼저 관화를 알아듣는 일본인을 찾아야 관화를 말하는 타이완 사람과 소통이 가능하였다고 하였다.176)

오늘날 중국 대륙에서 말하는 "보통화普通话(표준중국어)"를 타이완 지역에서는 "국어"라고 하고, "외국어로서의 중국어 교육对外汉语教学"은 "외국어로서의 화어(문)교육对外华语(文)教学"나 "화어(문)교육(华语(文)教学)" 이라고177) 한다.

3.6.2 초기에 타이완으로 온 서양인들의 언어 학습

처음으로 타이완에 간 사람은 당연히 17세기 네덜란드인이며 "신강문서新港文书"178)가 바로 이 시기의 산물이다. "신강문서"는 "신강문新港文" 이라고도 하는데 현재 타이완과 타이난台南 일대 핑푸족平埔族에 전해져 오는 토지임차, 매매, 임대 등에 관한 계약문서로, 민간에서는 그것을 "번자계番仔契"179)라고 한다. 이 문서에서 사용한 언어는 로마자 한 종류인 것도 있고, 중국어와 로마자를 대조하며 쓴 이중 언어인 것도 있다.180) 1636년 네덜란드 사람들은 신강新港지역에 첫 번째 학교를 설립하였는데 이 학교는 종교 교육을 제도화하였을 뿐만 아니라 서양의 읽고 쓰는 문자 인식 능력 훈련 방식을 도입하였다. 네덜란드의 교파는 방

---

176) 장전싱张振兴,「타이완 사회언어학사 50년 논평台湾社会语言学史五十年述评」,『语言教学与研究』 1988년 제2기.

177) 역자 주 : 이 책에서는 화어교육 혹은 화어문 교육으로 번역하였다.

178) 역자 주 : Sinckan Manuscripts.

179) 역자 주 : fanzi contracts.

180) 타이완 중앙연구원 핑푸문화정보네트워크台湾中央研究院 平埔文化信息网.
　　　역자 주 : 현재 핑푸문화정보네트워크는 "중앙연구원 민족연구소 디지털자료저장네트워크中研院民族所数位典藏入口网"로 통합 조정되었다. http://ianthro.tw 참고할 것.

언이나 구어로 선교하는 것을 주장하였기 때문에 신강어新港语[181])를 신
강과 그 부근 지역의 공동 언어로 선교하였고 그래서 신강어가 학교의
교육용 언어가 되었다. 또한, 라틴자모로 그 언어의 구어를 써내려갔고
가틴자모는 교리의 문답과 기도문 등을 편집하는 데 사용하였다. 허안
쥐안贺安娟은 선교사가 식민 행정 관리나 상인과 공동으로 문자가 없는
타이완 사회를 변화시키려고 첫 번째 인선을 꾸렸다고 지적하였다. 타
이완에서 기독교의 현지화를 이루어내겠다는 목적을 달성하기 위하여
그들은 자전을 편찬하여 신교의 교리를 현지 언어로 번역하였는데 이것
은 나아가 원주민의 생활에도 영향을 미쳤다.[182] 이것으로 볼 때 당시
네덜란드 선교사들의 언어 학습의 중점은 현지 주민이 사용하는 중국어
가 아니라 "신강어"였음을 알 수 있다.

그 이후, 유럽이나 미국의 종교 단체가 타이완에 들어온 후의 언어
학습상황도 대체적으로 비슷하였다. 즉 중국어를 배우는 것이 아니라
현지인(원주민)이 사용하는 언어를 적극적으로 배우는 것이 핵심이었는데
그 이유는 그들이 언어를 공부하는 중요한 목적이 현지인들과 교류하는
것이었고, 교류하는 목적이 정치적이거나 상업적인 교류가 아니라 교의
를 널리 알리는 것이었기 때문이다. 영국 장로회 소속의 맥스웰Maxwell,[183]
휴 리치Hugh Ritchie,[184] 바클레이Barclay[185]는 모두 샤먼厦门에서 민남어闽

---

181) 역자 주 : 신강어(Sinkan Language)는 타이완 언어 중의 하나로, 시라야어(Siraya language)
    의 방언이며 시라야족이 살고 있는 신강사新港社(현재 타이난시台南市 신사구新社区)에서
    주로 사용된다.
182) 허안쥐안贺安娟,「네덜란드 통치 하의 타이완 교회언어학 : 네덜란드 언어정책과 원주민
    글자 인식 능력의 도입(1624-1662)荷兰统治下的台湾教会语言学 : 荷兰语言政策与原住民识字能力的引进
    (1624-1662)」,『台北文献』, 1998년 125기.
183) 제임스 레이드로 맥스웰, James Laidlaw Maxwell, 马雅各, 1836-1921, 영국인.
184) 휴 리치, Hugh Ritchie, 李麻, 1840-1879, 영국인.
185) 토마스 바클레이, Thomas Barclay, 巴克礼, 1849-1935, 영국인.

南语를 배웠고 후에 타이완 여러 곳을 돌아다니며 선교하면서 현지 언어
도 배웠다.

의사인 맥스웰Maxwell은 1869년 부성府城(지금의 타이난台南)에 "신도 양
성반信徒造就班"을 만들었고 후에 "전도자 속성반传道者速成班"으로 개명하
였다가 1875년에는 "선교사 양성반传教师养成班"으로 다시 바꾸었다.
1876년에는 타구打狗(치허우旗后, 지금의 가오슝高雄)의 "전도자 속성반传道者
速成班"과 합병하여 부성에서 "대학"을 만들었는데 이것이 현재 "타이난
신학원台南神学院"의 전신이고 그 학교의 초대 총장이 바로 맥스웰 목사
이다.

타이완성서협회(The Bible Society in Taiwan, 台湾圣经公会)의 소개에 의하
면 그 당시 타이완 민간에서는 한학 교육을 하는 학교가 이미 만들어져
있었고 성경도 중국어로 만들어진 『화합본和合本』186)이 이미 있었는데
일반인들이 글자를 잘 몰라서 선교사들이 신도들에게 성경을 읽으면서
가르치는 데 많은 어려움이 있었다. 맥스웰은 핑푸족平埔族을 방문한 기
간 동안에 그들이 17세기(네덜란드인이 타이완에 거주하던 시기) 로마자 체계
로 쓴 계약문서(신강문서)를 가지고 있는 것을 본적이 있었다. 맥스웰은
타이완으로 오기 전에 샤먼에서 로마자 체계로 방언을 공부하는 훈련을
받은 적이 있어서 그는 보좌관 등과 함께 업무 외 시간에 백화자白话字
(교회 로마자나 타이완어 로마자를 가리킨다)로 신약성경을 번역하였다. 맥스
웰은 1872년 휴가차 귀국하였을 때 백화자 성경을 계속해서 번역하였
고, 1873년에 첫 번째 백화자 신약성경 『우리 구주 예수그리스도의 신
약咱的救主耶稣基督的新约』을 감독 인쇄하였다.

---

186) 역자 주 : 화어华语 지역에서 광범위하게 사용된 중국어 성경 판본이다.

바클레이 자신의 기록에 의하면 그는 신도들에게 경전을 읽히는 것에 대한 사명감을 갖고 있었다. 그는 처음 타이완에 왔을 때 다음 세 가지 확신이 들었다고 한다. 첫째, 만약 생명을 구할 수 있는 건전한 교회가 있다면 남녀를 불문하고 모두 성경을 연구하고 읽고자 할 것이다. 둘째, 이 목표는 한자를 사용하면 이룰 수 없다. 셋째, 로마자 표기의 백화자를 이용하면 이 목표를 이룰 수 있다.

바클레이는 가장 열정적으로 백화자를 추진한 사람으로 그는 네덜란드가 타이완에서 선교에 실패한 원인이 성경을 현지 언어로 번역하지 않아서 아무도 성경을 이해하지 못했기 때문이라고 생각하였다. 한문을 배우는 것은 몇 년이라는 긴 시간이 필요하지만 백화자(교회 로마자)를 배우는 것은 몇 달 정도의 시간만 있으면 가능하다. 그들은 선교사들이 한문을 배우는 것을 반대한 것이 아니라 선교의 절박한 필요에 의해 이러한 방법을 생각해낸 것이다. 신도들이 스스로 성경을 읽고 연구하고 구절을 찾도록 하려면 백화자를 추진하는 것이 유일한 방법이었다. 1880년, 교회는 교회 소속 각 학교에서 백화자를 가르치고 선교사들이 모두 백화자를 익힐 것을 공식적으로 결정하였다.

백화자를 추진하는 업무과정에서 바클레이는 백화자 운동을 추진하여 신도들을 양성하고 교회 발전의 목표를 이루어낼 출판부가 필요하다고 생각하였다. 1880년 영국의 장로교회(바클레이 소속의 영국교회)가 로마자 인쇄기 한 대를 기증하여 타이난에 도착하였는데 이것이 타이완의 첫 번째 인쇄기였고, 1884년부터 인쇄를 시작하여 타이완 인쇄업의 기원이 되었다. 1885년 백화자로 인쇄한 "타이완부성교회보台湾府城教会报"가 정식으로 출간되었는데 이것은 동남아시아에서 가장 이르고 가장 오랫동안 지속된 교회잡지로 지금은 "타이완교회공보(台湾教会公报, Taiwan Church

News)"(주간)라고 부른다.

캐나다 장로교회는 1872년 선교사인 맥케이Mackay[187]목사를 타이완으로 파견하였는데 중국어 이름은 해예리偕睿理(타이완 사람들은 마셰 박사라고 불렀다)이다. 그는 "이학당대서원理学堂大书院"을 세웠고 고향 캐나다 온타리오(Ontario)주 옥스퍼드에서 모금을 해준 것에 감사하는 마음으로 영문 이름을 "OXFORD COLLEGE"라고 지었는데 후에 사람들은 그것을 "옥스퍼드학당牛津学堂"이라고 불렀으며 지금의 "진리대학真理大学"의 전신이다. 당시 선교사들이 어떤 지역으로 파견되면 현지의 언어를 배워야 했는데 교사도 없고 초학자들에게 적당한 책도 없다면 어떻게 할 수 있을까. 맥케이 목사가 사용한 방법은 비교적 전형적인 것으로 1988년 7월 3일『타이완교회공보』제1896기에 맥케이 박사가 민남어를 공부한 상황에 대해 게재하였다.

3.6.3 선교사가 편찬한 공구서 상황

선교사들은 자신과 새로 온 다른 선교사들이 현지의 민남어를 쉽게 배울 수 있도록 많은 샤먼음厦门音 자전을 편찬하였고 이것이 그들이 언어를 공부하는 중요한 공구서가 되었다.

맥케이가 만든 『중서자전中西字典』은 민남어 음으로 주석한 최초의 한자자전으로 1893년에 출판되었다. 이 자전에 수록된 글자 수는 9,451개이며 각 글자는 로마자로 민남어의 독음을 표기하였고 그 의미를 해석하였는데 맥케이 목사가 1891년 7월 3일에 쓴 서문에서 이 책의 편찬과정을 분명하게 볼 수 있었다. 맥케이 목사는 상하이 장로교회 출판사,

---

187) 조지 레슬리 맥케이, George Leslie Mackay, 乔治·莱斯里·马偕, 1844-1901, 캐나다인.

즉 상하이미화서관上海美华书馆으로부터 부수와 필획에 따라 배열한 한자각판자전汉字刻板字典(字表) 한 권을 받았는데 그 자전에는 모두 6,664자가 수록되어 있었고 그는 이 글자를 공책에 베껴 쓰며 그것의 주음과 의미를 완성하였다. 초고가 완성된 후 많은 선교사들과 제자들이 "필사본手抄本" 간행을 요구하여 학생과 함께 이 자전을 편찬하기 시작하였고, 제자 연화连和와 류징청刘澄清에게 한자를 배열하도록 하였으며, 왕식금汪式(氏)金에게 베껴 쓰도록 하였고, 로마자와 독음과 해석을 정확하게 밝혔다. 출판을 계획할 단계가 되어 원래의 자표字表 중 타이완에서 사용한 적이 없는 몇 글자를 삭제하고, 성경, 중국경전 그리고 윌리엄스Williams[188]가 만든 『한영운부汉英韵府』(1874)[189] 등에서 고른 몇 글자를 더 넣어서 모두 9,451자를 수록하였다.[190] 그 후에 또 캠벨Campbell[191]목사가 만든 『샤먼음신자전厦门音新字典』 등이 있다. 다음은 이 사전에 대한 저우둔런周敦人[192]의 소개이다. 『샤먼음신자전』은 『감자전甘字典』이라고도 하는데 자전에서 수록하고 있는 단어는 『강희자전康熙字典』, 『십오음十五音』(즉, 1818년 사수란谢秀岚이 편찬한 『회집아속통십오음汇集雅俗通十五音』은 타이완에서 당시 가장 널리 유행하던 장주漳州 운서인데 운서이기는 하지만 전체 약 14,000자를 수록하고 있다), 그리고 다른 서양 사람들이 편찬한 자휘字汇 등 참고자료가 매우 많다. 그 음은 장저우漳州, 취안저우泉州, 타이완台湾 세 곳에서 유행하는 토착음에서 따온 것으로 단음절자로 만들어 음에 따라 순서를 배열하였다. 각 글자의 원칙은 위의 첫 줄에 백화자의 주해와 범례를 표기

---

188) 사무엘 웰스 윌리엄스, Samuel Wells Williams, 卫三畏, 1812-1884, 미국인.
189) *A Syllabic Dictionary of the Chinese Language*
190) 『台湾教会公报』, 제1897기, 1898년 7월 10일 참고.
191) 윌리엄 캠벨, William Campbell, 甘为霖, 1841-1921, 영국인.
192) 저우둔런周敦人, 「역사적으로 중요한 다섯 권의 로마병음자의 공구서와 작자에 대한 소개历史上五本重要罗马拼音字的工具书及其编者简介」, 『公论报』, 2004년 12월 7일, 11판.

하고 한 글자에 여러 음이 있을 때 이 글자는 여러 곳에서 표기한다는 것이다. 예를 들어 "지鸡"자는 ke로도 읽고 koe로도 읽어서 두 곳에 나온다. 이 책은 1913년 초판이 나온 후에 바로 현지인의 많은 호평을 받았다. 자전 이외에 일반 지명과 인명, 성경의 지명과 인명, 자와 성, 육십갑자와 계절, 자부표字部表 등 부록도 있다. 1924년에 2판을 출간하였고 그 후 계속해서 증정본 재판이 나왔으며 지금까지 이미 총 15판이 출판되었다. 저우둔런周敦人은 1961년 판본 한 권을 가지고 있는데 이것은 8판으로 모두 1,134쪽, 15,000여 글자를 수록하고 있다. 이 판본은 "한자의 목록"을 첨가하였고, 한자 옆에 중국어 주음부호로 표기 되어 있으며 지명과 인명도 원래의 영문과 백화자 대조로 되었던 것에서 영문, 중문, 백화자 세 종류가 왼쪽에서 오른쪽으로 배열되어 있어서 자전의 활용도가 더욱 커지게 되었다.

3.6.4 소결

이상의 소개에서 볼 수 있는 것처럼 명청시기 외국인들이 타이완에서 언어를 학습하는 것은 당시 타이완의 기독교 신교, 천주교회와 상당히 밀접한 관계가 있다는 것을 알 수 있다. 그리고 당시 타이완의 언어 환경은 여전히 안정되지 않아서 문자 기록이 더욱 완벽해지기를 바라는 상황이었다. 유럽과 미국에서 온 선교사들은 의료, 학문 발전, 교리 전도 등으로 종교를 선전하려는 목적을 갖고 있었는데 의료, 교육, 설교는 모두 언어와 밀접한 관계가 있기 때문에 현지 사람들과 소통할 수 있는 언어를 학습하는 것이 선교사들의 첫 번째 업무가 되었다. 이 시기 외국인은 여러 가지 방법으로 원주민의 언어, 민남어, 객가어 등 방언을 공

부하는 사람이 많았다. 그래서 선교사들이 편찬한 교재, 자전, 번역한
종교저술서도 타이완 언어와 언어 학습상황을 연구하는 중요한 자료가
되었다.

3.7 서양의 근대 이후 중국 학습 상황의
   중국어 연구에 대한 의의

유럽은 대항해시대(Age of Discovery) 이후 400여 년(1500-1910) 동안이
중국어 학습의 역사라고 할 수 있는데 이 시기 동안은 풍부한 학술적인
유산이 남아있다. 이 유산은 서양 한학사를 연구하는 데 중요한 의의가
있을 뿐만 아니라 중국의 중국어 본체本体에 대한 연구, 비교문화, 비교
언어학 연구, 그리고 오늘날 외국어로서의 중국어 교육 연구에도 중요한
학술적 의의를 가지고 있다. 이 학술적 유산에 대해 여기에서 간단하게
정리 평가하고 앞으로 학계에서 더 깊이 있는 연구를 진행하기 바란다.

3.7.1 근대 이후 유럽과 미국 현지의 중국어 학습

중국 언어에 대한 유럽 문화계의 인식은 중국을 방문한 적이 있는 선
교사가 쓴 중국에 관한 서적에서 처음으로 드러났다. 중국의 방괴자方块
字는 스페인 선교사인 멘도사Mendoza[193])의 『중화제국사中华帝国史』에서 처
음으로 유럽서적에 나타나게 된다. 영향이 비교적 큰 것으로는 키르허
Kircher[194])의 『중국도설中国图说』로 그는 이 책에서 처음으로 중국의 상형

---

193) 후안 곤잘레스 데 멘도사, Juan González de Mendoza, 门多萨, 1545-1618, 스페인인.

문자를 발표하였고 많은 사람들의 관심을 끌었다. 특히 그는 처음으로
『대진경교비大秦景教碑』195)의 비문을 라틴어와 중국어 대조사전으로 만들
었는데 발음과 단어의 의미가 있는 것으로 보아 유럽 사람들이 중국어
를 공부한 첫 번째 라틴어중국어사전拉汉词典일 것으로 추정된다.196)

명청시기 유럽과 미국에 있는 서양 사람들의 중국어 학습은 다음과
같은 두 가지 공통의 특징이 있다.

첫째, 중국어 학습과 교육은 한학 연구와 밀접한 관련이 있다. 이 시
기 한학은 동방학의 범위 속에서 있는 것이며, 중국어를 공부하는 것은
서양에서 여전히 "현학显学"197)이므로 중국어 교육이 외국어 교육의 한
분야로 독립되어 나갈 수가 없었다. 당시 중국어 교육에 종사하는 교사
이자 한학 연구의 전문가였던 프랑스의 첫 번째 한학교수인 아벨 레뮈
자Rémusat198)는 『중문의 기원과 구성中文起源和构成』, 『한자 속의 일부 다
음절자汉字中的一些多音节字』 등 중국어 교육과 중국어 언어 연구에 관한 저
술서가 있을 뿐만 아니라 『예률초재전耶律楚材传』, 『불국론佛国伦』 등의 중
국 전통 역사 문화에 관한 많은 논문과 저술이 있다.

사실 이러한 특징은 오늘날까지 계속 이어져 오고 있는데 서양의 대
학에 전문적으로 중국어를 제2언어로 공부하는 학과가 있는 곳은 매우

---

194) 아타나시우스 키르허, Athanasius Kircher, 阿塔纳修斯·基歇尔, 1602-1680, 독일인.
195) 역자 주 : 시안西安 비림碑林 제2실에 세워져 있는 유명한 비석으로 전체 이름은 "大秦
    景教流行中国碑"이다.
196) 아타나시우스 키르허(Athanasius Kircher, 基歇尔, 1602-1680, 독일인), *China Illustrata*,
    Kathmandu Nepal, 1979.
197) 역자 주 : 현학은 통상적으로 현실과 밀접한 관계에 있으며 사회적으로 광범위하게 관
    심을 가지는 학문을 가리킨다. 이와 반대로 은학隐学은 현실과 비교적 멀리 있어서 세
    상 사람들에게 별로 주목을 받지 못하는 학문이다. 현학은 현재의 과학 물리 연구에 가
    까워서 실천학과라고도 불린다. 유가학파儒家学派, 황로학과黄老学派, 묵가학설墨家学说,
    양주학파杨朱学派는 중국의 비교적 이른 시기의 현학학설 학술이다.
198) 장 피에르 아벨 레뮈자, Jean Pierre Abel-Rémusat, 雷慕沙, 1788-1832, 프랑스인.

적으며, 중국어 교육 과목은 대부분 한학과汉学系 1-3학년의 수업으로 개설된다. 이러한 특징은 오늘날 중국 국내의 "외국어로서의 중국어 교육对外汉语教学" 학과 개설을 이해하는 데 어느 정도 시사하는 바가 있다. 중국이 발전해감에 따라 서양 대학에 있는 외국어 교육 조직에서 점점 전문적으로 중국어를 가르치는 학과가 생길 가능성이 있지만 이것은 하나의 발전 방향이며 앞으로 더 많은 시간이 필요할 것이다.

둘째, 이 시기는 "전공 한학专业汉学"과 "선교사 한학传教士汉学"이 병존하는 시기이다. 프랑스가 1814년 정식으로 한학 교원 자리를 만든 후에 "전공 한학"이 점차 "선교사 한학"을 대체하고, 한학이 점점 선교학传教学의 범위를 벗어나 고등교육의 범주로 들어가기 시작하였다. 특히 아편전쟁鸦片战争(1839-1842) 이후 기독교 신교 선교사들이 중국으로 들어가 기존 예수회의 위치를 대신하면서 이 선교사들이 서양으로 돌아온 후 한학과의 책임자가 되는 경우가 많았다. 예를 들어 미국의 윌리엄스Williams,[199] 독일의 빌헬름Wilhelm[200] 등이 있다. 이런 특징은 중국어 교육에도 영향을 미쳐서 많은 중국어 교육기관이 여전히 교회 내부에 만들어졌으며 중국어를 배우는 학생 중 많은 사람은 여전히 중국으로 갈 예정에 있는 선교사였다.

3.7.2 중국어와 유럽어의 이중언어사전 편찬 작업의 시작

중국의 이중언어사전은 오랜 역사를 가지고 있다. 불교가 중국으로 유입된 후 승려들은 한족들이 불경을 배우도록 만들기 위해 중국어와

---

199) 사무엘 웰스 윌리엄스, Samuel Wells Williams, 卫三畏, 1812-1884, 미국인.
200) 리차드 빌헬름, Richard Wilhelm, 卫礼贤 혹은 理查德·威廉, 1873-1930, 독일인.

산스크리트어의 이중언어사전을 편찬하기 시작하였다. 그리고 중국어와 유럽언어의 이중언어사전 편찬은 대항해 이후 서양의 선교사들이 동쪽으로 오기 시작한 것이 바로 그 기원이다. 현재까지 알려진 바로는 "중국어와 외국어가 결합된 첫 번째 자전은 1575년 푸젠福建 연해 지역에 도착한 스페인 아우구스티노회(Augustinian Order, 奧斯定会)의 수도사인 라다Rada[201]"가 자저우家州의 토착음(민남어)을 근거로 스페인어로 편찬한 『화어운편华语韵编』이다.[202] 명말 예수회가 중국에 들어온 후 최초의 이중언어사전은 루지에리와 마테오 리치가 편찬한 『포한사전葡汉辞典』이다. 이 사전은 대략 1584년에서 1588년에 만들어졌는데 1935년에 비로소 이탈리아의 한학자인 델리아D'Elia[203]가 예수회 고문서보관소에서 발견하였으며 최근에 이에 대한 깊이 있는 연구가 이루어지고 있다. 이 사전은 "포르투갈어 어휘 6,000여 개를 수록하고 있고 이에 대응하는 중국어 글자와 단어는 5,460개 정도 있어서 540여 개의 포르투갈어는 중국어 대응 단어를 채우지 못하였다."[204] 하지만 이 사전은 서양에서 중국어와 서양언어 간의 이중언어사전 편찬사에서 대체할 수 없는 학술적인 위치를 차지하고 있다.

첫째, 그것은 최초의 중국어-서양언어 대조사전 중의 하나이다. 이때 중국은 이미 『화이역어华夷译语』가 있었지만 주로 중국어와 소수민족 및 이웃 국가 언어에 대한 대조사전이었고, 진정한 의미에서 중국어와 유럽언어를 대조한 이중언어사전은 『포한사전葡汉词典』이 처음이었다.

---

201) 마르틴 데 라다, Martín de Rada, 马丁·德·拉达, 1533-1578, 스페인인.
202) 우멍쉐吴孟雪, 『명청시기 유럽인의 눈에 비친 중국明清时期欧洲人眼中的中国』, 中华书局, 2000년 p6.
203) 파스콸레 델리아, Pasquale D'Elia, 德礼贤, 1890-1963, 이탈리아인.
204) 양푸몐杨福绵, 「루지에리와 마테오 리치의 『포한사전』이 기록한 명대 관화罗明坚, 利玛窦「葡汉辞典」所记录的民代官话」, 『中国与院学报』 5기, 商务印书馆 1995년.

둘째, 그것은 처음으로 로마자로 한자를 주음한 시스템이며 사실상 최초의 한어병음방안이다. 이 점에 대해서는 다음에 다시 설명할 것이다.

셋째, 그것은 명말 언어학을 연구하는데 1차 자료를 제공한다. 양푸몐杨福绵은 이 사전을 근거로 명대의 중국 관화가 남경어南京话를 기초로 한다는 것을 판단할 수 있다고 주장한다.[205]

『포한사전』은 중국에 온 선교사가 편찬한 첫 번째 포한사전이므로 아직까지는 서툰 부분이 비교적 많다. 처음으로 만들어진 것이어서 성모와 운모를 쓰는 방법이 아직 완전히 정형화되지 않았고 일부 모호하고 혼란스러운 부분이 있다. 하지만 명청시기 때 중국으로 온 선교사들, 특히 예수회 선교사들이 루지에리와 마테오 리치가 만들어놓은 방향을 따라 끊임없이 노력하여 대량의 이중언어사전을 만들어냈고 심지어 다중언어사전까지 만들어냈는데 수량도 많았고 성과도 매우 훌륭하여 많은 사람들을 놀라게 하였다. 왕리다王立达는 1575년에서 1800년까지 선교사들이 60여 종의 중국어 혹은 중국어와 외국어를 대조한 사전류의 책을 편찬하였는데 대부분은 필사본이고 그중 50여 종이 현재까지 보존되어 오고 있다고 하였다.[206] 하지만 피스테Pfister[207]의 기록에 따르면 이 시기에 중국으로 온 예수회 선교사는 이중언어 대조사전뿐만 아니라 다중언어 대조사전까지 편찬하였다. 예를 들면 샤르므Charme[208]의 『한몽법어자전汉蒙法语字典』, 아미오Amiot[209]의 『만법자전满法字典』과 『만주, 티벳,

---

205) 명대 관화에 관한 논의는 예바오구이叶宝奎, 『명청관화음계明清官话音系』, 厦门出版社, 2001년 참고할 것. 이 문제에 대한 해결을 위해서 어느 정도는 중국에 온 선교사들이 남긴 언어자료에 의지해야 하는데 이러한 의미에서도 선교사들의 중국어 학습을 연구하는 것의 중요성이 매우 잘 드러난다.

206) 왕리다王立达, 『중국어연구소사汉语研究小史』, 商务印书馆, 1963년 p12.

207) 루이 피스테, Louis Pfister, 费赖之, 1833-1891, 프랑스인.

208) 알렉상데르 드 라 샤르므, Alexander de la Charme, 孙璋, 1695-1767, 프랑스인.

몽고, 한, 산스크리트어자전滿, 藏, 蒙, 汉, 梵字典』, 바어Bahr[210])의 『여섯 종류 언어 대자전六种语言大字典』(중국어를 라틴어, 프랑스어, 이탈리아어, 포르투갈어, 독일어와 서로 대조하였다) 등이 있다.

유럽 현지에서는 각종 중국어와 외국어의 이중언어사전이 계속 출판되었다. 독일은 초기 한학가인 멘첼Menzel[211])이 쓴『중국어, 중국어 작문과 중국 관화 발음의 열쇠中文, 中文写作和中国官话发音的钥匙』는 글자와 소리를 익히는 사전이고, 뮐러Müller[212])의 『중문열쇠中文钥匙』(Clavis Sinica)는 일찍이 라이프니츠Leibniz[213])에게까지 매우 큰 영향을 주었다. 러시아에서 동방학을 연구하는 바이어Bayer[214])는 『중국박람中国博览』(Museum Sinicum) (1730)을 썼는데 여기에서 중국어의 서사书写와 자형字形을 소개하였고, 이 사전은 러시아 한학사뿐만 아니라 독일 한학사에도 매우 중요한 의의가 있다.[215]) 18세기 방대한 규모의 『한법랍사전汉法拉词典』은 나폴레옹의 지원 속에 황실인쇄국이 1813년 출판하였다. "이것은 명실상부한 대형프로젝트이고 방대한 양의 한문 방괴자(약 1.4만 개, 글자체 40 포인트로 1cm보다 크다)가 수록되어 있다. 그중 대부분의 한자는 목각판인데 프랑스 장인이 한 세기 전의 푸르몽Fourmont[216])시기부터 만들기 시작하였다."[217])

209) 장 조세프 마리 아미오, Jean Joseph Marie Amiot, 钱德明, 1718-1793, 프랑스인.

210) 플로리안 바어, Florian Bahr, 魏継晋, 1706-1771, 독일인.

211) 아돌프 폰 멘첼, Adolph Von Menzel, 门采尔, 1815-1905, 독일인.

212) 안드레아스 뮐러, Andreas Müller, 米勒, 1630-1694, 독일인.

213) 고트프리트 빌헬름 라이프니츠, Gottfried Wilhelm Leibniz, 戈特弗里德 · 威廉 · 莱布尼茨, 1646-1716, 독일인.

214) 테오필루스 지그프리트 바이어, Theophilus Siegfried Bayer, 巴耶, 1694-1738, 독일인.

215) 크누드 룬드백(Knud Lundbæk, 伦贝, 1912-1995, 덴마크인), *Theophilus Siegfried Bayer (1694-1738)* : *Pioneer Sinologist*, Curzon Press, 1986년.

216) 에티엔 푸르몽, Etienne Fourmont, 埃狄纳 · 傅尔蒙, 1683-1745, 프랑스인.

217) 장-피에르 드레주(Jean-pierre Drège, 戴仁, 프랑스인) 주편 『프랑스 현대 중국학法国当

19세기 들어 기독교 신교 선교사들이 중국으로 들어옴에 따라 새로운 이중언어사전 편찬 붐이 일어나기 시작하였다. 모리슨[218)의 『화영사전华英辞典』(1822)과 『광둥성토화자휘广东省土话字汇』(1828), 브리지면Bridgman[219)의 『광저우토화주음广州土话注音』(1841), 크로포드Crawford[220)의 『상하이토음자 쓰기법上海土音字写法』, 뮤어헤드Muirhead[221)의 『영한자전英汉字典』(1848), 홉슨Hobson[222)의 『영한의학사휘英汉医学词汇』(1858), 볼러Baller[223)의 『한영분석자전汉英分析字典』, 힐리어Hillier[224)의 『포켓영한자전袖珍英汉字典』(1910) 등이 있다. 우이슝吳义雄의 통계에 따르면 1849년 이전 서양 각국의 학자들이 편찬한 이런 종류의 서적은 40여 종에 달했다.[225)

代中国学』, 耿升 역, 中国社会科学出版社, 1998년 p23. 사실 귀네스(Christian Louis Joseph de Guignes, 德经, 1759-1845, 프랑스인)가 만든 이 사전은 일찍이 중국으로 온 천주교 선교사들이 편찬한 한라사전의 기초에서 그것을 프랑스어로 번역해서 만든 것이며, 그는 단지 자신이 서명만 하였다고 아벨 레뮈자에 의해 사실이 밝혀졌다.

218) 로버트 모리슨, Robert Morrison, 马礼逊, 1782-1834, 영국인.
219) 엘리야 코울먼 브리지먼, Elijah Coleman Bridgman, 裨治文, 1801-1861, 미국인.
220) 탈턴 페리 크로포드, Tarlton Perry Crawford, 高第丕, 1821-1902, 미국인.
221) 윌리엄 뮤어헤드, William Muirhead, 慕维廉, 1822-1900, 영국인.
222) 벤자민 홉슨, Benjamin Hobson, 合信, 1816-1873, 영국인.
223) 프레드릭 윌리엄 볼러, Frederick William Baller, 鲍康宁, 1852-1922, 영국인.
224) 월터 케인 힐리어, Walter Caine Hillier, 禧在明, 1849-1927, 영국인.
225) 우이슝吳义雄, 『종교와 세속 사이에서-화남 연해지역에서 기독교 신교 선교사의 초기 활동 연구在宗教与世俗之间-基督教新教传教士在华南沿海的早期活动研究』, 广东教育出版社, 2000년 p500-502.

1807년 이후 신교 선교사들이 편찬한 각종 중국어사전

서명	작가	출판시기	출판지역
Dictionary of the Hok-keen Dialect of the Chinese Language 『福建省土话词典』	메드허스트226)	1837	마카오
Vocabulary of the Hik-keen Dialect 『福建省土话字汇』	다이어227)	1838	싱가포르
A Chinese Chrestomathy in the Canton Dialect 『广东方言中文文选』	브리지먼228)	1841	마카오
A Lexilogos of the English, Malay and Chinese Language 『英文-马来文-中文词典』	영화서원 (The Anglo-Chinese College, 英华书院)229)	1841	말라카
First Lessons in the Tie-Chiw Dialect 『潮州土话初阶』	윌리엄 딘230)	1841	방콕
Easy Lessons in Chinese: Especially Adapted to the Canton Dialect 『拾级大成』	윌리엄스231)	1842	마카오
Chinese and English Dictionary, 2 vols 『汉英词典』2卷	메드허스트	1843	자카르타
An English and Chinese Vocabulary in the Court Dialect 『英华韵府历阶』	윌리엄스	1844	마카오
Chinese dialogues, questions, and familiar sentences, literally rendered into English 『汉英对话, 问答与例句』	메드허스트	1844	상하이

226) 월터 헨리 메드허스트, Walter Henry Medhurst, 麦都思, 1796-1857, 영국인.
227) 사무엘 다이어, Samuel Dyer, 戴耶尔, 1804-1843, 영국인.
228) 엘리야 코울먼 브리지먼, Elijah Coleman Bridgman, 裨治文, 1801-1861, 미국인.
229) 역자 주 : 류징刘静(2012)에 따르면 이 사전은 영화서원 교장인 제임스 레그(James Legge, 理雅各, 1815-1897, 영국인)에 의해 편역되었다. 「영화서원과 만청 편역 사업英华书院与晚清编译事业」, 『北京印刷学院学报』, 2012년 제1기 참조할 것.

서명	작가	출판시기	출판지역
A Chinese and English Vocabulary in the Tie-Chiu Dialect 『汉英潮州土话字汇』	고다드232)	1847	방콕
The Beginner's First Book in the Chinese Language(Canton Vernacular) 『中文入门(广州土白)』233)	데반234)	1847	홍콩
English and Chinese Dictionary, 2vols 『英汉词典』	메드허스트	1848	상하이
English and Chinese Student's Assistant, or Colloquial Phrases, letters & c, in English and Chinese 『英华学生口语手册』	위안더후이(袁德辉)	1826	말라카

『포한사전』이 초기 천주교 선교사들이 중국에 들어왔을 때 언어 방면의 노력을 반영하였다고 말한다면, 모리슨의 『화영사전』은 1840년 이전 이중언어사전에서 신교 선교사들의 노력과 성과를 대표하고 있다. 『화영사전』은 모두 세 부로 나누어지는데, 그중 1부의 이름은 『자전字典』으로 3권, 2,700여 쪽으로 구성되어 있다. 주로 『강희자전康熙字典』을 번역하여서 만든 것으로, 모리슨은 서언序言에서 "『자전』 첫 부분의 배열과 글자 수는 바로 『강희자전』에 근거하고 있으며 글자의 의미 해석이나 범례도 주로 『강희자전』에서 취하였다. 그밖에 본인의 한자를 응용하는

---

230) 윌리엄 딘, William Dean, 粦为仁, 1807-1895, 미국인.
231) 사무엘 웰스 윌리엄스, Samuel Wells Williams, 卫三畏, 1812-1884, 미국인.
232) 조시아 고다드, Josiah Goddard, 高德, 1813-1854, 미국인.
233) 역자 주 : 다른 곳에서는 주로 『중국어계몽中国语启蒙』으로 번역되어 있고, 『초학자입문初学者入门』라고 하는 경우도 있다.
234) 토마스 데반, Thomas T. Devan, 地凡, 1809-1890, 미국인.
  역자 주 : 중국어 이름이 본 책에서는 地凡이라고 되어 있지만 哋凡, 德万, 哋风, 地番 이라고도 부른다.

상식, 로마 천주교도 자전의 수기 원고, 중국학자의 저서와 각종 읽을 만한 저서에서 발췌하였다."라고 말하고 있다.235) 2부의 이름은 『오차운부五車韻府』이며 2권, 2,573쪽으로 구성되어 있다. 1권은 주로 중국어 발음에 근거하여 영어 자모에 따라서 한자를 배열하였고, 사람들이 각 글자의 성조와 발음을 이해하도록 하였으며 동시에 로마 천주교 선교사가 출간하지 않은 『자모자전字母字典』과 광둥 방언 발음을 부록으로 넣어 사람들이 글자를 찾기 편하게 하였다. 『화영자전』의 2권은 한자의 편방과 부수에 따라 배열하였고 3부는 『영한자전英汉字典』으로 480쪽에 이른다. 『화영자전』은 근대 이후 서양 사람들이 중국어를 배우는 과정에서 편찬한 자전 중 가장 전형적인 것으로 학술적 공헌도가 매우 높다. 첫째, 이것은 첫 번째 한영자전으로 서양 사람들이 중국어를 배우는 데 중요한 역할을 하였다. 프랑스 한학자인 아벨 레뮈자는 "모리슨 박사의 『화영자전』은 다른 자전과는 비교할 수 없는 장점이 있다."라고 말하였다. 둘째, 이것은 첫 번째 영한자전으로 중국인이 영어를 배우는 데 큰 공헌을 하였다.

이중 언어 사전사 연구는 여전히 많이 연구해야 할 분야이다. 서양인, 특히 중국으로 온 선교사가 이 분야에서 얻은 성과나 학술적인 공헌은 방대하므로 범학문적인 다양한 각도에서 이러한 이중언어사전의 학술적 가치를 인식해야만 한다. 다음과 같은 몇 가지 사항이 매우 중요하다. 첫째, 이와 같은 이중언어사전은 서양인의 초기 중국어 학습 사전의 역사를 열었고, 그것들은 중국과 유럽에서 편찬되거나 출판된 첫 번째 대

---

235) 로버트 모리슨Robert Morrison, *A Dictionary of the Chinese Language in Three Parts*, 『자전』, vol1, 1. 서언 p9. 여기에서 인용하고 있는 것은 탄수린谭树林의 박사논문인 『马礼逊与中西文化交流』의 p35 부분을 인용한 것이다. 여기에서 황스젠黄时鉴(1935-2013)이 필자에게 탄수린谭树林의 논문을 준 것에 대해 감사드린다.

량의 중국어 학습 사전으로 이 사전들에 대해 철저히 연구해야만 초기 서양인들이 중국어를 학습하는 특징과 규칙을 정리해낼 수 있다. 이 사전들에 대한 연구는 최근에 서양인들을 위한 중국어 교재를 만드는데 있어서도 학술적인 의의가 여전히 매우 크다. 둘째, 이러한 이중언어사전은 중국의 외국어 교육사를 연구하는데 매우 중요한 학술적 의의를 갖고 있다. 이 사전들은 주로 중국어를 학습하기 위해 만들어졌지만 또 가장 이른 시기 서양언어를 학습하는 이중언어사전을 제공하였다. 예를 들면 모리슨의 『영화사전』이 중국의 영어 전파의 역사를 연구하는 데 기초적인 역할을 한다. 셋째, 이 사전들은 중국 언어학사를 연구하는 데 중요한 학술적 가치를 갖고 있다. 이 사전들은 명청 양 대에 걸친 대량의 음성자료, 특히 각 지역의 방언 자료를 보유하고 있을 뿐만 아니라, 사전에 있는 어휘가 중국에서 가장 이른 시기에 나타난 서양문화에 대한 외래어이므로 중국의 근대 외래어를 연구하는 데 있어서 결코 없어서는 안 될 부분이다. 또 이러한 외래어의 새로운 단어들은 중국 근대문화사상사를 연구하는 데 있어 새로운 자료와 새로운 시각을 제공하였다. 그러므로 이 연구 분야를 개척하는 것은 범학문적인 중요한 학술적인 의의를 갖기 때문에 젊은 학자들이 이 분야 연구에 많은 역할을 하길 기대하고 있다. 이러한 이중언어사전들에 대한 연구는 세계의 중국어학사, 중국의 외국어 교육사, 중국의 언어학사 연구에 있어 새로운 세계를 열어줄 것이며 서양한학사 연구의 기초를 다질 것으로 생각한다.

3.7.3 중국어 문법의 연구 범위 개척

서양인들이 중국으로 온 후 중국 문법에 관한 첫 번째 연구 저술은 도미니코 수도회(Dominican order)[236] 선교사인 바로Varo[237]가 스페인어로 편찬한 『화어관화어법華语官话语法』인데,[238] 이 책은 1703년 광저우에서 목각으로 출판되었다. 바로는 중국어를 인구어 문법 체계에 접목을 시켰는데 1481년 네브리하Nebrija[239]의 『문법 입문文法入门』[240]을 근거로 하였다.

바로가 처음으로 중국어 문법 연구의 역사를 개척한 공이 매우 크기는 하지만 이 책에서 진정으로 문법을 논의한 부분은 30쪽을 넘지 않는다. 그밖에 중국 문헌, 문법 자료에 대한 그의 이해가 매우 제한적이어서[241] 중국에는 거의 영향이 없다. 하지만 서양의 중국어연구사에서는 여전히 학술적 가치를 인정받고 있다.[242] 사실 바로의 『화어관화어법』이 출판되기 전에 이탈리아에서 중국으로 온 선교사 마르티니Martini[243]의 친필 원고인 『중국문법中国文法』[244]은 이미 서방에서 유행하기 시작하

---

236) 多明我会. 도명회.
237) 프란시스코 바로, Francisco Varo, 费朗西斯科·瓦罗, 万济国(중국어 이름) 1627-1687, 스페인인.
238) 역자 주 : 원서명은 *Arte de la lengua mandarina*이다.
239) 엘리오 안토니오 네브리하, Elio Antonio Nebrija, 艾里约·安多尼奥·内不列加, 1441-1552, 스페인인.
240) 역자 주 : 원서명은 *Introductiones Latinae*이고, 중국어 서명은 『라틴문 문법 입문拉丁文文法入门』로 불리기도 한다.
241) 책 전체에 걸쳐 중국어는 한 글자도 보이지 않는다.
242) 바로, 『화어관화어법华语官话语法』, 外语教学与研究出版社, 2003년.
쉬밍룽许明龙 주편, 『중서문화교류선구中西文化交流先驱』, 东方出版社, 1993년 p277-280, 山无印书馆, 2000년 p151.
243) 마르티노 마르티니, Martino Martini, 卫匡国, 1614-1661, 이탈리아인.
244) 역자 주 : 원서명은 *Grammatica Sinica*이고, 중국어 서명은 『중국어문문법中国语文文法』으로도 불린다.

여 일부 서양 학자들의 관심을 끌게 되었다.[245]

리온梁宏仁이 파리로 가지고 간 중국인 신도 황가략黃家略이 1917년에 완성한『중국어법中国语法』은 매우 중요한 책이다. 이 책은 출판은 되지 않았지만 프랑스 한학사에는 의의가 있다. 책 전체는 두 부분으로 나누어지는데 첫 부분은 중국어 문법, 음성, 생활용어, 서면용어에 대해서 얘기하고 있고, 두 번째 부분은 중국의 일반적인 상황에 대해 소개하고 있다.[246]

진정한 의미에서 중국 문법 연구를 개척한 사람은 프랑스 선교사인 프레마르Prémare[247]이다. 그는『한어찰기汉语札记』[248]를 1728년 광저우에서 썼고 1831년 말라카에서 출판하였으며, 1847년 브리지먼Bridgman[249]이 라틴어를 영어로 번역하여 출판하였다.『한어찰기』는 서양의 중국어 학습과 연구사에서 매우 중요한 위치를 차지하는데 다음과 같은 몇 가지 이유가 있다.

첫째, 서양에서 나온 첫 번째 체계적인 중국어 문법 저서이다. 바로가 처음으로 중국어 문법 연구를 시작하였지만 그는 기본적으로 여전히 라틴어 문법으로 중국어 문법을 덧씌운 것에 불과하고 내용도 30쪽 밖에 없어서 하나의 요강이라고 말할 수 있다. 프레마르의 책은 중국의 각 문

---

245) 마르티니의『문법』은 장시핑张西平(1948-) · 페데리코 마시니(Federico Masini, 费德里科 · 马西尼, 1960- , 이탈리아인)가 주편한『중국과 이탈리아 문화 교류사中国和意大利文化交流史』총서 시리즈에 포함되어 곧 출간될 것이다.
   런지위任継愈(1916-2009)가 주편한『국제한학国际汉学』15집, 河南教育出版社와 2007년에 실린 줄리아노 베르투치올리(Giuliano Bertuccioli, 白佐良, 1923-, 이탈리아인)의『마르티니의 "중국어문법"卫匡国的"中国文法"』을 참고할 것.
246) 쉬밍룽许明龙 주편,『중서문화교류선구中西文化交流先驱』, 东方出版社 1993년 p277-280, 商务印书馆 2000년 p151.
247) 조세프 드 프레마르, Joseph de Prémare, 马若瑟, 1666-1736, 프랑스인.
248) 역자 주 : 원서명은 *Notitia Linguae Sinicae*이다.
249) 엘리야 코울먼 브리지먼, Elijah Coleman Bridgman, 裨治文, 1801-1861, 미국인.

헌에서 예문을 인용한 것만 13,000여 개이며 여전히 인구어 문법체계의
흔적이 있기는 하지만 그는 "유럽 전통 문법의 범주를 벗어나고자 노력
하였고",250) 중문으로 된 문헌에서 자신의 문법 규칙을 개괄해나가려고
하였다. 그것의 규모나 체계는 물론 다양한 문헌을 참고한 것으로 볼 때
그를 "서양인 중 중국 문자를 연구한 시조"라고 부를 만하다. 프랑스 한
학자인 드미에빌Demiéville은 이 책을 "19세기 이전 유럽에서 가장 완벽
한 중국어 문법서"251)라고 하였는데 매우 타당한 표현이다.

둘째, 중국어를 백화와 문언 두 부분으로 나누어 연구한 첫 번째 저
서이다. 중국어의 서면어와 구어는 역사적으로 큰 차이가 있었는데 중
국에 온 많은 선교사들은 중국어를 공부할 때 모두 이러한 차이를 느끼
게 되었다. 프레마르는 예리하게 이 문제의 중요성을 인식을 하고『한어
찰기汉语札记』에서 백화와 문언을 서로 구별해 다루고 있다. 백화 자료는
대부분 원元 잡극杂剧과『수호전水浒传』,『호구전好逑传』,『옥교리玉娇梨』등
소설에서 가져왔고, 문언 자료는 주로 선진 전적, 이학理学 명저 등에서
가져왔다. 만약 프레마르의 이러한 시도를 중국 언어학사의 관점에서
보면 그 학술적 가치가 매우 두드러진다. 중국 근대 중국어의 발전과정
이 바로 서면어와 구어의 큰 괴리를 해결하는 것이었고 문언을 끊임없
이 현대 서면 중국어로 대체하는 과정이었다. 명청시기의 백화문 운동
은 황쭌셴黄遵宪(1848-1905), 추팅량裘廷梁(1857-1943), 천룽군陈荣衮(1862-1922)
이 문언문을 비판하면서 시작되었고, "5·4운동" 때의 백화운동은 문언
문을 반대하고 백화문을 제창하는 것을 반봉건과 하나로 연결시켰으며,

---

250) 폴 드미에빌(Paul Demiéville, 戴密微, 1894-1979, 프랑스인),『프랑스 한학사法国汉学史』.
　　 장-피에르 드레주(Jean-pierre Drège, 戴仁, 프랑스인) 주편『프랑스 현대 중국학法国当
　　 代中国学』, 경성耿升 역, 中国社会科学出版社, 1998년 p15-16.
251) 팡하오(方豪, 1910-1980),『중서교통사中西交通史』岳麓出版社, 1997년 p963.

천두슈陈独秀(1879-1942), 후스胡适(1891-1962), 천쉬안퉁钱玄同(1887-1939), 류반눙刘半农(1891-1934) 등의 노력으로 마침내 백화가 현대 중국어의 주체가 되었다.252) 1920년 "학교 어문 과정도 획기적인 변화가 생겼다. 먼저 초등학교小学 학생이 유사 이래 3천년 동안 일관되게 읽어왔던 문언문을 백화문으로 바꾸었고 과목 명칭도 '국문国文'에서 '국어国语'로 바꾸었다. …… 이것은 바로 첫째, 현대의 중국어는 고문(문언문)이 아니다. 둘째, "대중의 표준어는 어떤 계층의 '특정한 말行话'과 어떤 지역의 '방언'이 아니라는 것을 의미한다."253) 이것은 백화가 1920년에 학교로 들어가면서 현실이 되었고, 1924년 리진시黎锦熙(1890-1978)의 『새롭게 만든 국어문법新著国语文法』은 "처음으로 백화문 문법을 체계적으로 연구하였고 완전한 문법체계를 갖추어 문법지식이 보급될 수 있도록 하였다……"254) 따라서 프레마르의 이 책은 사실상 중문 백화문법 연구의 새로운 장을 열었다.

셋째, 근대 이후 중국어 문법의 기초이다. 근대 이후 중국어 연구는 세 곳에서 진행되었다. 한 곳은 유럽 대륙, 다른 한 곳은 홍콩, 마카오, 장쑤江苏, 저장浙江, 푸젠福建, 광둥广东의 연해 지역이고, 또 다른 한 곳은 중국 대륙 본토이다. 프레마르의 『한어찰기』는 이 세 곳의 중국어 문법 연구에 모두 영향을 미쳤다.

아벨 레뮈자는 "유럽에서 책으로만 중국을 이해하고 중국에 대한 많

---

252) 허주잉何九盈(1932-), 『중국 현대언어학사中国现代语言学史』, 广东教育出版社, 2000년 p130-173.
253) 리진시黎锦熙(1890-1978), 『새롭게 만든 국어문법·금서新著国语文法·今序』, 商务印书馆, 1998년 p19.
254) 장훙구이张拱贵(1918-1999)·랴오쉬둥(廖序东, 1915-2006)의 『새롭게 만든 국어문법서 재인重印新著国语文法序』, 『새롭게 만든 국어문법서新著国语文法序』, 商务印书馆 1998년 p5 참고할 것.

은 지식을 성공적으로 갖게 된 첫 번째 학자"이다.[255] 유럽에서 최초로
출판된 중국 문법서는 독일에서 러시아의 상트 페테르부르크로 간 한학
자인 바이어Bayer[256]가 쓴 『중국박람中国博览』인데 이 책은 중국의 문자
뿐만 아니라 유럽 최초로 중국어 문법을 소개한 서적이다.[257] 당시 프
랑스 학자인 푸르몽Fourmont[258]이 1942년에 중국어 문법서인 『중국관화
中国官话』[259]를 출판하였지만 당시 학자들은 이 책이 프레마르의 책을 많
이 베껴 썼고 프레마르 수준에 훨씬 못 미친다고 생각했다. 유럽 한학계
에 영향이 가장 큰 중국어 문법서는 프랑스 한학교수인 아벨 레뮈자가
쓴 것이었는데, 프랑스 학사원(Institut de France)에서 개설된 중국어 교과
과정에서 아벨 레뮈자가 참고한 것이 주로 프레마르의 이 책이었다. 백
여 년 동안 이 원고는 도서관에서 아무도 관심을 갖는 사람이 없었지만
아벨 레뮈자가 공부하고 소개하고 난 후에야 사람들이 점점 그 책의 존
재에 대해서 알게 되었다. 아벨 레뮈자가 1822년 출판한 첫 번째 문법
서인 『한문계몽汉文启蒙』은 "이 책으로부터 많은 것을 얻었다." 이후에
"아벨 레뮈자는 프랑스대학에서 공개적으로 민간 중국어와 고전 중국어
를 포함한 중국어 연구를 처음 시작하였고 이때부터 중국어 문법과 관
련된 저술은 점점 늘어나게 되었다."[260]

---

255) 폴 드미에빌(Paul Demiéville, 戴密微, 1894-1979, 프랑스인), 『프랑스 한학사法国汉学史』.
　　장-피에르 드레쥐(Jean-pierre Drège, 戴仁, 프랑스인) 주편, 『프랑스 현대 중국학法国当
　　代中国学』, 경성耿升 역, 中国社会科学出版社, 1998년 p27 참고할 것.
256) 테오필루스 지그프리트 바이어, Theophilus Siegfried Bayer, 巴耶, 1694-1738, 독일인.
257) 크리스토프 합스마이어(Christoph Harbsmeier, 何莫邪, 1966-1973, 독일인), 『『마씨문통』
　　이전의 서방 중국어 문법서 개황'马氏文通'以前的西方汉语语法书概况』. 『문화의 선물－한학
　　연구국제회의 논문집－언어학권文化的馈赠－汉学研究国际会议论文集－语言学卷』, 北京大学出版
　　社 2000년 참고할 것.
258) 에티엔 푸르몽, Etienne Fourmont, 埃狄纳·傅尔蒙, 1683-1745, 프랑스인.
259) 역자 주 : 원서명은 *Linguae Sinarum Mandrinicae Hieroglyphicae Grammatica duplex*이다.
260) 알랭 페이로브(Alain Peyraube, 阿兰·贝罗贝, 프랑스인), 「20세기 이전 유럽의 문법학

아시아의 신교 선교사인 모리슨은 1811년 『통용한언지법通用汉言之法』
을 썼고 1815년 정식으로 출판하였다. 그는 영어 문법 특징을 따라 중
국어에 대해 연구하였는데 "그는 영어의 기본적인 언어 규칙을 중국어
의 언어규칙으로 보고, 중국어를 그가 가장 잘 아는 모어의 문법구조에
적용시켜 보았고, …… 처음으로 체계적으로 중국 문법을 서술하는 저작
이 되었으며 이 책은 중국어 문법 연구사에서 개척의 의미를 갖고 있
다."261)

1898년 마건충马建忠(1845-1900)이 출판한 『마씨문통马氏文通』은 중국 본
토에서 중국학자가 출판한 첫 번째 중국 문법서로, 왕리王力(1900-1986)는
이 해를 중국 현대 언어학이 시작된 해라고 하였다. 『마씨문통』은 중국
문법학 분야에 대단한 공을 세웠지만262) 일부 해외학자들은 프레마르의
저서가 "분명히 『마씨문통』에 큰 영향을 주었다고 생각한다. 이 저술은
사실 마건충이 상하이 세인트 이그나스Saint Ignace 교회 학교에서 공부할
때 처음으로 접한 문법서 일 수 있다. …… 사실 당시 이 교회 학교의
예수회 신부가 이 저서를 문법 참고서로 사용하였다. 또, 이 두 저서가
조직 구조에 있어서 공통점이 있다는 것을 어렵지 않게 알 수 있다." 이
문제는 사료와 내용 자체로 좀 더 논증을 해보아야 하지만 페베렐리

연구 상황二十世纪以前欧洲语法学研究状况.
　　허우징이侯精一・스관간施关淦 주편의 『『마씨문통』과 중국어 문법학「马氏文通」与汉语语法
学』, 商务印书馆, 2000년 p157-158 참고할 것.
261) 우이슝吴义雄, 『종교와 세속 사이-화남 연해지역에서 기독교 신교 선교사의 초기 활동
연구在宗教与世俗之间-基督教新教传教士在华南沿海的早期活动研究』, 广东教育出版社, 2000년 p486,
p488.
262) 마건충이 "처음으로 중국어의 완전한 문법 체계를 마련하였다"라고 하는 것은 타당하
지 않다. 이 책이 나오기 이전에 이미 선교사들의 문법책이 많이 출판되었다. 야오샤오
핑姚小平(1953-)의 의견은 비교적 정확하다. 그는 마건충 위치에 대한 평가에 "중국
학술권 내" 혹은 "중국 언어학의 역사에서" 이러한 제한적인 수식어가 붙는 것이 더
정확하다고 주장한다. 『当代语言学』, 1999년, 2기 참고할 것.

Peverelli[263])의 이런 의견은 어느 정도 합리성을 가지고 있고, 이것은 프레마르의 책과 『마씨문통』 간에 어떠한 연결고리가 있다는 것을 말해 주는 것이다. 야오샤오핑姚小平은 이 문제에 대해 매우 좋은 설명을 한 적이 있다. "세계 중국어 연구사에서 『마씨문통』은 완벽한 체계가 갖추어진 첫 번째 중국어 문법서도 아니고, 고대중국어 문법의 특징을 체계적으로 밝혀놓은 첫 번째 책도 아니다. 『마씨문통』의 역사적인 공헌은 중국인이 자신의 문법학을 만들었고, 문자, 음운, 훈고로 나누어지는 것을 깨고 중국 전통 언어문자학이 현대 언어학으로 견실한 한 걸음을 내딛었다는 것에 있다. …… 『마씨문통』의 가치는 영원히 기념할 만하지만 『마씨문통』 이전의 역사에 대해서도 존중해야 하며 그 역사 속에서 분명하게 밝히기 전에 『마씨문통』의 공과득실에 대해 전면적인 이해를 할 수는 없다."[264])

모리슨 이후에도 중국 문법서 편찬에 대한 서양인들의 관심은 줄어들지 않았다. 주요 저서는 다음과 같다.

(1) 1814년 마슈맨Marshman[265]) 『중국언법中国言法』[266])

(2) 1829년 아폰수 곤살베스Afonso Gonçalves[267]) 『한자문법汉字文法』[268])

(3) 1835년 비추린Бичурин[269]) 『중국어 문법汉语语法』

---

263) 역자 주 : 페터르 얀 페베렐리, Peter Jan Peverelli, 贝沃海力, 네덜란드인, *The History of modern Chinese grammar studies*, Rijksuniversiteit te Leiden, 1986.

264) 야오샤오핑姚小平(1953-), 「『한문경위』와 『마씨문통』 ― 『마씨문통』의 역사적 공적에 대한 재논의『汉文经纬』与『马氏文通』 ― 『马氏文通』历史功绩重议」, 『当代语言学』, 1999년 제2기.

265) 조슈아 마슈맨, Joshua Marshman, 马士曼, 1768-1837, 영국인.

266) 역자 주 : 원서명은 *Elements of Chinese Grammar*이다.

267) 조아킴 아폰수 곤살베스, Joaquim Afonso Gonçalves, 江沙维, 1813-1841, 포르투갈인.

268) 역자 주 : 원서명은 *Arte China*이다.

269) 니키타 야코블레비치 비추린, Никита Яковлевич Бичурин, 尼基塔・雅科夫列维

(4) 1853년 에드킨스Edkins[270]『상하이 방언 구어 문법上海方言口语语法』

    1857년 에드킨스『관방언어 문법官方语言语法』

(5) 1856년 바쟁Bazin[271]『관화문법 : 중국어 구어의 기본 법칙官话语
法 : 汉语口语的基本法则』[272]

(6) 1857년 쇼트Schott[273]『중국어 교과서, 발표나 자습할 때 사용汉语
教课本, 演讲, 自修时可以用的』

(7) 1863년 서머스Summers[274]『중국어 수첩의 문법과 문선 : 중국어를
공부하는 사람을 위해 그리고 초급학습자료 제공을 위해 편찬汉语
手册(上下)语法及文选 : 为汉语学生的人们并为其提供初级学习材料而编写』[275]

(8) 1964년 롭샤이드Lobscheid[276]『중국어 문법汉语语法』[277]

(9) 1867년 웨이드Wade[278]『어언자이집语言自迩集』

(10) 1869년 줄리앵Julien[279]『중국어의 새로운 통사론汉语的新句法』[280]

(11) 1876년 페르니Perny[281]『중국어 구어와 서면어의 문법(1권 : 구어,
2권 : 서면어)汉语口语及书面语的语法 · 第一卷 : 口语 ; 第二卷 : 书面语』

    奇 · 比丘林, 1777-1853, 러시아인.

270) 조셉 에드킨스, Joseph Edkins, 艾约瑟, 1823-1905, 영국인.

271) 앙투안 바쟁, Antoine Bazin, 巴赞, 1799-1863, 프랑스인.

272) 역자 주 :『官话语法 : 汉语口语总则』라고도 한다.

273) 빌헬름 쇼트, Wilhelm Schott, 肖特 or 尚特, 1802-1889, 독일인.

274) 제임스 서머스, James Summers, 詹姆斯 · 苏谋斯, 1828-1891, 영국인.

    역자 주 : 중문이름으로 詹姆斯 · 萨默斯라고도 불린다.

275) 역자 주 : 원서명은 *Handbook of the Chinese Language*이다.

276) 빌헬름 롭샤이드, Wilhelm Lobscheid, 罗存德, 1822-1893, 독일인.

277) 역자 주 : 원서명은 *Grammar of the Chinese Language*이다.

278) 토마스 프란시스 웨이드, Thomas Francis Wade, 威妥玛, 1818-1895, 영국인.

279) 스타니슬라스 줄리앵, Stanislas Julien, 儒莲, 1797-1873, 프랑스인.

280) 역자 주 : 원서명은 *Syntaxe nouvelle de la langue chinoise fondée sur la position des mots*이다.

281) 폴 위베르 페르니, Paul Hubert Perny, 童文献, 1818-1907, 프랑스인.

코리디에Cordier[282])의 서목 통계에 따르면 1921년 중국에 관한 서방의 언어 관련 서적은 1,228권이 있고, 런던도서관의『1500-1800 중국에 관한 서방의 책 1500-1800西方关于中国的书』통계에 따르면 이 시기 중국의 언어와 관련된 책은 92부 있으며, 피스테Pfister[283])의 통계에 따르면 중국에 온 예수회 신도의 중국 언어에 관한 원고와 저서는 몇 십 부가 있다. 이것은 서양이 근대 이후 중국의 문법을 얼마나 중요시하였는지 잘 설명하고 있다.

프레마르Prémare[284])에서 19세기까지 서양인들의 중국 문법 연구에 대한 종결적인 의미를 갖고 있는 저술은 가벨렌츠Gabelentz[285])의『한문경위汉文经纬』[286])로 전체 3권, 549쪽으로 이루어져 있다. 1권은 전체적으로 중국의 일반적인 특징, 중국어의 역사, 한자의 서사 등에 대해 소개하였고, 2권은 중국어의 문법적 특징을 구체적으로 분석하였으며, 3권은 원시 중국 언어를 자료로 중문의 다양한 표현 방식을 설명하였다.

가벨렌츠는 한학자가 아니라 저명한 언어학자여서 중국어 문법에 대한 이해가 더 독특한데 야오샤오핑의 연구에 따르면 그의 중국어 문법관은 다섯 가지 주요 특징이 있다.

첫째, 중국어의 (실)사를 감탄사, 의성어,[287]) 지시대사, 명사, 부분관계사, 수사, 형용사, 동사, 부정사[288]) 아홉 종류로 나누고 있다.[289])

---

282) 앙리 코리디에, Henri Cordier, 考狄, 1849-1925, 프랑스인.
283) 루이 피스테, Louis Pfister, 费赖之, 1833-1891, 프랑스인.
284) 조세프 드 프레마르, Joseph de Prémare, 马若瑟, 1666-1736, 프랑스인.
285) 게오르크 폰 데어 가벨렌츠, Georg von der Gabelentz, 甲柏连孜, 1840-1893, 독일인.
286) 역자 주 : 원서명은 *Chinesische Grammatik*이다.
287) 摹声词.
288) 否定词.
289) 야오샤오핑姚小平(1953-),「『한문경위』와『마씨문통』-『마씨문통』의 역사적 공적에 대한 재논의『汉文经纬』与『马氏文通』-『马氏文通』历史功绩重议」,『当代语言学』, 1999년 2기.

둘째, 중국어의 통사적 기초는 약간의 상대적으로 고정된 단어 배열 순서 규칙이라고 생각하였다. 문법의 문장 필요성분은 주어, 술어이고 단어를 나누는 것은 바뀌지 않는다.

셋째, 허사가 있다.

넷째, 중국어의 격은 다섯 종류가 있다. "① 주격主格, 명사가 동사 앞에 오고 주어가 된다. ② 표격表格, 명사가 문장 끝에 위치하며 동사의 지배를 받지 않는다. ③ 목적격宾格, 명사가 동사(혹은 전치사290))의 뒤에 와서 동사(혹은 전치사)의 지배를 받는다. ④ 속격属格, 하나의 명사 뒤에 또 다른 하나의 명사가 이어서 나올 때 전자는 후자의 수식어291)가 된다. ⑤ 부사격状格, 명사가 직접적으로 혹은 간접적으로 형용사나 동사의 앞에 위치하여 설명이나 한정하는 역할을 한다."292)

다섯째, 심리주어가 있다.

모둥인莫东寅은 『한학발달사汉学发达史』에서 가벨렌츠는 "언어학자로 한학 연구에 공헌하였다"293)라고 생각한다. 현재 독일 한학자 에르케스 Erkes294)는 "『한문경위汉文经纬』는 중국어 연구사에서 새로운 장을 열었다. 이전의 저술은 18세기 프레마르의 『한어찰기』에서 시작하여 쇼트 Schott,295) 엔들리허Endlicher,296) 줄리앵Julien297)의 문법까지 이미 중국어

---

290) 介词.

291) 限定语.

292) 야오샤오핑姚小平(1953-), 「『한문경위』와 『마씨문통』 -『마씨문통』의 역사적 공적에 대한 재논의『汉文经纬』与『马氏文通』-『马氏文通』历史功绩重议」, 『当代语言学』, 1999년 2기.

293) 크리스토프 합스마이어(Christoph Harbsmeier, 何莫邪, 1966-1973, 독일인), 「『마씨문통』 이전의 서방 중국어 문법서 개황『马氏文通』以前的西方汉语语法书概况」.
『문화의 선물 -한학연구국제회의 논문집 -언어학권 文化的馈赠-汉学研究国际会议论文集-语言学卷』, 北京大学出版社, 2000년 참고할 것.

294) 에두아르트 에르케스, Eduard Erkes, 何可思, 1891-1958, 독일인.

의 문법 현상에 대해 체계적이고 분명하게 해설을 하였지만, 중국어 문법 구조와 다른 특징에 대해서는 아직 잘 이해하지 못한 상태였다. 가벨렌츠 이전 사람들은 무의식적으로 라틴어의 모델에 따라서 모든 언어를 가늠하고 하나의 문법을 만들어야 한다는 일종의 선입견이 있었다. 가벨렌츠는 이러한 선입견에서 철저하게 벗어나 인도-차이나 언어印度支那语言의 특성을 인식하였던 첫 번째 사람이었다."298)라고 주장한다.

프레마르에서 가벨렌츠까지 서양의 중국어 문법 연구는 새로운 절정에 달했고, 합스마이어Harbsmeier299)는 심지어 가벨렌츠의 이 책이 "서양에서 출판된 책 중 지금까지 가장 저명하고, 가장 자료가 풍부한 고대 중국어 문법서"라고 보고 있다.

3.7.4 중국어 라틴자모 병음화 과정의 시작

한자 음운 자모에 관한 학문의 공식적인 탄생은 당대唐代로 거슬러 올라가는데 둔황에서 발견된 당나라 사람의 『귀삼십자모례归三十字母例』와 수온守温의 운학韵学 잔권의 30자모三十字母가 이것을 증명할 수 있는 좋은 자료이다. 청대 음운학은 크게 발전하였지만 라틴자모로 한자를 주음하는 것은 명말 예수회가 중국에 들어온 이후에야 시작되었다.

최근 10여 년간의 최신 연구에 따르면 처음으로 라틴자모표를 제정한 것은 루지에리Ruggieri300)와 마테오 리치Matteo Ricci301)가 자오칭肇庆에 있

---

295) 빌헬름 쇼트, Wilhelm Schott, 肖特, 1802-1889, 독일인.
296) 슈테판 라디슬라우스 엔들리허, Stephan Ladislaus Endlicher, 恩德利希, 1804-1849, 오스트리아인.
297) 스타니슬라스 줄리앵, Stanislas Julien, 儒莲, 1797-1873, 프랑스인.
298) 허주잉何九盈, 『중국현대언어학사中国现代语言学史』, 广东教育出版社, 2000년 p140.
299) 크리스토프 합스마이어, Christoph Harbsmeier, 何莫邪, 1966-1973, 독일인.

을 때 편찬한 『포한사전葡汉词典』이다. 이 사전은 중국어와 외국어의 이
중언어사전 편찬사에 독특한 위치를 차지하고 있으며, 한자의 라틴자모
주음注音의 역사에서도 지극히 중요한 위치를 차지하고 있다.

사전의 배열이 한 줄은 포르투갈어 단어, 한 줄은 로마자, 한 줄은 중
국어 단어로 나란히 대조적으로 배열되어 있어 선교사들이 로마자의 주
음을 근거로 중국어로 된 글자와 단어를 읽어낼 수 있도록 하였다. 예를
들면 다음과 같다.

포르투갈어 단어	로마자	중국어 단어
Bom parecer	piau ci	嫖致302) 美貌 嘉
Escarnar	co gio	割肉 切肉 剖肉
Espantadigo	chijn pa	惊怕 骇然 惊骇
Esperar, cofiar	van, cau, sin	望 靠 信
Estudar	to sciu	读书 看书 观书
Fallar	chiãcua, sciuo cua	讲话 说话
Fallar Mãndarin303)	cuoõcua, cinyin	官话 正音

양푸몐杨福绵은 "이것은 루지에리가 자오칭에서 중국어와 한문을 가르
칠 때 만든 최초의 로마자주음이지만 그 체계가 아직 완전하지 못하다.
예를 들면 유기음과 성조 부호가 없고, 성모와 운모의 표기법도 완전하
지 못해서 모호한 부분이 있다"304)라고 하였다. 몇 년 전 필자가 중국
국가도서관에서 일할 때 라틴자모와 한자가 대조되어 있는 원고 하나를

---

300) 미켈 루지에리, Michele Ruggieri, 罗明坚, 1543-1607, 이탈리아인.
301) 마테오 리치, Matteo Ricci, 利玛窦, 1552-1610, 이탈리아인.
302) "嫖"는 "标"의 별자이다.
303) Mãndarin은 Mandarin을 가리킨다.
304) 양푸몐杨福绵, 「루지에리와 마테오 리치가 저술한 『포한사전葡汉词典』이 기록한 명대 관
　　화, 罗明坚, 利玛窦葡汉词典所记录的明代官话」, 『中国语言学报』 제5기, 商务印书馆, 1995년.

발견하였는데 1999년 국가도서관이『중국국가도서관 고적진품도록中国国
家图书馆古籍珍品图录』에서 공식적으로 이것은 마테오 리치가 1588년에 만
든 것이라고 발표하였다.305)

이 문헌은 중국 기독교 사상사뿐만 아니라 중국 언어학사에도 중요한
의의가 있다. 시간적으로 볼 때, 이 문헌은『포한사전』이후 로마자로
한자의 발음을 표기한 두 번째 문헌이므로 주목해 연구할 필요가 있다.

인빈융尹斌庸은『포한사전』이 한자를 라틴자모로 주음한 것의 시작이
었고, 진정한 의미에서 완성되었다고 볼 수 있는 것은 1958년 마테오
리치가 첫 번째 베이징 입성에 실패한 후 남방으로 돌아가는 과정 중
운하의 배 안에서 카타네오Cattaneo306)와 협력해서 만들어낸 병음 방안
이라고 하였다.307)『마테오 리치 중국찰기利玛窦中国札记』에는 이런 기록이
있다. "꼬박 한 달이라는 시간을 보내고 산동山东 린칭성临清城에 도착했
다. 보기에는 한 달이라는 소중한 시간을 거의 낭비한 것 같지만 사실
전혀 아니다. 종명인钟鸣仁이 중국 언어에 대해 잘 알고 있어서 그의 소
중한 도움으로 신부들이 이 시간을 이용해 중국어 단어를 편집하였다.
그들은 별도로 글자와 단어 표를 만들었고 우리 선교사들이 언어를 배
우면서 그 안의 많은 한자를 익히게 되었다. 관찰 과정에서 우리는 전체
중국어가 모두 단음절로 구성되어 있고 중국 사람들은 성운声韵과 성조
音调로 글자의 의미를 구별한다는 것에 주의하게 되었다. 이러한 성운을
모르면 언어를 사용하기가 매우 혼란스러워 소통할 수 없을 정도이다.

---

305) 런지위仁继愈(1916-2009),『중국국가도서관 고적진품도록中国国家图书馆古籍珍品图录』, 北京
图书馆出版社, 1999년 p216.
306) 라차로 카타네오, Lazzaro Cattaneo, 郭居静, 1560-1640, 이탈리아인.
역자 주 : wikipidia에는 Lazzaro Cattaneo로, baidu에는 Lfizaro Catfino로 되어 있다.
307) 인빈융尹斌庸(1930-2003),「마테오 리치 등이 만든 중국어 병음 쓰기방안 고증利玛窦等
创制汉语拼写方案考证」,『学术集林』권4, 上海远东出版社 1995년.

성운이 없으면 말하는 사람은 다른 사람의 말을 이해할 수도 없고 다른 사람을 이해시킬 수도 없다. 중국어는 모두 다섯 가지 소리가 있기 때문에 다섯 가지 기호로 모든 성운을 구별하는데 학자들은 특별한 성운으로 그것의 각종 의미를 구별할 수 있도록 하였다. 카타네오 신부는 이 작업에 많은 기여를 하였는데 그는 우수한 음악가로 각종 세밀한 성운 변화를 잘 구분하여 성조의 차이를 빨리 구별할 수 있었다. 음악을 잘 하는 것은 언어를 공부하는 데 큰 도움이 된다. 이렇게 음운音韻으로 서사하는 방식은 우리 예수회의 초기 선교사들이 만들어 낸 것이며 지금까지 여전히 초보적으로 그 후의 사람들이 사용하고 있다. 만약 제멋대로 쓰고 이러한 가르침을 받지 않는다면 혼란이 생길 것이므로 글을 그냥 읽기만 하는 사람들에게 쓰는 것은 큰 의미가 없다."308)

이 "음운자전音韻字典"은 지금까지 발견되지 않았다.

1601년, 마테오 리치는 많은 어려움을 겪고 마침내 베이징에 들어왔다. 베이징에 있는 동안 그는 당시 먹 제작 전문가인 정대약程大約의 초대를 받았을 때 그에게 판화 네 폭을 선물한 적이 있었고, 라틴자모로 세 편의 글을 주음 하였는데 이 세 편의 글 뒤에 "교회가 단독으로 소책자를 만들었는데 전체 여섯 쪽 밖에 되지 않고 그 이름은 『서자기적西字奇迹』으로 바티칸 도서관에 수록되어 있으며 일련번호는 Racc., Gen. Oriente, Ⅲ, 2332(12)이다."라고 되어 있다.309)

---

308) 마테오 리치 등,『마테오 리치 중국찰기利玛窦中国札记』, 허가오지何高济 등 역, 中华书局, 1983년 p336.
309) 인빈융尹斌庸(1930-2003), 「마테오 리치 등이 만든 중국어 병음 쓰기방안 고증利玛窦等创制汉语拼写方案考证」,『学术集林』권4, 上海远东出版社 1995년.
　　인빈융尹斌庸(1930-2003), 「『사자기적』고『四字奇迹』考」,『中国语文天地』, 1986년 2기 참고할 것.

벨기에 선교사인 트리고[310]는 마테로 리치가 사망한 후 중국 문인인 왕정王征(1571-1644)과 함께 1626년 『서유이목자西儒耳目资』[311]를 완성한다. 이 책은 마테오 리치 방안에 대한 구체적인 운용 방식으로 "마테오 리치 등이 만든 방안에 대해 비원칙적인 수정을 하였는데 수정한 것 중 가장 중요한 것은 병음법을 간단하게 만들었다는 점이며 이것으로 방안이 개선되었다고 할 수 있다."[312] 『포한사전』에서 『서유이목자』까지 중국으로 온 예수회 선교사는 라틴자모로 음을 기록하고 읽는 방안을 완성하였고, "『서유이목자』는 시대의 한 획을 긋는 의미를 가진 저작"이다.[313] 뤄창페이罗常培는 마테오 리치에서 트리고까지의 노력을 "이-금방안利-金方案"[314]이라고 하였고, 이 방안은 중국음운학에 다음과 같은 세 가지 공헌을 하였다고 밝히고 있다.

첫째, 병음의 부호로 로마자를 사용하여 후대 사람들이 음운학을 연구함에 있어 복잡한 것을 간략하게 만들었다.

둘째, "이-금방안"이 제시한 자료에 따라 명말 "관화"의 음가를 확정할 수 있다.

셋째, 마테오 리치와 트리고가 로마자로 한자의 소리를 표기한 이후로 방이지方以智(1611-1671), 양선기杨选杞, 류헌천刘献迁은 그들로부터 영감을 받아 중국음운학 연구에 새로운 길을 열었다.[315]

---

310) 니콜라 트리고, Nicolas Trigault, 金尼阁, 1577-1628, 프랑스인.

311) 역자 주 : 원서명은 *A Help to Western Scholars*이다.

312) 인빈융尹斌庸(1930-2003), 『마테오 리치 등이 만든 중국어 병음 쓰기방안 고증利玛窦等创制汉语拼写方案考证』. 『学术集林』 권4, 上海远东出版社 1995년.

313) 허주잉何九盈, 『중국현대언어학사中国现代语言学史』, 广东教育出版社, 2000년 p250.

314) 역자 주 : 마테오 리치利玛窦와 니콜라 트리고金尼阁의 중국어 이름 첫 글자인 利와 金을 따서 "이-금방안利-金方案"이라고 하였다.

트리고와 왕정의『서유이목자』병음방안은 오늘날 한어병음의 기초가 되었는데 다음 두 가지 표에서 양자 간의 관계를 볼 수 있다.

표 1

	韵母	声母	名称字母	声调	中文音节
『서유이목자』 방안	50	20	29	5	1,507
현재 방안	35	21	26	4	1,331

표 2

	一字韵母	二字韵母	三字韵母	四字韵母
『서유이목자』 방안	5	20	22	1
현재 방안	6	21	12	4

이 두 표의 유사성에서 오늘날 채택하고 있는 병음방안이 트리고와 왕정의『서유이목자』병음방안에 영향을 받았다는 것을 알 수 있다.[316]

생각해 볼 문제

1. 루지에리의 중국어 학습 특징이 오늘날 외국어로서의 중국어 교육에 어떠한 시사점을 주는지 말해보세요.
2. 황가략의 외국어로서의 중국어 교육의 연구 성과와 그 의의를 간략하게 기술하세요.
3. 곽동신의 외국어로서의 중국어 교육관에 대한 현대적 의의를 말해보세요.
4. 명청시기 타이완에 있는 외국인의 중국어 학습 열풍은 어떻게 생겨나게 되었는지 말해보세요.
5. 서양 사람들의 초기 중국어 연구의 성과에 대해서 간략하게 기술하세요.

315) 뤄창페이罗常培(1899-1958, 중국인),「음운학에서 예수회 선교사의 공헌耶稣会士在音韵学上的贡献」,『역사언어연구소집간历史语言研究所集刊』, 1930년, 1권 제3분책.
316) 위의 두 표는 리난추黎难秋,『중국과학문헌번역사고中国科学文献翻译史稿』, 中国科学技术出版社, 1993년 p246에서 발췌하였다.

제4장 | 중국 근대 시기 외국어로서의 중국어 교육

신해혁명辛亥革命(1911) 이후의 민국시기(1912-1949)에는 전쟁이 빈번하고 경제사정이 좋지 못하여 세계적으로 중국어를 공부하는 사람이 매우 적었다. 이 때문에 중국어 교육이나 중국어 학습에 대한 자료도 별로 남아있지 않다. 물론 중국의 상하이, 광저우, 베이징, 충칭 등에서 외국인을 대상으로 중국어를 교육한 것이 적지 않았지만 중국 내에서 이를 전문적인 학문 분야로서 연구한 사람은 매우 드물며, 중국어 교육을 관장하는 정부기구나 민간기구도 매우 적었다.[1]

그렇지만 중국과 외국 간의 교류의 필요성 때문에 외국의 기관들이 민간 차원에서 중국의 교사를 국외에서 교육하도록 초빙하였고 이에 따라 라오서老舍[2]나 샤오첸蕭乾[3] 등이 영국으로 가서 외국어로서의 중국어 교육을 하였다. 또한, 일부 외국인들이 중국의 언어와 문화에 대한 개인적인 흥미로 중국으로 유학한 경우도 있었다. 일본학자 구라이시 다케

---

1) 청위전程裕祯 주편, 『신중국 외국어로서의 중국어 교육 발전사新中国对外汉语教学发展史』, 北京大学出版社, 2005년 p3.
2) 라오서, 老舍, 1899-1966, 중국인.
3) 샤오첸, 蕭乾, 1910-1999, 중국인.

시로仓石 武四朗,[4] 요시카와 고지로吉川 幸次郎,[5] 미국학자 페어뱅크Fairbank[6] 등이 이 경우이다. 중국어를 학습하기 위해 외국의 선교사와 외국의 중국어 학자는 스스로 중국어 교과서와 사전을 편찬하였다. 따라서 민국시기의 중국어 교육과 학습은 대체적으로 개인적인 행위에 속한다고 할 수 있다. 그러나 화베이협화언어학교华北协和语言学校[7]를 살펴보면 이 단체가 외국에서 행한 중국어 교육은 어느 정도 조직적이고 그 조직의 현황이 예상을 훨씬 뛰어넘는다는 것을 발견할 수 있다.

4.1 영국에서 라오서와 샤오첸의 중국어 교육

민국시기 중국정부도 외국과 소수의 유학생을 교환한 적이 있으며, 일부의 저명인사가 외국어로서의 중국어 교육에 종사한 바 있다. 그중 가장 유명한 사람은 영국 런던대학교 동양학대학(School of Oriental Studies)[8]에서 강의를 했던 라오서와 샤오첸이다.

---

4) 구라이시 다케시로, Kuraishi Takeshirō, 仓石 武四朗, 1897-1975, 일본인.
5) 요시카와 고지로, Yoshikawa Kōjirō, 吉川 幸次郎, 1904-1980, 일본인.
6) 존 킹 페어뱅크, John King Fairbank, 1907-1991, 미국인.
7) 역자 주 : 화베이협화언어학교华北协和语言学校(North China Union Language School)는 华北协和华语学校라고도 하는데 베이징에 있고 1910년에 만들어졌다. 초창기에 서양 선교사, 외교관, 상인, 중국을 연구하는 학자에게 중국어 연수를 하였다.
8) 역자 주 : 동양학대학(School of Oriental Studies)은 런던대학의 단과대학 중 하나로 1916년 설립되었다. 1938년 이후 아프리카 연구 분야가 추가되어 동양학 및 아프리카학 대학(School of Oriental and African Studies, SOAS로 약칭함)이 되었다.

4.1.1 라오서의 중국어 교육9)

1924년부터 1929년 여름까지 라오서는 런던대학 동양학대학에서 '중국 관화官话'와 '중국고전문학'을 강의하였다. 중국어문학과에서는 고정된 강사 자리 하나를 만들었고, 때로는 임시 교사 몇 명을 초빙하여 교수와 고정 강사가 모두 중국 관화를 강의하였다. 학생들이 샤먼厦门이나 사오싱绍兴의 말을 배우고자 할 경우에는 임시로 강사를 초빙하기도 하였다.

라오서는 영국에서 '링거폰'10) 중국어 교육 레코드 제작에 참여하였다. 수이舒乙11)는 「라오서의 첫 번째 학술저작老舍的第一步学术专著」에서 이와 관련된 내용을 상세하게 기술하였다. 중국어문학과에서 동양학대학의 중국어 교육은 교수 한 명과 강사 두 명 이 세 사람이 주도하였다. 그중 한 명의 강사는 에드워드Edward라는 이름의 영국인이었고, 다른 한 명은 수칭춘舒庆春이라고도 부르는 CC.Shu, 즉 라오서였다. 세 사람은 함께『링거폰 언어 레코드灵格风言语声片』교재에 이름이 있는데 그것을 낭송한 사람은 라오서 한 사람이었다. 이를 통해 이 교육용 레코드는 라오서가 1920년대 영국에서 중국어를 가르칠 때 사용한 부교재임을 알 수 있다. 라오서의 이름이 비록 가장 뒤에 있지만 이름을 쓴 순서는 자격의 순서일 뿐이다. 수이는 이에 대해 다음 몇 가지 이유를 제시하였다.

---

9) 라오서의 중국어 교육 활동에 대해서는 라오서의 산문「동양학대학东方学院」과 수이舒乙가 1999년 1월 29일『베이징만보北京晚报』에 발표한「라오서의 첫 번째 학술저작老舍的第一步学术专著」을 주로 참고하였다.

10) 역자 주 : 링거폰(linguaphone)은 1901년 영국의 자크 로스턴(Jacques Roston)이 만든 세계적인 언어훈련 교수매체이다.

11) 역자 주 : 라오서의 아들이다.

(1) 교재내용

전체 교재의 본문 대화 내용을 볼 때 모두 라오서의 손에서 나온 것이 분명하다.

(2) 언어의 풍격

교재에 쓰인 언어는 라오서가 아니면 할 수 없는 것들이다. "简直的不能停", "你猜怎么着, 我一气把它念完了", "哼, 2点10分", "你来晚了, 早叫二妹妹拿去了", "看小说的瘾非常的大" 등의 말은 모두 쉽게 접할 수 있는 예문들인데, 이것은 베이징 말일 뿐 아니라 백화白话이면서 동시에 전형적인 라오서식 말로서 그 후에 그의 소설 『낙타상자骆驼祥子』, 『차관茶馆』 등의 언어 풍격과 완전히 일맥상통한다.

(3) 글자체

『링거폰 언어 레코드』교재는 상하 두 책으로 나누어졌는데, 제2책은 중국어 본문으로 총 30과로 구성되어 있고, 제1책은 영어번역과 발음을 표기한 것이다. 중국어 본문은 인쇄체로 인쇄된 것이 아니고 붓으로 해서체로 정성들여 쓴 후 사진을 찍어 석판인쇄를 한 것이다. 필체를 분석해보면, 아름다운 붓글씨체는 모두 라오서가 쓴 것이다. 이러한 측면에서 볼 때, 이 교과서는 결국 라오서가 가장 이른 시기에 손으로 작업한 영인본으로 중요한 문물적 가치를 갖는다.

(4) 소리

레코드에 30과의 본문은 모두 라오서가 낭송하였다고 분명하게 쓰여있다. 레코드는 모두 15장이며 양면으로 되어 있고 한 면에 1과씩 들어있다. 발행부수가 매우 많아서 지금까지 세계 각지에서 라오서의 정통 베이징 말을 쉽게 들어볼 수 있다.

4.1.2 샤오첸의 중국어 교육[12]

1939년 샤오첸은 런던대학 동양학대학의 초청을 받아 이 대학 중문 과의 강사로 초빙되었다. 처음 초빙조건은 매우 열악해서 1년 보수는 겨우 250파운드(세금 포함 금액)이고 1년 단기 계약에 여비는 본인 부담이 었다. 홍콩 『대공보大公报』 사장인 후린胡霖(1889-1949)의 격려와 지원을 받아 1939년 9월 1일 샤오첸은 홍콩에서 영국으로 떠났고, 이후 그는 무려 7년 동안 강의와 연구를 하였으며 전쟁 때에는 종군기자를 하는 등 다양한 생활을 경험하였다.

샤오첸은 런던대학 동양학대학에서 겨우 학생 한두 명에게 중국어를 강의하였다.

샤오첸은 가볍게 교육을 담당하는 동시에 영국인이 중국인의 전쟁을 도와주기 위해 만든 공의회工谊会[13]와 원화회援华会[14]의 여러 활동에 적 극적으로 참여하였다. 1941년 공의회는 40명의 영국 청년들로 구호대를 조직하여 중국으로 가서 의료 활동을 지원하였는데, 이 구호대가 중국 으로 가기 전 3개월여 동안 중국어 연수반을 만들었다. 그때 샤오첸은 그들에게 일상 중국어를 가르치고 중국의 지리와 역사에 대한 지식을 강의하는 책임을 맡았다.

---

12) 샤오첸萧乾의 부인인 원제뤄文洁若의 회고록 『두 노인俩老头儿』(2005년 中国工人出版社) 참고할 것.
13) 역자 주 : 공의회工谊会(the Religious Society of Friends)는 귀격회贵格会(Quakers), 교우파 教友派라고도 불린다.
14) 역자 주 : 원화회援华会는 중국 항일전쟁시기에 중국을 돕는 국제적인 힘으로 영국의 중 국지원운동회英国援助中国运动委员会(China Campaign Committee, "원화회援华会로 약칭")라 고 하며 영향력이 매우 큰 조직이다. 일생동안 중국과학사를 연구하는 데 온갖 노력을 쏟아 부었던 조셉 니덤(Joseph Needham, 李约瑟, 1900-1995, 영국인)도 이 조직에 참가 한 적이 있었는데 항일전쟁 시기에 중국으로 와서 과학문화교류에 종사하였다.

1942년 샤오첸은 런던대학 동양학대학의 교직을 사퇴하고 캠브리지 (Cambridge) 대학의 킹스컬리지(King's College)[15]로 옮겨 문학 석사논문을 썼다.

4.2 중국에 온 일본유학생의 중국어 학습

민국 전반기에 일본 문부성文部省은 중국에 유학생을 파견하였는데 이 학생 들 중 구라이시 다케시로倉石 武四朗[16]와 요시카와 고지로吉川 幸次郎[17]라는 저명한 두 명의 학자가 있다.[18]

구라이시 다케시로는 일본의 저명한 한학자로 도쿄대학 교수를 역임한 바 있다. 1964년 10월 중국어 전문 교육기관인 '일중대학日中学院'을 창설하였고 세상을 떠날 때까지 이 대학의 학장을 역임하였다. 1974년 구라이시 다케시로는 중국어 연구와 교육 및 사전 편찬의 성과를 인정받아 아사히문화상朝日文化奖을 수상한 바 있다.

1928년 3월 구라이시 다케시로는 일본 문부성이 파견한 해외연구원 자격으로 중국에 와서 공부를 하였고, 1930년 8월 귀국한 이후 교토제국대학京都帝国大学에서 강의를 담당하였다. 구라이시 다케시로는 중국에서 2년 반 동안 생활하였는데 유학 기간 동안 그는 베이징대학, 베이징사범대학과 사립인 중국대학中国大学에서 강의를 들었다. 구라이시 다케

---

15) 역자 주 : 1441년에 창립된 캠브리지 대학의 칼리지 중의 하나.
16) 구라이시 다케시로, Kuraishi Takeshirō, 倉石 武四朗, 1897-1975, 일본인.
17) 요시카와 고지로, Yoshikawa Kōjirō, 吉川 幸次郎, 1904-1980, 일본인.
18) 구라이시 다케시로의 베이징 유학생활에 관해서는『구라이시 다케시로의 중국 유학기倉石武四朗中国留学记』, 룽신장榮心江·주위치朱玉麒 집주辑注, 中华书局, 2002년을 주로 참고하였다.

시로가 들었던 강의는 천쉬안퉁钱玄同(1887-1939)의 '중국어 발음의 변화国音沿革'와 '어문연구语文研究', 쑨런허孙人和(1894-1966)의 '사문학词学', 선젠스沈兼士(1887-1947)의 '문자형의학文字形义学', 황제黄节(1873-1935)의 '조자건의 시曹子建诗' 등 매우 많다. 그는 매주 베이징대학, 베이징사범대학, 중국대학을 오가면서 위에서 언급한 여러 과목을 들었다. 또한 이 외에 양수다杨树达(1985-1956), 우청스吴承仕(1984-1939), 판원란范文澜(1993-1969), 자오완리赵万里(1905-1980), 룬밍伦命(1875-1944) 등 많은 민국시기 저명한 학자의 수업을 들었다. 그는 또한 청나라 말기에 관직을 역임한 양중시杨锺羲(1865-1940)로부터 청나라의 제도에 대해 배웠고, 당시로서는 젊었던 위핑보俞平伯(1900-1990)로부터 번역 방법을 배웠다.

2년 반의 유학생활이 구라이시 다케시로의 일생에 영향을 미쳤으며, 중국에 있던 기간 밤낮으로 열심히 학습한 것이 그를 역사적으로 매우 중요한 일본 한학자로 만들었다.

요시카와 고지로는 1928년 베이징대학에서 유학하였는데, 지도교수는 양중시杨锺羲였고 마위짜오马裕藻(1878-1945), 천쉬안퉁, 선젠스를 따라 중국음운학을 전공하였다. 그는 평소에 유리창琉璃厂 거리를 다니는 것을 좋아하여 고서점의 단골 고객이 되었다. 양중이가 고증학에 정통한 것이 요시카와 고지로의 학문과 행동에 중요한 영향을 미쳤던 것이다. 요시카와 고지로는 중국을 잊지 못하여 중국식 전통 복장을 입고 지내기를 좋아하였고 베이징 말투를 사용하였으며 중국 학자들과 깊은 우정을 맺었다. 요시다카와 고지로는 1931년 귀국하였다.

4.3 외국의 선교사와 중국어학자가 편찬한 교과서 및 중국어 사전19)

4.3.1 중국 최초의 중영사전 - 『한영사전』

장테민张铁民 민국民国 원년에 상하이의 상무인서관商务印书馆에서 중국 최초의 『한영사전汉英词典』을 출판하였다. 이 사전은 364쪽에 걸쳐 3,800여 자를 수록하고 있으며, 각 글자 아래에는 약간의 상용단어를 실었는데 총 단어 수는 통계를 내지 않았다. 이 사전은 글자와 단어의 뜻풀이가 매우 독특한데, 먼저 중국어 문언으로 해당 글자의 뜻을 풀어준 후 여러 의미항목에 근거해 영어에 대응되는 단어와 예문을 제시하며 설명하고 이어서 영어의 단어와 예문을 중국어로 번역하였다.

"(이 사전은) 3,800개 상용한자를 수록하였는데, 이를 획수에 따라 배열하였고, 자일스Giles20)의 로마자 주음시스템을 채용하였고, 예문을 통해 단어의 용법을 설명하였다. 포켓용 사전으로 만들어 서양 사람들이 중국어를 학습할 때 사용하기에 적합하도록 하였음은 물론 중국인이 중국어에 대응하는 영어 단어를 검색할 때 쓰기에도 적절하게 만들었다."21) 출판사는 "서양 사람들이 중국어를 학습할 때 도움이 된다"라는 것을

---

19) 이 부분은 주로 원원수이温云水의 「민국시기 중국어 교육학 사료 탐구民国时期汉语教学史料探究」, 『世界汉语教学』 2005년, 2기를 참고함.

20) 역자 주 : 허버트 앨런 자일스(Herbert Allen Giles, 翟理思, 1845-1935, 영국인)는 영국 외교관으로 중국에 부임하여 전임외교관이었던 토마스 프란시스 웨이드(Thomas Francis Wade, 威妥玛, 1818-1895, 영국인)가 만들었던 중국어 발음표기법을 더 한층 개발하여 '웨이드-자일스 식(Wade-Giles system) 병음체계'를 확립하였다. 또 그 자신이 본문에서 언급하는 『한영사전』에 앞서 1898년 『한영사전』을 편찬하기도 하였다.

21) 역자 주 : 이 말은 출판사에서 책을 소개한 글에 있는 내용이다.
원원수이温云水, 「민국시기 중국어 교육학 사료 탐구民国时期汉语教学史料探究」, 『世界汉语教学』 2005년, 2기 p58 참고.

출판의 첫 번째 목적으로 사회에 소개하였다. 이 사전은 당시 출판된 이후 3년 만에 5판을 찍을 정도로 큰 환영을 받았다.

4.3.2 프랑스인이 사용한 『중국어 회화 교과서』

1912년 5월 허베이성河北省 셴현献县에서 『중국어 회화 교과서汉语口语教科书』(제3판)를 출판하였는데, 이 교과서의 편찬자는 프랑스 예수회 신부이다. 이 교과서는 세 가지 특징이 있다. 첫째, 1,146쪽에 이를 정도로 분량이 많다. 둘째, 비록 청나라 말기에 편찬되었지만 문언문을 주로 다룬 것이 아니고 '관화官话'라고 불리는 회화 중심으로 되어 있다. 이 책의 체제는 발음, 문법, 상용어구, 표현법, 단어결합 등으로 나누어져 있다. 이 교과서는 발음 부분에 중국어 성모, 운모, 성조에 대해 정확하게 설명하고 있는데 네 개의 성조를 분석한 부분은 오늘날의 설명과 거의 차이가 없다. 책에 성조를 연습할 수 있는 96개 글자를 표로 만들었는데, 표에서는 한자마다 로마자 자모로 음을 달았고 '一, ∧, /, \'로 각각 1, 2, 3, 4성을 나타내었다. 셋째, 제2부는 175개의 중요한 문제를 문법의 핵심으로 설정하여 전면적인 소개를 하고 있는데, 형태론은 물론 통사론 문제까지 언급하고 있다. 1천 쪽에 달하는 '상용어구'는 이 교과서의 핵심 부분이다. 이 부분에서 많은 상용 언어자료를 활용하여 문법을 구체화하였고, 찾아서 대조해보기 편하도록 단어의 분류 순서 번호와 문법 번호를 서로 일치시켜 놓았다.

4.3.3 미국판 『5000 한자 사전』

『5000 한자 사전五千汉字词典』[22]은 한영사전汉英词典인데 저자는 문학석 사이며 신학박사인 휴즈 펜Hughes Fenn[23]이다. 그의 조교는 Chin Hsien Tseng이며 1926년 베이징에서 초판이 발행된 이후 계속 재판을 찍었다.

4.4 화베이협화언어학교
: 민국시기 외국어로서의 중국어 교육의 소중한 꽃

화베이협화언어학교华北协和语言学校는 민국시기 외국인이 건립한 교회의 성격을 가진 중국어 학교이며 '하바드옌칭 재단'哈佛-燕京学社의 전신이다.

4.4.1 건립과 발전[24]

화베이협화언어학교를 설립한 최초의 목적은 중국 기독교 청년회 간부 혹은 선교사들에게 중국 언어문화 학습의 장소를 제공하려는 것이었는데, 후에 중국에 오는 외교관이나 상인들까지로 교육대상이 점차 확대되었다. 이 학교는 1910년 런던선교회(London Missionary Society)[25] 선교사인 홉킨 리스Hopkyn Rees[26]가 처음으로 만들었고, 1913년 정식으로

---

22) 역자 주 : *The Five Thousand Dictionary : A Pocket Dictionary and Index to Character Cards of the Yenching School of Chinese Studies*

23) 코트네이 휴즈 펜, Courtenay Hughes Fenn, 芳泰瑞, 1866-1927, 미국인.

24) 루웨이陆炜, 『기독교신학사전基督教神学词典』, Linfu Dong, *Cross Culture and Faith : the life and work of James Mellon Menzies*, University of Toronto Press, 2005.

25) 역자 주 : 영국에서 설립된 초교파적 성격의 해외선교단체로, 1795년 영국 런던에서 설립되었고, 1796년 이후 타이티를 시작으로 인도, 아프리카, 중국 등에서 선교활동을 전개하였다.

베이징에 설립되었다. 이 학교의 교장은 기독교베이징청년회 외국 인사들이 맡았는데 처음에는 에드워즈Edwards[27])였고 후에는 페터스Pettus[28])였다.

"1920년 이 학교는 옌칭대학燕京大學의 일부분이 되었지만 독립적으로 존재하였다.[29]) 이 학교는 외국인 교사 외에 중국인 교사도 초빙하였는데, 1921년에 중국인 교사가 97명이고 등록한 학생은 총 147명이었다. 1925년 여름 옌칭대학燕京大學 화원학교華文學校로 이름을 바꾸었다. 개교한 이후부터 1925년까지 영국학생은 323명이고 나머지 158명은 다른 국가의 학생이었다.[30]) 1920년에 화베이협화언어학교는 이미 20명의 외국인 교사와 80명의 중국인 교사가 있는 대규모의 언어 연수 학교로 확장되었다. 당시 모두 250명의 학생이 등록하였는데, 이들은 24개 교회와 5개 단체, 그리고 12개 외국회사에서 온 사람이었다. 이때 이 학교는 이미 선교사의 범위를 넘어 중국 정부 기구에 있는 외국 고문이나 상인뿐 아니라 중국어를 공부하고자 하는 어떤 사람이라도 학생이 될 수 있었다.[31])

화베이협화언어학교 성립 초기에는 '중국캘리포니아대학中国加利福尼亚学院'이라고 불렀고, 후에 '중국어대학学院'이라고 바꾸었다. 1925년 여름 옌칭대학은 화베이형화언어학교와 합병하는데 동의하였고, 하바드대학

---

26) 역자 주 : 윌리엄 홉킨 리스, William Hopkyn Rees, 里思, 1859-1924, 영국인.
27) 드와이트 에드워즈, Dwight W. Edwards, 爱德华, 1828-1916, 미국인.
28) 윌리엄 베이컨 페터스, William Bacon Pettus, 裴德士, 1879-1960, 미국인.
29) 이곳에서 1920년에 화베이협화언어학교가 옌칭대학의 일부분이 되었지만 독립적으로 존재 하였다고 언급하였는데 이는 착오가 있는 듯하다. 두 학교가 통합된 시간은 1925년이다.
30) Linfu Dong, *Cross Culture and Faith : the life and work of James Mellon Menzies*, University of Toronto Press, 2005.
31) Linfu Dong, *Cross Culture and Faith : the life and work of James Mellon Menzies*, University of Toronto Press, 2005.

과 합작하는 '대방안大方案'을 실시하였다. 합병 후의 화베이협화언어학교는 옌칭대학의 독립된 학과가 되었으며 옌칭화문학교燕京华文学校[32]라고 이름을 바꾸었다. 이 학교는 발전을 거듭하여 후에 "하바드-옌칭 중국연구소[33]"라는 학술단체를 만들게 되었다. 그 후 1928년 1월 4일 하바드-옌칭연구소는 독립적인 연구기구로서 미국 매사츄세츠주에 정식으로 등록되었다. 또 하바드대학에는 본부를 두고, 옌칭대학에는 이 연구소의 베이징사무소(Peking Office)를 두어 이 연구소의 동방 활동기지로 삼았다.[34] 그러므로 화베이협화언어학교는 '하바드-옌칭연구소'의 원류라고 할 수 있다.

옌칭대학은 미국 기구로서 서구의 교육제도에 따라 중국인을 양성하는 데 힘을 기울였으며, 중국어대학汉语学院은 중국의 언어와 문명을 서구 사람들에게 전수하는 역할을 했다. 이 때문에 이 두 학교는 서로 영향을 주고받았다. 옌칭대학에서 배출한 가장 뛰어난 사람으로는 외교관, 학자, 기자, 교수 등이 있고 중국어대학에서 배출한 가장 우수한 사람은 한학자, 외교관, 군사요원 및 중국전문가가 있다. 수천 명의 미국인과 서구 사람들이 이곳에서 중국의 언어와 문화 교육을 받았다. 두 학교의 졸업생 대부분은 저명한 학교나 문화단체, 박물관 등에서 능력을 발휘하였고, 외교나 상업, 군사 등의 분야에 종사하였다.

---

32) 옌칭중국연구소燕京中国研究所(The Yenching School of Chinese Studies)라고 번역하기도 한다.
33) 哈佛-燕京中国研究所.
34) 판수화樊書华, 「옌칭대학과 하바드-옌칭연구소의 건립」, 『美国研究』 1999년 제1기

4.4.2 교육과 교과과정의 개설[35]

4.4.2.1 학제

이 학교의 학제는 4~5년이며, 매년 봄, 가을, 겨울 세 학기로 나누어 운영하였다. 여름에는 방학을 하고 학생들은 각자 피서지에서 개인교사를 따라 학습하였다.

4.4.2.2 교과과정의 개설

중국어 교과과정이 중심이 되었고, 언어 학습 이외에 선교사들은 영어를 통해 선교방법과 중국문화를 학습하였다. 중국문화 교과목은 상고시대와 중고시대의 중국역사, 중국현대現代국제관계, 중국정부제도, 중국철학, 중국교육학 전문저서, 중국사회상황과 중국여성작품 등이 포함되었다.

첫 해의 모든 시간과 두 번째 해의 일부 시간은 중국 언어의 기초지식을 습득하는 데에 쓰였고 모든 교과과정은 필수였다. 첫 해의 교과과정 중 전반기 6개월은 매일 다섯 시간씩 수업을 하였는데, 듣기, 말하기 및 발음과 단어의미 학습이 주요 내용이었고, 후반기 6개월은 읽기, 번역, 대화가 주요한 내용이었다. 이렇게 한 해가 끝나면, 학생들은 700개의 한자를 습득할 수 있었고 대화에도 큰 어려움이 없었다. 이후 학생들은 자신의 필요에 따라 중국어문학, 중국어성경, 어원학, 작문 등과 같은 선택과목을 수강하였고 또 학교에서는 학생들에게 중국사회와 중국

---

35) 루웨이陆炜, http://wmarxism.fudan.edu.cn/Christ Die/ChristMain.asp.
  Linfu Dong, *Cross Culture and Faith : the life and work of James Mellon Menzies*, University of Toronto Press, 2005.
  우융핑吳永平의 「라오서 영문 논문 「당대의 애정소설」에 대한 의문「老舍英文论文『唐代的爱情小说』疑案」, 『中华读书报』, 2006년 3월 15일, 제3판.

역사문화를 이해하도록 만들기 위하여 토론회와 특별 강좌를 운영하였다. 토론회의 제목은 중국고대와 중고역사, 중국근대국제관계, 중국 빈곤의 원인, 중국철학, 중국경제, 중국 상업과 무역 등이 있었다. 특별강좌는 선교사와 기타 경험이 풍부한 인사들을 초청하여 강연을 하였는데, 그 내용이 사회, 정치, 민족, 문화, 종교, 언어학 등이었다. 가령, 중국인의 갈망, 중국 과거의 위대한 예술, 중국의 임업, 중국의 사회철학, 중국의 공공위생, 근대교육에 대한 중국인의 태도 변화, 중국의 향촌생활, 중국의 정치, 복음 업무, 중국의 언어, 중국인의 종교 등이 있었다. 이후 학생들에게 중국 여행을 하도록 하였는데 여행을 통해 중국에 대한 인식을 심화시킬 수 있었고, 대사관 무관의 지휘 아래에서의 교회 실제 상황도 파악할 수 있게 되었다. 동시에 학생들은 매년 시험에 참가해야만 했다. 이처럼 3년에서 4년간의 여행이 끝날 때에 학생들은 3,000개의 한자를 습득하게 되며 유창한 회화를 할 수 있게 되었다.

4.4.2.3 교수법

학교는 당시 국제적으로 가장 선진적인 듣기 위주의 직접교수법(Direct Method)을 응용하여 교육을 실시하였는데, 이는 이 교수법이 빠른 효과를 얻을 수 있었기 때문이다. 대부분의 교육은 경험이 풍부한 중국인 교사의 지도에 따라 진행되었다.

4.4.2.4 교과서와 사전

사전의 경우, 이 학교의 학생은 『5000 한자사전』을 사용하였다. 교과서는 현재 남아있는 문헌에 언급되어 있지 않은데, 톈진天津외국어대학 도서관 특별실에 브란트Brandt[36]가 1927년 편찬하고 화베이협화언어학교에서 출판한 『한문입문汉文进阶』[37]이라는 교과서가 소장되어 있다.

4.4.3 유명한 교사와 학생

4.4.3.1 페터스(Pettus)[38]

페터스Pettus는 1880년 알라바마Alabama주 모빌Mobile시에서 태어났고 1905년 콜롬비아대학을 졸업하였다. 그는 항상 동방의 신비한 국가인 중국에 가고자 하였고, 1906년 가족의 극심한 반대를 무릅쓰고 페터스 부부는 중국으로 향하는 여정에 올랐다. 상하이에 도착한 후 페터스 부부는 상하이기독교청년회上海基督教青年会 총본부에서 일했고 두 사람은 중국어와 중국문화를 공부하려고 노력하였다. 1908년 페터스는 남경대학교南京大学에서 중국 언어와 문학 석사과정을 이수하고 석사학위를 취득한 이후에 다시 상하이기독교청년회로 돌아와 일했다. 페터스는 휴가중에 독일에서 열린 언어교육토론회에 참가하여 당시로서는 가장 선진적인 교수법인 직접교수법[39]을 접하게 되었다. 그는 이 교수법에 대해

---

36) 야코우 브란트, Jakow J. Brandt, 卜朗特, 1869-1944, 러시아인.
   역자 주 : 「시가번역의 "정확성 지수"와 "자의성 지수"诗歌翻译的"准确性指数"与"随意性指数"」 (『中华读书报』, 2014년 1월 22일자)에 의하면, 화베이학교의 중국어 교재는 대부분 외국의 한학자가 영어 혹은 중국어와 영어의 대조 방식으로 편찬한 것이며, 여기에서 말하는 Jakow J. Brandt는 러시아 한학자이다.
37) 역자 주 : *Introduction to Literary Chinese*.
38) 본문은 주로 다음 두 가지 자료를 참고하였다.
   첫째, Dr. William Bacon Pettus와 Gen. Joseph W. Stilwell and the Stilwell family 사이의 편지 (John Easterbrook, John Regan, Weijiang Zhang 편), Claramont, Calif.
   둘째, *School of Educational Studies*, Claramont Graduate University, 2003.
39) 윌리엄 베이컨 페터스, William Bacon Pettus, 裴德士, 1879-1960, 미국인.
   역자 주 : 직접교수법(Direct Method)은 어린이들이 말을 배우는 과정을 모델로 하여 만든 교수법으로, 교실에서 일체의 모국어를 사용하지 않고 배우고자 하는 외국어만 사용하며 문법보다는 일상대화를 위주로 가르치는 교육법이다. 19세기 중엽 이후 유행한 교

잘 알고 있었고 또 착실한 중국어 기초가 있었기 때문에, 중국기독교선
교회中国信徒布道会(Chinese Christian Mission)는 페터스를 중국어대학汉语学院의
학장으로 임명하였다. 1916년 페터스는 온 가족이 베이징으로 이사 오
게 되었고 이때부터 중국 언어와 문화 교육에 종신토록 힘썼다.

중국어대학은 처음에 선교사와 서구 학자들에게 중국어 교육하려고
설립한 것인데, 페터스가 학장이 된 이후, 상인과 외교관, 군사요원에게
도 중국의 언어와 문화 연수를 하는 센터로 확장되었다. 그는 또한 대학
의 이사회를 다시 조직하여 도서관을 세우고 학생 모집을 확대하고 교
수법을 개혁하였으며, 베이징시 중심지에 새로운 캠퍼스를 조성하려는
계획을 수립하였다. 이에 따라 1925년 학교는 새로운 곳으로 이사하게
되었고 새로운 발전단계로 접어들게 되었다. 같은 해에 중국어대학은
옌칭대학과 합병하여 '옌칭중국연구소'라고 명칭을 바꾸었다. 이러한 페
터스의 끊임없는 노력으로 이 작은 언어대학이 발전하여 외국인 중국어
학습의 중추기관이 되었다.

1920년대는 중국이 문화와 문학을 개혁하는 시대였다. 중국의 문예부
흥 운동이 기세등등하게 진행되고 있던 시기에 페터스 또한 이 흐름을
타고 중국의 저명인사들이 이 대학에 와서 중국 문예부흥과 중국 문명
에 대한 강연을 하도록 초청하였다. 초청을 받은 저명인사로는 후스胡适
(1891-1962), 린위탕林语堂(1895-1976), 량치차오梁启超(1873-1929), 저우쭤런
周作人(1885-1967), 쉬즈모徐志摩(1897-1931), 펑유란冯友兰(1895-1990) 등이 있
었고, 정계 인물으로는 리위안훙黎元洪(1864-1928)과 펑위샹冯玉祥(1882-1948)
등이 있었다. 1930년대, 중국어대학은 중국에 기지를 둔 캘리포니아대

육법이다.

학과 협력하여 중국과 미국 캘리포니아주의 학술 관계와 교류를 적극적으로 촉진하였다. 캘리포니아에 있는 12개 대학에서 중국어학원으로 교수들을 파견하였는데, 그 과정에서 많은 수확을 거뒀다. 2차 세계대전 중에 페터스는 캘리포니아대학교 버클리캠퍼스에 다시 중국어대학을 세웠는데 이 대학에서 중국내전의 전선戰線을 위한 수백 명의 군사요원을 배출하였다. 전쟁이 끝난 후 대학은 그들의 사명을 완수하였고 페터스 또한 베이징의 중국어대학 학장의 직위를 사직하였지만, 그는 중국 기지인 캘리포니아대학에서 1959년 세상을 떠날 때까지 학장을 맡았다.

4.4.3.2 스튜어트[40]

스튜어트Stuart[41]는 중국에서 출생하여 미국에서 교육을 받은 후 선교사, 교육자가 되어 남경대학에서 교육을 담당하였다. 일찍이 기독교 조직에서 활동하면서 우수한 대학의 교육자와 관리자가 될 준비를 하였다. 스튜어트의 성공적인 교육과 관리 덕분에 1919년 그는 옌칭대학의 초대 교장으로 임명되었다. 이 대학은 바로 화베이華北의 몇 개 학교 혹은 대학이 합병하여 만들어진 것으로 이 중에는 훼이원대학匯文大學, 화베이협화언어학교, 화베이여자연합대학華北女子聯合大學이 포함된다. 부총장 루스Luce[42](대학의 중요한 기금 출연자)의 협조 아래, 스튜어트 교장은 규모가 크지 않았던 이 교회 조직을 중국에서 가장 중요한 학교로 발전시켰다.

---

40) 이 부분은 다음 두 자료를 참고하였다.
　첫째, Dr. William Bacon Pettus와 Gen. Joseph Warren Stilwell and the Stilwell family 사이의 편지와 둘째, *School of Educational Studies*. Claramont Graduate University, 2003.
41) 존 레이톤 스튜어트, John Leighton Stuart, 司徒雷登, 1876-1962, 미국인.
42) 역자 주 : 헨리 로빈슨 루스(Henry Robinson Luce, 亨利·卢斯, 1898-1967, 미국인)는 미국의 출판업자이며, 중국에서 선교활동을 벌인 바 있는 부모의 영향을 크게 받은 것으로 알려져 있다.

4.4.3.3 스틸웰 장군[43]

스틸웰Stilwell[44] 장군은 중국인에게 낯설지가 않은 사람이다. 1920년 스틸웰이 미국대사관의 군사무관으로 중국에 올 때, 스틸웰 가족 전체가 베이징으로 왔다. 그는 베이징에 정착한 지 얼마 되지 않아, 고궁故宮에서 가까운 중국어대학에서 공부를 시작하였다. 페터스는 스틸웰의 발음이 나쁘다고 지적한 적이 있었는데 스틸웰은 그것을 잘 고쳤다고 후에 만났던 많은 중국학자들이 확인해 주었고, 그가 백인이었지만 때로 다른 지방 출신의 중국인이라고 오인 받았다는 것에서도 알 수 있다. 이는 화베이협화언어학교가 수준 높은 중국어 교육을 실시했다는 것을 보여주는 것이기도 하다.

4.4.3.4 험멜과 그의 아들 험멜 주니어[45]

험멜Hummel[46]은 1915년 회중교회(Congregational Church, 公理会) 선교사로 중국에 와서 중국의 펀저우汾州[47]의 거이중학교铭义中学에서 영어 교사를 하였다. 1924년 화베이협화언어학교 중국사中国史 교사가 되었고, 1927년 미국 국회도서관 아시아부 주임이 되었다. 그가 주편한 『청대

---

43) 이 부분은 존 이스터브루크(John Easterbrook, 约翰·伊斯特布鲁克, 미국인), 황카이멍黄开蒙, 「중국에서 스틸웰의 경험史迪威在中国的早期经历(Stilwell and the American Experience in China)」,『百年潮』 2002년 4기를 참고하였다.

44) 조셉 워런 스틸웰, Joseph Warren Stilwell, 史迪威, 1883-1946, 미국인.

45) 아버지 험멜에 대해서는, 자오샤오양赵晓阳의 「미국학생 해외 선교 운동과 미국 초기 한학의 변화美国学生海外传教运动与美国早期汉学的转型」,『陝西师范大学学报』, 2003년을 참고하였다. 아들 험멜에 대해서는『1973-2005 주중미국대사 전기1973-2005美国驻华大使传奇』, 世界知识出版社, 2005년을 참고하였다. 다만 두 책에서 아버지 험멜이 중국에 온 시기와 귀국 및 화베이협화언어학교에서 가르치던 시간에 대해 일치하지 않는데, 일단 각각 나열하여 의문점을 남겨두도록 한다.

46) 역자 주 : 아서 윌리엄 험멜, Arthur William Hummel, 恒慕义, 1884-1975, 미국인.

47) 역자 주 : 펀저우汾州는 지금의 산시성山西省 펀양시汾阳市의 옛 이름이다.

명인 전기清代名人传略(1644-1912)』는 청대 800명 명인을 선정하여 그들의 생애와 사회활동에 대해 개략적인 기술을 하고 있는데, 후스胡适나 페어뱅크Fairbank[48] 등은 이 책을 높이 평가하였다.

험멜 주니어Hummel Junior[49]는 1981년 5월 그가 어린 시절을 보냈던 베이징에 주중미국대사로 부임하였다. 험멜 주니어는 1920년 6월 1일 중국 산시성山西省 펀양현汾阳县에서 태어났는데 그의 아버지는 험멜 시니어이다. 험멜 시니어 부부는 1910년 산시성 펀양에 도착한 후 1923년 험멜 주니어가 3세 때 베이징으로 이주하여 둥쓰터우탸오东四头条의 화베이협화언어학교에서 교육을 담당하였다. 1928년 험멜 주니어는 부모를 따라 미국으로 돌아갔다. 1940년 9월 험멜 주니어는 부친을 따라 다시 중국으로 돌아갈 계획이었는데, 당시 험멜 주니어가 먼저 베이징에 도착하였고, 그의 부친은 변고가 생겨 베이징으로 갈 수 없었다.(국회도서관은 중국의 형세가 갈수록 복잡해지자 도중에 험멜 주니어의 부친을 미국으로 돌아오도록 소환하였다.) 험멜 주니어는 베이징에 혼자 있으면서 먼저 화베이협화언어학교에서 중국어를 학습하는 동시에 호구책의 일환으로 푸런남자중학교辅仁男子中学에서 영어를 가르쳤다.

험멜 시니어와 험멜 주니어 부자는, 부친은 화베이협화언어학교에서 교육을 담당한 적이 있고 아들은 이곳에서 공부를 한 적이 있기 때문에 두 사람은 화베이협화언어학교와 깊은 인연이 있다고 할 수 있다.

4.4.3.5 페어뱅크

저명한 한학자인 페어뱅크 또한 일찍이 화베이협화언어학교에서 공부

---

48) 존 킹 페어뱅크, John King Fairbank, 费正清, 1907-1991, 미국인.
49) 아서 윌리엄 험멜 주니어, Arthur William Hummel Junior, 恒安石, 1920-2001, 미국인.

한 적이 있다. 1932년 초 페어뱅크는 미국 정부의 승인을 얻어 배를 타고 중국 상하이에 도착하였는데 이때가 바로 '1.28사변'[50) 시기였다. 당시 일본군이 연일 포격을 가해서 조계 내 수만 명의 일반인들이 피난을 해야 했고, 서구의 열강과 중국의 군대와 민간인이 불굴의 저항을 했는데, 이 일이 23세의 페어뱅크에게 깊은 인상을 남겼다. 베이징에 도착한 후 그는 화베이협화언어학교에 들어가서 언어를 먼저 학습하였다. 이 시기의 중국어 학습 경험은 페어뱅크가 후일에 탁월한 업적을 쌓는 데 탄탄한 중국어 기초를 제공하였다.

위에서 언급한 인물 외에, 라오서는 일찍이 이 학교에서 '당대 때의 애정소설唐代的爱情小说'이라는 훌륭한 강의를 한 적이 있고, 캐나다의 선교사이며 갑골문 연구의 전문가인 멘지스Menzies[51)는 1927년 이후 이곳에서 교편을 잡은 적이 있다. 미국의 전임 주중대사 스테이플턴 로이Stapleton Roy[52)의 부친 엔드류 토드 로이Andrew Tod Roy[53)도 1930년 이 학교에서 1년간 중국어를 학습한 적이 있다.

화베이협화언어학교는 10여 년이라는 짧은 기간 동안 많은 뛰어난 한학자, 외교관, 군사요원 및 중국전문가를 배출하였다. 중국의 언어와 문화를 미국에 전파하고 미중 관계 발전에 큰 영향을 미쳐, 민국시기 외국어로서의 중국어 교육의 소중한 꽃을 피웠다고 할 만하다.

---

50) 역자 주 : 1.28사변은 1932년 1월 28일에 일본이 중국의 상하이 국제 공동조계에서 중국의 군대를 공격하면서 일어난 것으로 일본이 상하이 침략을 본격화하려던 사건이다.
51) 제임스 멜런 멘지스, James Mellon Menzies, 明义士, 1885-1957, 캐나다인.
52) 스테이플턴 로이, Stapleton Roy, 芮效俭, 1935- , 미국인.
53) 엔드류 토드 로이, Andrew Tod Roy, 芮陶庵, 1903-2004, 미국인.

생각해 볼 문제

1. '링거폰 언어 레코드'는 어떤 중국어 교재인가?

2. 화베이협화언어학교의 교과과정, 교수법 등의 특징은 지금의 중국어 교육에 어떤 시사점을 주는가?

제5장 | 중국 현대 시기 외국어로서의 중국어 교육

1949년 신중국 수립 이후 중국의 외국어로서의 중국어 교육은 중국 대륙과 타이완에서 동시에 전개되었다. 이 장에서는 중국대륙과 타이완으로 나누어 중국어 교육의 역사적 진행에 대해 기술하고자 한다.

5.1 신중국 시기 외국어로서의 중국어 교육 사업 초창기

신중국 시기 외국어로서의 중국어 교육 사업은 거의 60년 동안 진행되었는데 대체로 세 시기로 나눌 수 있다. 첫째는, 1950년대부터 1970년대 후반까지로 교육 사업의 시작 시기이고, 둘째는, 1970년대 말부터 1980년대 말까지로 학문이 확립된 시기이며, 셋째는, 1990년대 이후로 학문 분야[1]가 발전하고 심화된 시기이다. 초창기는 다시 세 단계로 나눌 수 있다. 1950년대부터 1960년대 초까지 초창기 단계, 1960년대 초

---

1) 역자 주 : 이 책에서는 '学科'를 '학문 분야', '학과', '전공' 등으로 번역하였다.

부터 1960년대 중반까지로 공고해지고 발전하는 단계, 1960년대 중반
부터 1970년대 후반까지 좌절하고 회복하는 단계이다.

5.1.1 1950년대부터 1960년대 초까지의 창립과 탐색 단계

1950년대 신중국 시기 외국어로서의 중국어 교육 사업은 초창기 단
계에 있었다. 1950년에서 1961년까지 중국은 모두 57개 국가로부터 온
3,215명의 유학생을 받아들였다. 칭화대학淸華大學의 동유럽 교환학생 중
국어문전공반, 베이징대학北京大學 외국유학생 중국어문전공반中國語文吉修
班, 난닝인재육성학교南宁育才学校 부속 중문전공학교, 구이린桂林 중국어문
전공학교를 대표로 하여 신중국의 외국어로서의 중국어 교육 사업은 초
보적으로 확립되어갔다. 이 단계의 학생은 주로 소련, 동유럽, 베트남,
북한 등 사회주의 국가에서 왔으며, 교육 유형은 단순한 중국어 예비 교
육에 속하였다. 또 교육의 목적은 학생들이 기본적인 언어규칙과 기능
을 파악하고 언어장애를 극복하여 전공 공부로 들어갈 수 있도록 돕는
것이었다. 이밖에 중국에 주재하는 외국 대사관 인사들과 해외 화교를
대상으로 한 통신교육도 초보적으로 전개되었다. 이 단계는 교육 규모
가 작았으며 학생과 교사의 수도 적었고 교육기구도 아직 안정되지 않
았다.

5.1.1.1 교육 과정

초창기 단계의 외국어로서의 중국어 교육은 신중국 수립 초기 국가의
언어문자작업을 규범화하는 과정에서 이루어진다. 이 때문에 바로 표준
중국어普通话를 표준으로 삼는 것에서부터 시작한다. 『중국어 간략화 방

안汉语简化方案』과 『중국어 병음 방안汉语拼音方案』을 발표하면서 즉각적으로 교육을 통해 이를 보급하게 되는데, 이것은 교육의 질을 높일 뿐 아니라 이후의 중국 국내외 중국어 교육에 큰 영향을 미쳤다.

당시 중국의 언어학이론은 주로 소련의 마르크스주의 언어학 관점을 받아들였는데, 스탈린과 기타 학자의 마르크스주의 언어학 관점을 공부하는 유행 속에서 외국어로서의 중국어 교육은 그 영향을 받지 않을 수 없었다. 그래서 중국어 교육에서 어휘와 문법을 중심으로 할 것을 강조하였고, 기본 어휘와 체계적인 문법 지식 교육이 교육 목적의 주요한 수단이라고 인식하였다.

이와 동시에 미국 구조주의 언어학 이론 역시 중국에 영향을 미쳤다. 1952년 리룽李荣(1920-2002)은 자오위안런赵元任(1892-1982)의 『중국어입문 汉语入门 Mandarin Primer』[2]을 번역하여 『베이징구어문법北京口语语法』으로 출판하였다. 이 책의 가장 큰 특징은 구조로부터 출발하여 문법을 분석하였다는 것이다. 외국어로서의 중국어 교육에서 중국어 문법 교육이 채택한 문장단위 분석법과 구조형식 분석법은 문법을 중심으로 품사와 문장성분을 소개하고 어순과 허사(기능어) 용법 등을 설명한다. 그러나 당시에는 언어학이론을 지나치게 강조하여 교수법 측면에서도 언어지식만 중시하고 언어실천을 경시하는 경향이 있었다.

교수법의 측면에서 볼 때, 초창기 외국어로서의 중국어 교육은 이미 외국어로서의 중국어 교육과 중국인에 대한 어문 교육의 차이에 주의하였고 유학생의 실제 중국어 응용 능력의 중요성을 초보적으로 제기하였

---

2) 역자 주 : 자오위안런의 『*Mandarin Primer*』(*Mandarin Primer, An Intensive Course in Spoken Chinese*)은 원래 1948년 미국 하바드대학출판사에서 출판되었고, 1952년 리룽에 의해 번역되어 『北京口语语法』이라는 제목으로 카이밍서점开明书店에서 출판되었다.

다. 그러나 당시 '기본지식'을 전수하는 것과 '기본능력'을 배양하는 것을 동등한 지위에 두었으며 학교 교육도 모두 먼저 언어지식을 설명하고 난 후 언어지식을 기반으로 연습하였다.

교실교육은 교육의 실제에서 출발하여 그것을 실천하는 과정 속에서 모색하였고 문법번역식 교수법(Grammar-Translation method)을 위주로 하면서 비교식 교수법(Comparative teaching method), 직접교수법(Direct method), 통합적 교수법(Integrated approach)을 모두 응용하였다. 이러한 교수법을 실천하는 과정에서 경험이 쌓이면서 이후의 외국어로서의 중국어 교수법의 개선과 발전에 도움이 될 수 있는 중요한 참고할 점을 찾아내었다.

교재는 1950년 첫 번째 외국유학생이 중국에 온 이후 처음에 모두 자오위안런이 미국에서 사용했던 『중국어입문国语入门』3)을 참고하면서 이 책을 편집하기도 하고 또 그대로 사용하기도 하였다. 그렇지만 짧고 간단한 자료만 있었을 뿐 책으로 만들어진 교재는 없었다. 1954년 베이징대학 외국유학생 중국어문전공반에서 『중국어교과서汉语教科书』를 집필하였고 1956년 정식으로 출판하였다. 이 교재는 덩이邓懿가 주편하였는데 주요한 특징으로는 다음과 같은 것이 있다. 즉, 문법을 지도 원칙으로 삼고, 본문과 연습은 문법을 위해 제시되었고, 언어지식에 대한 교육을 중시하며, 음성, 문법 현상에 대해 간명하고 핵심적인 해석을 하였으며, 문법분석은 구조형식을 중시하였다. 동시에 특수한 표현방식을 중점적으로 소개하고 핵심 문법의 분류와 배열을 중시하였으며 각 과의 문법과 새 낱말의 수량을 엄격하게 조절하였다.

『중국어교과서』는 1950년대 문법 연구의 주요 성과를 받아들였고 신

---

3) 역자 주 : 『중국어입문国语入门』는 앞에서 언급된 자오위안런赵元任의 『중국어입문汉语入门 Mandarin Primer』과 동일한 책으로 판단되는데 본 책에서는 다른 제목으로 제시하였다.

중국시기 언어학 연구의 일반적인 경향과 외국어로서의 중국어 교육의 초기 특징을 나타내고 있다. 이 책은 언어지식의 설명이 지나치게 세밀하고 본문에 언급된 생활 회화가 적어서 어떤 문장은 문법만을 보여줄 뿐 자연스럽지 못해 현실 생활에 부합하지 않는다는 등의 단점이 있다. 그렇지만 이것이 결코 신중국시기 최초의 중국어 교과서에 대한 가치를 손상시키는 것은 아니다.

5.1.1.2 교육 연구

제1단계의 외국어로서의 중국어 교육은 아직까지 체계적이거나 심도 있게 이론 연구를 하지 않았고, 주로 교육 경험을 기록하고 교육 과정에서 체득한 것에 대한 연구를 위주로 교육의 특징과 규칙에 대해서 논하고 정리하였다.

저우쭈모周祖谟(1911-1995)의 「한족이 아닌 학생에게 중국어를 가르치는 데 있어서의 몇 가지 문제」[4]는 신중국 수립 이후 나온 외국어로서의 중국어 교육에 관한 첫 번째 논문이다. 비록 당시에는 아직 '외국어로서의 중국어 교육对外汉语'이라는 개념이 만들어지거나 사용되지는 않았지만 이것은 외국인에 대한 중국어 교육과 중국인에 대한 어문 교육을 엄격하게 구별하여 교육의 목적, 기본 원칙, 교육 내용, 교육 순서, 교육요점, 교수법 등에 대해 전면적으로 논의하고 있는 첫 번째 논문이다. 저우쭈모는 교육 원칙에 대해 한자 교육에만 주의하여 언어 교육을 소홀히 해서는 안 되며 학습자들이 반드시 중국어를 의사소통의 도구로 삼아야 한다고 생각하였다. 교육의 목표는 반드시 학습자의 요구에 따

---

4) 저우쭈모周祖谟, 「教非汉族学生学习汉语的一些问题」, 『中国语文』, 1953년 7월호.

라 정해야 하며, 일반 학습자가 도달하려는 수준은 듣기, 말하기, 읽기, 쓰기 네 가지 의사소통 영역을 포함하며, 듣고 말할 수 있는 것은 기본적인 요구조건이고 읽고 쓰는 것은 여기에서 더 발전된 단계의 요구조건이라고 생각하였다. 또 교육 과정은 두 단계를 구분였는데, 첫 단계에서는 듣고 말하는 훈련을 중시하고, 두 번째 단계는 읽고 쓰는 것을 중시해야 한다고 주장하였다. 이 논문에서 논의하고 있는 것은 당시 외국어로서의 중국어 교육에서 명확하게 할 필요가 있던 기본적인 문제로서, 대상지향적이고 방향지향적인 특징을 갖추고 있기 때문에 이 연구는 당시 외국어로서의 중국어 교육의 원칙을 확립하는 데에 매우 중요한 영향을 끼쳤으며, 신중국시기 외국어로서의 중국어 교육 연구의 선구자적 역할을 하였다고 말할 수 있다.

저우쭈모에 이어, 외국어로서의 중국어 교육에 대해 비교적 체계적으로 연구한 논문은 왕쉐쭤王学作와 커빙성柯柄生의 「유학생에게 중국어를 강의하는 것과 관련된 몇 가지 기본 문제에 대해 논함」[5]이 있다. 이 논문은 교육의 기본 임무와 단계, 교재의 편찬, 과제, 교수법의 네 가지 측면에서 저자의 생각을 밝혔다. 이 글에서는 외국어로서의 중국어 교육의 단계에 대해 기술하였는데, 먼저 중국어 병음자모와 병음법을 가르치고, 다음으로 병음만 있고 한자가 없는 본문으로부터 시작하여 점차적으로 병음과 한자가 대조되어 있는 본문을 공부하고, 그 후에 학생들이 이미 일정 수량의 어휘를 파악한 기초 위에서 문법을 강의하기 시작해야 한다고 주장하였다. 즉 어휘를 먼저 강의하고 문법을 뒤에 강의해야 한다는 것이다. 마지막으로, 주제가 있는 짧은 문장을 가르쳐야 한다

---

5) 王学作、柯柄生,「试论对留学生讲授汉语的几个基本问题」,『教学与研究』 1957년 제2기.

고 하였다. 교재의 편찬에 대해 이 논문에서는 교재의 순서와 언어 과학의 체계성, 교육 내용의 연속성과 교육 중점의 문제점 극복, 교재의 사상적 내용이라는 세 가지 문제를 주로 논하였다. 교수법은 비교식 교수법을 위주로 하면서도 직접교수법을 배제하지는 않았다. 왕쉐쭤와 커빙성의 이 논문은 외국어로서 중국어 교육의 목적, 내용, 원칙의 측면에 있어, 저우쭈모의 관점과 기본적으로 일치하며 '실제적인 운용'을 강조하고 '어휘와 문법을 중심'으로 한다는 점을 강조한다. 교육 단계와 방법에 있어서는 약간의 차이가 있는데, 저우쭈모는 통합적 교수법을 강조하였고 왕쉐쭤와 커빙성은 비교식 교수법을 강조했다. 이것은 외국어로서의 중국어 교육이 발전함에 따라 이미 사람들이 외국유학생에게 적합한 교재를 어떻게 편찬할 것인가 하는 문제를 중시했음을 알 수 있다.

이상에서 설명한 두 편의 논문 이외에 덩이邓懿의 「병음자모를 써서 외국 유학생에게 중국어를 교육하다」와[6] 두룽杜荣 등의 「한어 병음으로 외국인에게 중국어를 교육한 후 느낀 점」[7]은 외국어로서의 중국어 교육에 있어 한어 병음부호를 사용하는 문제에 대해 전문적으로 다룬 것으로, 한어 병음이 중국어를 학습하고 익히는 데에 장점이 있다는 것을 인정하였다.

1950년대의 이러한 연구 논문은 외국어로서의 중국어 교육의 초기 발전 단계에서 아래와 같은 몇 가지 중요한 원칙을 명확히 하였다. 즉, 외국어로서의 중국어 교육은 중국인에 대한 어문 교육과는 다르다. 교육의 목적은 학생들이 실제 중국어를 사용하는 능력을 배양하는 것이어야 하고, 교육의 내용은 어휘와 문법을 핵심 내용으로 해야 한다. 교수

---

6) 덩이邓懿, 「用拼音字母对外国留学生进行汉语教学」, 『光明日报』, 1957년 12월 5일.
7) 두룽杜荣, 「用汉语拼音教外国人学习汉语的一些体会」, 『文字改革』, 1960년, 4기.

법은 듣고 말하는 능력을 키우는 것에서 시작하여 점차 읽고 쓰는 것으
로 나아가야 한다. 번역식 교수법, 직접교수법, 비교식 교수법은 통합적
으로 채택하여 활용할 수 있으며, 교육에 있어 한어 병음은 매우 편리하
고 효과적이다. 이러한 결론은 당시뿐만 아니라 이후에도 외국어로서의
중국어 교육에 중요한 작용을 하였다.

5.1.2 1960년대 초반에서 60년대 중반까지의 정립 단계와 발전 단계

1960년대 초와 중반에 베이징언어대학北京语言学院8)이 만들어지고
3,000명의 베트남 유학생을 받아들인 것을 계기로 중국의 외국어로서의
중국어 교육 사업은 더욱 공고해지고 좋은 발전 추세를 보였다. 교육규
모가 확대되면서 베이징언어대학은 매우 빠르게 교육의 주요 기지가 되
었고 외국어로서의 중국어 교육은 전국적인 범위로 널리 퍼지게 되었다.

5.1.2.1 교육 과정

이 시기 외국어로서의 중국어 교육은 여전히 중국어 예비 교육의 성
격을 가지고 있다. 과거 교육 경험을 조사 연구하고 종합하며 이러한 바
탕에서 교육에 적절하게 대처하는 성격이 더욱 강해졌다. 동시에 해외
에서 중국어를 가르칠 목적을 가지고 계획적으로 중국어 교사 양성을
시작하였다. 이 단계의 외국어로서의 중국어 교육은 50년대와 마찬가지
로 외국인을 상대하는 특수한 업무로, 교육 대상 학생 수를 결정하거나

---

8) 역자 주 : 베이징언어대학은 1962년 창립하여 1964년 베이징언어대학北京语言学院으로 이
름을 정하였으며, 1996년 베이징언어문화대학北京语言文化大学으로 이름을 바꾸었다가 2002
년 이름을 간략하게 하여 다시 베이징언어대학北京语言大学이 되었다.

교사의 자격을 갖추는 것, 교육의 관리 등은 모두 중앙 관련 부처의 책임자들이 특별한 관심을 쏟았다. 이에 따라 지속적으로 강력하게 외국어로서의 중국어 교육 사업의 빠른 발전을 이끌어낼 수 있었다.

'문화대혁명文化大革命' 기간 중 중단되었던 몇 년을 제외하고, 60년대 외국어로서의 중국어 교육은 50년대의 실천을 거쳐 과거의 경험을 끊임없이 종합하고 연구하며 계속 발전해나갔고, 베이징언어대학의 설립을 기반으로 하여 어느 정도 비교적 완벽한 교육체계를 갖출 수 있게 되었다. 이 시기의 교수법은 아래와 같은 뚜렷한 변화가 있었다.

1. '배운 것을 실제로 활용한다学以致用'는 원칙을 관철하려고 노력하였다. 교육 내용은 학생들의 전공 공부의 필요성과 결합하여 중국어 교육의 적절성을 대대적으로 강화하였다. 새로운 교육의 요구에 부응하기 위해 새로운 중국어 교재인 「기초중국어基础汉语」와 「중국어 독본中国读本」을 편찬하였다.

1960년대 중국으로 온 유학생은 대다수가 이공계통 전공분야를 공부할 준비를 하려는 것이었고, 소수의 유학생만이 문사철文史哲 전공분야를 공부하였다. 당시 유학생들은 자신들이 배운 많은 단어를 사용할 일이 없는 반면에 많은 필요로 하는 단어는 배운 적이 없었다. 일상생활 중국어 능력은 무난했지만 전공학과에 들어간 후 수업을 들었을 때 학생들의 전공언어 난이도는 매우 높았다. 이는 당시의 중국어 교육 자체, 특히 교육 내용에서 교육과 실제 사용이 불일치하는 문제가 두드러졌다는 것을 설명해준다.

1962년 9월과 1963년 9월, 외국유학생 고등예비학교에서는 두 차례에 걸쳐 조사팀을 파견하여 베이징대학北京大学과 칭화대학清华大学의 유학생을 대상으로 조사하고, 조사 결과를 근거로 개선조치를 제시하였다.

이를 통해 이공계통 전공분야에 들어가려는 유학생에 대한 교육의 적절성을 강화하였다. 중국어 예비단계교육을 통하여 학생들은 자신의 중국어 실력이 다음과 같은 수준에 도달하기를 요구받았다. 즉, 일상생활에서 자유롭게 말할 수 있고, 수와 관계된 수리 통계용 어휘를 알 수 있고, 이과용의 쉬운 원문을 읽어낼 수 있는 일정한 능력을 갖추며, 기본적인 이과용 일반 강좌를 들을 수 있는 훈련을 하며, 필요한 구어 의사소통 능력(Communication Competence)을 갖출 수 있어야 한다. 고등예비학교는 새로운 교육 목표를 근거로, 이공계통을 전공하려는 유학생들에게 전공에 필요한 중국어 교육을 강화하였다. 전공 읽기 단계는 기존의 4주 내외에서 11주로 늘어났고, 학년 후반기에 이과용 지식을 내용으로 하는 강좌를 개설하여 학생들이 전공 기초 교재를 읽어낼 수 있는 능력을 배양하도록 하였다.

1960년대 초는 1950년대의 외국어로서의 중국어 교육에 대한 반성에서 출발하여, 교사들은 교육의 원칙에 근거로 교육의 목적과 교육의 요구사항을 명확하게 인식하였다. 외국 유학생이 중국으로 유학을 왔을 때 그들 절대다수의 목적은 중국어 이론을 학습하고 중국어 음성, 한자와 단어, 문법지식을 이해하는 것이 아니었다. 그들의 목적은 듣고, 말하고, 읽고, 쓰는 중국어의 기본 의사소통 기능을 학습하고, 이 중국어라는 언어 도구를 활용하여 각자의 전공을 공부하려는 것이다.

2. 외국어로서의 중국어 교육은 중국어를 실천하는 분야라는 것을 분명하게 밝혔고, "실천성 원칙"을 제시하였으며, 교실 수업에서는 "자세하게 강의하고 연습을 많이 해야精講多练" 함을 강조하였다.

1950년대 교사와 학자들은 언어 실천의 중요성을 초보적으로 의식하고 있었지만, '실천'을 '원칙'의 수준까지 높이는 것, 외국어로서의 중국어 교육이 나아가는 핵심은 이론에서 실천으로 가는 것이라는 점까지는 인식하지 못하였다. 1960년대 후반에는 듣고 말하는 훈련을 대대적으로 강조하게 되었고, 또 교실 수업에서 "자세하게 강의하고 연습을 많이 해야" 한다고 제시하였다. 베이징언어대학의 구체적인 방법은 원래의 '강의 수업'을 '강의와 연습 수업'으로 바꾸고 '강의'와 '연습'의 비율을 대체로 1대 4로 규정하였다. '강의'는 간단명료하게 핵심을 가르치고, '연습'은 학생에게 스스로 깨닫도록 유도하여 제멋대로 하여 혼란스러워지는 것을 피하고자 하였다. 그밖에 '언어실천'을 교과과정 속의 교과목에 포함시켜 학생들이 사회언어 환경을 충분히 이용하여 듣고 말하는 능력을 키워나가도록 함으로써 "수업은 이해되는데, 수업이 끝나면 모르는上课听得懂, 下课听不懂" 문제를 해결하고자 하였다.

3. 해외의 직접교수법(Direct method)의 영향을 받아 이 단계의 초급 중국어 교실교육은 주로 '상대적 직접교수법'을 사용하였다. 감성자료로 시작해서 본문과 관련 있는 내용으로 학생들이 많은 훈련을 하도록 하여 학생 스스로 언어규칙을 발견하고 개괄할 수 있도록 지도하였다. 반복학습 과정 속에서 학생들이 언어를 사용하는 기능을 익히도록 하였다. 지나치게 많은 문법 이론을 단편적으로 설명하면서 기능 훈련을 소홀히 하는 것은 반대하였지만, 많은 훈련을 바탕으로 한 자세하게 문법을 분석하는 것은 배제하지 않았다. 동시에 교사가 교실에서 중국어를 직접 사용해서 교육을 하고, 필요할 때에 적당한 정도로 학생의 모어(혹은 매개어)를 사용해서 강의를 진행해야 한다는 것을 강조하였다. 시대적인 한계와 이론 연구가 제대로 이루어지지 않은 점 등의 원인 때문에 교육의 방법과 원칙에 있어 깊이 있는 이론적 설명이 부족하였고, 전반적인 교육은 여전히 경험에 의지하는 경향이 있었으며, 50년대 이후로 문법체

계를 전수하는 것을 중심으로 하는 것은 근본적인 변화가 없었다. 그러
나 이러한 원칙의 제시는 60년대 중반의 교수법이 50년대에 비해 매우
큰 발전이 있었다.

교육 과정에서 "자세하게 강의하고 연습을 많이 하는" 원칙을 관철
함에 따라 듣고 말하기 능력의 실력 향상을 중시하였는데, 50년대 편찬
된 교과서로는 60년대의 새로운 교육적 요구에 부응하지 못하였다.
1964년 가을, 베이징언어대학은 이공계 분야를 전공하려는 학생을 대상
으로 하여 중국어 예비 교육 교재를 편찬하였다. 이 교재는『기초중국어』
와『중국어 독본』두 권으로 나누어진다. 본문은 일반적인 내용에서 과
학 상식으로 넘어가도록 배열되었으며, 다시 과학 상식에서 수학, 물리,
화학 원문으로 넘어갔는데, 어휘와 난이도가 갑작스럽게 어려워지는 것
을 피하여 단계를 자연스럽게 넘어갈 수 있도록 하였다. '문화대혁명'이
발발하면서 두 교재는 1971년과 1972년이 되어서야 상무인서관商務印书
馆에서 차례로 출판되었지만, 실제로는 이 책은 60년대 외국어로서의 중
국어 교육의 이론과 실천의 수준을 나타내고 있다.

『기초중국어』의 중요한 공헌은 다음과 같다. 이 책은 교재 속에서 실
천의 위치가 중요하다고 강조하였으며, 이전 교재에서 문법 항목이 복
잡하였던 점을 개선하였다. 문법 규칙을 간단명료하게 설명하여 전형적
인 예문으로 문법 규칙을 이해할 수 있도록 함으로써 실천의 원칙을 관
철하는 데 도움이 되었고, 외국어로서의 중국어 교육의 규칙과 실제에
부합하였다. 이 교재의 몇 가지 부족한 면은 전체적으로 문법을 핵심으
로 삼고 각 과의 본문은 문법을 중심으로 하는 과거의 모습을 벗어나지
못하였고, 본문 내용이 언급하고 있는 부분이 여전히 협소하여 문법 사
항에 관한 예문과 본문이 생활 속에서 사용되지 않는 경우가 적지 않았

다는 점이다.

「중국어 독본」의 본문은 대부분 고쳐 쓴 고사, 소설, 산문이며, 일부의 본문은 원문을 그대로 가지고 왔다. 언어는 규범적이고 세련되며 자연스럽고, 단어의 용례와 해석 부분은 실용성이 강하며, 단어 선택에 세심하게 주의를 기울여 학생들이 학습할 때의 어려움을 잘 고려하였다. 다만 학생들의 의사소통 능력을 배양하는 데에는 여전히 부족한 점이 있었고 어떤 것은 틀에 박힌 말로 지식이나 재미를 주기에 충분하지 못하였다.

「기초중국어」와 「중국어 독본」은 당시 외국어로서의 중국어 교육의 수요를 만족시켜 국내외에서 광범위하게 사용되었다. 문법의 해석이나 단어의 용례와 해석, 유의어 해석 등에서 모두 눈에 띠는 성과를 거두었다. 이 책은 후에 교재를 편찬할 때 중요한 참고서의 역할을 하였고, 외국어로서의 중국어 문법교육과 어휘교육에 공헌을 하여 역사적 의미가 매우 크다. 이 두 교재는 60년대 중국의 외국어로서의 중국어 교육의 교재가 50년대에 비해 새로운 진전이 있었음을 나타낸다.

5.1.2.2 교육 연구

1960년대 절반의 시간은 '문화대혁명' 시기였기 때문에 공개적으로 발표된 연구 성과는 거의 없지만 1979년에 발표된 매우 중요한 논문 한 편이 있다. 이것은 1965년 중친钟榺이 집필한 「15년 동안의 중국어 교육 개괄」[9]이라는 글이다. 이 논문은 신중국 수립 이후 15년 동안 이루어진 외국어로서의 중국어 교육을 개괄한 글로 60년대 외국어로서의 중국어

---

9) 중친钟榺, 「十五年汉语教育总结」, 『语言教学与研究』(试刊) 1979년 4집.

교육 연구의 중요한 성과이다. 논문의 내용은 다음 네 가지 측면을 다루고 있다.

첫째, 10여 년 동안 이루어진 외국어로서의 중국어 교육의 특징 및 이로부터 이루어진 교육의 요구사항을 개괄하였다. 즉, 반드시 학생이 일상생활과 학습에 필요한 것을 파악하도록 해야 하며, 또한 반드시 이후에 학습하고자 하는 수학, 물리, 화학 등 이과 방면의 전공을 적절하게 결합하되 너무나 전문적이거나 자세해서는 안 된다.

둘째, 교육 원칙과 교육 내용의 배치에 있어, 실천 원칙을 관철하는 과정에서 필요한 이론적 귀납을 배척해야 한다는 잘못된 경향을 바로잡았고, 음성, 문법, 어휘를 결합하여 종합교육을 실시하는 것의 장점을 강조하였다. 또한, 교과과정은 전체적이고 체계적인 배치가 필요할 뿐만 아니라 다양한 수준별 상황에 따라 적절하게 차이가 있어야 함을 강조하였다. 한자 문제는 단지 2-3개월만 공부하는 단기 회화반의 경우 한자를 가르칠 필요가 없으며, 일반학생에 대해서는 "말과 글을 함께 가르쳐야" 하고 "먼저 말을 가르치고 나중에 글을 가르치는" 것이 아니어야 한다고 생각하였다. 듣고, 말하고, 읽고, 쓰고, 번역하는 것 중에 어디에 치중할 것인가의 문제는 학생에 따라 중점을 달리해야 한다고 주장하였다.

셋째, 교재 편찬에 관해 이 논문은 다음 여섯 가지 중요한 측면을 상세하게 언급하였다. ① 분량은 적지만 자세한 것이 원칙이며 학생의 수요에서 출발해야 한다. ② 본문과 문법구조의 관계는 수준이 낮은 것에서 높은 것으로, 간단한 것에서 복잡한 것으로 심화해 나가며 기본 문법구조를 본문 속에 넣는 것이 필요하지만 다만 이 때문에 본문의 생동감을 잃거나 혹은 규범적이지 않거나 자연스럽지 않은 구절이 있어서는 안 된다. ③ 기초를 다지는 것과 전공과의 관계 설정에 있어서는, 너무 일찍 전공 내용을 결합시키지 않아야 하며, 중후반기에 접어들어서야 점점 단계적으로 전공 내용을 증가시켜야 한다. ④ 중반기 이후 광범위하게 읽을 수 있는 자료를 적당하게 증가시켜야 한다. ⑤ 본문과 새 단어의 비율을 계획적으로 적절하게 배치해야 한다. ⑥ 교재 편찬은 안정성을 유지하고 자료를 쌓아가면서 경험을 종합하는 기반 위에서 계획적이고 단계적으로 진행해야 한다.

넷째, 음성, 문법, 단문短文 세 가지 측면에서 구체적인 교육방법을 연구하였다. 음성교육은 교육 단계마다 지속되어야 하고, 문법교육은 학생들이 정확하게 표현하도록 하는 것에만 주의를 기울이고 왜 그런지에 대해 강의할 필요는 없으며, 교실에서는 상대적 직접교수법과 귀납식 교수법(inductive teaching method)을 채택하여야 한다. 단일 항목의 연습문제는 종합적인 이해와 의사전달을 위해 역할을 해야 하고, 단문 교육은 광범위하게 읽고 듣는 능력을 키울 수 있어야 한다.

「15년 동안의 중국어 교육 개괄」은 과거 15년 동안 이루어진 교육 경험을 총괄하고 이를 기초로 당시에 해결해야 할 여러 가지 실질적인 문제를 분석하여 체계적이고 정확한 해답을 제시하였다. 이 글은 외국어로서의 중국어 교육의 특징과 교육의 원칙을 더욱 깊이 인식하도록 해주었을 뿐만 아니라, 교재 편찬, 교수법에서 직면하는 문제를 해결하는 데에 매우 큰 시사점을 주었다는 의의를 갖고 있다.

5.1.3 1960년대 중반부터 1970년대 후반까지의 좌절과 회복 단계

1960년대 중반부터 70년대 후반까지는 중국의 외국어로서의 중국어 교육 사업이 좌절로부터 회복되는 과정을 겪었다. 이 단계는 외국어로서의 중국어 교육이 하나의 교육 사업이면서 또한 외교적인 일이며, 이것의 흥망성쇠는 국내외 정세 변화와 밀접하게 연결되어 있다는 것을 다시 한 번 증명하였다.

1966년 문화대혁명이 발발한 후 중국주재 외국대사관에서 실시한 교육과 소수의 해외파견 중국어 교사를 위한 교육을 제외하고 외국어로서의 중국어 교육은 전국적으로 모두 중단되었다. 전국적으로 6년 동안 외국 유학생을 받지 않았으며 베이징언어대학의 교육은 1971년까지 강압적으로 운영이 중단되었다. 전국의 수십만 고등교육기관의 외국어로서의 중국어 교육 업무도 중단되었으며 방송이나 통신교육도 연이어 중단되었다.

1971년 중국은 유엔에서의 합법적 권리를 회복하였고 중국과 외국의 외교관계 수립의 세 번째 열풍이 일어났다. 1973년 12월 28일, 28차 유엔총회(The General Assembly of the United Nations)는 중국어를 공식 언어의 하나로 포함시키는 결의를 통과시켰다. 외교적으로 이러한 매우 중대한 승리가 있었고 국내 정세가 상대적으로 안정되어감에 따라, 고등교육기관은 학생 모집을 다시 할 수 있게 되었고 외국 유학생을 받아들이는 일도 원래의 모습을 찾아가게 되었다. 1972년 초 베이징대학이 먼저 유학생 모집을 다시 시작하였고 같은 해에 베이징언어대학도 다시 학교를 열었으며 전국의 많은 고등교육기관이 연이어 유학생을 다시 모집하기 시작하였다. 1973년부터 1977년까지 전국적으로 베이징, 톈진天津, 상하

이, 랴오닝遼宁, 장쑤江苏 등 9개의 성省과 시의 28개 대학은 72개 국가
와 지역에서 온 2,288명의 유학생을 받아들였다. 기타 형식의 외국어로
서의 중국어 교육도 다시 회복되었고 점차 발전하기 시작하였다. 베이
징이나 상하이에 주재하는 외교관에 대한 교육 이외에 베이징 55중학은
대외에 개방된 중학교로 지정되었고, 국제적으로 방송을 내보내는 중국
어 교육 프로그램이 다시 시작되었으며, 베이징언어대학은 해외로 출국
하는 중국어 교사 양성을 시작하였다.

5.1.3.1 교육 과정

외국어로서의 중국어 교육이 재가동되기 시작한 이후, 문과 분야를
전공하려는 일본, 유럽, 미국, 호주 유학생의 비율이 뚜렷하게 높아졌다.
중국어 예비교육의 틀을 벗어나기 시작함에 따라 중국어 연수생 외에
베이징언어대학에는 4년제의 중국어 학부本科 전공이 개설되어 전적으
로 현대 중국어 전공만을 교육하는 학과가 만들어졌고, 중국어 학부생
을 모집하기 시작하는 등 전공 중국어의 체제를 완비하게 되었다.

회복단계에서 중국어 교수법에 대한 연구와 실천은 아직 큰 변화가
없었다. 다만 다음 세 가지 방면은 어느 정도 개선과 변화가 나타났다.
먼저 '실천을 중시하는 원칙'을 관철하는 과정에서 사회적 실천을 더욱
강조하였다. 둘째, 교실교육은 듣고 말하고 읽고 쓰는 훈련을 더욱 강조
하였고, 해외의 '청화식 교수법听说法(Audiolingual method)'을 도입하였다.
셋째, 해외의 '문형교수법句型法(Sentence pattern approach)'을 도입하였다. 상
용 문형을 중점으로 하여 학생들이 바꿔보기 연습을 하면서 문법을 익
히도록 하였으며, 본문 연습을 통해 학생들의 종합적인 언어 사용 능력
을 높였다. 그러나 '문형교수법'의 전체 이론을 그대로 따른 것이 아니

고 '문형교수법'을 참고하면서 이전에 중시했던 문법 교육을 계승하고 학생들이 모어를 이용하는 교육 전통을 중시하였다. 이처럼 '실천을 중시하는 원칙'에 따라 구조를 중심으로 하고 전통을 함께 고려하는 통합적 교수법이 초보적으로 형성되었다. 70년대의 이러한 외국어로서의 중국어 교수법은 비록 언어의 의사소통 기능에 대해서는 아직 충분히 인식을 하지 못했지만 실제적으로 이미 '구조 중심 교수요목(structural syllabus)'에서 '구조-기능 중심 교수요목(structural-functional syllabus)'으로 점차 이동하는 과도기로 접어들었다.

'문형교수법'의 영향으로 베이징언어대학은 1972년 편찬을 시작한 새로운 교재『중국어 교과서汉语课本』를 1975년부터 정식으로 사용하였다. 과거의『기초중국어』나『중국어 독본』과 비교할 때,『중국어교과서』는 다음과 같은 중요한 변화가 있었다. 문형교수법을 도입하여 문형, 본문, 문법을 결합하였다. 전통적인 교재는 음성, 문법, 단문을 분명하게 나누었는데,『중국어 교과서』에는 이러한 구분이 약화되었다. 1권과 2권의 각 단원은 대화만 수록하였고 3권과 4권의 각 단원은 읽기 본문이 있다. 따라서 회화와 읽기 교육이 모두 강화되었고 연습형식이 다양화되어 실용성이 강해졌다. 처음으로 기초 단계 교재의 본문과 연습에 그림을 넣었으며 교재에 반영된 생활 관련 내용의 범위가 확대되어 학교생활의 범위를 넘어섰다.

『중국어 교과서』의 주요 특징은 다음과 같다. 실천 중심의 원칙에 따라 문형교수법을 도입하여 문형, 본문, 문법 주석을 서로 결합한 체례를 채택하였으며, 외국어로서의 중국어 교재에 문형 바꾸기 연습 방식을 처음으로 도입하였다. 문법은 필요한 주석만 할뿐 체계적인 설명을 하지 않았고, 음성교육은 먼저 발화과정에서 시작하여 발화 속에서 음소를 가르치고 발화 속에서 음성을 가르치는 방법을 채택하였다.

『중국어 교과서』는 '문화대혁명' 기간에 편찬된 것이기 때문에 어떤 단어와 내용은 어쩔 수 없이 그 시대의 상황이 반영되어 있다. 하지만 이 교재는 '문형교수법'을 도입했다는 측면에서 개척의 의미가 있으며, 이후 외국어로서의 중국어 교재에 큰 영향을 미쳤다는 점에서 긍정적인 가치가 있다.

5.1.3.2 교육 연구

이 단계는 공개적으로 발행된 외국어로서의 중국어 교육 관련 전문 잡지가 없었기 때문에 논문도 모두 1979년 창간된 『언어교육과 연구语言教学与研究』에 뒤늦게 발표되었다. 통론의 성격이 있는 것으로 뤼비쑹吕必松의 「외국어로서의 중국어 교육의 실천 원칙」이 있으며,10) 교육방법을 논한 것으로 청산원程善文의 「단문 단계의 세 가지 교육방법」이 있고,11) 구체적인 수업 모델의 교육에 대해 연구한 것으로 정완펑郑万鹏의 「유학생에게 '문장선독文章选读' 수업을 어떻게 가르칠 것인가」가 있고,12) 언어요소의 관점에서 논술한 것으로 왕쉐쭤王学作의 「한자교육을 논하다」가 있다.13)

1970년대 일반적인 교육 원칙과 교육방법에 대한 연구는 더욱 심화되어 교실교육의 교육 원칙, 구체적인 수업 모델, 언어 요소의 교육, 언어 기능의 훈련 등 여러 각도에서 연구하기 시작하였으며, 이에 따라 이러한 연구는 더욱 구체화되고 심화되었다. 하지만 이러한 연구의 주된

---

10) 뤼비쑹吕必松, 「汉语作为外语教学的实践性原则」.
11) 청산원程善文, 「短文阶段的三种教学方法」.
12) 정완펑郑万鹏, 「怎样对留学生进行"文章选读"课教学」.
13) 왕쉐쭤王学作, 「谈谈汉字教学」.

사상은 기본적으로 교육과정 중에 접하게 되는 구체적인 문제를 해결하려는 것에 국한되어 외국어로서의 중국어 교육이라는 학문 전공분야에 관한 거시적이고 체계적인 인식이 이루어지지는 못하였다. 교육이론과 교수법의 중요한 진전은 다음과 같다. 첫째, 언어교육 과정에서 발생하는 각종 문제에 대해 깊이 인식하게 되었다. 가령, 언어와 실천의 관계, 듣고 말하기와 읽고 쓰기의 관계, 한 가지만을 대상으로 하는 훈련과 종합적인 훈련의 관계, 모방과 활용의 관계, 정확성과 발화 속도의 관계가 여기에 속한다. 둘째, 실천 중심 원칙에 대해 깊이 인식하게 되었다. 60년대 실천 중심 원칙은 주로 '자세하게 강의하고 많이 훈련하는' 과정에서 발현되었다. 70년대에는 실천 중심 원칙은 '자세하게 강의하고 많이 훈련하는' 것과 귀납식 교수법(Inductive teaching method) 등의 교수법이 포함되었고 또 교육 내용과 교육 조직 형식도 포함되었다. 이 원칙은 교실 교육뿐만 아니라 교재에도 실현되어야 하며 전체 교육체계 속에서 관철되어야 한다. 이 시기에 교사의 역할은 조직과 지도에 있으며, 학생을 교육의 중심위치에 두어야 한다고 인식하기 시작했다. 교실에서의 실천 과정은 사회적 실천을 기초로 하며 사회적 실천을 위해 존재하는 것이다. 실천 중심 원칙을 관철하는 최종 목적은 학생들이 중국어로 의사소통을 하는 능력을 기르기 위한 것이다. 이상에서 논의한 실천 중심 원칙은 실제적으로 이미 의사소통 중심의 원칙이라는 의식을 포함하고 있다. 이러한 새로운 이념은 당시 편찬된『중국어 교과서』에 이미 잘 반영되어 있다. 셋째, 언어기능 훈련의 중요성에 대한 인식이 심화되었고 전문적으로 언어기능을 훈련하는 방법에 대한 연구가 시작되었다. 그것의 기본 방향은 청화식 교수법(Audio-Lingual Method)의 영향을 받아, 듣고 말하기 훈련을 더 강화해야 한다고 주장하였다. 넷째, 음성, 한자, 어휘,

문법, 문형교육, 문장선독수업, 작문수업, 번역수업에 대한 전문적인 연구가 시작되었다.

1960년대 중반에서 70년대 후반까지 외국어로서의 중국어 교육 사업은 여러 가지 우여곡절을 겪은 후에 또 다시 새롭게 발전하게 되었다. 그렇지만 이 시기 '문화대혁명'이 아직 완전히 끝나지 않았고 그것이 만들어낸 피해가 너무 많아서 빠른 시기에 회복하기 어려웠으며 극좌파 이데올로기가 여전히 팽배한 상황이었다. 그래서 외국어로서의 중국어 교육은 여러 가지 어려움 속에서 더딘 속도로 발전해가고 있었다.

1950년대에서 70년대 후반까지는 외국어로서의 중국어 교육 사업 초창기로 외국어로서의 중국어 교육이라는 학문 분야가 탐색과 실험을 하는 시기였으며 경험을 계속 쌓아가는 시기였다. 이 시기의 주요 임무는 이 사업을 창립하고 발전시키는 것이었는데 역사적인 한계 때문에 과학적이며 체계적으로 학문 분야를 만들어내지는 못하였다. 이 시기는 교수법의 모색, 교재의 편찬, 학술 연구 등 여러 방면에서 계속 발전해 나가고 있었으며 어느 정도의 성과를 거두어 사람들로 하여금 이 학문분야에 대한 인식이 점점 심화될 수 있도록 하였다. 30여 년의 실천, 모색, 발전, 누적을 통하여 기본적으로 하나의 새로운 학문 분야로서 마땅히 갖추어야 할 특징이 점차 드러나게 되었고, 학문분야로서의 위치 확립과 학문분야로서의 발전을 위하여 훌륭한 기초를 다졌다.

5.2 외국어로서의 중국어 교육이라는 학문 분야의 지위 확립

5.2.1 학문 분야의 지위 확립 배경

1978년 개혁개방 이후 중국은 마침내 굳게 걸어두었던 빗장을 열고 세계를 향해 자신의 전통 문화와 현재의 모습을 보여주기 시작하였으며 세계도 중국과의 이해를 증진하고 교류를 강화하기를 바라고 있어서 국제사무, 무역, 협력에 있어서 중국의 역할이 갈수록 중요해졌다.

이러한 크나큰 변화의 배경 속에서 1978년부터 1987년까지 전국 63개 고등교육기관이 다시 외국학생을 혹은 새롭게 받아들이기 시작하였으며, 40개의 고등교육기관은 외국어로서의 중국어 교육에 관한 전문기구를 설립하였다. 많은 대학이 정부를 통해서만 학생을 모집하는 데에 국한된 기존의 모습을 버리고 외국인을 위한 중국어 단기교육과 연수교육을 개설하였으며, 중국의 대학에 와서 어떠한 전공을 공부하고자하는 외국학생을 위해 중국어 예비교육의 단일형식을 실시하였다. 동시에 예비교육은 계속 발전하여 탐색과 개혁 속에서 완벽한 모습을 갖추어 갔다. 공식적 교육(formal education)교육에 있어 베이징언어학원 외에 난카이대학南开大学 등 20여 개 고등교육기관이 연이어 외국유학생만을 위한 학부전공을 개설하였다. 베이징대학 한어중심汉语中心은 앞장서서 1986년에 유학생 석사연구생을 모집하였다. 중국에 와서 공부하는 학생 수는 해마다 늘어나게 되어 1978년에서 1987년까지 정부 경로만으로 백여 개 국가와 지역에서 1만여 명의 학생을 받았고, 각 고등교육기관에서 각종 형식으로 받아들인 단기연수생도 1만 명이 넘었다. 외국유학

생이 해마다 늘어나는 것과 동시에 해외에 중국어 교사를 파견하는 일
도 다시 시작되었고 더욱 강화되었다. 독일 등의 국가로 중국어 교사를
재파견하는 것 이외에 모리셔스(Mauritius), 일본 등 13개 국가에 처음으
로 중국어 교사를 파견하였다. 1983년에 베이징언어학원北京语言学院은 외
국어로서의 중국어 교육 전공을 개설하였고, 1985년에는 많은 고등교육
기관에서 구성한 공작소조工作小组가 『외국어로서의 중국어 교육에 관한
교사 자격 표준对外汉语教学师资合格标准』을 기안하였다. 1984년에는 베이징
언어학원이 한어수평고시汉语水平考试(Hanyu Shuiping Kaoshi, 이하 약칭 HSK)
의 연구제작을 시작하였다.

종합하면, 날이 갈수록 늘어나는 학생 수와 다양화된 학습 수요에 부
응하기 위해 각종 교육 형식이 만들어지기 시작하였고, 교수법, 교재 편
찬, 양성 모델, 측정시험 방식 모두 변화가 생겼으며, 학과의 개설과 발
전에 대한 새로운 요구를 제시하였다. 다년간의 꾸준한 노력을 거쳐 외
국어로서의 중국어 교육은 점차 다양한 단계, 다양한 유형으로 비교적
완벽한 교육 체계와 교과 체계를 향해 발전해나가고 있었으며 외국어로
서의 중국어 교육의 학과 개설의 조건도 어느 정도 기본적인 모습을 갖
추게 되었다.

5.2.2 외국어로서의 중국어 교육의 학과 설립

1978년의 베이징지역 언어학과기획좌담회语言学科规划座谈会에서 뤼비쑹
吕必松은 외국어로서의 중국어 교육14)은 전문적인 학과라는 관점을 처음

---

14) 역자 주 : 앞에서 이미 밝힌 바와 같이 '외국어로서의 중국어 교육'은 '对外汉语'를 번역
    한 것으로 '중국어 교육', '중국어 교수·학습', '외국어로서의 중국어 교육' 등으로 번

으로 제시하여 회의에 참석한 전문가들의 긍정적인 평가를 얻었다. 1980년, 베이징언어학원은 교육부의 지도하에 관련 고등교육기관과 연합하여 외국어로서의 중국어교육학회를 준비하기 시작하였다.

1982년 4월, 베이징언어학원이 개최한 '중국교육학회 외국어로서의 중국어 교육 연구회'의 첫 번째 준비위원회에서 "외국어로서의 중국어 교육对外汉语"이라는 학과의 명칭을 공식적으로 확정하였다. 1983년 6월 '외국어로서의 중국어 교육 연구회对外汉语教学研究会'는 창립대회 및 제1차 학술토론회를 공식적으로 개최하였다. 창립 후에는 업무적으로 곧바로 성과를 거두기 시작하였다. 즉, 국내 학술 교류를 진행하였으며, 국제 학술 교류에 적극적으로 참여하였고, 중국어 교육과 교육학, 심리학, 전산이론응용 등의 학과와 밀접한 연계를 강화하였다.

전국 규모 학술단체의 창립은 국내외 새로운 배경 속에서 외국어로서의 중국어 교육의 필연적인 산물로, 외국어로서의 중국어 교육의 역사가 일정한 단계로 발전하는 데에 있어 현실적인 수요이자 새로운 발전 추세를 예시한 것이다.

1984년 8월, 교육부차관은 업무보고에서 "외국어로서의 중국어 교육은 이미 하나의 새로운 학과로 발전하였다"고 공식적으로 밝혔다.

1985년 8월, '외국어로서의 중국어 교육 연구회'는 제1회 세계 중국어 교육 토론회世界汉语教学讨论会를 개최하였는데 이것은 외국어로서의 중국어 교육 학계의 첫 번째 국제회의였다. 1987년 제2회 세계 중국어 교육 토론회 이후 '세계 중국어 교육 학회世界汉语教学学会' 창립대회를 개최하였는데 이는 세계 중국어 교육 발전사의 새로운 이정표가 되었다.

역하였다.

중국 국가와 민족 사업인 외국어로서의 중국어 교육은 이 분야에 종
사하는 전문가, 학자, 교사뿐만 아니라 교육부처와도 관계가 있고, 문화,
해외 교민 사무, 언론, 출판, 외교 등 여러 분야와도 관련되어 있다. 신
중국 시기 외국어로서의 중국어 교육 30여 년의 역사는 이미 이 점을
증명하였고, 1980년대 이후 외국어로서의 중국어가 새로운 학과로 빠르
게 발전하고 있는 것이 이러한 점을 충분히 증명하고 있다. 1987년 7월,
국무원의 비준을 거쳐 국가교육위원회國家教委,[15] 국무원교민사무판공실
國務院侨务办公室,[16] 외교부[17], 문화부文化部,[18] 라디오영화TV부广播电影电视
部,[19] 뉴스출판서新闻出版署,[20] 국가언어문자공작위원회國家语言文字工作委员会
등[21] 정부 부처와 베이징언어학원으로 구성된 약칭 국가 외국어로서의
중국어 교육 영도소조國家对外汉语教学领导小组(약칭 国家汉办, 이하 HANBAN)[22]
를 설립하였다. 이로부터 중국의 외국어로서의 중국어 교육 사업은 더
욱 계획적이고 조직적으로 발전해 나가게 되었다.

---

15) 역자 주 : 국가교육위원회國家教育委员会는 1985년에서 1998년까지 약 14년 동안 중국의
교육관리행정기구이었고 그 후 교육부教育部로 이름이 바뀌었다.
http://www.moe.gov.cn/ 참고할 것.
16) 역자 주 : http://www.gqb.gov.cn/ 참고할 것.
17) 역자 주 : http://www.fmprc.gov.cn/web/ 참고할 것.
18) 역자 주 : http://www.mcprc.gov.cn/ 참고할 것.
19) 역자 주 : 라디오영화TV부广播电影电视部는 중국의 라디오 영화 TV 관련 업무를 담당하
는 국무원의 전문기구이다.
20) 역자 주 : 지금은 국가뉴스출판라디오영화총국国家新闻出版广电总局으로 이름이 바뀌었다.
http://www.sapprft.gov.cn/ 참고할 것.
21) 역자 주 : 국가언어문자공작위원회國家语言文字工作委员会는 중국의 문자개혁기구로 국무원
소속이다. 원래 중국문자개혁위원회中国文字改革委员会이었으나 1895년 국가언어문자공작
위원회로 이름을 바꿨다.
중국언어문자 네트워크中国语言文字网 http://www.china-language.gov.cn/ 참고할 것.
22) 역자 주 : 외국어로서의 중국어교육 영도소조国家对外汉语教学领导小组는 중국의 외국어로서
의 중국어 교육 업무를 담당하는 기구로 1987년에 설립되었고, 2006년에 중국어 국제홍
보 영도소조 판공실国家汉语国际推广领导小组办公室로 이름이 바뀌었다.
http://www.hanban.edu.cn/ 참고할 것.

중국의 정확한 노선과 정책은 외국어로서의 중국어 교육 사업의 번영과 발전이라는 긍정적인 환경과 외부 조건을 만들었는데, 이것은 외국어로서의 중국어 교육 사업이 순조롭게 발전해 나가는 데 있어 가장 기본적인 외부 원동력이 되었다. HANBAN과 업무처리기구의 설립으로 외국어로서의 중국어 교육 사업의 발전은 조직의 보장을 얻게 되었다. 외국어로서의 중국어 교육은 전문적인 전공 학문으로 지위를 인정받게 되었고 이로서 학문의 발전에 강력한 내부 원동력도 얻게 되었다. 또한 국내외적으로 전공 학술단체의 설립은 해당 학과 건설에 더욱 활력을 불어넣게 되었다. 종합하면, 외국어로서의 중국어 교육의 학문적인 지위 학립은 외국어로서의 중국어 교육의 대대적인 발전을 위한 조건을 마련한 것이며, 외국어로서의 중국어 교육의 학과 건설을 위한 탄탄한 기초를 다지게 된 것이다. 이후에 외국어로서의 중국어 교육 학계는 자각적으로 학과의 건설에 돌입하였다. 이론과 실천에 있어 학문 분야의 특징과 규칙을 논의하고 경험지향형에서 과학지향형으로 전환하는 시기로 접어들었다. 1978년에서 1987년까지의 10년은 외국어로서의 중국어 교육 사업이 조직 건설, 학과 건설, 이론 연구와 교수법에 있어 끊임없이 노력하던 10년으로, 외국어로서의 중국어 교육 사업의 발전과정에서 매우 중요한 시기이다.

5.3 외국어로서의 중국어 교육 학과
   설립과 교사 양성

5.3.1 언어측정시험과 요강 편찬

언어측정시험은 언어 교육의 중요한 구성부분으로 서로 다른 몇 개의 유형으로 나눌 수 있다. 학습능력 측정시험은 교육하기 전에 실시하는 것으로 대상자의 제2언어 학습의 잠재능력을 검사 측정하는 것이 그 목적이다. 성적 측정시험은 교육 과정에서 진행하는 것으로 교육의 효과를 검사 평가하고, 교재, 교육, 학생의 학습과정에서 나타나는 문제를 발견하는데 사용한다. 수준 측정시험은 학습자 제2언어의 실제수준을 효과적으로 측정하고 반영하여 어떤 특정한 교재나 혹은 구체적인 교육기관이 채택한 교수법의 근거가 되지 않도록 하는 것이 목적이다.

이 세 종류의 시험은 가장 기본적이고도 중요한 언어측정시험이며 서로 대체할 수 없다. 수준 측정시험은 일종의 표준화시험으로 그것의 직접적인 역할은 측정시험 대상의 제2언어 수준이 어떤 수요에 적응할 수 있는지의 여부를 증명하는 것으로 최대한 객관적인 표준으로 실제 언어수준을 측정하려고 하며, 전문적인 시험요강, 통일된 문제, 통일된 점수 표준이 있어서 여러 교육기관의 각종 교재, 각종 다양한 교수법의 차이로도 바뀌지 않아야 한다.

세계의 많은 국가들은 이러한 표준화된 수준 측정시험을 매우 중요시한다. 하지만 오랫동안 중국의 외국어로서의 중국어 교육은 성적 측정시험만 있었고, 미국, 일본, 싱가포르, 타이완 등은 모두 이 영역에 대한 작업을 이미 시작했거나 착수했음에도 중국은 아직 시작하지도 않은 상태였다. 빠른 시일 내에 중국어 수준 측정시험에 대한 연구를 실시하지 않으면 전체 외국어로서의 중국어 교육 사업의 발전에 영향을 미치게 될 상황이었다.

1984년 베이징언어학원은 교육부의 위탁을 받아 한어수평고시 설계소조汉语水平考试设计小组를 만들었고, 5년간의 작업을 거쳐 연구팀은 HSK[23]의 성질, 특징, 역할을 분명하게 설정하였고, 시험 요강을 제정하였으며, 답안 구성, 문항 출제 원칙, 문항 출제 방법 등을 확정하였고, 비교할 수 있는 약간의 시험문항을 만들었다. 또 HSK 등급표준을 초보적으로 결정하였고, 1990년 2월 HSK(초급, 중급, 고급)는 국가교육위원회国家教育委员会가 조직한 전문가의 검증을 통과하였다.

전체적인 설계, 교재 편찬, HSK 연구의 수요에 부응하기 위해, 중국 외국어로서의 중국어 교육학회는 또『중국어 수준 등급 표준과 등급 요강汉语水平等级标准和等级大纲』(试行)을 연구 제정하였다. 연구 작업은 1987년 6월에 시작하였고 1988년 1월에 첫 단계 임무를 완성하였으며 이에 상응하는『어휘 등급 요강词汇等级大纲』과『문법 등급 요강语法等级大纲』을 마련하였다.『요강』은 어휘, 문법에 대해 각 등급별 총량을 규정하였을 뿐만 아니라, 듣기, 말하기, 읽기, 쓰기, 번역의 각 측면에 있어 구체적인 수를 제시하여 계량화함으로써 외국어로서의 중국어 교육이 더욱 과학화, 표준화, 규범화의 방향으로 나아갈 수 있도록 하였다.

이밖에 베이징언어학원이 1979년에서 1985년까지 진행한 "현대 중국어 어휘의 통계와 분석现代汉语词汇的统计与分析" 프로젝트도 이 시기 기초 이론의 중요한 연구 성과이다. 이 프로젝트는 각종 다양한 장르나 내용

---

23) 역자 주 : http://www.hanban.edu.cn/tests/node_7486.htm 참고할 것.

의 200만 개 한자 자료에 대해 분절, 통계, 분석을 하였고, 중국어의 등급별 단어의 출현빈도, 사용도, 사용 범위에 대한 데이터를 측정하였는데 이는 당시 국내외 최첨단에 이르는 수준이었다. 그러한 성과는 외국어로서의 중국어 교육, 교재 편찬, 본체本体 연구, 중문 정보처리, 문자개혁 등 분야에 필수적인 기초자료를 제공하였다.

5.3.2 교사그룹 구성

교사그룹 구성도 학과 건설의 중요한 부분이다. 외국어로서의 중국어 교육의 초창기 시절 외국어로서의 중국어 교육을 담당하는 교사의 전공 배경은 대부분 중국어나 외국어였다. 1960년대에는 외국으로 파견할 교사를 양성하기 위해 일부 중문과 학생들에게 외국어를 연수시키기 시작하였다. 외국어로서의 중국어 교육, 심리학 등의 학문 이론이 발전하고 새로운 교육 사상과 교수법이 끊임없이 쏟아져 나옴에 따라, 중국어 교사는 반드시 전문적인 양성을 거쳐 해당 능력을 갖추어야만 했다. 전통적인 중국어나 외국어, 혹은 "중국어+외국어"의 양성 방식은 모두 교사가 특정한 지식구조와 능력구조를 겸비할 수 있는지를 보장할 수 없었다.

1983년 베이징언어학원은 외국어로서의 중국어 교육 전공을 개설하였다. 베이징외국어학원, 상하이외국어학원 등도 잇달아 유사 전공을 개설하였으며 1986년부터 베이징대학과 베이징언어학원은 외국어로서의 중국어 교육 분야의 석사연구생을 양성하기 시작하였다. 1985년 7월, 베이징언어학원, 베이징대학 등 여러 학교로 구성한 공작소조工作小组는 『외국어로서의 중국어 교육의 교사 합격 표준对外汉语教学师资合格标准』의 초

고를 기안하였다. 이러한 작업은 외국어로서의 중국어 교육이 더욱 안
정적으로 교사를 확보할 수 있도록 하여 외국어로서의 중국어 교육을
담당할 교사 그룹을 안정화하고, 전공그룹의 수준을 높여, 외국어로서의
중국어 교육이 건전하게 지속적으로 발전할 수 있도록 하였다.

5.4 외국어로서의 중국어 교육의 교수법 개혁과
교재 마련

개혁개방 이후, 해외 교육이론과 방법이 대량으로 소개되고 도입되어
중국의 외국어로서의 중국어 교육 학계의 교수법에 대한 참고서 역할을
하였다. 중국의 외국어로서의 중국어 교육 학계는 맹목적으로 외국에서
들어온 이론과 방법을 적용하지 않고, 중국어 자체의 특징과 규칙을 근
거로 하여, 외국어로서의 중국어 교육의 오랜 경험을 종합하고, 중국어
특징에 부합하며 외국어로서의 중국어 교육 실제 상황에 부합하는 교수
법 체계를 구축하기 위해 부단히 노력하였다.

1970년대 이후, 해외의 언어학은 언어의 구조형식을 중시하는 연구로
부터 언어의 의미와 의사소통 능력(Communication Competence)을 중시하는
방향으로 전환되었다. 사람들은 당시 유행한 청화식 교수법(Audio-Lingual
Method)과 "시청각 교수법(Audio-Visual approach)"의 효과가 좋지 않아 학
생들의 의사소통능력을 키우는 데 도움이 되지 않았기 때문에 교수법을
개혁해야 할 필요성을 느꼈다. 새로운 교수법인 "의사소통중심 교수법
(Communicative Language Teaching)"(혹은 "기능중심 교수법(Functional approach)",
"의미기능중심 교수법(Notional-Functional approach)" 등)은 이러한 배경 하에서

생겨나게 되었다. 그것은 참신한 교수법으로 학생의 의사소통능력을 키우는 것을 교육의 목적과 수단으로 삼았고, 기능과 의미 항목을 위주로 교육 내용을 편성하였으며, 기능과 의미 항목의 선택은 학생들의 실질적인 필요에서 출발하였다.

1970년대 중반, "의사소통중심 교수법"이 중국에 들어왔다. "의사소통중심 교수법"의 핵심 이념은 학생들의 실제 의사소통 능력을 키우는 것을 교육의 목표와 수단으로 삼는 것인데, 이것은 외국어로서의 중국어 교육이 의사소통 능력 배양을 중요시 한다는 측면에서 기존에 누적된 많은 경험과 잘 맞아떨어졌다. 따라서 외국어로서의 중국어 교육 학계는 매우 빨리 "의사소통중심 교수법"을 중시하고 배우기 시작하여 기능과 의미 항목을 주요 내용으로 한 교육 내용에 대한 새로운 생각을 갖추게 되었다. 구조를 핵심으로 하며, 의사소통을 함께 중시하는 형태의 구조(structure)－상황(situation)－기능(function)이 서로 결합된 모델이 빠른 속도로 응용되었는데,『무엇을 말하나 그리고 어떻게 말하나说什么和怎么说』와『실용중국어 교과서实用汉语课本』등 교재에서도 이런 측면이 잘 드러났으며 중국의 외국어로서의 중국어 교육은 새로운 국면이 나타나게 되었다.

1980년 난징대학南京大学의 추즈푸邱质朴가 저술한『무엇을 말하나 그리고 어떻게 말하나说什么和怎么说』는 순수하게 기능방식을 표현한 첫 번째 중국어 교재이다. 이 교재는 "생각意向" 위주로 편찬되었고, "호칭, 인사, 동의, 사과, 의문" 등 일정한 "생각"은 학생들에게 어떤 장소에서 무슨 말을 해야 하는지를 집중적으로 가르쳐 학생들의 표현 능력과 표현의 적절성이 빠른 시간 안에 향상될 수 있도록 하였다. 이 교재는 대담하고 효과적으로 연구를 진행하여 많은 교사와 학생들로부터 호평을 얻었다.

이 시기 교재들은 내용과 연습의 측면에서 큰 발전이 있었는데 가장 대표적인 것은 1980년에 출판된 『기초중국어 교과서基础汉语课本』이다. 이 것은 여러 해 동안의 교재를 집대성한 저작이다. 교재 편집자는 중국 내 역대 중국어 교재를 분석하고 연구하였으며 중국 내 관련 자료를 참고 하였고 새로운 언어교육이론(Language Teaching Theory)을 받아들였다. 이로 써 기능, 문형, 문법이 상호 결합한 교육원칙을 만들어 냈으며, 이 책은 특히 해외 학습자들의 실제 수요에 맞춘 실용성이 돋보였다. 의사소통 원칙을 관철하고 문화지식교육을 강화하는 측면에 있어서도 많은 의미 있는 시도를 하였다. 또 이 책은 내용과 형식이 다양하고, 생동감 넘치 며 교재의 연습방식도 매우 혁신적이다.

1980년대에 이르러, 일부 극소수 고등교육기관만이 교재를 편찬할 수 있는 기존의 상황이 완전히 사라지고 교재 편찬에 있어 "백가쟁명"의 새로운 국면을 맞이하였다. 중·고급단계의 교재 편찬이 크게 늘어났고 다양화하기 시작하였다. 또한 과학기술, 경제무역, 번역, 관광 등의 교재 도 많은 관심을 받았다. 단기 연수반 인원이 급증함에 따라 베이징언어 학원의 『중국어 300문장汉语300句』을 대표로 하는 많은 단기교재가 쏟아 져 나왔다. 이러한 교재들은 대부분 구조(structure)를 전제로 기능(function) 을 지도하였으며, 구어를 중시하고 실천을 중시하며 주로 의사소통능력 의 향상에 중점을 두었다. 그밖에 중외협력편찬교재, 음향교재도 외국어 로서의 중국어 교육 분야 교재에 새로운 길을 개척하였다.

"백가쟁명"의 새로운 국면에서 나타난 가장 중요한 특징 중의 하나는 기초 중국어 교재가 더 이상 한 권으로 된 종합형 교재에 국한되지 않 고, "공통된 필수내용"이 있어서 서로 긴밀하게 연관되어 있을 뿐만 아니라 기능과 과목 유형에 따라 나누어져서 시리즈화 입체화한 세트형 교재도 설계되기 시작하였다. 시리즈 교재는 과거에 먼저 교재를 만들고 나중에 요강을 만드는 방식에서 벗어나, 먼저 교육의 총체적인 설계를 확정하고 기능에 따라 교육의 교과과정을 확정짓고 각 수업형태의 교육 목적과 요구를 확정지은 후에 편찬을 시작하였다. 편찬 원칙에서 각 기능성 교재는 모두 구조와 기능을 결합한다는 원칙을 잘 나타내주었다. 설계 방식에 있어, 각종 기능의 세트형 교과서는 수업형태의 특징을 근거로 독립성을 유지할 뿐만 아니라 또 상호 간의 내재된 연계성이 있어서 교재가 시리즈로 만들어지고 입체화할 수 있도록 하였다.

베이징언어학원은 1986년부터 첫 번째 시리즈 교재를 출판하였다. 주력 교재인 『초급중국어 교과서初级汉语课本』는 듣기, 말하기, 읽기, 쓰기를 종합적으로 훈련하며, 음성교육은 처음부터 끝까지 계속 이어지고, 문법 문제는 분산시켰다. 본문 내용에서 언급하고 있는 범위는 매우 광범위하고, 실제성과 의사소통성이 비교적 강하다. 이밖에 주석을 통해 의사소통과 관련된 문화를 소개하고, 의사소통 위주의 연습 등을 배치하였다. 『초급중국어 교과서 한자 읽기쓰기 연습初级汉语课本汉字读写练习』은 한자 지식교육과 한자 인식, 한자 쓰기를 유기적으로 결합하여 이해－인식－쓰기－독해의 새로운 한자 교육 시스템을 만들었다. 『독해이해阅读理解』는 처음으로 문학작품 위주의 구도를 바꾸고 비교적 많은 실용문을 선택하였다. 『초급중국어 듣기연습初级汉语课本听力练习』은 모방형 연습과 이해성 연습 등 다양한 형식을 만들어서 이전과 달리 학생들이 재미있고 기억하기 좋은 교육모델 속에서 공부하게 만들어 매우 참신하게 느껴졌다.

시리즈 교재의 출현은 많은 반향을 불러일으켰고 실제 사용효과도 매우 좋았지만 여러 중요한 문제에서 계속 많은 이견이 있었다. 실제로 교육을 하는 과정에서 각각의 이념에 따른 다양한 교수법이 있을 수 있다. 예를 들어, 어떻게 분야를 나누고, 언제 분야를 나누는 것이 비교적 유리한가? 초급단계에서 분야를 나누는 것이 적절한 것인가? 어느 수업방식이 주가 되어야 하는가, 듣고 말하기인가 아니면 독해인가? 이러한 중요한 문제는 아직도 실천과정 속에서 반복적으로 연구해나가고 있는 중이다.

1987년 제2회 국제 중국어 교육 토론회에서 중국의 외국어로서의 중국어 교육 연구회 교재 연구소조对外汉语教学研究会教材研究小组가 제출한『건국이후 외국어로서의 중국어 교육 교재 연구보고서建国以来对外汉语教材研究报告』는 당시 중국어 교재 편찬 상황과 교재 편찬 과정 속에서의 여러 관계를 개괄하였다. 교수법 이론과 교재의 관계 측면에서는, 구조와 기능이 서로 결합된 것을 위주로 하는 방법을 긍정적으로 평가하였으며, 교재는 어떤 시기나 어떤 단체의 경험의 총합일 뿐만 아니라 어떤 시기의 교수법 이론의 연구 성과를 반영한 것이므로 교재에 대한 교수법 이론의 지도적인 역할을 중시해야만 한다고 지적하였다. 전체적인 설계와 교재의 관계 측면에서는, 오랫동안 전체적인 설계를 중시하지 않아서 교재와 교육이 교수요목(syllabus)을 지배하는 현상이 수시로 발생하고 있음을 강조하고, 전체 설계가 주도적인 역할을 하면서 교육의 각 부분을 다시 잘 배치하여 과학적인 교재를 편찬할 것을 요구하였다. 마지막으로 이 보고서는 또 교재에서 언어문화의 관계를 논의하며 문화차이 연구의 중요성을 강조하였다. 보고서는 의사소통형 문화와 지식형 문화를 구분하였는데, 의사소통형 문화는 언어의 의사소통기능을 정확하게 발휘하는 데에 직접적인 영향을 미칠 수 있는 문화로 언어학습 과정에서

특수한 작용을 하고 있으므로 이것이 첫 번째로 중요하며, 지식형 문화
는 의사소통에 직접적인 작용을 하지는 않고 처음으로 언어를 학습하는
사람이 반드시 배워야 할 것은 아니기 때문에 두 번째로 중요하다고 두
종류의 문화를 나누어서 설명하였다.

『건국이후 외국어로서의 중국어 교육 교재 연구보고서』는 또 교재 편
찬 과정에서 특화성, 실천성, 흥미성, 과학성의 네 가지 원칙을 제시하
였고, 당시의 교재가 이러한 방면에서 부족한 점이 있다고 지적하였다.
먼저, 1년제 중국어 예비교육의 특징에 대해 아직 충분히 인식하고 있
지 못하고 있어서, 단기속성 예비교육의 교재가 특화되지 못하였고, 따
라서 장기반과 단기반 교재를 혼용하여 서로 다른 등급의 교재가 혼용
되는 현상이 여전히 존재하였다. 다음은 기초중국어 교재의 의사소통원
칙은 제대로 관철되었지만 중·고급교재는 1920년대에서 1930년대의
문학작품의 본문에 지나치게 많이 이용하여 실제 의사소통과는 어느 정
도 거리가 있었다. 또, 교재 전체로 볼 때, 지나치게 엄숙하고 재미가 부
족한 점이 근본적으로 개선되지 않았는데 이것은 언어 소재의 실용적인
가치가 충분하지 않은 원인도 있고, 성인의 심리적인 특징을 충분히 고
려하지 않은 원인도 있으며, 교재의 언어스타일이 다양하지 않은 원인
도 있다. 마지막으로 교재의 "과학성"은 교재의 영혼이라고 할 수 있으
므로, 교재에 사용하는 언어는 정확하고 규범적이어야 하며, 편찬과 배
치는 순서에 맞아야 하고, 연습문제도 언어 습득과 학습의 규칙에 부합
해야 한다.

외국어로서의 중국어 교육 교재 편찬 역사를 살펴보면, 교재 출판은
계속 발전해가고 있으며 어느 정도 성과를 거두었지만 학습자들의 언어
와 문화의 차이를 처리하는 부분에 있어서는 아직 많은 부족한 점이 있

었다. 이러한 이유로 1990년대 "신세대 교재"에 대한 목소리가 높아
졌다.

교수법 연구와 교재 편찬은 학과를 만들어내는 데 있어 중요한 구성
부분이자 반드시 거쳐야 하는 단계이다. 외국어로서의 중국어 교육은
신흥 학문 분야이므로 이러한 단계를 거치지 않을 수가 없다. 외국어로
서의 중국어 교육이 크게 발전하는 추세 속에서 "무엇을 가르칠 것인
가"와 "어떻게 가르칠 것인가"는 모든 사람이 관심을 가지고 실천을 해
나가는 양대 과제이므로 학계도 이에 대해 많은 연구와 노력을 하였다.
비록 그 성과는 초보적이고 미흡한 부분이 많이 있지만, 1978년에서
1987년까지 외국어로서의 중국어 교육의 교수법 연구와 교재 편찬이 크
게 발전한 것은 외국어로서의 중국어 교육이라는 학문 분야의 지속적인
발전을 위해 끊임없는 원동력을 제공하였고, 갓 태어난 신설 학문을 위
해 꼭 필요하고 유익한 대량의 자료를 제공하였으며, 이 학문의 이론 연
구를 촉진시켰고, 학과 건설이 한 단계 나아가는 데 기초가 되었다.

5.5 외국어로서의 중국어 교육 학과 이론 수립

신중국 수립 이후 외국어로서의 중국어 교육 학계는 20여 년간 교육
실천 과정에서 풍부한 경험을 쌓았으며 끊임없는 분석과 개괄을 거쳐
중국은 자신만의 외국어로서의 중국어 교육 연구의 독특한 전통을 이루
어냈다.

외국어로서의 중국어 교육의 학과 이론은 기초 이론과 교육 이론 두
가지를 포함한다. 언어이론, 언어학습이론, 비교문화이론은 외국어로서

의 중국어 교육의 기초이론이고, 언어교육이론은 언어규칙, 언어학습 규칙에 대해 종합적으로 운영하는 일종의 응용이론이다. 교육이론은 기초이론의 발전 변화에 큰 영향을 받고, 아울러 교육이론의 연구도 기초이론 연구를 촉진한다. 1970년대 말에서 1980년대까지 이 두 이론은 심도 있는 발전을 이루어냈다.

언어교육에 대한 언어학의 영향은 매우 크다. 거시적으로는 일정한 언어학 이론을 배경으로 삼아 이에 상응하는 언어교육이론과 교수법(Instructional Method)을 만들어내고, 미시적으로는 언어현상에 대해 전면적이고 자세한 기술을 하여 학습자들이 언어를 이해하고 파악하는 데 도움을 주고 교재 편찬과 교실교육에 도움을 줄 수 있다. 1970년대 중반 이전, 외국어로서의 중국어 교육 분야의 언어 연구는 주로 외국어로서의 중국어 교육에 종사하는 사람들이 문법과 어휘에 대해 연구하였고 그 연구 성과는 주로 교재 교안에 집중되었다. 1970년대 말 이후에는 중국어 특징에 대한 논술과 기술, 중국어의 구체적인 언어 현상에 대한 기술, 어휘와 문형에 대한 정량분석(quantitative analysis) 연구, 문체의 특징에 대한 연구, 중국어와 외국어의 대조연구 등 많은 분야로 연구내용이 크게 확대되었다. 연구 성과도 교재로만 나타난 것이 아니라 많은 논문과 저서로 발표되고 출판되었다.

문법 연구에 있어, 오랫동안 외국어로서의 중국어 교육에서 필요로 하는 실용문법 연구와 문법 이론연구의 시각과 중점이 크게 달랐기 때문에, 외국어로서의 중국어 교육의 관점에서 출발하여 교육의 실제 문제를 해결할 수 있는 문법 저술을 절실하게 필요로 하였다. 류웨화刘月华 등이 편찬한 『실용현대중국어문법实用现代汉语语法』[24]은 독특하게 외국어로서의 중국어 교육을 연구대상으로 삼았고, 외국어로서의 중국어 교육을 위해 독특한 문법 체계를 만들어냈는데, 중점은 외국 학습자가 이해하기 어렵고 파악하기 어려운 문법 현상에 대해 상세하게 기술하고 설명하는 것이다.

중국어와 외국어의 대조 분야는 왕환王还의 『해외에서 우연히 알게 된 것门外偶得集』[25]은 중국어와 외국어 대조 연구에 관한 첫 번째 저술이다. 작가는 영어실력이 탁월하였고 다년간 중국어 교육 경험이 있어서 그 연구가 처음부터 끝까지 외국어로서의 중국어 교육의 실제 상황과 밀접하게 연관되어 있으며, 교육 과정에서 발견한 문제를 자세하게 대조 연구하였다. 특히 왕환王还의 『중국어와 외국어 문법 대조에 관한 세 가지 문제』[26]는 그 후의 중국어와 외국어 대조 분석 연구에 여전히 이론 방면에서 지도적인 역할을 하였다.

언어습득이론(Language Acquisition Theory)은 언어 학습의 객관적인 규칙을 밝혀내는 것이 그 취지이다. 이전의 외국어로서의 중국어 교육 학계의 연구 중점은 "어떻게 가르치는가(가르치는 방법)"에 국한되었고 "어떻게 배우는가(배우는 방법)"에 대한 연구는 그다지 중시하지 않았다. 일부 논문은 언어습득의 규칙 문제에 대해서 언급하고 있지만 논점은 경험에서 얻은 결론이거나 해외의 심리언어학자의 저술 중 관련 논점을 인용하여 기술하는 데 그쳤다. 습득이론에 대한 연구부족으로 교육이론의 연구도 제약을 받게 되었다.

1980년대부터는 이러한 국면이 많이 개선되었다. 뤼비쑹吕必松은 「외국어로서의 중국어 교육에 관한 이론 연구 강화」에서 몇 가지 문제를

24) 류웨화刘月华 등, 『实用现代汉语语法』, 外语教学与研究出版社, 1983년판.

25) 왕환王还, 『门外偶得集』, 北京语言学院出版社, 1987년판.

26) 왕환王还, 「有关汉外语法对比的三个问题」, 『第一届国际汉语教学讨论会论文选』, 1985년.

제시하였다.[27] 예를 들면, 이해, 모방, 기억은 언어습득에서 어떤 작용을 하는가? 어떤 조건 하에서 입력과 출력을 연습하는 것이 더 유리한가? 각종 언어 현상의 습득 순서는 무엇인가? 학생의 모어, 기존의 문화습관, 문화지식이 언어학습과 언어습득에서 어떠한 작용을 하는가? …… 비록 이러한 문제들이 언어학습이론이 연구하는 모든 방면을 개괄할 수는 없고 또 체계적이지도 않지만, 외국어로서의 중국어 교육 학계는 여러 각도의 범학문적인 대규모 종합연구를 펼치는 것, 언어학습 규칙을 밝혀내고 교육을 하는 것의 중요성을 인식했다는 것을 보여주고 있다.

이 단계의 외국어로서의 중국어 교육 학계는 언어습득이론에서 가장 큰 발전을 이루었는데, 처음으로 중간언어이론(Interlanguage theory)과 외국인의 중국어 학습에서의 오류분석(error analysis)에 관한 논문도 발표되었다. 노엄 촘스키Noam Chomsky 이론의 출현과 인지심리학(Cognitive Psychology)의 새로운 발전으로 1960년대 말의 해외 언어학계는 "중간언어"이론을 선보였고, 제2언어 학습자는 일종의 특정한 언어체계를 가진다고 보았다. 이러한 체계는 음성, 어휘, 문법, 문화, 의사소통 등에서 자신의 모어와도 다르고 목표어와도 다르지만, 공부를 하면서 점차 목표어의 정확한 형식에 접근해 가는 동태적인 언어시스템이다. 1980년대, 루젠지魯健驥의 『중간언어이론과 외국인이 중국어를 학습할 때의 음성 오류 분석』과 『외국인이 중국어를 학습할 때의 어휘 오류 분석』,[28] 텐스치田士琪의 『제2언어 습득 규칙으로 본 교수법의 개선』[29] 등은 완전히

---

27) 뤼비쑹呂必松, 「加强对外汉语教学的理论研究」, 『语言教学与研究』, 1988년 제4기.
28) 루젠지魯健驥, 「中介与理论与外国人学习汉语的语音偏误分析」, 『语言教学与研究』, 1984년 제3기.
   루젠지魯健驥, 「外国人学习汉语的词汇偏误分析」, 『语言教学与研究魯健驥』, 1987년 제4기.
29) 텐스치田士琪 외, 「从第二语言习得规律看教学方法的改进」, 『世界汉语教学』, 1987년 제2기.

새로운 연구 분야를 개척하였는데 이것은 중국의 외국어로서의 중국어 교육 분야에서 중간언어이론 연구가 시작되었다는 것을 의미하므로 중국어 학습이론을 더욱 심화시키는 데 중요한 의의를 갖는다.

외국어로서의 중국어 교육 학계의 비교문화이론(Comparative Culture theory)에 대한 연구는 비교적 늦게 1970년대 말에서 1980년대 초에야 시작되었다. 장잔이张占一는『중국어 개별 교육과 그 교재』30)에서 처음으로 "의사소통문화交际文化"의 개념을 제기하였으며, 의사소통을 할 때 어떤 단어나 어떤 문장과 관련된 문화적 배경지식이 부족해서 오해가 생길 수 있다고 하였다. 또 일부 논문들도 "의사소통문화"의 내용을 논의하거나, 의사소통할 때의 문화 차이로 생긴 문제에 대해 깊이 있는 분석을 내놓았다. 하지만 이 시기의 비교문화 연구는 겨우 첫 걸음을 내딛은 상태였으며 외국어로서의 중국어 교육이 실제로 필요로 하는 것을 만족시키고 지도할 수 있는 이론적 성과는 아직 더 많은 시간이 필요하였다.

1980년대부터 외국어로서의 중국어 교육이론 연구의 주요 특징과 주요 성과는 다음 몇 가지가 있다.

첫째, 새로운 연구 영역-외국어로서의 중국어 교육의 거시적 연구 영역을 개척하였다. 많은 저서와 논문은 외국어로서의 중국어 교육의 성질과 특징을 논의하였고, 학과 건설의 임무와 전체적인 설계이론을 제시하여 외국어로서의 중국어 교육 이론을 위해 큰 공헌을 하였다. 교수 설계 이론의 제시는 언어 교육에 대한 거시적인 인식을 높이는 데 도움이 되고 교육에서 맹목성을 줄일 수 있다. 외국어로서의 중국어 교

---

30) 장잔이张占一,「汉语个别教学及其教材」,『语言教学与研究』, 1984년 3기.

육의 전 과정에 대한 연구를 강화하는 데 도움이 되고, 구체적인 교육 부분과 교육 활동에 대한 주제연구를 강화하는 데 도움이 되며, 일상적인 교육에서 전체적인 개념을 만들어 과학적인 교육체계를 마련하는 데에 도움이 되고, 각종 교육 활동을 표준화하고 정밀화하는 데에도 도움이 된다.

둘째, 각종 교육 영역과 각종 교육 활동에 대해 전면적으로 연구하였다. 언어교육의 전 과정과 모든 교육 활동의 4대 영역에서 출발해서 교수요목, 교과 설계, 교재 편찬, 교실교육, 측정시험 등 각 분야에 대해 광범위하고 다각화된 주제연구를 실시하였다. 종합해 보면 외국어로서의 중국어 교육 이론과 교수법 연구는 이미 어느 정도 진행되었고, 더욱 종합하고 심화할 수 있는 조건을 어느 정도 마련하였다. 일부 전통적인 연구 영역의 강화와 새로운 연구 영역의 개척, 즉, 전체 설계에 관한 연구(교수요목과 교과 설계에 대한 연구 포함), 교재 편찬과 측정시험에 관한 연구, 문화 요소 교육과 언어기능 훈련방법에 관한 연구 등은 모두 이 시기 외국어로서의 중국어 교육의 특징을 반영하였다. 한편으로 새로운 길을 계속해서 연구하고, 또 다른 한편으로 교육이 규범화하고 세밀해지는 방향으로 가도록 만드는 것에 주력하였다.

셋째, 교수법 원칙에 대한 연구가 더욱 심화되었다. 예를 들어 "의사소통원칙"이라는 개념을 도입하여 교육 내용의 의사소통화, 교실교육의 의사소통화, 연습 형식의 의사소통화 등을 제시하였다. 또 언어 요소, 언어 기능, 의사소통 기능, 문화배경의 상관성과 일치성을 밝혀냈다. 특히, 오랫동안 간과하였던 문화 요소를 갈수록 중시하였고, 구조, 상황, 기능의 상호 결합 원칙 등을 제시하였다. 이것은 외국어로서의 중국어 교육이 발전하는 과정에서 끊임없이 자신의 경험을 축적하고, 각종 언어교수법의 장점을 함께 수용한 필연적인 결과이며, 이론과 실제가 서로 결합된 산물이다.

넷째, 각 기능에 따라 다른 훈련을 시켰다. 언어기능 훈련을 강조한다는 분명한 목적을 가지고 출발점과 중점을 확정해야 할 뿐만 아니라 언어기능간의 밀접한 관계를 보고 이미 파악한 언어기능을 이용하여 다른 언어기능을 훈련해야 하며, 하나의 언어기능을 훈련하는 동시에 다른 언어기능의 발전을 함께 이끌어낸다.

다섯째, 언어교육에서 학생의 지위와 역할을 매우 중요시해야 한다는 것을 강조하여, "어떻게 배우는가(배우는 방법)"를 철저히 연구하고, 언어학습의 규칙을 중요시해야만 "어떻게 가르치는가(가르치는 방법)"의 문제를 더 잘 해결할 수 있다는 점을 충분히 인식하였다.

비록 아직 저서는 나오지 않았지만 교육이론 연구의 풍성한 성과는 이미 전문가들의 논문집이나 논문 선집에서 나타난다. 뤼비쑹의 논문집인 『외국어로서의 중국어 교육 탐색对外汉语教学探索』31)은 외국어로서의 중국어 교육의 성질, 특징, 학과 설립의 기본이론과 실천문제를 논의하고, 또 다양한 층위에서 그리고 다양한 각도에서 외국어로서의 중국어 교육의 이론과 실천을 논의하여, 교육에서 구조, 의미, 의사소통기능 이 세 가지를 빠른 시간 안에 유기적으로 결합시켜야 한다고 강조하였다. 그는 외국어로서의 중국어 교육에 대한 다년간의 인식을 근거로, 외국어로서의 중국어 교육의 모든 활동을 전체설계, 교재편찬, 교실교육, 언어측정시험 4대 영역으로 개괄하였고, 학과 체계를 위한 청사진을 마련하였다.

---

31) 뤼비쑹吕必松, 『对外汉语教学探索』, 华语教学出版社, 1987년.

이 시기의 논문 선집으로는 1983년 외국어로서의 중국어 교육 연구
회 제1차 학술토론회 논문집인『외국어로서의 중국어 교육 논문선』,[32)
1986년의『제1회 국제 중국어 교육 토론회 논문선』,[33) 1987년『외국어
로서의 중국어 교육 연구회 제2차 학술토론회 논문선』[34) 등이 있다.

외국어로서의 중국어 교육의 학과 설립 열풍 속에서 외국어로서의 중
국어 교육은 또 전문적인 학술간행물을 가지게 되었다. 1977년 베이징
언어학원은『언어교육과 연구语言教学与研究』를 시험적으로 운영하였고
1979년에 정식으로 출판하였는데, 이는 중국의 외국어로서의 중국어 교
육의 전공 성격을 띤 첫 번째 학술 간행물이 되었다. 1987년, 외국어로
서의 중국어 교육 연구회와 베이징언어학원은 공동으로『세계 중국어
교육世界汉语教学』을 만들었다. 1986년에는 난카이대학南开大学이『중국어
연구汉语研究』를 정기적으로 출판하기 시작하였다. 이밖에 중국어 학습자
를 대상으로 하는 보급형 간행물인『중국어 배우기学汉语』도 1987년에
만들어졌다. 베이징언어학원출판사, 화어교육출판사华语教学出版社, 이 두
곳은 외국어로서의 중국어 교육의 전문출판사로 각각 1985년과 1986년
에 설립되었다.

이론은 하나의 학문이 존재하고 발전하는 명맥이다. 나날이 발전하고
있는 외국어로서의 중국어 교육의 학술적 이론은 사업이 발전하고 확대
해나갈수록 관심을 받았고 눈부신 연구 성과를 거두기도 하였다. 이 단
계에 학술저서의 출판, 전공 논문의 발표, 학과 설립 프로젝트의 실시,

32) 중국고등교육학회 외국어로서의 중국어 교육 연구회中国高等教育学会对外汉语教学研究会,『对
外汉语教学论文选』, 北京语言学院出版社 1983년.
33) 국제중국어교육토론회国际汉语教学讨论会,『第一届国际汉语教学讨论会论文选』, 北京语言学院
出版社, 1986년.
34) 중국고등교육학회 외국어로서의 중국어 교육 연구회中国高等教育学会对外汉语教学研究会,『对
外汉语教学研究会第二次学术讨论会论文选』, 北京语言学院出版社, 1987년.

학술연구기구의 설립, 전공 학술 간행물의 출판은 모두 역사상 유래가 없는 것으로 이것은 사업의 발전과 학과(전공) 발전의 중요한 실현이며 외국어로서의 중국어 교육이라는 학문이 심화하고 성숙해지는 데 있어 견실한 기초를 마련하였다는 것을 보여준다.

신중국이 수립된 후, 외국어로서의 중국어 교육은 중국 국가민족의 중요한 사업의 하나가 되어 공산당과 국가의 관심 속에서 외국어로서의 중국어 교육 종사자, 관련 전문가, 학자들의 노력을 거쳐 계속 발전하였다. 1950년에서 1970년 후반은 외국어로서의 중국어 교육의 학과 건설에 대해 연구하고, 실험하고, 경험을 쌓아가는 초창기였다. "문화대혁명" 기간 동안 한 차례 중단되기는 했지만, 전체적으로 볼 때 이 시기에는 교수법의 모색, 교재 편찬, 학술 연구 등에 있어 일정한 성과를 거두었고, 새로운 학문에 대한 사람들의 인식이 깊어지게 되었다. 비록 상당히 긴 시간동안 중국의 외국어로서의 중국어 교육의 실천과 연구가 기본적으로 "경험" 단계에 머물렀지만 교과과정 마련, 교재 편찬, 교수법, 교사그룹 등등에 대해 모색해나가면서 경험을 쌓아나갔다. 이론적인 연구는 적었지만 이것은 새로운 학문이 만들어지는 초기 단계에서 피할 수 없는 한계이다. 이 시기에 신중국의 외국어로서의 중국어 교육은 "창립"과 "발전"의 임무를 비교적 잘 완수하였으며, 약 30년 동안의 반복된 실천과 누적된 경험으로 새로운 학문이 갖추어야 할 특징을 기본적으로 보여주었고, 다음 단계인 학문의 공식적인 확립을 위해 스스로 새로운 학과에 대해 자각하고 발전하는 새로운 시기로 접어들었으며 비교적 안정된 기초를 갖추게 되었다.

1978년 3월, 베이징 지역의 언어과학기획좌담회语言科学规划座谈会에서 외국인에 대한 중국어 교육을 전문적인 학과로 연구해야 한다고 제시하였는데 이것은 외국어로서의 중국어 교육에 종사하는 사람들이 학문에 대해 자각을 하였다는 것을 의미한다. 1970년대 말에서 1980년대 말까지의 10년은 조직구조와 교수법의 시스템 연구, 교재 편찬, 학과 설립, 이론 연구 등의 방면에서, 외국어로서의 중국어 교육이 끊임없이 진취적으로 발전해나가던 10년이며, 외국어로서의 중국어 교육이라는 학과가 만들어진 후 관련 사업이 발전하는 중요한 시기였다. 날이 갈수록 확대되는 교육 규모와 날이 갈수록 다양해지는 학습의 수요에 부응하기 위해, 교육 형식, 양성 모델, 교수법, 교재, 측정시험 방식도 변화가 생겼으며, 학과 설립과 발전에 대해 더 높은 요구를 하였다. 외국어로서의 중국어 교육 사업은 다양한 단계, 다양한 유형, 갈수록 완벽해지는 교육체계와 교과과정 체계의 방향으로 발전하였다. 외국어로서의 중국어 교육 학계는 몇 십년간의 경험을 전면적이고 체계적으로 개괄하고 종합하여 이론 단계까지 승화시켰고, 중국 자체적인 외국어로서의 중국어 교육 연구의 길을 걸어가게 되었다. 역사상 유래가 없는 전공 논문의 발표, 학술 저서의 출간, 학과(전공) 설립 프로젝트 실시, 학술교류활동의 전개, 학술연구기구의 설립은 모두 사업이 발전하고 학문이 발전해 나가는 데에 있어 중요한 표현이다. 외국어로서의 중국어 교육은 갈수록 심화되고 성숙해졌다.

5.6 타이완 지역 "국어추진운동" 시기의 화어교육

5.6.1 1940년대 중기에서 1970년대 말기까지의 "국어추진운동"

1945년 2차 세계대전이 종식된 후 일본이 패전국이 되어 국민정부国民政府가 타이완台湾을 인수 관리하게 되었다. 당시 타이완에서 통용된 언어는 일본어와 민남어闽南语였기 때문에 국민정부 관계자는 국민들과 소통하기가 매우 어려웠다. 그래서 당시 가장 시급한 문제가 바로 "국어의 보급", 표준어의 보급이었다. 1946년 4월 2일 국민정부는 "타이완성국어추진위원회台湾省国语推行委员会"를 설립하고 타이완에 국어를 보급하기 위해서 최선을 다하였는데, 그 목표는 4년 내에 국어를 타이완의 공용어와 공식 언어로 만드는 것이었다. 이러한 목표 하에서 먼저 "타이완 국적 공무원의 국어 훈련 계획"을 만들었는데 그 대상은 전체 성省의 약 3만 명에 달하는 타이완 공무원이었다. 강의를 담당하는 교사는 대륙에서 온 공무원이었고, 강의 교재는 국립편역관国立编译馆과35) 국어추진위원회가 편집을 책임졌으며, 강의 시간은 매일 두 시간이고, 1년 안에 타이완 공무원이 들을 수 있고, 말할 수 있고, 볼 수 있고, 쓸 수 있게 하여, 공문을 처리하고 공문을 수정할 수 있도록 하는 것이 목표였다. 이와 동시에 정부는 "국어"를 적극적으로 보급하기 위해 "강경"하고 "유연"하지 않은 언어정책을 펼쳤다. 사회에서는 모든 일본어로 된

---

35) 국립편역관(National Institute for Compilation and Translation)은 중화민국이 만든 국가 도서관 편역기구로 교육부에 예속되어 학술문화서적, 교과서, 학술명사의 편집번역 사무를 책임지고 있지만 편역의 성과는 시대에 따라 차이가 있었다. 1997년 교육부는 민간 출판업체에게 교과서를 편찬할 수 있도록 개방하기 전에 국립편역관은 중화민국 각 급 중학교와 초등학교에 교과서를 공급하는 유일한 공급자였다. 국립편역관은 1932년에 설립되었고 2011년에 국가교육연구원에 편입되었다.

신문과 잡지의 발간을 중단하고 타이완 작가가 일본어로 작품 활동하는 것을 금지하였다. 1947년 이후, 일본어 사용을 전면적으로 금지하였고, 일본 음반을 틀지 못하도록 하였으며, 학교에서 방언 사용을 금지하였다. "국어추진위원회"는 "표준국어标准国语"를 보급하기 위해 1946년에 방송을 통해 "국어의 표준발음"을 시범적으로 보여주고, "국어독본", "국어회화", "초등학교 국어" 등을 설명하였는데, 그것은 국어를 배우는 사람들이 발음을 교정할 수 있도록 하려는 것이었다. 그밖에 국어로 된 대량의 간행물을 편찬하였는데『국어 소리 구분国语辨音』,『국어사전国语辞典』 등을 학습자에게 참고자료로 제공하였고,. 또 다른 중요한 참고자료로는『국어일보国语日报』가 있다.『국어일보』 창간의 최우선 임무는 국어 보급이다.『국어일보』는 한자로 주음을 한 것으로, 그 내용은 어문, 과학, 역사지리, 고금문선 등이 있고, 당시 학생들과 국민이 국어를 배우는 중요한 간행물 중의 하나였다. 특히 중학생과 초등학생의 어문능력과 작문능력 향상에 지대한 공헌을 하였다.

교사 양성에 있어서, 타이완 현지의 국어 교사가 매우 부족하고 중국 대륙에서 온 중학교 초등학교 교사가 더욱 부족한 상황이어서 1946년에서 1970년까지 타이완의 교육주관부처는 모든 중학교 초등학교 교사의 국어능력을 향상시킬 일련의 법령을 반포하였다. 그 규정은 다음과 같다. 모든 중학교 초등학교 교사는 학교 안밖에서 반드시 "국어国语"로 말해야 하며, 교실교육이나 수업 이외에도 학생이나 학부모와 교류할 때는 "국어"만 사용할 수 있다. 교사는 반드시 시간에 맞춰 표준시범방송을 듣고 정기적으로 측정시험이나 강습에 참가해야 하고, "국어" 보급의 성과는 특히 교장과 교사의 연말심사 기준이 된다. 언어에 대한 이러한 엄격한 요구 하에 고등학생의 "국어" 수준이 상당히 향상되었고,

전문적으로 중학교와 초등학교 교사를 양성하는 사범대학 국문과 학생들의 국어와 국문 실력은 더욱 향상되어 이후 화어교육에서 중요한 위치를 차지하는 교사를 충원하는 공급원이 되었다.

5.6.2 "국어추진운동"과 각 교육기관

정부가 발표한 각종 언어정책은 "국어추진운동"에 막대한 효과를 거두었다고 말할 수 있다. 통계에 따르면, 1937년 타이완의 일본어 보급률은 37.8%, 1940년에는 51%, 1944년에는 71%에 달했으나[36] "국어추진운동"의 노력을 거쳐 1991년의 국어 보급률은 91%에 달하였다.[37] 예궈량叶国良은 "1949년 국민정부가 타이완으로 온 후, 각 성省의 인사 약 1~2백만 명이 타이완으로 와서 각 성의 방언음을 모방하였지만, 국어를 대대적으로 보급한 후, 국어는 타이완의 행정언어, 교육언어, 일상언어가 되었고 보급률은 거의 100%에 달했다."[38]라고 하였다. 타이완은 일본어, 중국어 방언, 심지어 원주민 언어가 함께 복잡하게 섞여있는 언어 환경에서 하나의 공용어로 통일된 사회가 되었는데 이것은 타이완의 화어교육에 매우 중요한 전환점이 되었다.

둥펑청董鵬程은 이 시기 타이완의 언어상황을 "국어(중국어)를 제창하고 일본어를 대체한 시기(1949-1955)", "국어가 안정되고 방언이 줄어들던 시기(1955-1970)", "국어가 독립적으로 존재하던 시기(1970-1990)"(1990년에서 지금까지는 "다양한 언어와 다양한 방언이 있는 시기")로 나눈다.[39] 이 시

---

36) 황슈정黄秀政, 『타이완 역사台湾史』, 台北五南书局, 2003년.
37) 황쉬안판黄宣范, 『언어, 사회와 종족 의식语言, 社会和族群意识』, 台北文鹤出版社, 1993년.
38) 예궈량叶国良, 『타이완 화어교육의 문제台湾对外华语教学的问题』, 全球华语论坛(新加坡), 2007년 11월.

기 타이완은 방언을 배제하고 공통어를 보급하려고 노력하였고, 중화문
화를 외부에 선전하기 시작하였으며, 1950년대부터 외국어로서의 화어
교육(이하 화어교육)을 시작하였다. 1956년 8월, 성립사범학원省立师范学院(현
재의 타이완사범대학) 문학원 원장인 량스츄梁实秋가 창립한 "국어교육중심
国语教学中心"이 정식으로 설립되었다. 이것은 타이완성립학교(정부학교) 자
체적으로 설립한 최초의 화어교육기구인데, 그 설립 취지는 외국인의
듣고, 말하고, 읽고, 쓰는 중국어 능력을 향상하는 것이다. 또 다른 취지
는 이로써 중화문화를 교육하고 연구하며 중화문화를 더욱 외부로 알리
는 것이며, 중국어문교재를 연구하고 편집하여 국내외의 학교에서 사용
할 수 있도록 제공하고, 교사양성반을 개설하여 국외대학에서 필요로
하는 화어교사를 양성하는 것이다. 국어교육중심의 첫 번째 주임은 국
어 전문가인 왕서우캉王寿康이 맡았다. 그해 미국 학생 5명이 입학을 하
였는데 수준 차이가 커서 조별로 교육하였고, 교과과정의 일부는 음성,
토론, 스토리텔링 등이 있었고, 미국예일대학에서 만든 교재를 사용하였
으며, 일부 독해와 작문연습도 가르쳤다.40) "국어추진운동"에서 중요한
역할을 한 『국어일보国语日报』도 1973년에 "국어일보 어문중심 화어문반
国语日报语文中心华语文班"을 개설하였고 "표준 중국어문을 가르치고 중화문
화를 널리 알리는 것"이 그 일관된 목표였다.

　1980년대 이전에 타이완의 화어교육은 주로 북부와 중부에 집중되었
으나 화어 학습자가 갈수록 급증함에 따라 언어중심도 점차 남부 타이
완까지 확대되었다. 청궁대학成功大学 언어중심은 1982년에 만들어졌으며

---

39) 둥평청董鹏程, 『타이완 언어 상황과 언어정책台湾语言状况与语言政策』, 全球华语论坛(新加坡),
　　2007년 11월.
40) 리후이민李惠敏, 『양코배기에서 외국인 노동자까지 : 국가민족, 성별과 화어 교육从洋鬼子
　　到外劳 : 国族, 性别与华语文教学』, 台北巨流图书公司, 2002년.

타이난에서 가장 일찍 만들어진 대학 부설 언어중심이다.

  정부학교가 설립한 화어교육기구인 "국어교육중심国语教学中心" 이외에 또 배경이 다른 두 개의 화어학교가 있었는데 하나는 교회가 만든 화어학교이고, 또 다른 하나는 미국 정부와 관련이 있는 화어교육기구이다.

  기독교와 천주교가 타이완에 이미 상당히 뿌리 깊게 자리 잡고 있어서 1956년 타이완 11개의 기독교연합회 외국인 교회책임자는 외국선교사들이 화어를 배울 수 있는 기관을 만들기 위해 타이베이 기독청년회가 "기독교어문학교基督教语文学院"를 설립하였는데 이것은 타이완교회가 조직과 제도를 갖추고 화어를 가르친 첫 번째 기구였다. 미국목사이자 단장대학淡江大学 외국어 교수 앤드류스Andrews[41]가 초대 총장을 역임하였고, 학생은 약 34명이었는데 모두 침례교, 장로회, 감리교의 선교사이며 각 반의 인원은 4-5명이었다. 후에 타이완으로 오는 외국 학생이 계속 증가하면서 선교사가 아닌 일반 학생의 입학 신청도 받았다. 1962년 "Taipei Language Institute"로 명칭을 바꾸었는데 이것이 바로 지금의 "중화어문연습소中华语文研习所(TLI)"이다. 연습소 소장인 허징셴何景贤(1896-1928)의 기억에 따르면 이 연습소는 "설립 초기 유일한 교재가 로마자 병음(Rome sound)으로 표기한 『중국어회화中国话会话』이었는데, 교사들은 자신이 갈고 닦은 최고의 교수법을 활용하였다. …… 후에 학교는 미국 국적의 언어학 고문인 셸리Shelley 박사[42]를 모셔와 교사들의 언어 교수법을 개선하는 책임을 맡게 하였고, 매주 교육 연습회를 열어 서로 논의하면서 점차 구체적이고 실천 가능한 교수법을 만들었다. 이어서 학교 측은 미국 예일대학의 중국어 교재 세트를 들여왔고, 수준 높은 교사를

---

41) 에그버트 앤드류스, Egbert W. Andrews, 安笃思, 미국인.
42) 조지 셸리, George L. Shelley, 谢磊翘, 미국인.

초빙하여 타이완의 생활문화에 적합한 각 단계의 화어 보조교재를 편찬
하는데 참여하였고 녹음테이프를 제작하도록 하였다."라고 하였다.[43]

 천주교 배경의 푸런대학輔仁大学 부설 신주화어학교新竹华语学校는 처음
에 예수회가 화어교육을 책임졌으며 초기 학생의 대부분은 천주교 신부
와 수녀였다. 1971년 이후 갈수록 많은 외국 인사가 국어를 배우길 원
해서 후에 대학생과 사업가 등도 입학을 허가하였다. 1973년에는 120여
명의 학생이 있었는데 그중 30-40명은 신부나 수녀였고, 나머지는 대학
생과 사업가들이었는데, 그중 미국인이 약 50-70%를 차지하였고 다른
유럽국가에서 온 사람도 있었다. 교재는 *Speak Chinese*이었는데 나중에
*Speak Mandarin*으로 바뀌었고, 과정은 대부분 단일반제, 소형반제를 채
택하였으면 약 60-70명 정도의 교사가 있었다.[44]

 교회가 만든 화어학교는 총장이나 책임자가 대부분 해외에서 온 목사
나 선교사였고, 내부관리는 교회가 자체적인 행정과 교육체계를 가지고
있어서 타이완 현지 교육체계와는 달랐다. 교회 창설의 첫 번째 목표가
선교사의 언어능력을 강화하여 교리를 전달하기 편리하게 하는 것이어
서 교육 내용, 교재, 교수법 등은 모두 현지 학교와 달랐다. 예를 들면,
교회의 교재는 "화어회화话语会话" 이외에 성경독본이 있었는데, 이것으
로 성경의 장절을 소개하고, 어떻게 고해성사를 해야 하는지, 화어로 사
회 대중에게 기독교 교리를 어떻게 소개해야 하는지 등등을 설명하고
있다. 교재의 배치방식도 다른데 대부분의 화어 교과서는 한자가 아니
고 현지에서 주로 사용하는 "주음부호注音符号"(Chinese zhuyin, Chinese

43) 리후이민李惠敏, 『코배기에서 외국인 노동자까지 : 국가민족, 성별과 화어 교육从洋鬼子到
 外劳 : 国族, 性别与华语文教学』, 台北巨流图书公司, 2002년.
44) 리후이민李惠敏, 『코배기에서 외국인 노동자까지 : 국가민족, 성별과 화어 교육从洋鬼子到
 外劳 : 国族, 性别与华语文教学』, 台北巨流图书公司, 2002년.

Phonetic Symbols)도 아니었으며, 유럽과 미국에서 자주 사용하는 "로마병음체계(Rome sound)"를 채택하였다. 그래서 교회 관계자가 아닌 학습자나 교사도 사실 교회에서 만든 교재를 이해하기 쉽지 않았다. 하지만 정치와 사회 상황이 변함에 따라 타이완으로 오는 외국 선교사, 신부, 수녀가 갈수록 줄어들어 학교의 학생 구성도 점차 바뀌게 되었고 나중에는 다른 언어중심이 만들어지면서 학생이 다른 언어중심에서 화어를 공부하게 되었는데 이로써 이러한 특별한 성격을 띠고 있는 화어중심은 점차 세력이 약해지고 신주화어학교新竹华语学校도 1988년에 문을 닫게 된다.

교회시스템과 관련이 있는 다른 기관으로 천주교 계열의 푸런대학언어중심辅仁大学语言中心이 있는데 원래 창설기관은 천주교 말씀의 선교 수도회(Divine Word Missionaries)였다. 초기에 신부, 수사, 수녀들이 선교에 종사하였고, 특히 학교의 교육과 관리에 참여하여 중국어에 정통할 필요가 있었기 때문에 "국어중심"을 만들겠다는 구상을 하였고, 1964년 위빈于斌45) 추기경의 지시 하에 이를 설립하였다. 기독교 배경인 둥하이대학东海大学 화어교육연구중심华语教学研究中心은 1971년에 설립되었는데 타이완 중부지역에 설립된 최초의 화어중심이다. 설립 취지는 둥하이대학의 외국인 교사와 그 가족들이 화어를 배우는 데 편리함을 제공하는 것이었으나 후에 학생 모집 규모를 확대하여 자매결연한 학교의 유학생, 선교사, 기업과 일반 사회 인사까지 대상 범위가 확대되었다.

1949년 이후, 국제적인 환경이 크게 변화하여 각종 정치적 군사적 요인으로 타이완과 미국의 관계가 갈수록 밀접해져 타이완의 화어교육도

---

45) 위빈, 于斌, 1901-1978, 중국인.

큰 영향을 받게 되었는데 화어교육기구들은 이러한 배경 속에서 탄생하게 되었다.

양밍산화어학교阳明山华语学校는 1955년 타이중에 학교를 설립하였는데 미국재대협회(AIT, 美国在台协会)에 예속되었고, 양성한 학생들은 대부분 미국의 정부 관리로 통상적으로 미국국무원 관리 위주였고, 그 다음은 언론사 사람들이었다. 이 학교는 미국 외교관들의 중국어 실력을 키우는 전문양성기관이었다고 할 수 있다.

또 다른 유명한 교육기구는 스탠포드중심Sanford center인데, 그 전신은 코넬중문양성반으로 미국코넬대학의 셰딕Shadick[46]이 창설하였고, 후에 타이완대학과 교류하여 1963년 타이완대학의 신입생동에 만들어졌다. 첫 해에는 학생이 13명밖에 없었고 첫 번째 소장은 스탠포드대학의 디엔Dien[47]이다. 이곳은 1948년 예일대학이 출판한 『중국어中国话』를 사용하였는데 이 시리즈 교재는 후에 미국대학교의 중국어 교육에 있어 가장 권위 있는 교재가 되었다. 1997년 스탠포드중심斯坦福中心은 "국제어문연습소国际语文研习所"로 이름이 바뀐다.

위에서 제시한 교육기구는 구체적으로 화어교육에 종사한 것 이외에도 정부 입장을 대변하기도 하였다. 당시 타이완 "해외교민사무위원회侨务委员会" 담당자였던 마오쑹녠毛松年[48]은 화어교육이 시대적 추세이므로 화문을 해외에 대대적으로 홍보해야 하고 사회 대중의 힘을 모아 화어교육의 발전을 위해 함께 노력해야 할 필요성이 있다고 느꼈다. 그래서 1972년 그는 많은 관련 교육전문가를 초청하여 "세계화문교육협진회世

---

46) 해럴드 셰딕, Harold Shadick, 哈罗德·谢迪克, 1915-1992, 미국인
47) 알버트 디엔, 丁爱博, Albert E. Dien, 미국인.
48) 마오쑹녠, 毛松年, 1911-2005, 중국인.

界华文教育协进会49)"(후에 "세계화문교육학회(世界华文教育学会)"로 개명)를 설립하였고 1973년 11월 11일 설립대회를 개최하였으며 초대 이사는 장시원张希文이 맡았다. 협회(학회)가 만들어진 후 많은 중요한 작업을 하였다. 첫째, 국내외 화어교육의 수요에 부응하기 위하여 많은 화어교재와 보충 자료들, 예를 들면『화어 10강华语十课』,『화어 20강华语二十课』,『실용화어 교과서实用华语课本』(초급, 중급, 고급) 등을 체계적으로 편집하였다. 둘째,『화문세계华文世界』(1년 4회 발행, 1974년 창간)50)를 출판하여 화어교육과 학술 연구를 위해 좋은 교류의 장을 제공하였다. 잡지의 내용은 학술연구 주제, 교육경험 보고서, 교재 교수법 범례, 문자구조 등을 포함하고 있어 학술성과 실용성을 두루 갖추었다. 30여 년 동안『화문세계』의 작가는 1,000여 명을 넘었고, 약 2,000편의 논문을 발표하여 이 학술지는 타이완 화어 교육에 있어서 매우 중요한 간행물이 되었다. 학회는 또 학술 연구를 발전방향으로 삼고 있는 국제적인 간행물인『화어문교육연구华语文教学研究』(1년 2회 발간, 2004년 6월 정식 출판)를 출간하였는데 주로 화어교육(방언 포함)칼럼, 관련 서평, 관련 소개, 교육이론과 방법을 연구한 논문을 게재하였다. 셋째, 학회는 1977년부터 정기적으로 "화문교육교사연습반华文教学师资研习班"을 열어 화어교사를 양성하였는데 지금까지 이미 5,000여 명이 넘는 학생이 수료하였다. 이밖에 학회는 또 "세계화어교육세미나世界华语文教学研讨会"를 개최하였는데 1984년 제1회를 시작으로 3년마다 한 차례씩 열린다.

이 시기 타이완의 화어교육을 살펴보면 세 유형의 교육기구(정부학교,

---

49) 역자 주 : 현재는 세계화어문교육학회世界华语文教育学会(World Chinese Language Association)로 명칭을 변경하였다.
http://www.wcla.org.tw/front/bin/home.phtml 참고할 것.
50) 역자 주 : 2006년부터 연간 2회 발간으로 바뀌었다.

종교단체, 미국관련)가 있는데 각자 자신만의 창설이념과 형식을 갖고 있다. 교육자는 각자의 교육목표에 근거하여 교과과정과 교육내용을 조절함으로써 다양한 유형의 학생 수요를 만족시켰다. 교재의 경우 타이완 자체의 교육은 주로 국립편역관国立編译馆이 본토 어문교재의 관련 경험을 편찬하는 데 도움을 주어서 만든 화어 서적이거나, 강의를 하는 교사가 학생들의 수요에 따라 서적, 문장, 신문을 선정하였지만, 예일대학이 출판한 『중국어中国话』등 시리즈로 된 화어교재를 가장 광범위하게 채택하였다. 『중국어中国话』는 지금까지도 많은 공립어문중심과 사립어문중심이 가장 광범위하게 사용하고 있는 『실용시청화어(1)实用视听华语(一)』의 전신이다.51)

생각해 볼 문제

1. 1950년대 초에서 1980년대 말까지 중국의 외국어로서의 중국어 교육 교재는 어떠한 발전과 변화를 겪었는가?

2. "외국어로서의 중국어 교육은 국가와 민족의 사업이다"라는 말을 어떻게 이해하는가?

3. 타이완 "국어추진운동" 시기의 화어교육의 특징은 무엇인가?

---

51) 리후이민李惠敏, 『코배기에서 외국인 노동자까지 : 국가민족, 성별과 화어 교육从洋鬼子到外劳 : 国族, 性別与华语文教学』, 台北巨流图书公司, 2002년.

제6장 | 현재 중국의 외국어로서의 중국어 교육[1]

1990년대 이후 경제글로벌화와 문화다원화의 배경 속에서 국제사회의 경쟁은 날이 갈수록 치열해졌다.

언어는 문화를 계승하고 발전시키는 중요한 매개체로 종합 국력의 경쟁 속에서 그 위치가 높아져, 경제, 정치, 사회 발전에 갈수록 큰 영향을 미치고, 중국어는 세계가 중국과 중국문화를 이해하는 중요한 매개체이고, 세계가 중국과 교류하는 중요한 도구로, 그 전략적인 가치와 실용적인 가치가 끊임없이 높아졌고, 갈수록 많은 외국 정부, 교육기관, 기업, 사람들의 관심을 받게 되어 세계적으로 "중국어 열풍"이 생겨나게 되었다. 이러한 새로운 시대적 추세에 맞춰 외국어로서의 중국어 교육 사업은 이전과 다른 새로운 특징을 나타내게 되었다.

---

1) 본 장은 최근 20년 동안 외국어로서의 중국어 교육에 대한 문헌 연구를 기초로 마련이 되었으며, 각 전문가들에게 이 자리를 빌려 감사를 표한다. 특별히 설명하고 싶은 것은, 본 장의 많은 자료는 HANBAN 사이트인 http://www.hanban.edu.cn에서 참고한 것이며, 이밖에도 인쉬안즈尹璇子 동학이 자료 수집에 많은 도움을 주었는데 이에 대해 감사의 말씀을 전한다.

역자 주 : 6장의 제목은 "中国当代的对外汉语教学"인데 이때 "当代"는 "contemporary", "present"의 의미가 있어서 "현재"로 번역하였다.

6.1 외국어로서의 중국어 교육의 학과 건설

6.1.1 학과의 발전

6.1.1.1 발전의 3단계[2]

최근 60년 동안 외국어로서의 중국어 교육은 처음에는 "작은 학문"로 시작해서 세계적인 "중국어 열풍" 속에서 각광받는 학문으로 발전하였다. 학과(전공) 건설도 그러한 추세에 따라 많은 발전을 이루게 되었다.

1990년대에 언어학습이론 연구의 추진 속에 각 방면의 연구가 전면적으로 전개되어 학문 체계가 더욱 충실해지고 풍부해지게 되었다. 특히 1990년대에 개최한 세 차례의 학술좌담회 - 1992년의 "언어학습이론 연구좌담회语言学习理论研究座谈会", 1994년의 "외국어로서의 중국어 교육의 정성, 정위, 정량문제 좌담회对外汉语教学定性、定位、定量问题座谈会", 1997년의 "언어교육문제좌담회语言教育问题座谈会"는 학과 이론 발전에 큰 역할을 하였다.

현재 외국어로서의 중국어 교육对外汉语(Chinese as a Foreign Languaage)의 학과 건설은 3개의 발전단계를 거쳤다. 첫 번째는 HANBAN이 1988년 제정한『1988-1997년 외국어로서의 중국어 교육의 과학 연구과제 지침对外汉语教学科研课题指南』(약칭 88指南)을 지표로 삼는다. 두 번째는 HANBAN이 1998년 제정한『1998-2000년 외국어로서의 중국어 교육의 과학 연구과제 지침对外汉语教学科研课题指南』(약칭 98指南)을 지표로 삼는다. 1998년은 특히 상징적인 의미가 있는 한 해이다. 이 해에 교육부가 국무원 학

---

2) 장더신张德鑫의「두 가지「과제지침」으로 본 외국어로서의 중국어 교육의 학과 발전从两个课题指南看对外汉语教学的学科发展」,『语言文字应用』, 1988년 제4기.

위위원회의 심사를 거쳐 베이징언어문화대학北京语言文化大学에 "언어학과 응용언어학" 박사과정 개설을 비준하였으며, 그중 중요한 방향 중의 하나가 외국어로서의 중국어 교육이다. 이때부터 외국어로서의 중국어 교육은 학과 박사 지도교수가 생기게 되었고 이 학과의 고급인재를 양성하기 시작하였다. 나중에 베이징사범대학, 베이징대학 등 고등교육기관도 외국어로서의 중국어 교육 방향의 박사생을 모집 양성하였다. 이밖에, 이 기간 동안 국가사회과학기금프로젝트国家社会科学基金项目 심사에서 외국어로서의 중국어 교육 학계가 여러 개의 국가급 프로젝트를 획득하게 되었다. 이러한 프로젝트는 교재 편찬, 중국어 문법, 교수법, 교육 모델, 학습과정 연구와 관련되어 있어서 외국어로서의 중국어 교육 학계의 연구 실력을 반영하였고, 또 학과의 성숙과 발전을 나타내게 되었다. 세 번째는 2005년 7월 베이징에서 개최한 첫 번째 세계중국어대회世界汉语大会로 이것은 외국어로서의 중국어 교육의 전환점이 되었다. 이 대회의 주제는 '세계의 다원화된 문화 구조에서의 중국어 발전'이었다. 그 취지는 각 방면의 역량을 응집시키고, 공동으로 중국어 보급 작업을 강화하여, 개방된 중국을 따라 중국어가 세계로 뻗어나가고 세계로 하여금 개방된 중국을 알아가게 하는 것이다. 그것은 세계 각국의 중국어 교육 발전을 촉진시키고, 중외언어문화의 교류와 협력을 강화하기 위해 효과적인 작업무대를 만들었는데, 이것은 중국의 외국어로서의 중국어 교육이 중국어를 세계무대로 보급하겠다는 생각의 변화를 의미하고 있었다. 이러한 배경 속에서 중국의 중국어 세계 보급 사업은 새로운 봄날을 맞이하게 된다. 2007년 중국은 또 중국어 국제교육 석사 전공학위를 마련하였는데 이것은 외국어로서의 중국어 교육의 학과가 더 넓게 더 깊게 발전해나갈 수 있도록 하였다.

6.1.1.2 학문 체계 등 거시적인 연구와 방법론 마련

류쉰刘珣과 리취안李泉은 각각 외국어로서의 중국어 교육의 학과 건설 체계 수립에 대한 생각을 제시한 적이 있는데,3) 그들의 체계는 비교적 전면적인 시스템이었지만 내용이 좀 방대하고 번잡하였다. 여기에서는 자오진밍赵金铭이 제시한 학문 이론의 틀을 집중적으로 소개하고자 한다. 그는 외국어로서의 중국어 교육 연구는 다음 네 가지를 포함한다고 본 다. 첫째, 본체론本体论(Ontology)이다. 이것은 중국어의 본체를 연구하는 것으로, 이론의 기초는 언어학(Linguistics)이며, 연구의 목적은 "무엇을 가 르칠 것인가"라는 것이다. 둘째, 인식론认识论(Epistemology)이다. 중국어 습 득과 인지를 연구하는 것으로, 이론적 기초는 심리학(Psychology)이며, 연 구 목적은 "어떻게 가르칠 것인가"이다. 셋째, 방법론方法论(Methodology) 이다. 교육 이론과 방법을 연구하는 것으로, 이론적 기초는 교육학 (Pedagogy)이며, 연구 목적은 "어떻게 가르칠 것인가"이다. 넷째, 도구론工 具论(Instrumentalism)이다. 현대의 과학기술수단이 어떻게 교육과 학습에 응용되는지를 연구하는 것으로, 이론적 기초는 컴퓨터언어학(Computational Linguistics)과 현대의 교육공학(Educational Technology)이며, 연구 목적은 "어 떤 기술 수단을 사용할 것인가"이다.4)

이밖에, 외국어로서의 중국어 교육의 거시적 연구에 있어서 새로운 연구 분야를 개척하였고, 외국어로서의 중국어 교육이 중국어 교육일

---

3) 류쉰刘珣, 「외국어로서의 중국어 교육의 학문체계와 그것의 과학적 개념 정립을 논함也论 对外汉语教学的学科体系及其科学定位」, 『语言教学与研究』, 1999년 제1기.
   리취안李泉, 「외국어로서의 중국어 교육의 학문 이론 체계对外汉语教学的学科理论体系」, 『海外 华文教育』, 2002년 제2기.
4) 자오진밍赵金铭, 「외국어로서의 중국어 교육의 기본 구조对外汉语研究的基本框架」, 『世界汉语 教学』, 2001년 제3기.

뿐만 아니라 외국어 교육이라는 것을 더욱 분명히 하였다. 또한, 전체적인 설계를 위한 이론적 틀을 확립하였고 학과 건설의 기본적인 임무를 기획하였다. 이러한 기초에서 교육 자체에 대해 광범위하고 다양한 층위에서 다각도에서 주제연구를 하였고, 교육 원칙教學原則(teaching principle), 교수법教學方法(teaching method), 교육 기교教學技巧(teaching techniques, Teaching Skills)에 대한 연구를 더욱 심화시켰다. 이 기간에 언어학습이론语言学习理论(language learning theory) 연구는 큰 발전을 이루게 되었는데 그 연구의 시작은 중간언어이론中介语理论(Interlanguage theory) 도입이었고 나아가 중국어와 외국어의 대조연구对比研究(contrastive study), 그리고 외국인의 중국어 학습 오류분석偏误分析(error analysis) 실시였다. 최근 들어, 외국인의 중국어 습득 순서와 습득 과정에 대한 연구도 어느 정도 진전이 있었다. 그러나 학습자의 개별적인 요소와 학습 환경에 대한 연구는 시작이 되기는 하였지만 아직도 미약한 분야이다.[5]

방법론은 전문적인 학과(전공)의 설립, 발전, 성숙의 중요한 지표이다. 이 시기는 외국어로서의 중국어 교육의 학과 발전과 학문의 각도에서 방법론 연구를 비교적 중시하여, 외국어로서의 중국어 교육의 체계를 완벽하게 만드는 방법론을 시도하였다. 학과의 방법론에 관한 이론과 내용은 학문의 성질에 의해 결정된다. 외국어로서의 중국어 교육은 언어학, 교육학, 심리학心理学(psychology), 문화학文化学(culturology, culture studies) 등 다양한 학문과 관련이 되어 있어 매우 종합적인 성격을 띠고 있으므로 그것의 방법론도 종합적인 특징을 뚜렷하게 보이고 있다. 외국어로서의 중국어 교육은 지금까지 어느 정도 발전은 있었지만 여전히

---

5) 자오진밍赵金铭, 「"9·5"기간 동안의 외국어로서의 중국어 교육 연구"九五"期间的对外汉语教学研究」, 『世界汉语教学』, 2001년 3기.

신생 학문 분야로 방법론 마련에 있어서 앞으로 해야 할 일이 산적해 있다.

6.1.2 과학 연구 프로젝트

외국어로서의 중국어 교육은 하나의 국가적인 사업이며 그것의 발전은 중국 국가와 민족의 국제적인 지위 문제에까지 관련되어 있다. 학과를 건강하고 안정적으로 발전시키기 위해, 과학적 연구방향 제정에 있어 지도적인 역할을 하고 연구에 많은 비용을 투자해야만 한다. 1990년대 이후, 외국어로서의 중국어 교육과 관련된 국가 사회과학기금 프로젝트国家社会科学基金项目, 교육부프로젝트가 끊임없이 나오고 있다. 이밖에 HANBAN도 미래를 내다보는 관점으로 1998-2000년에 지도적 의의가 있는 연구과제들을 제정하여 학과 건설에 큰 지지를 보내고 있다. 2002년『HANBAN 1998-2000년 과학연구 프로젝트 성과 총서国家汉办1998-2000年科研项目成果丛书』는 모두 11권의 저서로 출판되었다.6) 이밖에, 2003년 HANBAN은 또 "10·5(10차 5개년 계획)" 과학연구기획의 첫 번째 75개 프로젝트를 통과시켰다. 이 두 프로젝트는 학과 이론 건설, 교육이론 연구, 교재 편찬 연구, 외국어로서의 중국어 교육을 기초로 한 중국어 본체 연구, 학습이론 연구, 언어측정평가시험 연구, 현대교육기술응용, 범문화 소통연구, 학문사 연구 등의 영역을 모두 포함한다.

---

6) 류위안만刘元满,「『HANBAN1998-2000년 과학연구성과총서』논평『国家汉办1998-2000年科研项目成果丛书』述评」,『世界汉语教学』, 2004年 제2기.

6.1.3 외국어로서의 중국어 교육 학술회의의 변화

학술회의는 하나의 학문이 발전하고 성숙해나가는 지표가 된다. 외국어로서의 중국어 교육 회의는 최근 10년 동안 종합적인 성격을 띤 회의에서 점차 종합적인 회의와 전문적인 회의가 함께 전개되는 추세로 바뀌었다. 3년마다 한 차례씩 개최되는 종합적인 성격의 세계 중국어 교육 회의世界汉语教学会议(International Society for Chinese Language Teaching) 및 국내 지역적인 성격을 띤 회의 외에 대일対日 중국어 교육, 대미対美 중국어 교육 등 국가별 중국어 교육에 대한 회의, 중국어 학습사전, 회화교육, 독해교육 등 전문적인 성격을 띤 외국어로서의 중국어 교육 회의와 세계 중국어 교육사 등의 회의는 모두 이미 정기적으로 개최되고 있다. 이밖에 국내외 상호교류도 전례 없이 활발히 이루어져서 현재 외국어로서의 중국어 교육 학술회의는 대부분 국제회의라고 볼 수 있다.

6.2 외국어로서의 중국어 교육의 교수요목 연구 제작, 교수법과 교육 모델 연구

6.2.1 교수요목의 연구 제작

1920년대 이후는 교수요목教学大纲(syllabus)의 연구 제작이 비교적 집중적으로 이루어지던 시기이다. 이러한 교수요목은 연구 제작 과정에서 지속적으로 교육의 경험과 연구 성과를 종합하여, 교육 목표와 규범교육 활동을 설정하는 데에 큰 역할을 하였다. 또 각종 중국어 교재의 편찬, 각종 중국어 능력평가 측정시험에 표준적인 참고 기준의 역할을 하였다.7) 물론 현재의 교수요목에 여전히 적지 않은 문제가 있어서 시대의 변화에 맞추어 수정할 필요가 있다. "현재, 교수요목에 대한 수정작업은 일사분란하게 진행하고 있고, 이론적인 준비도 상당히 많이 이루어져 있으며, 통계 작업도 세밀하게 진행하고 있다. 무엇을 가르쳐야 하는지, 어떻게 가르쳐야 하는지, 어느 것은 반복적인 교육이 필요하고, 어느 것은 간단하게 설명하고 지나가야 하는지에 대해 과학적 근거를 제공하고 있다. 앞으로 머지않은 미래에 국내외에 이미 나와 있는 관련 성과를 충분히 참작하고 받아들여 과학적인 통계와 분석에 기초하여 외국어로서의 중국어 교육 규칙에 부합하는 각종 교수요목이 세상에 모습을 드러내게 될 것이 분명하다."8)

표1. 1990년대 이후 연구 제작된 교수요목

연도	교수요목 명칭	제정자
1992	汉语水平词汇与汉字等级大纲	国家汉办组级修订
1995	对外汉语教学语法大纲	国家汉办组级修订
1995	中高级对外汉语教学等级大纲(语法・词汇)	孙瑞珍 主编
1996	汉语水平等级标准与语法等级大纲	国家汉办组级修订
1999	对外汉语教学初级阶段教学大纲	杨寄洲 主编
2002	高等学校外国留学生汉语教学大纲(长期进修)	国家汉办编
2002	高等学校外国留学生汉语教学大纲(短期强化)	国家汉办编
2002	高等学校外国留学生汉语言专业教学大纲	国家汉办编

---

7) 추이용화崔永华, 「20년 동안 외국어로서의 중국어 교육 연구 관심사에 대한 회고二十年来对外汉语教学研究热点回顾」, 『语言文字应用』, 2005년 1기.
8) 자오진밍赵金铭, 「"10・5"기간 동안 외국어로서의 학과 건설 연구"十五"期间的对外汉语学科建设研究」, 『对外汉语研究』, 2005년 3기, 商务印书馆.

6.2.2 언어교육 이론 연구[9]

이 시기의 외국어로서의 중국어 교육 연구는 교육 원칙, 교수법, 교육 기교에 대한 연구를 더욱 심화하였다. 교수법에 대한 논의에서 더 이상 이상적인 교육법을 추구하지 않고, 중국 특색을 갖춘 교수법을 찾는 것에서부터 교육 원칙에 대해 실질적인 연구를 하는 것으로 방향을 전환하였다.

6.2.2.1 교육 원칙

외국어로서의 중국어 교육 학계는 줄곧 교육의 실천 과정에서 경험을 개괄하는 것을 중시하고, 해외 언어교육과 관련된 이론을 받아들이고 참고하는 것을 기반으로 교육 원칙을 포함한 언어교육이론을 만들었다. 리취안李泉은 정규교육 원칙, 비정규 상위上位교육 원칙, 비정규 중위中位교육 원칙, 비정규 하위下位교육 원칙이라는 교육 원칙의 분류시스템을 제시하였다. 외국어로서의 중국어 교육의 상위교육 원칙은 학생이 중심이 되고 의사소통 능력(communicative competence)의 향상을 중점으로 하며, 구조, 기능, 문화의 상호 결합을 그 틀로 삼는다.[10]

6.2.2.2 교육 모델

교육 모델教学模式(teaching model)은 전형적인 의의가 있고 표준화된 교육 표준을 가리킨다. 외국어로서의 중국어 교육의 교육 모델 연구는 교

---

9) 주로 『외국어로서의 중국어 교육 연구 종술对外汉语教学研究综述』,
   http://chomsky.bokee.com/2030497.html을 참고하였다.
10) 리취안李泉, 「외국어로서의 중국어 교육의 교육 원칙을 논함试论对外汉语教学的教学原则」,
   『中国对外汉语教学学会北京分会第二届学术年会论文集』, 北京语言文化大学出版社, 2001년.

육의 실천을 발전시키기 위해서 뿐만 아니라 교수법 이론을 체계화하고 완벽하게 만들기 위해서도 필요하다. 현재 중국 국내에 이미 나타나고 있는 중국어 교육 모델은 중국어 의사소통능력 향상을 목표로 하는 "기능 중국어 교육 모델", 중국어 미시적 기능 훈련을 중점으로 하는 "미시적 기능별 교육 모델" 등이 있다. 하지만 종합하면 중국어의 교육 모델은 비교적 낙후되어 있고 획일화되어 있으며 국내외의 관련 성과가 아직 교육 모델에 제대로 반영되지 못하고 있다.

1990년대 이후, 제2언어교육의 중점이 점차 가르치고 배우는 과정으로 옮겨감에 따라, 학습자들이 목표어(target language)를 사용하여 임무를 완수하고, 교실교육에서 의사소통과 관련된 활동을 진행하며, 학습 효율을 향상시키는 것을 강조하는데, 이를 기초로 과업중심 교육 모델任务型教学模式(Task-Based education model)을 만들었다. 이러한 교육 모델은 해외의 제2언어 교육에서 광범위하게 응용하였지만 중국 국내에서는 아직 비교적 새로운 분야이다. 마젠페이马建飞의 논문들은 과업중심 교육 모델에 대해 논의하였다.[11] 추이용화崔永华는 개혁의 필요성, 현행 교육 모델 분석, 참고할만한 교육 모델 소개 등 개혁적 의견을 제시하였고, 외국어로서의 중국어 교육의 학과 정립 및 교과과정 마련, 교육 모델 등을 위해 체계적인 이론의 틀을 제시하였다. 그는 한자를 중시해야 하고, "먼저 말을 익힌 후 글을 읽힐 것先语后文, 글자 교육에 집중할 것, 먼저 읽기를 한 후에 글을 쓸 것先读后写"의 교육 순서를 제시하였다.[12] 멍궈孟国는 학

---

11) 마젠페이马箭飞, 「새로운 모델-의사소통의 임무를 기초로 한 중국어 단기 교육新模式-以交际任务为基础的汉语短期教学」, 『世界汉语教学』, 제3기.
마젠페이马箭飞, 「"의사소통의 임무"를 기초로 한 중국어 단기 심화 교육 원칙以"交际任务"为基础的汉语短期强化教学教材设计」, 『对外汉语教学与教材研究论文集』, 华语教学出版社, 2001년.

생이 기능을 익히는 것을 중점으로 하는 "실황리스닝 교육 모델實況听力教學模式"(Live listening teaching model)을 제시하였다.13) 장평평 張朋朋은 "어문을 분리하고 글자교육에 집중하는 모델"을 제시하였다.14) 이것은 초기 단계 유럽 학생과 미국 학생을 대상으로 중국어를 가르치는 교육 모델이다. 이 모델은 전통적인 글자 교수법의 영향을 받아 한자와 한자 학습의 특징을 결합한 것이다. 리샤오치 李曉琪는 허사虛词(기능어)를 핵심으로 하는 "어휘-문법교육모델词汇-语法教學模式"(Vocabulary grammar teaching mode)을 만들었는데, 어휘 조합에 관련된 학습을 강화하고, 텍스트에 중심을 두어 문법과 텍스트 간의 유기적인 연결을 이루어내어야 한다고 주장하였다.15)

6.2.2.3 교수법

교수법의 연구 방향은 제2언어 학습자를 중심으로 적절한 교수법을 찾는 것으로 학습 대상, 학습 환경, 학습 단계, 학습 내용 등의 차이에 따라 과학적이고 합리적인 교수법을 선택하는 것이다. 1990년대 말 이후, 외국어로서의 중국어 교육 연구는 전면적으로 깊이 있게 다원화된 방향으로 발전해가는 새로운 단계로 진입하여, 중국어 의사소통능력을 향상시키는 것이 각종 교수법 연구의 공통된 목적이었다. 이밖에 "구조(structure)-기능(function)-문화(culture)" 교수법이 1990년대 중반부터 성행

---

12) 추이융화崔永华, 「기초중국어 교육 모델 연구基础汉语教学模式研究」, 『世界汉语教学』, 1999년, 1기.

13) 멍궈盟国, 「회화 오류와 외국어로서의 중국어 교육 실황 교육口误与对外汉语实况教学」, 『语言教学与研究』, 1998년 3기.

14) 장평평张朋朋, 「글자 교육集中识字」, 华语教学出版社, 2001년.

15) 리샤오치李曉琪, 「어휘-문법 교육 모델에 관한 사고关于建立词汇-语法教学模式的思考」, 『语言教学与研究』, 2004년 1기.

되었다. 구조, 기능, 문화를 서로 결합시킨다는 기본 원칙은 학생들의
의사소통 능력을 향상하는 효과적인 방법이며, 교육과 학습 수준을 향
상하는 것을 기본적으로 보장해 줄 수 있는 방법이다. 진리신金立鑫·사
오징邵菁은 생성언어학生成语言学(Generative Linguistics)과 기능주의 언어학功
能主义语言学(Functional Linguistics)을 기초로 한 "인지기능교수법(Cognitive-
functional Approach)"을 제시하였다.16) 이러한 교수법은 기본 정신과 원칙
에서 언어학 일반이론의 "매개변수(parameter) 설정" 원리와 언어 환경 원
리语境原理(context principle)를 따르며 그것을 언어 교육의 각 층위에 관철
시키고자 한다. 이것은 학생들이 특정한 상황에서 적절한 언어형식을
선택하는 것을 훈련하고, 담화(discourse) 속 상황에서 언어형식의 선택 관
계를 중시하는 것이 언어교육의 중요한 임무라고 생각하기 때문이다.

교수법에 관한 평가 표준에 관해서 청탕程棠은 과학적이고 효과적이
며 실현가능하고 경제적인 표준을 제시하였다.17) 이러한 표준에서 출
발하여 각종 교수법은 언어 학습과 교육의 규칙을 부분적으로만 반영
하였고 또 부분적으로 어떤 교육에만 적합하다는 것을 알 수 있다. 다
른 사람들의 장점을 받아들이고 한 가지 방법만을 고집하지 않는 것이
비교적 현명한 방법이므로 교수법은 전면적이고 체계적인 연구를 강화
해야만 한다.

어떠한 교수법이 외국어로서의 중국어 교육에 적합한가? 청탕程棠은
외국어로서의 중국어 교수법에 대한 특징을 융통성과 종합성으로 귀납
하였다. 융통성은 "언어 교육의 규칙이 있기는 하지만 고정적이고 불변

---

16) 진리신金立鑫·사오징邵菁,「인지기능교수법을 논함试论认知功能教学法」,『语言教育问题研究
论文集』, 华语教学出版社, 2001년.
17) 청탕程棠,「외국어로서의 중국어 교육-목적, 원칙, 방법对外汉语教学-目的, 原则, 方法」, 华
语教学出版社, 2001년.

하는 것은 아니므로 교수법의 운영은 사용 주체의 개성적인 특징이 뚜렷하게 나타나는 것"을 가리킨다. 종합성은 "언어 교육 활동에서 획일적인 교수법만을 사용하는 경우는 매우 적고 몇 가지 교수법을 동시에 병용하든지 혹은 한 가지 교수법을 중심으로 나머지 다른 교수법을 보조 수단으로 사용하는 것"을 가리킨다. 그것의 근거는 "각각 서로 다른 기능 훈련으로 볼 때, 듣기, 말하기, 읽기, 쓰기 4대 영역의 훈련은 어떠한 한 교수법에 얽매는 경우가 매우 적다. 듣기수업, 회화수업, 독해수업, 한자수업, 작문수업 등 각각의 교육적 요구와 교육적 특징이 있고, 각 과정의 교수법을 교사가 합리적이고 효과적이라고 생각한다면 모두 사용할 수 있으므로 통일된 모델은 없다"라는 것이다. 청탕程棠의 "규칙은 있지만 정해진 것은 없다法无定法"는 것은 현재 중국의 외국어로서의 중국어 교육 학계의 교수법에 대한 대표적인 관점이다.

6.2.3 멀티미디어와 네트워크 교육 연구

외국어로서의 중국어 교육의 멀티미디어 수업에 대한 연구는 1980년 말에서 1990년대 초에 시작되었고 첫 번째 대량의 성과가 나타난 것은 1990년대 후반이다. 최근 10년 동안 이와 관련된 수요나 이론에 대한 논의는 많지 않지만 많은 인적 물적 자원을 투입하여 수업자료들을 연구제작하고 있는데, 주로 한자 교육 자료에 집중되어 있다. 21세기 초에도 개별 교육 사이트를 만들었지만 실질적인 의미에서 사용하기 시작한 멀티미디어와 네트워크 수업 자료는 많지 않다.

6.2.4 한자와 언어교육

6.2.4.1 한자

최근 들어, 한자 교육이 갈수록 중시되고 있으며 1990년대 후반기 들어 한자교육이 갑자기 세계적 연구 관심 주제가 되었다. 몇 년 동안 한자교육을 논의하는 논문과 회의가 급증하였다. 중요한 회의로는 1997년 6월 이창宜昌에서 열린 "한자와 한자교육 세미나汉字与汉字教学研讨会", 1998년 파리에서 개최된 국제 한자교육 세미나国际汉字教学研讨会, 1999년 6월 칭화대학에서 개최한 "한자 응용과 보급 국제학술세미나汉字应用与传播国际学术研讨会"가 있다. 각종 관련 회의와 간행물에서 한자 교육을 논의한 논문이 급증하였고 한자교육에 관한 실험 보고서도 수시로 발표되었다.

한자는 줄곧 비한자문화권 학습자가 중국어를 학습하는 데 있어 난제가 되어 왔다. 이러한 학습자들이 늘어남에 따라 한자 교육 문제는 특히 서방의 한자 교육 전문가들이 상당히 중시하기 시작하였다. 한자 교육을 개선하는 것은 문자학(Graphonomy), 언어학습이론, 교육학(한자 익히기 교육 연구 포함), 심리학, 인지심리학(Cognitive Psychology), 교육 실천 경험과 관련이 되어 있고, 컴퓨터와 멀티미디어 기술 등 각 방면과 연관되어 있다. 당시 각 분야 전문가들이 참여하여 한자 교육에 대해 전방위적인 검토를 하였다. 토론의 성과는 한자교육의 이론적 연구와 각종 한자교육 소프트웨어를 연구제작해낸 것 외에 범학문적 연구사상도 학계에 깊은 인상을 주었으며, 이후 학계 연구자들이 범학문적인 방법으로 연구하는 분위기가 점차 형성되었다는 점이다.

6.2.4.2 음성[18]

음성 교육은 외국어로서의 중국어 교육에서 매우 중요하게 여기는 부분이지만 최근 들어서는 조금 등한시되었다. 유학생의 외국인 말투洋腔洋调 문제가 더욱 두드러지고 있다. 자오진밍赵金铭은 그 원인을 다음 세 가지로 보고 있다. 첫째, 외국어로서의 중국어 교육이 크게 발전하고 학생 수도 급증하였지만 교사 양성이 그 수준을 따라가지 못하고 있다. 많은 교사들은 소리 구분 능력과 소리 교정 능력이 부족하다. 둘째, 교육 과정에서 의사소통과 기능을 중시하면서 듣고 말하는 것이 중심이 되어, 표현하는 것은 중시하였으나 소리나 억양은 소홀하게 여겼다. 의사소통에 급급해서 음성 교육 단계를 줄이거나 심지어 없애버려 음성 교육에 충분한 시간을 투자하지 못하였다. 셋째, 사회적인 언어 환경에 많은 간섭이 있었다.

음성 교육이 이렇게 내리막길을 걷는 현상에 주의해야 한다. "한어병음방안汉语拼音方案(the Scheme for the Chinese Phonetic Alphabet)의 규범성과 우월성을 충분히 이용하여 음성 교육을 실시해야 한다. 교사는 한어병음방안을 제정할 때 음성 이치의 근거를 충분히 이해하고, 자모字母와 음성의 배치관계, 자모와 음소音位(phoneme)나 변이음变体(allophone)의 관계를 이해해야만 한다. 중국어 음성 체계를 따르고 충분히 운용하여 음성 교육에서 융통성을 발휘하고 중국어 음성 특징을 갖춘 음성 교수법을 만들어내야 한다. 학습자들의 외국인 말투와 비표준적인 발음을 줄이고 외국어로서의 중국어 교육에서의 음성 교육 수준을 향상시켜야만 한다."

---

18) 자오진밍赵金铭, 「"10·5"기간 외국어로서의 중국어 교육의 학문 분야 건설 연구"十五"期间对外汉语学科建设研究」, 『对外汉语研究』, 商务印书馆 2005년.

6.2.4.3 어휘[19]

외국어로서의 중국어 교육의 어휘 교육에 있어 어휘의 중요성은 이미 갈수록 많은 사람이 인식하고 있고 많은 학자들이 논술한 바가 있다. 또 많은 학자들의 조사에 따르면 어휘는 확실히 유학생들이 가장 힘들어하는 문제 중 하나이다. 하지만 현재의 외국어로서의 중국어 교육에서 어휘 교육은 여러 가지 문제가 존재하고 있다.

1. 학생들의 언어문자 배경에 대해 충분히 관심을 갖지 않는다. 주지하는 바와 같이, 일본이나 한국 등 역사적으로 중국 언어문자의 영향을 받은 언어는 그 언어의 서사형식이 한자와 매우 밀접한 관계가 있다. 일본은 지금까지 2,000여 개의 상용한자를 사용하고 있고, 한국은 현재 한자를 사용하고 있지는 않지만 그 역사 문헌은 대부분 한자로 쓰여 있어 한국인도 한자를 낯설어 하지 않는다. 그래서 어휘 교육 모델은 학생이 한자문화권汉字圈(cultural area of chinese character) 국가에서 왔는지의 여부를 반드시 고려해야 한다. 따라서 특화된 두 가지 모델, 즉 유럽 미국 모델과 일본-한국 모델은 정규 교과과정과 비정규 교과과정을 모두 중시하는 자기 주도 학습 모델自主学习模式(autonomous learning model)을 만들어야 한다.

2. 중국어 본체에 기초한 각종 어휘 교육관은 유연성이 비교적 부족하였다. 어휘 교육에 관해서는 현재 학계가 "자字" 본위 교수법字本位教学法(Character based teaching method)(형태소 교육법), 조어법 교수법, 복합식 교수법 등 중국어 본체 연구 성과에 기초한 교육 이론을 제시하였는데 그것은 각각 다른 각도에서 과학성이 입증되었다. 이것은 매우 새로운 것

---

19) 주용朱勇, 「중국어의 제2언어 어휘 학습 문제에 관한 견해汉语第二语言词汇学习问题刍议」, 『云南师范大学学报(对外汉语教学与研究版)』, 2004년 제1기.

으로 많은 시사하는 바가 있고, 전체적으로 볼 때, 이러한 다양한 관점이 모두 자체적으로 합리적이기는 하지만 빈틈이 없는 것은 아니다. 만약에 좀 더 유연성을 가지면, 각자의 장점을 더욱 발휘하여 학습 대상, 구체적인 어휘 등의 차이를 근거로 서로 다른 교육 모델을 채택할 수 있으므로 어떤 구체적인 교수법에 구속되지 않는 것이 더욱 합리적이며 과학적일 수 있다.

3. 어휘 학습에서 학생의 주체적인 역할을 간과하였다. 어휘 교육은 대부분 교사의 관점이나 중국어 자체적인 특징에서 출발하였는데 이러한 관점이 의미가 있기는 하지만 학습 활동에서 학생의 역할을 간과해서는 안 된다.

4. "원칙"은 많이 연구하지만, "문제"는 별로 논의하지 않아서 활용 가능성이 적다. 1953년 저우쭈모周祖谟는 길고 쉬운 글을 읽으면서 어휘를 공부해야 한다고 지적하였다. 그 후에 "형·음·의 결합", "점진성", "조어법 교육构词法教学"(teaching of word formation), "형태소 교육语素教学" (teaching morphemes) 등 어휘 교육에 관한 원칙도 계속 나왔지만 이를 구체적으로 실시하는 것은 쉽지 않았다. 현재의 어휘교육이론을 더 잘 활용할 수 있도록 어떻게 바꾸어 가고 어떻게 실천으로 옮길 수 있을지가 지금 시급하게 해결해야 하는 문제이다.

6.2.4.4 문법

외국어로서의 중국어 교육은 역대로 문법 교육을 중시해왔다. 자오진밍赵金铭은 "1. 외국인을 가르치는 것은 이론 문법이 아니라 교육 문법이며, 2. 중국인을 가르치는 문법이 아니라 외국인을 가르치는 문법이며, 3. 형식에서 의미로의 문법이 아니라 의미에서 형식으로의 문법이며, 4.

분석하는 문법일 뿐만 아니라 조립하는 문법이며, 5. 기술하는 문법일 뿐만 아니라 조건을 말하는 문법이고, 6. 고립적인 중국어 문법을 말하는 것이 아니라, 언어 상호 간의 대조 속에서 중국어 문법을 말하는 것이다"[20]라고 지적하였다. 이 여섯 가지 원칙은 외국어로서의 중국어 교육의 문법 교육에 중요한 지도적인 의의를 갖고 있다.

6.3 중국어의 제2언어 습득 연구의 새로운 진전

언어습득을 연구하는 것은 학습의 규칙을 밝히기 위한 것이며, 또한 외국어로서의 중국어 교육이라는 학문이 심리학과 더욱 잘 결합하고, 범학문적인 특징과 학문의 발전방향을 더욱 잘 구현해내기 위한 것이다. 중국어 제2언어 습득의 연구가 비교적 늦게 진행되었지만 10여 년 동안 중국 국내외 학자들은 이 방면에서 상당한 연구 성과를 거두었다. 중국 학자의 연구 상황을 보면, 이미 서양의 언어습득이론을 소개하는 초보적인 단계를 거쳐 중국어 비문病句 분석에서 중국어 오류 분석 단계로까지 발전하였고, 지금은 중국어의 습득 순서와 인지과정 연구의 단계로 들어갔다. 몇몇 젊은 학자들은 개별적인 추적 조사와 대규모 조사 등의 실험방법과 과학적인 통계방법을 통해, 현재 이 분야에 대해 연구하고 있으며 이미 첫 단계 성과를 거두었다. 그들은 이미 서양학자들이 주로 인구어(Indo-European language)를 기반으로 하여 얻어낸 연구 결론을 검증하였을 뿐만 아니라, 중국어 특징에서 출발하여 제2언어의 습득규칙과

---

20) 자오진밍赵金铭, 「외국인을 가르치는 중국어 문법의 원칙적인 문제들教外国人汉语语法的一些 原则问题」, 『语言教学与研究』, 1994년 제2기.

이론에 대해 연구하였다. 베이징언어문화대학이 1995년에 완성한 "중국어 중간언어 코퍼스 시스템汉语中介语语料库系统"21)은 향후 중국어 습득 연구에 매우 유리한 조건을 제공하였다.22)

6.3.1 습득 순서와 습득 과정 연구의 초보적 성과

1990년대 초기와 중기, 중국어 습득 연구는 습득 순서와 습득 과정에 대한 연구를 시작하였다. 이것은 중간언어 연구가 심화되었다는 것을 의미하며, 중간언어에 대한 오류분석에 그치던 정태적인 분석을 넘어서서 중간언어 발전에 대한 동태적인 연구로의 전환을 의미한다. 이와 아울러 일부 연구논문은 인지심리학이론을 주요 이론으로 삼고, 실험을 통해 중국어 습득과정에서의 심리적 기제(psychological mechanism)와 인지 규칙을 논의하였다. 그리고 연구방법에서 외국어로서의 중국어 교육에 대한 연구에 어느 정도 혁신적인 면이 있었다. 이러한 연구는 중국어에 대한 오류분석, 습득순서, 습득과정의 연구 등에서 초보적인 성과를 얻었다. 하지만 습득연구는 실험을 기반으로 해야 하여 연구자들이 실험 심리학적 연구방법, 통계방법을 파악해야 하고, 각종 독립변수, 종속변수 등의 실험 결과에 영향을 주는 요소에 대해서도 과학적인 제어를 해야 하기 때문에 습득연구를 하는 외국어로서의 중국어 교육 분야 교사는 많지 않았는데 이것은 습득 연구가 제한적으로 진행되는 객관적인 요인이 되었다.

---

21) 역자 주 : 베이징언어대학중국어코퍼스北京语言大学汉语语料库 http://bcc.blcu.edu.cn/ 참고할 것.

22) 류선 刘询, 「21세기 제2언어로서의 중국어 교육迈向21世纪的汉语作为第二语言教学」, 『语言教学与研究』, 2000년 1기.

6.3.2 중국어 인지연구[23]

언어에 대한 인지적 연구는 현재 언어연구와 언어교육 연구의 국제적
인 추세이다. 외국어로서의 중국어 교육의 중국어 인지연구는 중국어를
제2언어로 하는 학습자의 중국어에 대한 인지연구이다(혹은 약칭 "비모어
화자의 중국어 인지 연구"). 중국 국내의 이러한 연구는 1990년대 후반에
시작되었고 1990년대 말과 21세기 초는 비교적 많은 성과를 거두던 시
기였다. 비모어화자의 중국어 인지연구는 중국어 습득 연구와 겹치는
부분도 있고 구별되는 부분도 있다. 그것의 중요한 차이는 기초이론, 연
구내용, 연구방법에 있는데 언어 인지연구는 정보가공이론信息加工理论
(Cognitive Information Processing theory)을 근거로 학습에 영향을 주는 요소와
학습전략 등의 문제를 연구하고 심리실험방법을 엄격하게 사용한다.

몇 년 동안 중국어 인지연구의 성과를 통하여 학계는 인지과학적인
방법을 운용하고 외국인이 중국어를 배울 때 영향을 주는 요소와 학습
전략을 연구하는 것이 중국어 학습의 규칙을 인식하고 교육을 개선하는
데 중요한 역할을 하고 학문 발전에 하나의 중요한 기틀이 된다는 것을
점차 인식하게 되었다. 이것은『HANBAN "10·5"(10차 5개년 계획, 2001-
2005년)과학연구계획과제지침国家对外汉语教学领导小组办公室"十五"(2001-2005年)科
研规划课题指南』에 포함된 선택 과제에서 짐작할 수 있다.『지침』의 선택과
제 범위는 학습전략의 연구, 인지언어학 기본이론 연구, 중국어 은유
(metaphor) 현상 연구, 인지역(cognitive domain) 연구, 인지구조(cognitive schema)
연구, 언어 환경과 언어이해 연구 등이 포함되어 있다. 이것을 볼 때 이

---

23) 추이용화崔永华,「20년 동안 외국어로서의 중국어 교육의 관심 문제二十年来对外汉语教学研
究热点问题」,『语言文字应用』, 2005년 1기.

관심사는 여전히 진행 중이며 연구에 참여하는 교사도 갈수록 많아지고 있다. 이것은 언어학습의 본질을 인식하고 교사의 지식과 능력구조를 개선하며 과학연구의 수준을 높이는 데 중요한 촉진제 역할을 한다. 중국어 인지연구는 당연히 전공 이론, 지식, 기능에 대한 요구가 비교적 높은 연구영역이므로 연구를 통해서 얻어낸 결론을 비전공자가 이해하기가 어려운 면이 있다. 그러므로 최근 몇 년간 훌륭한 연구 성과들이 있었지만 교육적 실천에까지 적용된 것은 그다지 많지 않았는데 이것이 바로 개선해야 할 점이다.

6.3.3 중국어 습득에 대해 논의한 논문과 저서 소개

류쑹하오刘颂浩의 『제2언어 습득 입문-외국어로서의 중국어 교육 시각』[24]은 2007년 말 세계도서출판공사 베이징지사에서 출판되었는데, 중국 국내 외국어로서의 중국어 교육의 각도에서 제2언어 습득문제를 논의한 첫 번째 저서이다.

이 책은 전체 24장으로 되어 있다. 1장은 "언어, 언어습득과 언어교육"으로 책 전체에 대한 개론에 상당한다. 2장은 "능력과 표현", 3장은 "언어기능과 보편문법"이다. 4장은 "연령과 주요시기"인데 제2언어 습득과 관련 학문, 특히 언어학, 제1언어 습득 등과 관련된 것을 중점적으로 소개하고 있다. 5장에서 10장까지는 시간 순서에 따라 제2언어 습득 영역이 주도적인 위치를 차지하는 핵심이론을 소개하였는데 각각 "대조분석과 언어전이", "오류분석", "습득순서", "중간언어", "학습과 습득", "입력과 출력"이 있다. 또 다른 각도로 보면, 1장에서 10장까지는 관심

---

24) 류쑹하오刘颂浩, 『第二语言习得导论-对外汉语教学视角』, 北京世图出版社, 2007년.

사가 모두 "언어문제"이다. 이와 달리 11장에서 14장이 논의하고 있는 것은 "비언어문제"로 "주의와 기억", "동기와 성격", "전략과 방법", "사회문화학(Socio-Culturology)"을 포함한다. 각 장의 제목은 해당 장의 "핵심 개념"이고, 각 장의 내용은 핵심 개념을 중심으로 다층위적으로 다각적으로 점점 심도 있게 소개하고 있다.

6.4 중국어 교사 양성과 교사 그룹 구성

외국어로서의 중국어 교육 사업은 중국 국가와 민족의 사업으로, 21세기 들어 중국 경제가 번영함에 따라 중국어가 세계와 소통하는 교량이 되어 세계 각국이 매우 중시하게 되었고, 중국어 교사에 대한 전 세계의 수요가 급증하고 있다. 교육부와 국가언어문자업무위원회国家语言文字工作委员会25)가 발표한『중국언어생활보고서中国语言生活状况报告(2005)』에 따르면, 2005년 전 세계에서 중국어를 공부하는 외국인은 약 4천만 명에 달하지만 외국어로서의 중국어 교육에 종사하는 교사는 4만 명이 되지 않기 때문에 교사와 학생의 비율은 1 : 1000이 된다. 이 보고서는 2010년이 되면 전 세계에서 중국어를 공부하는 사람은 1억 명에 달할 것이고 수백만 명의 중국어 교사가 필요할 것으로 예측하고 있다. 중국어 교사 부족 현상은 세계 각국에 보편적으로 존재하는 현상이며 동아시아와 동북아 등의 국가에서 특히 두드러진다. 해외의 중국어 교육이

---

25) 역자 주 : 국가언어문자공작위원회(State Language Commission)는 중국의 문자개혁기구로, 국무원 직속기관이며 1954년 12월에 만들어졌다. 원래 이름은 중국문자개혁외원회中国文字改革委员会였고, 1985년 12월 16일에 국가언어문자공작위원회로 명칭을 바꾸었다.

빠른 속도로 발전하고 중국어를 배우는 사람이 급증하면서 해외의 중국어 교사 수요공급 문제가 두드러지게 되었다. 중국 정부와 관련기구는 현재 외국어로서의 중국어 교육에 종사하는 교사들의 수준 향상을 장려하는 효과적인 정책과 조치들을 취하고 있다.

6.4.1 중국어 교사 능력 향상

6.4.1.1 중국 국내 교사 능력 향상

6.4.1.1.1 학위 개설

교육부는 1983년 외국어로서의 중국어 교육 학부 전공 개설을 비준하였다. 오랫동안 외국어로서의 중국어 교육은 중국 언어문학 관련 학과의 언어학과 응용언어학, 중국어문자학 부분, 외국 언어문학 관련 학과 직속의 외국 언어학과 응용언어학 부분, 교육학 관련학과 직속의 교과과정과 교육론 등의 학문별 전공에서 각각 교육연구와 학과 개설을 하고 연구생을 모집하였다. 2006년 3월 국무원판공실國務院办公室에서 발표한 "중국어 국제 보급 업무 강화에 관한 약간의 의견关于加强汉语国际推广工作的若干意见"은 국가전략적인 각도에서 출발하여 중국어 국제 보급 업무의 중요성과 긴박성을 천명하였고, 중국어가 더욱 빠른 속도로 세계 속으로 나아가야 한다는 지도 사상, 전체 계획, 정책 조치를 제시하여 학문의 지위를 격상시켰고, 중국어를 제2언어 교육으로 하는 전공학위제도 개설을 중요한 임무의 하나로 포함시켰다.

이러한 기초에서 2006년 국제 중국어 석사전공학위를 새롭게 개설하였고 2007년 중국어 국제교육 석사전공 학위를 개설하였다. 이러한 학과의 개설은 중국어의 국제 보급 교사 양성 문제를 해결하는 중요한 조치로, 현재의 인재 양성에서 나타나는 문제를 해결할 수 있고 중국어 국제교육 인재양성모델을 혁신하는 데 도움이 되므로 이러한 인재양성의 전문화와 직업화를 이루어내는 것은 외국어로서의 중국어 교육 전공이 이미 독립된 학과가 되었다는 것을 의미한다.

중국어 국제교육 전공 석사연구생 양성 프로젝트는 HANBAN이 지원하는 새로운 중국어 교육 교사 양성계획의 일부이다. 목표는 복합적이고 국제화된 중국어 교사를 양성하고, 중국의 외국어로서의 중국어 교육과 중국어 국제화 보급 사업을 촉진하는 것이다. 중국어 국제교육 전공 석사연구생의 학습기간은 3년이며 전일제 교과과정 학습과 교육견습, 실습이 서로 결합된 방식을 채택하였다. 학생이 입학한 첫 해에는 중국어교육 전공과정을 공부하고, 두 번째 해는 해외에서 1년간 외국어로서의 중국어 교육 실습을 할 일부 학생을 선발하고, 세 번째 해는 이어서 교과과정을 이수하거나 해외에서 실습을 하고 졸업을 준비한다.

중국어 국제교육 석사전공학위는 영문으로는 "Master of Teaching Chinese to Speakers of Other Languages(약칭 MTCSOL)"라고 하고 재직하면서 공부도 할 연구생을 모집한다. 이름은 "중국어국제교육汉语国际教育"이며, 이것은 "중국어가 더욱 빨리 세계로 나아간다汉语加快走向世界"라는 함의를 실현할 수 있고, 또 중국 국내의 이중언어 교육에서의 중국어 교육과는 구별이 되어 "보급"이라는 단어가 유발할 수 있는 부정적인 영향을 피할 수 있다. 중국어 국제교육 석사전공학위는 중국어의 국제보급 업무에 적응하고, 각종 중국어 교육 임무를 이행할 수 있는 높은 수준의 응용형, 복합형 전공교육 인재를 길러내는 것이다. 학위취득자는 중국어를 제2언어로 하는 교육 분야에 숙련된 기술과 뛰어난 범문화적인 의사소통능력이 있어야 한다. 모집대상은 일반적으로 학사학위 취득자이며 지도교사 책임제 혹은 지도교수 지도와 단체 양성을 서로 결합시킨 방식을 채택한다. 교과과정은 외국어로서의 중국어 교육의 실천과 밀접하게 관련된 것을 공부하는데, 학생은 지도교수의 지도하에 국내외 중국어 교육에 참여하고 교육 방면에서 보조 업무를 하면서 교육 실천 능력을 키워나간다. 학위 논문은 반드시 중국어 교육과 보급을 긴밀하게 결합하여야 한다. 중국 국가는 전국 중국어 국제교육 석사전공학위 교육지도위원회를 만들고, 『중국어 국제교육 석사전공학위의 지도적인 양성방안汉语国际教育硕士专业学位指导性培养方案』과 교수요목 제정을 책임지고, 교재와 참고서를 편찬하거나, 학생모집, 양성, 학위수여와 수준평가 등 각 부분의 지도, 관리, 감독을 강화한다.

6.4.1.1.2 교사 양성 관련 프로그램

HANBAN은 현재 "국내 중국어 교사 양성 프로그램国内汉语教师培训项目"와 "중국어 국제 보급 '씨앗교사' 프로그램汉语国际推广'种子教师'项目"를 실시하고 있다. 이 두 가지는 중점이 다르다. 전자는 해외의 중국어 교사에 대한 수요를 만족시키기 위해 해외의 중국어 교육 요구에 맞는 교사들을 준비하고 수준 높은 국제중국어 교사 그룹을 만들자는 것이다. 후자는 중국어 국제 보급 교사그룹을 마련하고, 중국어 국제 보급교사를 양성하고, 그 양성 수준을 향상시키며, 국제적 수준을 갖춘 학문의 리더를 배출하기 위해, 상대적으로 수준 높고 안정된 중국어 국제 보급교사 그룹을 만드는 것이다.

6.4.1.1.3 정부 파견 교사 프로젝트 소개

이 프로젝트는 HANBAN이 해외교육부, 대학, 초등학교와 중학교 등의 교육기관에 중국어 교육고문과 중국어 교사 파견을 구체적으로 책임지는 것이다. 매년 교육부의 선발 요구조건과 해외 근무 기관의 고용 조건에 따라, 각 성(혹은 시)의 교육청(교육위원회)과 직속 고등교육기관 추천이나 혹은 인터넷 공개채용을 통하고, HANBAN이 개최하는 선발시험을 거쳐, 교육부가 채용통지서를 발부하고 국외 근무기관에서 근무하는 시간요구에 따라 해외에서 교육을 하는데, 임기는 보통 2년이다.

6.4.1.1.4 『국제 중국어 교사 표준』 연구 개발

국제 중국어 교사의 전공 소양과 교육 수준을 높이고 수준에 부합하는 많은 중국어 교사를 양성하고 연수하여 세계 각지에 갈수록 늘어나고 있는 중국어 학습에 대한 수요를 만족시키기 위해, HANBAN은 2006년 "국제 중국어 교사 표준国际汉语教师标准" 연구개발 프로젝트를 가동하였다. "국제 중국어 교사 표준"은 국제 중국어 교사 양성, 연수, 시험, 인증의 표준적인 문건이 되었다. 2007년 말 HANBAN은 공식적으로 『국제 중국어 능력 표준国际汉语能力标准』,[26] 『국제 중국어 교사 표준国际汉语教师标准』[27]을 발표하여 처음으로 해외에서 실시하는 중국어 교육과 학습의 표준을 제시하였다. 『국제 중국어 능력 표준』은 국제 중국어 교육 업무에 종사하는 교사가 마땅히 갖추어야 할 지식, 능력, 소질에 대한 전반적인 기술인데, 그 취지는 완벽하고 과학적이며 규범적인 교사

---

26) 『국제 중국어 능력 표준国际汉语能力标准』은 2007년 12월 HANBAN에서 편찬한 책으로 한영대조로 되어 있다.

27) 『국제중국어교사표준国际汉语教师标准』은 对外汉语教学与研究出版社가 2007년 10월 1일에 출관한 도서로, 이 책은 HANBAN에서 편찬한다.

표준체계를 마련하여 국제 중국어 교사 양성, 연수, 능력 평가, 자격 인증 등을 위해 근거를 제공하는 것이다. 표준은 언어 기본지식과 기능, 문화와 의사소통, 제2언어습득과 학습 전략, 교수법과 교사 종합 소질 양성 이렇게 5개의 부분으로 구성되어 있다. "국제 중국어 능력 표준"은 과거에 많은 중국어 지식을 갖추는 것으로 중국어 수준을 가늠하는 평가 표준으로 삼았던 것으로부터, 능력 위주로 중국어를 사용하여 "어떤 일을 할 수 있는 것"의 여부를 중국어 학습자의 언어 능력을 가늠하는 중요한 근거로 삼는 것으로 전환되었다. 이 표준의 기본 구조는 세 개의 층위로 나누어지는데, 첫째는 국제 중국어 능력의 총체적 기술이고, 둘째는 중국어 구어와 서면어 의사소통능력이며, 셋째는 중국어 구어와 서면어의 이해와 표현능력이다.

6.4.1.2 해외 교사 양성

6.4.1.2.1 해외 중국어 교사의 중국 연수 프로그램

HANBAN은 세계 각국 중국어 교사의 중국어 교육 수준을 높이고, 중국 국내외 중국어 교육의 교류와 협력을 촉진하기 위해 "해외 중국어 교사의 중국 연수 프로그램海外汉语教师来华研修项目"을 만들어 해외 중국어 교사가 중국으로 와서 연수하는 것을 지원하였다. 해외 각 학교와 교육 기구의 현직 중국어 교사들은 심사를 거쳐 3-4주간 중국에서 연수를 받는다. 각 연수 기관은 국가별, 교사별(대학교, 중·고등학교, 초등학교), 교사 능력등급별(초급, 중급, 고급) 등에 따라 서로 다른 연수 계획을 마련한다. HANBAN은 참가자들에게 중국에 있는 기간 동안의 학비와 숙비 등의 경비를 지원해 주고, 연수를 마친 후 시험에 합격하면 HANBAN이 제작한 연수증서를 발부한다.

6.4.1.2.2 전문가 해외 연수 프로그램

이 프로그램은 국내외 최고의 중국어 교육 전문가들을 조직하여 해외 중국어 교사들에게 연수를 하는 것을 통해 해외 중국어 교사의 중국어 교육 기능과 전공소양을 향상시키는 것을 돕고, 중국문화에 대한 이해를 심화시키며, 중국어 교사 능력 발전을 촉진하고, 날로 증가하고 있는 해외의 중국어 교수 연수 수요를 만족시키며, 국내외 중국어 교육의 교류와 협력을 촉진하는 것이다.

HANBAN과 해외 관련기구가 합동으로 해외에서 중국어 교사 자격 연수반을 만들어 중국 국내 전문가들과 해당 국가의 전문가들이 함께 연수를 담당한다. 연수는 전문가들이 수업, 주제 강연, 예시분석, 상호토론 등 각종 연수방식을 채택한다. 내용은 중국어 요소와 그것에 대한 교수·학습, 중국어 교육기능과 기교, 중국어를 외국어로 하는 교육이론, 제2언어습득이론, 초·중등학교 중국어 교수법, 중국어 교재와 측정시험, 교실교육 예시분석, 네트워크 교육과 멀티미디어 교육, 중국문화, 중국어를 외국어로 하는 교수학습의 능력, 시험지도 등을 포함한다. 각국의 다양한 상황과 수요에 따라 2-8주간의 연수 주기를 배정한다.

6.4.1.2.3 국제 중국어 교사의 중국 자원봉사자 계획

HANBAN은 중국어를 적극적으로 보급하고, 세계의 중국어 교육 수준을 높이고, 해외에서 중국어와 중국문화에 대한 전파를 촉진시키고, 중국과 세계 각국의 상호이해를 심화하며, 세계 각국 사람들과의 우호와 교류를 증진시키기 위해, "국제 중국어 교사 중국자원봉사자 계획国际汉语教师中国志愿者计划"를 제정하였다. 이 계획은 HANBAN이 현재 세계 중국어 교육이 크게 발전하는 시대적 수요에 발맞추기 위해, 중국어 모어국가로써 중국어 인력자원의 우세를 이용하여 수요가 있는 세계 각국에 중국어 교사를 파견한다는 새로운 조치 중의 하나이다.

이 계획은 중국 교육부의 비준을 거쳐 HANBAN이 2004년 3월 26일 실시하였다. HANBAN은 "국제 중국어 교사 중국자원봉사자센터国际汉语教师中国志愿者中心"를 만들었는데, 이 센터는 국제 중국어 교사 중국자원봉사자 업무 중의 모집, 선별, 연수, 파견, 계약, 자문, 경비 지불 및 일상 관리 등 구체적인 일을 담당한다. 자원봉사 지원자와 자원봉사자센터는 "국제 중국어 교사 중국자원봉사자 지원서비스 협의서国际汉语教师中国志愿者志愿服务协议书"에 서명하여 양측의 권리와 의무를 명확히 하였다. 2004년 이후, HANBAN은 이미 2,000여 명의 자원봉사자 교사를 파견하였고, 2006년에는 자원봉사자 1,000명만을 파견하였고, 지금은 1,300명의 자원봉사자가 전 세계 35개 국가에 분포되어 있다.

해외의 중국어 교사 수요로 볼 때 현재의 해외교사연수는 아직 그 수요에 미치지 못하고 있다.[28] 연수에 대한 그들의 수요는 주로 다음과 같은 측면에서 이루어진다. 첫째, 체계적인 연수를 바란다. 선생님들은 HANBAN에서 개최하는 중국어 연수활동을 좋아하고 계속 이루어지기를 바라면서 또 HANBAN이 외국어로서의 중국어 교육의 원격네트워크연수를 제공해서 쉬운 것에서 어려운 것, 기초에서 중급과 고급까지 등의 체계적인 연수가 진행되기를 바란다. 둘째, 연수의 운영가능성이 강화되어야 한다. 언어지식뿐만 아니라 언어기능, 교육 기교, 게임 등 더 많은 훈련이 있어서 빨리 이를 배우고 모방할 수 있기를 바란다. 셋

---

28) 주용朱勇,「칠레, 아르헨티나의 외국어로서의 중국어 교육 현황과 발전 전략智利, 阿根廷汉语教学汉语教学现状与发展战略」,『国际汉语教学动态与研究』 4집, 外语教学与研究出版社, 2007년.

째, 전문적인 연수교재를 필요로 한다. 교사들은 일반적으로 교육 자료와 CD자료(시청각자료)를 더 많이 제공받아서 그 자료를 사전에 배부하여 예습하기 편하도록 하여 궁금한 점이나 어려운 점을 전문가에게 물어볼 수 있기를 바란다. 또 한 편으로 HANBAN의 전문가가 연수를 진행하는 횟수와 시간을 늘리기를 바란다.

이것으로 볼 때 현재의 연수모델은 교사들의 수요를 제대로 충족시키지 못하고 있으므로 효율성이 높고 체계성이 갖추어진 새로운 연수 모델로 기존 모델의 부족한 점을 채워나가야 한다. "교사연수 글로벌사이트를 만들어 멀티미디어 연수 자료를 개발하고, 온라인 연수 지도를 제공하며, 온라인과 오프라인, 국내와 국외를 결합하는 방식을 통해 교사연수 규모와 수준을 대폭 향상시켜야 한다."29) 그래서 교사 사이트에서 연수의 장을 만들어야 한다.30)

현대 교육공학의 발전으로 원격연수가 이미 새로운 연수모델로 점차 자리를 잡고 있다. 이러한 방식은 이미 외국어로서의 중국어 교육에서 갈수록 많이 채택되고 있다. 예를 들면, "베이징대학ー일본 와세다대학 프로그램", "베이징외국어대학ー일본 간사이대학 프로그램"은 모두 여러 차례 정기적으로 운영되고 있다. 따라서 원격강의 형식으로 연수를 진행하는 것도 시범적으로 점차 확대할 수 있고, 그밖에 전문적인 사이트를 만들어 수업을 녹화하고 업로드하여 교사들이 때와 장소에 구애받지 않고 자료를 다운로드 하거나 온라인에서 감상할 수 있도록 하면 효율성이 높아지고 효과도 더욱 좋아질 것이다.

---

29) 쉬린許琳, 「중국어가 빠른 속도로 세계로 나아가는 것은 매우 좋은 일이다汉语加快走向世界是件大好事」, 『语言文字应用』, 2006년 특집호.
30) 쉬린許琳, 「중국어의 국제적 보급의 형세와 임무汉语国际推广的形势和任务」, 『世界汉语教学』, 2007년 제2기.

  분명한 것은 원격연수모델이 빠른 시일 내에 개발해야만 하는 해외
중국어 교사 연수 모델이라는 점이다. 하지만 원격교육 자체도 수업을
하는 전문가와 배우는 사람, 배우는 사람과 배우는 사람간의 면대면 교
류와 소통이 부족하다는 고유의 결점을 가지고 있기 때문에, 연수의 효
과를 보장하기 어려운 점도 있다. 그래서 한 편으로는 이렇게 인터넷에
기초한 해외 중국어 교사 연수 모델을 대대적으로 채택하고 보급하여
완벽을 기하면서, 또 다른 한 편으로는 여전히 전통적인 "나가고", "모
셔오는" 연수모델을 강화하여, 두 가지를 서로 보완한다면 장점을 더욱
잘 발휘할 수 있을 것이다.

6.4.2 외국어로서의 중국어 교육의 교사 자격시험 및 외국어로서의 중국어 교육 능력 인증작업

  1990년 국가교육위원회가 "외국어로서의 중국어 교육 교사 자격 심
사방법对外汉语教师资格审定办法"을 발표하였다. 1991년에는 외국어로서의 중
국어 교사 자격 심사 업무를 시작하였고, 1995년에는 정식 시험을 시작
하였다. 1998년에는 국가교육위원회가 "국가의 외국어로서의 중국어 교
육 교사자료 시험요강国家对外汉语教师资料考试大纲"을 발표하여 시험이 점차
본 궤도로 접어들었고, 표준중국어 2급 갑甲 등을 요구하기 시작하였으
며, 2003년에는 320시간에 대한 요구를 폐지하였다. 2004년 8월 23일
중국 교육부는 "외국어로서 중국어 교육 능력 인증 방법汉语作为外语教学能
力认定办法"을 발표하여 등급별 시험, 관련 학과의 시험면제 등을 시작하
였으며, 외국어시험은 폐지하고 관련 증서로 이를 대체하였는데 이것은
2004년 10월 1일부터 실시하였다. "중국어 교사 자격 증서对外汉语教师资格

证书"는 이와 동시에 폐지되고 "외국어로서 중국어 교육 능력 인증 증서 (고급)汉语作为外语教学能力证书(高级)"로 대체되었다. 2005년 처음으로 외국어 로서의 중국어 교육 능력시험이 시작되었고 시험면제도 함께 진행되었 다. 2006년에는 2004년과 2005년의 "외국어로서 중국어 교육 능력 인 증 증서(고급)"와 2005년의 "외국어로서 중국어 교육 능력 인증 증서(중 급)"를 발급하였고, 2004년에 "중국어 교사 자격 증서对外汉语教师资格证书" 를 받은 사람은 직접 2005년 "외국어로서 중국어 교육 능력 인증 증서 (고급)"를 발급하였고, 2003년 이전의 "중국어 교사 자격 증서对外汉语教师 资格证书"는 바꿔주지 않았다. 2006년과 2007년도 시험은 중단되었는데, 『국제 중국어 교사 표준国际汉语教师标准』과 『국제 중국어 능력 표준国际汉语 能力标准』이 나옴에 따라 "외국어로서 중국어 교육 능력 인증 방법汉语作为 外语教学能力认定办法"은 공식적으로 폐지되었다. 2008년 새로운 표준 시험 이 시작되어 1991년에서 2005년간 발급되었던 모든 "중국어 교사 자격 증서" 와 "외국어로서의 중국어 교육 능력증서"는 새로운 버전으로 바 꾸어야만 했다.

위와 같은 조치의 목적은 주로 외국어로서의 중국어 교육에 종사하는 교사의 공급루트를 확대하고, 더 많은 우수한 인재가 중국어 교육 사업 에 종사하도록 흡수하며, 전 세계에 분포하고 있는 각 단계별 중국어 교 사의 전공 소양을 향상함으로서, 수적으로 부족함을 메우고 지식과 기 능도 완비한 수준 높은 중국어 교사 집단을 만들어 나가자는 데에 있다.

6.4.3 현존하는 문제

외국어로서의 중국어 교육에 종사하는 교사 현황과 양성 능력은 사실 수요에 비해서 턱없이 부족한 상태이다. 통계에 따르면, 중국 내 전직 및 겸직 교사는 5,000여 명에 불과하며 이 교사들은 이미 중국 국내 14만 명의 중국 유학생의 중국어 교육을 책임지고 있어서 "나가서" 중국어를 교육하기가 매우 어려운 상태이다. 아울러 교사의 외국어 수준과 범문화적 의사소통능력의 부족, 해외 교육 체제와 학생상황에 대한 이해 부족으로 해외의 수요에 맞출 수가 없었다. 2005년 교육부 정보센터의 통계에 따르면, 외국어로서 중국어 교육방향으로 석사연구생을 양성하는 기관은 모두 47곳으로 졸업생이 350명을 넘지 않기 때문에 수적으로든 질적으로든 해외의 중국어 교육 수요를 만족시킬 수가 없다. 중국어를 모어로 하는 나라로서, 전 세계적으로 계속 높아지고 있는 중국어 학습의 열기와 중국어 교사의 수요를 만족시켜야 하는 것은 중국이 반드시 책임져야 할 문제이다. 그러므로 중국은 적극적으로 이 문제를 해결하기 위해 대담하고 혁신적인 강력한 조치를 채택하여 해외의 중국어 교육 업무를 책임질 수 있는 전문 인재를 양성해야만 한다.

6.5 외국어로서 중국어 교육의 교재 편찬과 출판

6.5.1 외국어로서 중국어 교육에 관한 출판업의 번영

중국어 열풍으로 외국어로서 중국어 교육에 관한 교재는 출판 분야의 새로운 관심분야가 되었다. 현재 중국내 출판사 90여 곳에서 외국어로서 중국어 교육 관련 교재를 출판하고 있다. 그중 가장 영향력이 큰 출판사로는 베이징언어대학출판사北京语言大学出版社, 베이징대학출판사北京大

学出版社, 화어교육출판사华语教学出版社, 외국어교육과 연구출판사外语教学与研究出版社 네 곳이 있다. 최근 몇 년 동안 인민교육출판사人民教育出版社, 고등교육출판사高等教育出版社, 베이징사범대학출판사北京师范大学出版社 등도 잇달아 중국어지사를 만들어 외국어로서 중국어 교육 관련 교재의 출판을 적극적으로 추진하고 있다. 외국어로서 중국어 교육에 관한 교재시장이 크기는 하지만 3,000만 중국어 학습자가 세계 각지에 흩어져 있어 실제 판매시장은 분산되어 있다. 사실 중국어를 배우는 사람 중 가장 높은 비율을 차지하는 것은 외국에 살고 있는 중국계 자녀들이다. 말레이시아, 인도네시아 등과 같은 동남아시장은 비교적 시장이 잘 마련되어 있지만 출판물들이 유럽과 미국시장으로 들어가기에는 어려움이 크다. 외국어로서 중국어 교육 관련 교재 출판사업 자체도 현재 성장단계에 있어서 일부 출판사의 경우 외국어로서 중국어 교육의 교재 편찬 과정도 아직 충분히 잘 갖추어졌다고 보기 어렵기 때문에 이 부분을 좀 더 완벽하게 발전시켜 나가야 한다.

6.5.2 교재 편찬의 성과

외국어로서 중국어 교육 관련 교재도 "중국어 열풍"에 힘입어 수요량이 대폭 증가하였고 각종 특징 있는 교재들이 생겨났다. 전체적으로 볼 때 교재의 수는 빠른 속도로 늘어났고 교재의 종류도 다양해졌다. 또 이미 초보적으로 단계 및 유형 등이 다양해져서 어느 정도는 여러 가지 수요를 만족시킬 수 있는 교재 체계를 마련하였다. 또 교재 편찬의 이론 연구와 경험을 종합하여 비교적 많은 성과를 얻었다.[31]

---

31) 리취안李泉, 「최근 20년 동안 외국어로서의 중국어 교육에 관한 중국어 교재 편찬과 연

사용하는 국가의 수요와 실제 상황에 맞추어진 생동감 넘치고 실용적
인 중국어 교재가 이미 많이 출판되었다. 예를 들면, 영어를 사용하는
국가의 대학 중문 전공자들이 사용하는『새로운 실용중국어 교과서新实用
汉语课本』,[32] 공공 외국어 교육에 사용하는『현재 중국어当代中文』,[33] 고등
학생이 사용하는『나와 함께 중국어 배워요跟我学汉语』,[34] 초등학생과 중
학생이 사용하는『즐거운 중국어快乐汉语』,[35] 초등학생이 사용하는『중국
어 파라다이스汉语乐园』,[36] 스페인어권에서 사용하는『오늘 중국어今日汉
语』,[37]『신사유 중국어新思维汉语』,[38] 베이징대학출판사 시리즈 중국어 교
재인『보야 중국어博雅汉语』,[39] 외국어교육과 연구출판사外语教学与研究出版社
의 비즈니스 중국어시리즈 교재인『매니저 중국어经理人汉语』[40] 등이 있
다. 이러한 교재는 모두 멀티미디어 CD와 오디오 녹음 자료가 들어
있다.

교재의 형식도 다양화하였는데 서면 자료인 종이형식 이외에도 네트
워크 형식이 있다. 예를 들면 화둥사범대학华东师范大学의 원격교수학습센
터는 한국 숙명여자대학교와 원격교육 학습네트워크를 개통하여 인터넷
에서 교육과 학습이 이루어질 수 있게 되었다. 또 HANBAN이 기획한

구의 기본 상황 논평近20年对外汉语教材编写和研究的基本情况述评」,『语言文字应用』, 2002년 제
3기.
32) 역자 주 : 류쉰刘珣, *New Practical Chinese Reader*, 北京语言大学出版社, 2002년.
33) 역자 주 : 우중웨이吴中伟, *Contemporary Chinese*, 华语教学出版社, 2003년.
34) 역자 주 : 천푸陈绂·주즈핑朱志平 주편, *Learn Chinese with Me*, 人民教育出版社, 2003년.
35) 역자 주 : 리샤오치李晓琪 외, *Happy Chinese*, 人民教育出版社, 2003년.
36) 역자 주 : 류푸화刘富华, *Chinese Paradise-The fun way to learn Chinese*, 北京语言大学出版社,
2007년.
37) 역자 주 : 쿵판칭孔繁清외 편역, *Chinese Today (EL CHINO DE HOY)*, 外语教学与研究出版
社, 2004년.
38) 역자 주 : 리아이李艾, *PARA HISPANOHABLANTES*, 外语教学与研究出版社, 2011년.
39) 역자 주 : 리샤오치李晓琪 주편, *Boya Chinese*, 北京大学出版社, 2005년.
40) 역자 주 : 장샤오후이张晓慧 총주편, *Chinese for Managers*, 外语教学与研究出版社, 2005년.

『현재 중국어』, 『나와 함께 중국어 배워요』, 『새로운 실용 중국어 교과서』 세 교재는 모두 CD를 제작하였다. 이렇게 중국어 학습자에게 편리한 조건을 제공하였고, 중국어 학습에 대한 흥미와 실용성을 높였다.

세계 중국어 교육의 네트워크화, 디지털화, 정보화의 발전 추세에 순응하기 위해 HANBAN은 네트워크, 멀티미디어, 라디오, TV에 기반을 둔 각종 교수학습 자료를 개발하였다. 예를 들면 "중국어교량汉语桥(Chinese Bridge)" 프로젝트의 핵심 내용 중 하나인 성인 학습을 위한 "만리장성중국어长城汉语(Great Wall Chinese)"41) 프로그램과 초등학생과 중학생 학습용인 "순풍중국어乘风汉语(Chengo Chinese)"42) 프로그램은 외국어로서의 중국어 교육에 관한 교재 편찬에 "혁명적" 변혁을 가져왔다. 중미 양국은 교육양해각서를 근거로 2003년부터 서로 협력하여 네트워크 언어교육을 실시하였다. 『순풍중국어乘风汉语』43)는 중국이 현대화 네트워크 수단과 교육기술을 사용하여 중국어 교육을 실시한 완벽하고 체계적인 첫 번째 학습 자료이며, 중미 양국 정부 간의 교육협력의 중요한 성과이다. 주편은 HANBAN 프로그램 전문가인 베이징대학의 류쑹하오刘颂浩이다. 이 프로그램은 중미 양국의 교수요목을 참고하여 설계 개발하였으며, 선진화된 네트워크 교육수단과 현대화된 교육이념을 서로 결합하여 즐거운 방식으로 가르치게 되어 있으며, 중국어를 처음 배우는 12-18세의 청소년 학생을 그 대상으로 한다. 이 교재는 청소년 학습자의 심리적 수요를 충분히 고려하여 그들에게 학습 흥미를 불러일으키는 것에 중점을 두어 대량의 언어학습 과업을 흥미로운 활동 속에 포함시켰으며, 한 가

---

41) 역자 주 : http://www.greatwallchinese.cn/portal.do 참고할 것.
42) 역자 주 : http://idiomaticchinese.webs.com/chengochinese.htm 참고할 것.
43) 역자 주 : 황리黄立, 『乘风汉语』(Chengo Chinese), 高等教育出版社, 2005년.

지로 다양한 기능을 활용할 수 있도록 하였고, 최첨단 음성인식기술, 손쓰기 인식기술, 그리고 스마트 피드백시스템을 운영하였을 뿐만 아니라 편리한 학습 경로와 다채로운 연습 형식을 제공하였다. 학생은 인터넷을 이용하여 온라인에서 자습을 할 수 있고, 컴퓨터가 없을 경우 CD ROM이나 DVD를 사용하여 교사 지도하에 공부할 수 있다. 프로그램의 1기 제작은 35집으로 이루어졌고, 각 집마다 "배우기学一学", "연습하기练一练", "해보기试一试", "놀기玩一玩" 네 모듈로 나누어져 있다. "순풍중국어"는 독립적인 중문 교과과정 개설과목이 될 수 있고 이미 개설한 기타 중문과정의 보조 교수매체가 될 수도 있다. 이 자료는 이미 미국의 20개 주 약 1.5만 명의 학생에게 시험적으로 사용되어 호평을 받은 바 있다. "순풍중국어"를 사용한 적이 있는 교사와 학생들의 일반적인 반응은 "순풍중국어"가 애니메이션, 게임, 네트워크, 멀티미디어, 컴퓨터 시뮬레이션 등 다양한 현대기술과 실시간 피드백평가시스템을 운영하여 학생들이 놀이를 즐기는 가운데 실력이 향상되므로 학생이 중국어를 공부하는 열정을 크게 불러일으켜서 중국어 교육 수준 향상 효과를 높였다.

마젠페이马箭飞 주편으로 개발한 "만리장성중국어"[44]는 중국어 학습자에게 다양한 개성 있는 중국어 학습방안을 제공하였다. "만리장성중국어"는 국가프로그램으로 기존의 교실교육과는 구별되는 점이 있는데 그것은 바로 중국어 의사소통능력 향상을 주요 목표로 하고, 네트워크 멀티미디어 자료와 면대면 교수학습을 서로 결합한 다원화된 교수법을 운영하였다는 점이다. 그것은 음성인식, 따라 읽으며 모방하기, 학습 장려,

---

44) 역자 주 : http://www.greatwallchinese.cn/portal.do 참고할 것.

상호 연습, 시뮬레이션 의사소통 등 다양한 수단을 활용하여 학습자 개
인별 특징에 맞춘 개성 있는 학습방안을 제정하였다. "만리장성중국어"
의 교육 모델은 주로 중국어 언어 환경이 마련되어 있지 않고, 학교에서
공부할 조건이 되지 않는 등 개별적인 수요를 만족시키기 어려운 중국
어 학습자를 겨냥하고 있다. 현재, 만리장성중국어 프로그램은 다양한
종류의 버전으로 갱신되고 있으며 향후 공자아카데미를 통해 보급 사용
될 것이다. "만리장성중국어" 프로그램의 개발은 중국어 보급의 방향을
전공 중국어 교육으로부터 대중, 보편, 응용 방향으로 전환하는 하나의
구체적인 조치일 뿐만 아니라 또한 산업화 운영으로 중국어 보급을 확
대해나가는 중요한 시도이다. "만리장성중국어"에 대한 설계와 실시는
교육 모델의 새로운 길을 열어나갈 것이며 세계 범위의 중국어 교육 발
전을 촉진하고 이끌어 나갈 것이다.

　이밖에, 국가별 교재의 편찬도 갈수록 주목을 받고 있다. 베트남, 스
페인, 아랍지역 학생들을 대상으로 하는 중국어 교재도 이미 속속 출판
되었다. 중요한 학습 자료로서의 중국어 출판물들도 최근 들어 발전해
나가고 있는데 예를 들면, '외국어교육과 연구출판사外语教学与研究出版社'가
2009년에 선보인 『매일매일 중국어 읽어요中文天天读』(Reading China) 시리
즈 교재가 있다.

6.5.3 관련 교재 홍보 작업

　국제 중국어 명품 교재 개발에 박차를 가하고 국내외에 우수한 중국
어 교재를 추천하기 위하여, 중국정부와 HANBAN은 일련의 조치를 채
택하였다.

먼저, 교재를 평가하고 선정한다. 2006년 12월 말, HANBAN은 광시 广西 구이린桂林시에서 "국제 중국어 교재 평가선정회国际汉语教材评选会"를 개최하였다. 중국, 미국, 캐나다, 영국, 프랑스, 미국, 일본, 싱가포르, 체코 및 중국 홍콩 지역에서 온 제2언어 교육전문가, 교사, 유명 출판사 책임자 등 38명의 전문가가 평가 선정에 참가하였고 신중한 심사를 거쳐 "2006년 베스트셀러 국제 중국어 교재"[45]를 선정하였다.

둘째, HANBAN은 과거 몇 년 동안 연이어 외국어로서의 중국어 도서보급 활동에 여러 차례 참가하고 개최하기도 하였다. 2006년의 프랑크푸르트 국제도서전,[46] 제40회 미국 외국어교육 연례회의 전시회,[47] 제24회 파리언어박람회[48]와 같은 홍보 활동은 앞으로도 계속 진행될 것이다.

이와 아울러, HANBAN은 또 도서증정 이벤트를 통해 외부에 중국어 교재에 대한 홍보를 적극적으로 실시하였다.

비록 외국어로서의 중국어 관련 교재의 편찬과 출판이 많은 성과를 거두었고 교재의 수량도 많아졌지만, "교사가 쓰기 쉽고 학생들이 배우기 좋은" 교재는 아직 많지 않고 여러 교재가 비슷한 수준으로 중복되어 출판되기도 하였다. 관념이 고루하고 대중의 특성을 정확하게 파악하지 못하는 것이 현재 국제 중국어 교재가 가지고 있는 보편적인 문제

---

45) 역자 주 : 2006년 가장 인기 있는 국제 중국어 교재로는 北京语言大学出版社의 『汉语乐园』, 人民教育出版社의 『跟我学汉语』, 人民教育出版社泰国中华语文学院의 『快乐汉语』, 大华风采有限公司의 『快乐幼儿华语』와 『快乐儿童华语』, 外语教学与研究出版社의 『汉语900句』, 北京语言大学出版社의 『长城汉语生存交际』, 株式会社/主妇の友社의 『中国语入门』, 人民教育出版社의 『奥运汉语100句』, 外语教学与研究出版社의 『汉语世界』 총 10권이 선정되었다.
46) 역자 주 : http://www.book-fair.com/en/ 참고할 것.
47) 역자 주 : 40th Annual Convention and American Council on the Teaching of Foreign Languages Expo, ACTFL, 2006년. https://www.actfl.org 참고할 것.
48) 역자 주 : 24th Salon Expo-langues. http://www.salondutravail.fr 참고할 것.

이다. 따라서 외국어로서의 중국어 교재는 여전히 중국어의 국제적 보급 과정에서의 어려움이라고 할 수 있다.

6.6 중국어 시험 프로그램의 연구 개발

1920년대 들어, 세계적으로 "중국어 열풍"이 계속되고 외국어로서의 중국어 교육 사업이 크게 발전함에 따라, 외국어로서의 중국어 교육 사업이 각종 통일된 표준을 확립하기 위해 외국어로서의 중국어 교육 규범화의 중요성은 갈수록 커져갔다. 이러한 추세에 맞추어 각종 외국어로서의 중국어 교육에 관한 자격과 시험 수준이 갈수록 완벽해지며 발전하기 시작하였는데, 주로 한어수평고시(HSK), HSK의 4개 전문시험 -HSK(비즈니스), HSK(관광), HSK(회계 및 비서업무), HSK(어린이)[49] 등이 있다.

6.6.1 한어수평고시(HSK)

한어수평고시汉语水平考试는 약칭으로 HSK라고 하며, 베이징언어대학에서 설계하고 연구 제작한 표준화 시험으로, 중국어가 모어가 아닌 학습자의 중국어 수준을 테스트하는 국제적인 시험이다. 1984년 베이징언어학원(현재 베이징언어대학)에서 연구 제작한 이후 HSK의 누적 수험생 수는 이미 130만 명(중국 내 소수민족 수험생 포함)을 넘어섰다. HSK는 이미 중국 내외 유명한 언어 측정시험 브랜드가 되어 전 세계 중국어 학습자

---

49) HSK(商务), HSK(旅游), HSK(文秘), HSK(少儿).

에게 가장 명망이 높은 시험이 되었다. 현재 HSK는 이미 아프리카의
수단, 오세아니아의 오스트레일리아, 뉴질랜드, 아메리카의 미국, 캐나
다, 멕시코, 칠레, 유럽의 독일, 프랑스, 이탈리아, 영국, 러시아, 오스트
리아, 핀란드, 벨기에, 스웨덴, 아시아의 한국, 일본, 필리핀, 말레이시아,
태국, 베트남, 미얀마, 인도네시아, 몽골 등 오대양 38개 국가에 160개
의 고사장을 마련하였다. 최근 몇 년 동안, HSK는 예측, 시험 전 통계
분석, 점수 등의 데이터 기술에 있어 심도 있는 연구를 하였다. 대규모
문제은행 건설과 문항자동생성시스템 연구제작에 있어 눈부신 발전을
이루었다. HSK는 수험생이 갈수록 많아지고 국내외 고사장의 분포도
갈수록 넓어지며 세계 속에서의 영향력도 갈수록 커지고 있다.

현행 HSK는 1990년에 검정을 거쳐 정식으로 시험이 실시되었는데
20여 년 동안의 사용효과로 볼 때 현행 HSK는 과학적이고 표준화정도
가 매우 높은 시험이며 믿을만하고 효과적인 시험이다. HSK는 기초, 초
중등, 고등 세 종류의 시험, 총 11개의 등급으로 나누어진다. 중국어의
국제 보급 상황이 나아지고 외국어로서의 중국어 교육, 언어학, 응용언
어학 등 학문이 발전함에 따라, HSK는 점차 등급 점수 구분의 불합리성,
주관적인 시험이 차지하는 비중이 비교적 작은 것 등의 문제가 나타나게
된다. 이러한 문제는 베이징언어대학 한어수평고시센터汉语水平考试中心가
국가한어수평고시위원회国家汉语水平考试委员会 5차 회의(2004년) 때 2년에서
3년 내에 등급 점수를 포함한 8개의 HSK 개선 업무에 관한 결의를 근
거로, 계속해서 논의하고 심혈을 기울여 연구 제작하게 되고, 여러 차례
시험을 거쳐 2007년 6월 정식으로 HSK 개정판을 선보이게 되었다. 개
정판 HSK심사회의에 참가한 전문가들은 모두 HSK(개정판)는 심리측정과
교육평가心理与教育测量学(Psychological Measurement and Educational Evaluation)의

요구에 맞춰 제2언어로서의 중국어 의사소통능력을 과학적이고 전면적으로 측정할 수 있으며, 신뢰도와 효과가 높은 표준화된 언어 측정평가 도구로 이미 국제적인 선진수준에 이르렀다고 생각하고 있다.

현행 HSK와 비교할 때 개정판 HSK는 이러한 특징이 있다. 언어의 의사소통능력 측정에 더욱 중점을 두었고 동시에 언어지식 측정을 함께 고려하였다. 문제유형과 시험방식은 더욱 특색이 있다. 문제 유형은 '종합식'을 위주로 하였고 '분리식'을 보조로 삼았으며, 점수체계와 등급구분은 더욱 과학적이고 합리적으로 바뀌었다. 수험생의 점수는 정태적으로 처리하여 점수를 통해 더 많은 정보를 얻을 수 있도록 하여 사용자들의 편리함을 고려해 만들었다. 회화와 작문 등 주관적인 문제의 문항수를 늘렸고 시험의 효율정도를 높였으며 사회와 고객의 수요를 만족시켰다. 제목에서 사용한 언어자료는 모두 실질적이고 실용적인 언어자료에서 선정하여 "진실성 원칙"과 "실용성 원칙"이 크게 돋보였다. 개정판 HSK는 초급, 중급, 고급 세 등급의 시험으로 나누어지며 그중 HSK(중급)과 HSK(고급)은 각각 2007년 6월 23일과 10월 13일에 중국 내에서 정식으로 시험을 시작하였으며, HSK(초급)은 2007년 11월에 공식적으로 실시하였다. 2008년 개정판 HSK는 기존의 HSK를 완전히 대체하였다. HSK 개정 작업의 완성은 HSK 사업이 새로운 단계로 진입하였다는 것을 의미하고 있다. 개정판 HSK는 앞으로 각국의 응시자와 고객들에게 더욱 과학적이고 우수한 서비스를 제공할 것이다.

6.6.2 전문 중국어 시험

HANBAN은 중국어 학습자의 수요에 맞추기 위해 2003년에 HSK(비즈니스), HSK(회계와 비서 업무), HSK(관광), HSK(어린이) 등 직업 관련 HSK에 대한 연구 제작을 시작하였고, 2007년 이 네 종류의 중국어 시험은 이미 중국 내에서 시작되었으며 점차 해외에서 시행하기에 이르렀다. HSK(비즈니스), HSK(회계와 비서 업무), HSK(관광)은 비즈니스, 회계와 비서업무, 관광, 일상생활, 사회교류 속에서 중국어를 사용하여 교류하고 의사소통하는 능력을 중점적으로 고찰한다. 이 세 가지 시험은 모두 HSK에 속하며, 기본적으로 비즈니스, 회계와 비서업무, 관광의 전문지식을 언급하지는 않는다. HSK(어린이)는 제1언어가 중국어가 아닌 15세 이하의 중국어 학습자를 위한 국제적인 시험으로 1급, 2급, 3급 세 등급으로 나누어진다.

HSK(비즈니스)는 제1언어가 중국어가 아닌 학습자를 대상으로 비즈니스 활동에 종사할 때 마땅히 갖추어야 할 중국어 수준을 테스트하기 위해 만들어진 표준화 시험이다. 비즈니스 중국어의 시험 대상은 제1언어가 중국어가 아닌 사람으로 세계 모든 사람이 시험에 응시할 수 있으며, 응시자는 비즈니스 활동이나 비즈니스와 관련된 생활 및 사회교류 활동에서 중국어를 응용하여 실제 의사소통을 하는 능력을 고찰하는데 실용성, 의사소통성이 시험의 주요 특색이다. 비즈니스 중국어 시험은 고용 기업이 인력에 대한 초빙, 선발, 승진 등을 결정하는 과정에서 해당자의 비즈니스 중국어 수준을 평가하기 위한 참고 근거 자료가 될 수 있다. 중국어 학습자들은 자신의 비즈니스 중국어 수준을 이해하고 향상하기 위해 참고 근거 자료를 제공한다. 관련 교육기관이나 연수기구의 교육

또는 연수 성과를 평가하기 위해 참고할 근거 자료를 제공한다.

HSK(회계와 비서 업무)는 제1언어가 중국어가 아닌 학습자를 대상으로 회계나 비서 업무에 종사하는 사람의 중국어 수준을 평가하기 위해 만들어진 국가 표준화 시험이며, 중국국가한어수평고시위원회가 중국 수도사범대학首都师范大学에 위탁하여 개발한 직업 HSK이다. HSK(회계와 비서 업무)는 영문으로 Chinese Proficiency Test for Secretaries이다. HSK(회계와 비서 업무)는 응시생이 비서 업무와 일상생활, 사회 교류 속에서 실질적으로 중국어를 응용하여 의사소통을 하는 능력을 고찰하는 것이다. 중국어 수평고시의 하나로 기본적으로 비서 전공 지식과 관련된 것은 언급하지 않는다. HSK(회계와 비서 업무)의 대상은 중국어가 제1언어가 아닌 학습자이며, 중국어 수준이 HSK 3급(HSK 기초A 혹은 HSK 초등C급) 혹은 HSK 3급 이상에 상당하는 사람이 본 시험에 응시하는 것이 비교적 적절하다.

HSK(관광)은 제1언어가 중국어가 아니며 관광업에 종사하는 학습자의 중국어 수준을 평가하기 위해 만들어진 국가 표준화 시험이며, 중국 국가한어수평고시위원회가 중국 상하이사범대학上海师范大学에 위탁하여 개발한 직업 한어수평고시이다. 이것은 여행업무나 일상생활, 사회 교류 속에서 실제로 중국어를 응용하여 의사소통을 진행할 수 있는 능력을 고찰하는 것이다. 중국어 수평고시의 하나로 기본적으로 관광 전공 지식과 관련된 것은 언급하지 않는다.

6.6.3 공인 해외 중국어 시험

공인 해외시험기구가 선보인 중국어 시험 종류는 HANBAN이 해외 중국어시험 서비스를 위한 적극적인 조치의 하나이다. 해외기구가 내놓은 외국어로서의 중국어 시험을 공인하고 합격자에게 HANBAN이 인증한 증서를 주며 일정한 특혜조건을 주는데, 이것도 중국어의 국제적인 영향력을 확대하고 외국어로서의 중국어 교육 사업의 발전을 촉진하는 하나의 새로운 형식이다.

현재 한국의 한중공용한자능력검정회韓中公用汉字能力检定会는 "공용한자자격검정고시(HCK)"을 공인하였고,50) 홍콩 중국어회화고시위원회(중국어회화측정시험)가 조직하고 연구개발한 것으로 홍콩 마카오지역의 기업인이나 사회인사 교류용으로 사용하는 홍콩중국어회화수평고시(OCT Plus)가 있는데 이미 공인을 한 상태이다.51)

상술한 각종 시험은 외국어로서의 중국어 교육 업무를 위해 양적인 표준과 검증의 수단을 제공하였고, 중국어 학습자의 중국어 수준을 평가하는데 근거를 제공하여, 전 세계적으로 중국어가 전파되고, 외국어로서의 중국어 교육이 더욱 발전하는 것을 촉진하는 데에 있어 중요한 역할을 하고 있다.

6.7 최근 30년 동안 타이완 지역의 화어교육 상황

6.7.1 각종 교육 기관

타이완지역의 화어교육华语文教学52)은 타이완 당국의 언어정책과 밀접

---

50) 역자 주 : 본 시험은 2010년에 폐지되었다.
51) 역자 주 : http://www.oct-plus.org/sc/index.jsp 참고할 것.
52) 역자 주 : 이 책에서는 '华语文教学'를 '화어교육'으로 번역하였다.

하게 관련되어 있는데 타이완의 언어정책을 돌아보면 리슝후이李雄輝는 그것을 세 시기로 나누고 있다. 1기는 1945년부터 1970년으로 "화어사회 건립시기"인데, 일본어를 없애고 화어사회를 건립하는 것에 목적이 있다. 2기는 1970년에서 1987년으로 "방언 억압시기"인데, 각종 향토언어를 전면적으로 봉쇄하고, 화어를 국어로 하는 정책을 관철시키는 것이다. 3기는 1987년 계엄이 해제된 후부터 지금까지로 "언어인권 개방시기"이다.53) 소위 "언어인권 개방"은 더 이상 "강성"적인 태도로 각종 향토언어를 전면적으로 금지하지 않고, 각 민족이 자신의 전통적인 방언을 찾을 수 있도록 하는 것이다. 이러한 방언 발전의 배경 하에서는 화어교육이 언어정책에서 중요한 부분이 아니어서 자연스럽게 관련 부문의 중시를 그다지 얻지 못했다. 화어교육이 타이완에서 시작은 빨랐지만 이 시기 정부 부처의 관리수준이 그다지 높지 못했고, 책임 총괄기구를 만들지 못했기 때문에, 각종 세부 항목에 맞춰 관련 부처가 업무관리를 하였다. 그중 화어교육과 관련된 부분은 "교육부"와 "외교부"(신문문화사新聞文化司)와 "교민사무위원회侨务委员会"54) 등이 주로 담당하기는 하였지만 그럼에도 불구하고 화어교육은 지금도 여전히 발전 과정 속에 있다.

"교민사무위원회"는 해외교민의 화어교육을 추진하는 데에 있어 항상 최선을 다하였고, 그 업무내용으로는 주로 해외 화교 자녀를 위한 학습에 필요한 화어 교재 편찬, 화어교사 양성과 선발, 화어학교 설립 지원 등이 있다. "교민사무위원회"는 초기에 또 "중화통신학교中华函授学校"를

53) 리슝후이李雄輝, 「대만역사 각 시기별 언어정책과 교육에 관한 연구台湾史各时期语言政策与教育之研究」, 『国科会专题研究计划成果报告』, 2003년.
54) 역자 주 : http://www.ocac.gov.tw/ocac/ 참고할 것.

설립한 적이 있는데 화어 교재를 방송이나 우편을 통해 전달하여 해외 화교들이 화어를 배우도록 하였고, 최근 들어 이미 전자우편, 월드와이드웹, 화상회의 등의 방식으로 화어교육을 실시하고 교사양성을 하고 있다. 네트워크 정보의 빠른 발전으로 "교민사무위원회"는 1998년 "세계화문네트워크 교육센터全球华文网络教育中心"55)를 만들어 화어 디지털교육을 보급하였는데 목표는 기존의 화어 교재를 전산화하는 것, 그리고 교재 전시 센터, CD도서관, 화어교육 관련된 업무를 처리하는 학술연구 위탁계획을 만드는 것이었다. 또 1999년에는 "제1회 세계화문네트워크 교육 세미나全球华文网络教育研讨会"56)를 개최하여 화교계의 화어가 더욱 새로운 학습 세계로 나아갈 수 있도록 하였다. "세계화문네트워크교육센터"의 교육 사이트는 현재 대체로 약 5개 분야, 198개의 네트워크 소재와 57권의 화어 디지털교재로 나누어지는데 분야의 내용은 다음과 같다.("세계화문네트워크교육센터" 소개 인용)

1. 어문교육 : 수준은 초급에서 고급까지이며, 주음, 통용병음과 한어병음 세 종류의 판본이 있고, 획순연습, 본문발음, 화어 단어 전자그림 카드가 있으며, 화교 교육의 격월간 잡지와 연계되어 있다. 이야기와 애니메이션이 있으며, 타이완어(민남어闽南话)와 커지아어客家话의 교재도 있다.
2. 디지털 아카데미 : 내용은 화어 검정, 전자책, 교사연합회, 온라인 학습네트워크이다.

---

55) 역자 주 : 현재는 기존의 세계화문네트워크 교육센터全球华文网络教育中心에서 글로벌화문네트워크全球华文网路(Huayu World) 바꾸어 네트워크 교육을 진행하는데, 「교육자원教学资源」(Material), 「교사그룹师资社群」(Communities), 「온라인학교云端学校」(Schools), 「타이완 우수 디지털 제품台湾优良数位产品」(Products) 등 4대 기능을 주축으로 하고 있다. http://www.huayuworld.org/ 참고할 것.
56) 역자 주 : International Conference on Internet Chinese Education, 약칭 ICICE. http://www.ocac.net/icice2015/ 참고할 것.

3. 문화 향연 : 각종 문화 풍습, 미식, 성어고사와 당시唐诗를 소개한다.
4. 타이완 소식 : 타이완 지역의 각종 정보, 축제 문화, 역사 풍속과 자
   연지리를 소개한다.
5. 교류 공유 : 화교 교육 서비스센터와 연결할 수 있어서 학술포럼의
   논문과 세미나 녹화 자료를 볼 수 있다.

이 시기 외국 학생이 타이완에서 화어를 배우는 것은 여전히 각 대학
부설의 언어중심 위주로 진행하였지만 사립양성기구도 어느 정도의 규
모는 갖추고 있었다. 대학 부설 언어중심 교과과정의 설계는 완벽하고
다원화하였고, 교사와 설비도 비교적 잘 갖추어져 있었으며, 사립의 언
어중심은 일하면서 연수하는 직장인들에게 적합하였고 분업이 잘 되어
있었다.

6.7.1.1 각종 대학 부설 언어중심

앞에서 말한 바와 같이 타이완 지역의 대학이 부설한 첫 번째 화어중
심은 1956년에 설립된 국립타이완사범대학国立台湾师范大学 국어교육중심
国语教学中心57)이고 지금까지 역사가 50여 년 되었으며 현재 타이완에서
가장 큰 화어교육중심이다. 1990년대 이후, 각 대학의 언어중심이 빠른
속도로 만들어졌고, 과거에 주로 타이베이나 타이중에 집중되었던 것에
서 벗어나 점차 타이난, 심지어 타이완의 동쪽인 화롄花莲까지 확대되었
다. 각 언어중심의 교과과정은 모두 분기제学季制를 채택하여 봄, 여름,
가을, 겨울 네 계절로 나누어졌고, 1분기는 3개월 12주로, 각각 3, 6, 9,
12월에 수업을 시작하고. 매일 두 시간, 매주 10시간 수업한다. 7월에서

---

57) 역자 주 : http://mtc.ntnu.edu.tw/mtcweb/index.php?menuid=3&option=com_guoyu&lang=zh
   참고할 것.

8월까지는 개별적으로 여름 캠프반을 개설하고, 8주간 매주 20시간씩 수업을 하며, 모든 수강생은 입학 후에 분반시험을 해야 하고 수준별로 반을 나눈다. 소형반小班制과 단일반單班制은 타이완 화어교육의 특색인데 많은 언어중심에서 반의 인원수를 엄격하게 규정하여 8명이나 10인을 넘으면 새로운 반을 개설하였고, 어떤 언어중심은 규정 인원이 더욱 적어서 수강생들이 서로 교류를 할 기회가 더 많이 생길 수 있다. 예를 들어 "국제화어연습소国際华语研习所"(ICLP)58)가 채택하고 있는 것은 바로 소형반 엘리트 교육방식으로 "교사 대 학생의 비율이 1대 1에서 1대 3 이하의 집약형 집중훈련 방식을 채택하여, 학생들이 1년 정도의 학습시간 안에 각 방면에서 거의 현지인에 상당한 어문 수준에 이를 것을 요구하고 있어 교육수준이 가장 우수하다".59) 그밖에 청궁대학언어중심成功大学语言中心60) 등도 단일반제와 소형반제가 혼합된 교수법을 채택하여 수강생의 학습방식에 더 많은 변화가 있었다.

6.7.1.2 사립 화어 교육기관

사립 교육기구는 설립 시간이 길고 역사가 있지만 "중화어문연습소中华语文研习所"61)처럼 규모는 비교적 작다. 어떤 곳은 전문적으로 화어만을 가르치는데 대부분은 언어중심에서 다년간 가르친 화어교사가 자체적으로 창업하여 만들었고, 일부는 화어 보급단체나 학회 부설의 화어반이

---

58) 역자 주 : 국제화어연습소(International Chinese Language Program, 약칭 ICLP)는 타이완대학의 화어교육단위이다.
59) 예궈량叶国良, 「타이완의 외국어로서의 화어교육의 문제台湾对外华语文教学的问题」, 『全球华语论坛(新加坡)』, 2007년 11월.
60) 역자 주 : 현재는 청궁대학 외국어중심成功大学外语中心으로 명칭이 바뀌었다. http://www.ncku.edu.tw/lang/chinese/ 참고할 것.
61) http://www.tli.com.tw/ 참고할 것.

었고, 또 일부는 언어특수 학원이어서 화어는 여러 언어 중의 하나였다. 또 일본어 학원이 있었는데 이곳에서는 주로 일본어를 가르치지만 타이완에 살고 있는 일본 국적자들의 생활과 업무의 편리를 위해서 화어반을 부설하였는데 화어교육이 주된 것은 아니다. 사립기구의 화어반은 대학부설 언어중심과 공통점이 있는데 사립기관의 소형반 교육은 1대1이나 1대2 교육이 가능했고 반의 인원수가 적었으며 급수도 명확하게 분류가 되어 있었다는 것이다. 두 곳의 차이점은 사립기구의 경우 교재가 융통성이 있었고 대상자 위주여서 학습자들의 각자 학습 요구에 따라 조정하였다. 사립 교육 기구의 단점은 많은 교사가 겸직교사여서 수업으로 인해 유동적인 비율이 높고, 교사 선발이 엄격하지 않아서 교사의 소질과 전문능력이 일정하지 않았으며, 많은 교사들이 사전 직업 훈련을 충분히 거치지 않아 교육을 위한 실습이 부족하여 교사의 교육 경험이 전반적으로 부족하였다. 하지만 사립 언어중심의 수업시간은 융통성이 커서 직장인이나 연수생들에게 비교적 적합하였고, 학습 스트레스도 적어서 여전히 많은 외국인의 수요를 만족시킬 수 있었다.

6.7.2 화어 교재의 개발과 편찬

타이완 지역의 화어 교육은 지금까지 약 50년 정도 지속되었지만 화어 교재 편찬에 있어 아직까지도 해결해야 할 많은 문제가 있다. 예를 들면 교재 편찬 이론이 부족하고, 범단위적으로 교재의 편찬 업무를 총괄하고 기획할 수 있는 독립된 부서가 하나도 없어서 교재의 발행과 마케팅이 느슨하게 진행된다. 이러한 여러 가지 문제들이 화어교재의 빠른 발전을 막고 있다.

예더밍叶德明의 조사에 따르면 타이완 지역의 화어학교에서 사용하는 교재를 수준에 따라 나누면 초급, 중급, 고급, 교양 등 몇 가지 유형으로 나눌 수 있다.62) 체계적으로 다음과 같은 네 종류로 나눌 수 있다.

1. 각 화어학교가 자체적으로 편찬한 교재와 교재 편찬 기구는 다음과 같다.
   (1) 타이완사범대학 국어교육중심台湾师范大学国语教学中心
   (2) 중화어문연습소中华语文研习所
   (3) 푸런대학 화어연습소辅仁大学华语研习所63)
   (4) 『국어일보』어문중심『国语日报』语文中心64)
2. 국립편역관이 정중서국正中书局에 위탁해 출판한 교재
   중국어문中国语文(초급, 중급, 고급)
3. 세계화어교육협진회世界华语教育协进会(세계화어문교육학회世界华语文教育学会)가 편찬한 교재
   (1) 『초급화어10강初级华语十课』음성교재 포함
   (2) 『중급화어20강中级华语二十课』65) 음성교재 포함
4. 현지에 적용한 어문자료를 선택하여 교재로 사용
   (1) 간단한 서적이나 신문
   (2) 라디오 방송, TV 시나리오

현재 교재 편찬 상황은 실질적인 변화를 보이고 있지 않다. 상술한 교재는 사실 모두 대부분 타이완 각 대학 부설 화어교육중심이 각국 유학생의 학습 수요에 맞춰 편찬한 교재이다. 조사에 따르면 각 언어중심에서 사용률이 비교적 높은 교재로는 초급이 타이완사범대학이 편찬한

---

62) 예더밍叶德明, 「자유중국 타이완의 화어교재 현황과 발전自由中国台湾华语教材之现状与发展」, 『华文世界』, 1985년 37기.
63) 현재는 푸런대학 화어문중심으로 명칭이 바뀌었다. http://www.lc.fju.edu.tw/ 참고할 것.
64) http://study.mdnkids.com/ 참고할 것.
65) 예더밍叶德明 편, 『中级华语二十课』, 世界华文教育协进会, 世界华文出版社.

『실용 시청각 화어(1)实用视听华语(一)』,[66] 『극동생활화어远东生活华语』[67]가 있고, 중급으로 가장 많이 사용한 것은 둥하이대학东海大学이 출판한 『투데이 타이완今日台湾』이 있으며 이밖에 『실용 시청각 화어(2)实用视听华语(二)』,[68] 『중국어로 말하기用中国话聊天』 등이 있다. 고급으로는 『사상과 사회思想与社会』, 『정독에서 범독까지从精读到泛读』 등이 있다. 타이완사범대학 국어중심은 설립된 시간이 가장 오래 되어서 비교적 많은 교사를 보유하고 있기 때문에 비교적 큰 인력풀을 활용하여 교과서를 개발할 수 있었다. 나머지 다른 언어중심의 교재는 대체로 타이완사범대학과 같다.

교재편찬 이론의 틀이 아직 성숙되지 않아서 타이완 지역의 화어교재는 시리즈로 이루어지거나 서로 연계되어 있는 것은 적고, 대부분 낱권씩으로 되어 있다. 어떤 각도에서 보면 "특화성"이 높다고도 볼 수 있다. 예를 들어 특정 단계의 학습자를 겨냥한 『타이완 투데이今日台湾』[69] 같은 중급교재가 있었다. 하지만 이 교재가 많은 관심을 받았지만 초급도 고급도 없어서 학생들은 연계 학습을 할 수 없었고 다른 고급교재를 사용할 수밖에 없었는데 이것이 전체 학습의 연속성에 부정적인 영향을 주었다. 일부 교재는 단지 어떤 고급반이나 통역반을 위해 설계되어 있어 해당 수준에서만 쓸 수 있기 때문에 전체적인 것은 아니다. 예를 들어, 독해, 뉴스, 비즈니스중국어 등의 과목은 수준별로 발행되는 교과서만 있어서 그 교과서를 사용한 후에 어떻게 연계를 시켜야 하느냐가 문제이다. 가장 체계적인 교재는 타이완사범대학이 편찬한 『실용 시청각

---

66) 역자 주 : 국립타이완사범대학国立台湾师范大学 주편, 『实用视听华语(一)』, 正中书局出版社, 2000년.
67) 역자 주 : 예더밍叶德明 주편, 『远东生活华语』, 远东图书公司, 2002년.
68) 역자 주 : 국립타이완사범대학国立台湾师范大学 주편, 『实用视听华语(二)』, 正中书局出版社, 2000년.
69) 역자 주 : 덩서우신邓守信·순뤄孙珞, 『今日台湾』(Today Taiwan), 东海大学华语中心, 1993년.

중국어实用视听华语』와 예더밍이 주편한『극동생활화어远东生活华语』인데 이 두 세트는 초·중·고급 세 권과 녹음테이프가 있다. 교재의 연속성 부족은 교재 편찬에 존재하는 첫 번째 문제이다. 다음으로는 교재편찬의 발전 속도가 느리고 출판 수량도 매우 적다는 점이다. 천옌추陈燕秋는 최근 들어 출판되는 새로운 교재들은 타이완대학의『타이완 현대단편소설 台湾现代短篇小说』, 타이완사범대학의『실용 시청각화어实用视听华语』, 정치대학政治大学의『엄선한 화제 뉴스精选话题新闻』, 원동도서공사远东图书公司가 출판한『극동생활화어远东生活华语』만 있고, 기타 언어중심은 대부분 타이완 사범대학에서 사용하는 교재를 연용하였다.70) 이러한 문제가 생긴 원인은 여러 가지이다. 예를 들어 타이완 지역에서 출판한 화어교재가 이 지역에서만 사용되고 발행되면 수량이 제한적이기 때문에 출판사가 적극적으로 출판을 하는 것에 영향을 줄 수 있다. 이밖에 타이완에서 화어교사에 대한 대우와 보장이 타이완의 다른 교사에 비해 상대적으로 훨씬 못 미치기 때문에 유동성이 높아서 교재 연구나 편찬에 종사하기 어렵다. 셋째, 교재의 다원성이 부족하다. 각 언어중심이 사용하는 교재의 차이가 크지 않은 원인 중의 하나는 바로 교재에 선택의 여지가 크지 않으며, 초급 교재의 종류는 좀 더 많을 수 있지만 중급과 고급 교재는 매우 부족하기 때문에 항상 이미 만들어진 중등학교 어문교과서, 역사 교과서, 고금문선 등을 빌려 쓴다. 또 종류도 비교적 단조로워서 특히 각 업계나 분야에 대한 화어학습교재가 부족한 편이다. 교재 매개에 있어 서면교재가 여전히 주축을 이루지만 멀티미디어교재의 개발도 소홀히 할 수 없다. 멀티미디어 교재의 편리함은 서면 교재를 사용하는 또

---

70) 천옌추陈燕秋,『타이완의 현재 화어교재 분석과 전망台湾现今华语教材分析与展望』, 타이완사범대학 석사논문, 2001년.

다른 화어 학습자를 끌어들일 수 있고, 서면 교재를 사용하는 학습자의
학습 효율과 학습 흥미를 높일 수도 있다.

6.7.3 화어 교사와 교과과정 개설

이 시기 화어 교사는 첫째, 공립화어중심이나 사립화어중심의 교사
연수반에 참가해 수료를 한 사람이거나, 둘째, 대학이나 연구소를 졸업
한 학생이었다. 교사 연수반을 개설한 공립화어중심이나 사립화어중심
은 10여 곳이 있었는데 화어 교육과 관련된 대학이나 전문대는 두 곳으
로 중위안대학中原大学의 응용화문과应用华文系와 원짜오외국어학원文藻外语
学院 응용화어문과应用华语文系가 있으며, 화어교육 석사를 양성하는 곳으
로는 타이완사범대학과 가오슝사범대학高雄师范大学이 있었고, 박사반을
개설한 곳은 타이완사범대학 한 곳만 있었다.

학부를 보면, 타이완 지역의 고등교육은 정책과 법령의 수정으로 큰
변혁을 겪었는데, 그중 한 가지는 많은 새로운 학교와 신흥학과의 설립
으로 일부 전통문학과는 과거의 문학을 연구하고 학술적인 연구를 하는
전통에서 벗어나 실용적인 것을 강조하는 방향으로 전환하였다. 그래서
새로운 학교에서 만들어진 중문과, 영문과, 일문과는 이전의 전통과 달
리 모두 "응용"이라는 이름을 앞에 넣어 구분을 하였다. 2002년 비준을
거쳐 설립되었고 2003년 첫 번째 신입생을 모집한 중위안대학 응용화어
문과는 타이완 지역에서 화어교사 양성을 전공으로 하는 첫 번째 대학
학부학과이다. 기타 대학의 새로 만들어진 학과, 예를 들어 밍추안대학
铭传大学 응용중국문학과, 챠오광기술학원侨光技术学院 응용화어과, 슈핑기
술학원修平技术学院의 응용중문과는 이름으로 볼 때는 중위안대학의 응용

화어문과와 비슷하지만 그 학과들의 양성목표는 주로 학생을 훈련시켜 우수한 중국어 인재로 만들고, 광고, 전파, 뉴스, 문예창작 심지어 상업적인 문서를 사용하는 데에 중국어문을 광범위하게 응용하도록 하는 것이며, 화어교육은 중국어를 응용하는 하나의 프로그램에 지나지 않는다. 교과과정은 간단하게 "화어문 교재 교수법", "멀티미디어와 언어교육"이라는 전공과목 두 개만 있을 뿐이며 화어교육은 이 대학들이 응용화어과를 설립한 주요 목적이 아니다. 중위안대학 응용화어문과가 설계한 교과과정(표2 참고)을 보면 네 가지의 분야를 포함하고 있다. "중국문학"과 "화어교육" 두 개의 큰 영역을 주축으로 화어교육자의 기본 지식과 능력을 향상하고, 동시에 "정보매체"와 "응용언어" 이 두 교과는 부차적인 과목으로 학생이 학교를 졸업한 이후 세계 각 지역의 화어 교육업무에 종사하여, 화어 교재를 연구 개발하고, 네트워크 화문교과과정을 개설하는 등의 능력을 갖추도록 한다.

표2. 중위안대학 응용화어문과의 교과과정

4대 영역	주요 교과과정	학점
중국문학류	고대한어, 문자학, 중국사상사, 근대문학사, 중국문학사	36~40학점
화어교육류	화어문 측정과 평가, 화어교재와 교수법, 화어형태론, 화어통사론, 화어음성학	36~40학점
정보전달매체류	평면미디어학, 뉴스인터뷰와 작문, 정보시스템과 네트워크	28~32학점
응용언어류	화어교육 전문 영어, 언어발전 심리학, 언어학개론	26~30학점

원짜오외국어학원은 영어교육으로 잘 알려져 있는데 2002년 응용화어문과를 설립하였고, 교과과정은 중문과 영문을 함께 중시하지만 주로 실무 위주이고, 어문, 문화, 예술, 전파, 기업관리, 컴퓨터정보 등의 관련 교육을 결합시켜서 지식과 직장의 실제 상황을 서로 잘 결합할 수 있기

를 기대하였다. 교과과정 기획에서, 문화 과목은 "문학개론", "중국문학
사", "중국사상사" 등이 있고, 어문과목은 "언어학개론", "현대중국어문
법" 등이 있다. 다른 점은 원자오의 응용화문과, 외국어교육과와 원짜오
화어중심이 공동으로 "화어교육 교사양성 코스"를 기획하였다는 것이
다.(표3 참고) 만약 학생의 교양교육학 과목의 모든 학점이 인정을 받을
수 있다면 교사시험에 참가할 자격을 갖추게 된다. 학점 규정은 반드시
20학점 이상을 이수해야 하고, 과정의 핵심인 필수과목으로는 중국어
언어학, 한자교육, 중국어문법교육, 중국어 음성교육, 중국어 어휘교육,
화어교육개론 등이 있다. 일반적으로 교양과목으로는 화어교재 교수법,
제2언어습득, 언어와 문화, 화어과정 교안설계가 있다. 그밖에 교육시범
과 실습이 있다.

표3. 원짜오외국어학원 화어교육 교사양성 교과과정

교과목 명칭	교과목 명칭
중국어 음성교육(한어병음 포함)	제2언어 습득 혹은 언어대조와 교육
화어측정과 평가(국내외 표준화측정 포함)	중국어 언어학 혹은 언어학개론
화어교육개론(언어교학이론과 교수학습법 포함)	화어교과목 교안설계
중국어문법교육 혹은 현대 중국어 문법	중국어 어휘교육
교육 시범과 실습(교육실습)	양안 세 지역의 용어 비교
화어교재 교수법 혹은 화어교재와 교과과정 설계	한자 교육(간체자 포함)
멀티미디어와 화어교육(네트워크 교학 포함)	범문화적 소통
언어와 문화	구어 표현

이 시기 더 높은 수준의 인재양성은 주로 타이완사범대학 화어교육연
구소台湾师范大学华语文教学研究所와[71] 가오슝사범대학 화어교육연구소高雄师范

---

71) 역자 주 : 현재는 타이완사범대학 화어문학과 및 연구소华语文学系暨研究所(Department of
    Chinese as a Second Language)로 이름이 변경되었다.

大學華語文敎學硏究所[72)]에서 이루어졌다. 타이완사범대학 화어교육연구소는 1995년에 설립되었는데 설립취지는 화어교육의 교사를 양성하는 것과 교육 연구에 노력을 기울여 화어교육의 전문화, 학술화, 국제화를 촉진하고, 화어능력측정시험華語文能力測驗(Chinese Proficiency Test-Taiwan, CPTT)을 2001년에 연구 개발하기 시작하여 2003년 12월에 첫 번째 시험을 시작하였다. 다음 글 참고)[73)]을 발전시키자는 것이었다. 화어교육연구소는 시청각교실, 도서실, 컴퓨터실, 음성실험실, 원격교육실험실, 교사연구실, 연구생 연구실 등을 갖추고 있고, 설비와 교사 모두 타이완 전체에서 최고 수준이며 설립 초기에 많은 화어교육 애호가들의 지원을 이끌어냈다. 이곳의 석사반은 해마다 20여 명의 현지 학생과 10여 명의 외국국적학생 및 화교생을 모집하였는데 졸업생이 이미 백 명을 넘었다. 졸업생 중 1/3은 해외 대학인 미국의 하버드, 예일, 프린스턴 및 캘리포니아 대학에서 중국어 강사를 담당하고, 일부는 타이완 지역의 타이완사범대학, 타이완대학, 청궁대학, 중앙대학中央大学, 원화대학文化大学 등의 화어중심에서 화어를 가르친다. 박사반은 2003년에 설립되었고 매년 6명의 현지 학생과 6명의 외국 학생을 모집하였으며, 석사과정은 2년간의 교과과정 공부와 1년간의 논문쓰기가 포함되고 졸업학점은 36학점(논문은 학점에 포함하지 않는다)인데 논문 심사를 신청하기 전에 100시간의 교육이나 혹은 7주 이상의 실습 증명이 있어야 한다. 타이완사범대학의 학생이 가지고 있는 또 다른 하나의 장점은 실습 기회가 충분하다는 점이다. 실습하는 기관은 본교의 국어교육중심 외에 또 해외 각 대학과 협력하여 교육 실습

http://www.tcsl.ntnu.edu.tw/tcsl/default.php 참고할 것.
72) 역자 주 : http://c.nknu.edu.tw/tcsl/ 참고할 것.
73) 역자 주 : 현재는 화어능력측정시험華語文能力測驗(Test of Chinese as Foreign Language, 약칭 TOCFL)이라고 한다. http://www.sc-top.org.tw/ 참고할 것.

을 하고 있어서 해마다 20여 명 정도가 유럽이나 미국 등지에서 교육을 한다.

가오슝사범대학 화어교육연구소는 2002년 8월에 설립되었고, 2003년부터 1회 신입생을 모집하였다. 그 목표는 타이완 남부에서 최대의 화어교육중심이 되고, 화어교육 교재 연구, 개발, 공급센터가 되는 것이다. 장기적인 목표는 화어교육 데이터중심, 교사양성 아카이브, 인재공급아카이브 등을 만들어 타이완 화어교육 자문센터가 되는 것이며, 국내외 화어교육기구와 협력하여 수시로 최신 연구 및 교육 상황 등에 관한 정보를 주고받는 것이다. 이것이 바로 타이완사범대학 화어교육연구소와의 차이점이다. 가오슝대학 화어교육연구소는 해마다 15명의 석사연구생을 받는데 2006년에 첫 번째 졸업생이 나왔다. 교과과정은 3년이며 졸업학점은 32학점(추가 논문 6학점)이고 72시간의 교육이나 실습 증명이 필요하다.

학부와 연구생 이상 단계의 교사 양성 외에, 각 대학의 언어중심과 일부 사립기구도 화어교사 양성반을 개설하였다. 수강생의 대부분은 학교를 떠나 사회생활을 하는 직장인으로 학생은 매우 소수이므로 대학에서 부설한 언어중심은 보통 교과과정을 토요일이나 일요일에 배정하고, 일부 사립기구는 일주일에 2-3회씩 저녁 수업이 있기도 하다. 교과과정 설계는 각 언어중심이 자체적으로 조정해서 각 기구의 학습 시수차이가 크지만 교과과정의 주요 교과목은 모두 대동소이하다.

화어교육 연구를 강화하고 타이완 지역의 화어교육을 추진하기 위해, 10여 곳의 대학부설 화어중심과 백여 명의 화어교사와 전문 학자들이 함께 발기하여 2002년 12월 타이완사범대학 국어교육센터에 "타이완화어교육학회台湾华语文教学学会"74)를 설립하였다. 그 준비위원회의 회장은

타이완사범대학 화어교육연구소의 등서우신邓守信이며 준비위원회 부회
장은 타이완사범대학 국어중심 주임인 허후이링何慧玲이 맡았다. 이 학회
의 설립 목적은 각 대학 부설 화어중심의 교사와 연구자, 공립화어중심
과 사립 화어교육기구의 행정직원, 교육에 종사하는 직원, 모든 화어교
육에 관심이 있는 사람이 모여 함께 타이완 지역의 화어교육을 추진하
고, 화어교사의 전문능력을 향상시키기 위해 노력하여 타이완 지역 화
어교육계가 국제 화어교육계와 협력하고 교류하기를 바라는 것이다. 학
회의 임무는 관련 연구 성과를 출판하고, 국제적인 학술회의를 개최하
며, 화어교사의 실습을 추진하는 것 외에 또 다른 중요한 역할은 "화어
능력측정시험"75) 관련 업무에 동참하는 것이다. 학회가 조직한 "타이완
화어교육 세미나 및 연례회의"76)는 해마다 11월에 개최되며 타이완의
각 대학이 교대로 주최한다.

이 시기 타이완지역의 화어교육을 살펴보면, 대학과 민간단체의 노력
으로 화어교육을 전면적으로 추진하여 교육기구도 끊임없이 확대되고
교재도 일정한 규모를 갖추었고 교사양성과 연수도 시작되었다. 낙관적
인 관점에서 볼 때, 화어 교육에 노력을 아끼지 않는 학교, 학자, 각계
인사들은 모두 해마다 늘어났는데 또 다른 각도에서 보면 타이완지역에
서 화어를 학습하는 외국인, 유학생은 크게 늘어나지 않았다. 인원수의
증가 폭이 적었던 원인은 다양한데,(그림 참고) 예를 들면 앞에서 언급한
교재문제, 화어교사의 취업 문제 등이 있다. 타이완의 "교사법"에는 화

---

74) 역자 주 : 타이완화어교육학회(Association of Teaching Chinese as a Second Language)
http://www.atcsl.org/ 참고할 것.
75) 역자 주 : 화어능력측정시험华语文能力测验(Test of Chinese as Foreign Language, 약칭
TOCFL).
76) 역자 주 : http://www.aconf.org/zh-cn/conf_52536.html 참고할 것.

어교사 항목이 없어서 공식적인 교사인증시스템이 취약하다. 설령 공립 기관의 화어교육중심에서 일하더라도 이 기구의 정식 인원은 아닌 셈이 다. 고용할 방법이 없다면 다른 어문교사들과 동등한 대우를 누릴 수가 없다. 따라서 타이완의 화어 교육계는 하루 빨리 화어교사의 자격인증 규칙과 교사자격인증서를 제정하여 발급하는 제도를 만들어 화어교사들 이 정식교사가 되어 다른 언어교사와 동등한 복지를 누릴 수 있도록 해 달라고 목소리를 높였다.

그림1. 1954-2003년 대학부설 화어중심에서 화어를 공부한 외국 학생 수 분포도

21세기 들어 "중국어 열풍", "중문 열기"가 점차 전 세계적으로 확대 됨에 따라 타이완 지역도 이러한 분위기가 높아졌다. 정부 소속 화어교 육기관이든 민간의 화어교육기구이든 모두 이러한 현상에 대해 많은 것 을 느낄 수 있었고, 타이완 지역의 화어교육도 빠른 속도로 발전하는 단 계로 접어들었다. 먼저 각 대학의 언어중심이 급증하였다. 첫 번째, 대 학부설 화어중심은 2003년에 설립되었는데 츠지대학慈济大学을 포함해서 타이완지역 총 17개 대학이 언어중심을 설립하였다. 이어서, 전리대학真 理大学, 중화대학中华大学, 쟈오퉁대학交通大学, 카이난대학开南大学, 북타이완

과학기술학원北台湾科学技术学院, 중싱대학中兴大学, 가오슝사범대학 모두 연이어 화어중심을 설립하였다. "2006년 11월 통계자료에 따르면 타이완 지역은 총 27곳의 언어중심이 있으며, 1956년에서 2006년까지 50년이라는 짧은 기간 동안, 1956-1996년 40년 기간에 13곳, 1997-2006년에 14곳을 개설되어 전후반의 성장속도가 현저하게 차이를 보였다."77) 각 교육기관은 모두 외국학생이 타이완으로 와서 중국어를 공부하는 인원 수가 급증할 것으로 생각하였기 때문에 언어중심도 매우 큰 성장의 여지가 있었다. 타이완 "국제문교처国际文教处"의 통계자료에 따르면 2006년도 타이완 지역 대학에서 공부하는 외국학생은(학위 취득 과정, 교환학생, 화어연수생 포함) 모두 14,476명으로 2005년의 11,729명에 비해 2,750명이 늘어났다. 이 때 화어를 배우는 사람은 해가 갈수록 늘어났다.

화어교육의 새로운 추세에 부응하기 위해 타이완지역은 2003년 12월 11일에 정식으로 "국가화어교육정책연구회国家对外华语文教学政策委员会"를 설립하였다. 이것은 범부서적인 총괄 능력을 갖춘 화어교육 주도기관으로 "교육부" 장관이 주위원장을 맡고, "교민사무위원회侨务委员会" 부위원장이 부위원장을 맡으며, "외교부, 문화건설위원회文建会,78) 국가과학위원회国科会, 신문국新闻局, 경제건설위원회经建会" 등 부수장이 위원을 맡음으로서 범부서적으로 종합적인 기능을 발휘할 수 있고, "교육부" 내부의 세 개 부서인 "국제문화교육처国际文教处", "교민사무위원회侨教会", "국어위원회国语会"의 담당자도 포함되어 있어 부서 내의 종합적인 기능도 이루어낼 수 있었다. 동시에 많은 대학교의 전문 학자들을 초청하여 위원을

77) 야오란姚兰·마바오롄马宝莲, 「중국어 붐, 인재 부족─타이완 화어 교사의 양성과 인증华语热 人才荒-台湾华语教师之培训与认证」, 『华文世界』, 2006년 98기.
78) 역자 주 : 문화관련 사무의 최고기관으로, 각종 문화진흥, 예술발전, 출판관련 업무, 방송 영화산업의 홍보 등을 담당하며 현재는 문화부로 명칭이 바뀌었다.

맡게 하였다. "교육부"는 이 위원회를 만든 취지를 밝힌 글에서 "화어교육 업무는 과거 각 관련기관이 서로 통합적인 기능을 발휘할 수 없어서 자원이 분산되었다. 10여 년 동안 각계는 여러 차례 정부에 건의를 하여 이러한 통합기구를 만들고자 하였지만 전 정부는 결정을 하지 못했다"라고 밝혔다. "정책위원회"의 설립은 이러한 문제를 해결하기 위한 것이다. 그 중점 업무(2005년)는 (1) 화어 장학금 제공한다. (2) "화어교사 해외 지원 계획"을 처리한다. (3) 해외 학교들이 여름에 학생들을 데리고 타이완으로 와서 단기 학습하는 것을 장려한다. (4) 화어교재를 증정한다. (5) 화어교육 세미나 혹은 관련 활동을 처리한다. (6) 화어연구소 학생이 해외 대학으로 가서 교육하고 실습하는 것을 보조한다. (7) 타이완의 19개의 대학 화어교육과와 화어중심을 방문하고 시찰한다. (8) 화어교사의 연수를 돕는다.

위에서 언급한 바와 같이 2003년까지 화어교육 교사양성과 관련된 대학은 중위안대학과 원짜오외국어학원 두 곳이 있다. 화어교육 석사를 배출하는 곳은 타이완사범대학과 가오슝사범대학이 있으며 박사반을 개설한 곳은 타이완사범대학이 유일하다. 하지만 2007년이 되어서는 이미 4곳의 대학에서 석사 교과과정을 개설하였고 또 일부 대학은 석사학점반과 석사학위코스를 개설하였다. 대학의 학부에도 "응용화어문과應用华語文系"를 광범위하게 개설하였는데 각 대학이 신설한 어문중심에 필요한 방대한 수의 교사와 해외 화어교육의 수요를 만족시키기 위한 것이 그 목적이다. 2006년 7월 "교육부"는 각 대학과 교육기관에서 화어교육연구소, 학위과정, 학점과정을 설립하는 것을 장려하고 경제적인 보조를 제공한다고 공고한 적이 있다. 전 세계의 중국어 열풍과 정책적 보조라는 이중 장려 속에서 많은 대학은 적극적으로 이에 응했고, 다퉁대학大同

大学, 롄허대학聯合大学, 밍추안대학銘傳大学은 모두 화어교육 학부과정을 개설하였고, 타이완의 화어교사의 양성과 연수는 크게 강화되었다.

6.7.4 화어능력측정시험

화어능력측정시험은 개학하기 전 분반시험이나 등급측정시험, 학습이 끝난 후 졸업시험 등 과거에는 모두 각 교육기관이 직접 처리하여 통일된 시험시스템이 없었고 정부기구도 이러한 일을 처리할 전문적인 기구를 설립하지 않았다. 화어표준측정시험은 줄곧 타이완지역 화어교육계가 적극적으로 추진하고자 하였으나 해내지 못한 일이었는데, 타이완사범대학 화어연구소가 설립된 후 몇 년간의 노력을 거쳐 2001년 8월 표준측정시험 관련 사업을 계획하기 시작하였고 학교의 많은 지지 속에 타이완사범대학 화어측정시험센터華語文測試中心가 설립되었다. 이렇게 화어교육연구소, 심리교육 측정시험센터, 국어교육중심 등이 힘을 모아 함께 "화어능력측정시험"(Chinese Proficiency Test-Taiwan, CPTT)을 연구 개발하였다.79) 화어연구소는 화어 능력 등급의 제정을 책임졌고, 심리교육측정센터는 문제은행의 타당도와 효율성 검증, 통계와 행정업무를 책임졌으며, 국어교육중심은 문제은행개발, 학생능력측정시험과 응용을 진행하였다. 타이완 화어교육학회와 타이완사범대학 국어중심이 인증기관을 맡았다. "CPTT"는 초등, 중등, 고등 시험으로 나누어지며 2003년 12일에 정식으로 시험을 실시하였고, 2005년 11월 "교육부"에 예속된 "화어측정시험센터"가 설립되고, 화어능력측정시험의 연구개발과 보급 업무

---

79) 역자 주 : 앞에서 밝힌 바와 같이 지금은 화어능력측정시험華語文能力測驗(Test of Chinese as Foreign Language, 약칭 TOCFL)로 바뀌었다.

를 맡았다. 2006년 4월 "기초화어능력측정시험"의 연구개발을 시작함으로써 해외 많은 학습자의 요구를 만족시킬 수 있었고, 같은 해 "CPTT"는 공식적으로 국제 사회로 나가게 되어, 태국, 영국, 일본, 미국, 한국 5개 나라에서 시험을 실시하였다. 그리고 6월에 처음으로 전산화측정시험을 실시하였는데 문제와 문항 선택지가 함께 컴퓨터에 나타나서 수험생은 마우스로 답안만 선택하면 되고 시험을 마친 후에 수험생은 즉시 성적표를 출력할 수 있어서 시험장 밖의 카운터에서 받아 가기만 하면 된다. 2007년 1월 "화어능력측정시험"의 영문 명칭이 "Test of Proficiency-Huayu", 약칭으로 TOP로 바뀌었다. "화어문측정센터华语文测验中心"는 "국가화어측정추진업무위원회国家华语测验推动工作委员会"로 명칭을 바꿨다.

현재 "화어능력측정시험"은 정기시험이 되어 매년 5월과 11월 첫 번째 토요일에 개최되며, 기초, 초등, 중등, 고등 네 등급의 시험으로 나누어진다. 그중 기초측정시험 시간은 80분, 총 80문항이며, 듣기와 독해 두 부분으로 나누어진다. 초등, 중등, 고등시험 시간은 110분, 총 120문항이고, 듣기, 어휘문법, 독해 세 부분으로 나누어진다.

중국의 HSK는 이미 여러 해 시행되었고 중국뿐만 아니라 해외에서도 많은 사람이 응시하고 있는데 이것을 CPTT 예비시험 때 국제적으로 다른 중국어수준측정시험 결과를 비교한 적이 있다. 다음 그림은 CPTT와 HSK의 점수등급 대조표이다. CPTT 초등 1급을 통과하면 HSK 초등 4급에 해당하므로 이에 따라 수준을 유추할 수 있다. CPTT와 HSK의 등급을 대조하면 학습자들이 계속 공부할 등급과 적절한 교재를 찾을 때 편리할 것이다.

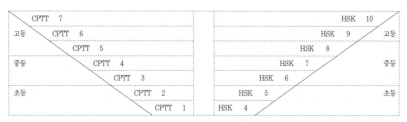

그림2. CPTT와 HSK 등급대조표("国家华语测验推动工作委员会" 인용)

타이완 각계의 다년간의 노력을 거쳐 "화어교사자격华语文教师资格" 인증제도가 마침내 만들어졌다. 타이완 "교육부"는 2006년 11월에 첫 번째 "외국어로서의 화어교육 능력 인증고시对外华语教学能力认证考试"를 실시하였다. 시험 요강에 인증시험의 목적은 "화어교육자들의 교육능력을 향상시키고 그 전공의 위치를 확립하는 것"에 있다고 밝히고 있어서 교사 능력을 시험하는 제도와 표준을 갖춘 것이다. 정부기관은 교육자의 교육능력 향상을 중요하게 생각하기 시작하였고 화어교사의 전공지위 확립에 참여하게 되었는데, 이것은 타이완지역의 모든 화어교사와 교육기구로 보면 매우 큰 격려가 되었다. 첫 번째 시험에는 2,005명이 등록하였고 시험 범위와 내용은 다음과 같다.

1. 인간의 학습, 인지심리, 지식발전과 관련된 교육심리학
2. 화어 지식과 기능에 대한 교육
3. 학생 수준에 맞는 화어 교재의 설계, 편찬이나 개정
4. 교과과정 교육계획 요강의 설계와 진도평가의 능력
5. 학생들이 갖추어야 하는 화어 학습전략과 교사가 갖추어야 할 화어 교육전략

시험 과목은 국문, 화어교육, 중국어언어학, 화교사회와 문화, 화어구어와 표현 모두 다섯 과목이다. 앞의 네 과목은 필기시험이며 시험 시간

은 과목당 80분이고, 100점 만점에 60점 이상이면 합격이다. "화어 구어와 표현华语口语与表达"은 구어능력 측정시험으로 낭독과 구두서술형식을 채택하는데 시험시간은 한 시간이다. 이것은 여섯 등급으로 나누어지는데 6급이 최고 등급이며 1급은 가장 낮은 등급이다. 1급과 2급은 주로 화어의 기본음을 아무런 장애 없이 발음할 수 있는지를 측정하고, 3급과 4급은 주로 화어의 기본 소리를 정확하게 발음할 수 있는지를 측정하며(변조, 경성, 얼화(儿化) 등), 5급과 6급은 화어 표현의 숙련정도를 주로 측정한다(강세, 유창성, 얼화, 경성, 어투, 억양, 어감의 자연적인 표현). 100점 만점이지만 반드시 4급, 즉 70점이 넘어야 합격이 된다.

표4. 화어교육능력인증고시, "화어 구어와 표현" 점수 등급

등급	득점	설명
6급	91-100	
5급	81-90	
4급	71-80	(구어 합격)
3급	61-70	
2급	51-60	
1급	50점 이하(50포함)	

응시자의 각 과목 합격성적은 3년간 유지되고 다섯 종류의 시험 모두 합격해야 시험을 통과한 것으로 인정하고 타이완 "교육부 화어교육능력증서教育部对外华语教学能力证书"를 얻는다.

화어교육능력인증고시가 있은 후 각 대학의 화어중심은 교사를 임용할 때 점점 이 증서를 초빙 표준 중의 하나로 삼게 되었고, "교육부"의 화어교사 해외지원계획은 교사를 선발하고 파견할 때도 이 증서를 근거로 삼는다.

타이완 지역의 화어교육은 그 시대적 배경, 정치적 요소, 언어정책과 밀접한 관계가 있다. 먼저 정치적 요소로 집권자가 여러 차례 교체되면서 사회의 공통어, 공식 언어, 대중의 생활용어도 끊임없이 변화하게 되었다. 다음은, 인구 유입의 다양성으로 타이완 지역의 화어는 각종 다양한 언어의 모습을 보이게 되었다. 마지막으로, 당국의 언어정책이 타이완 화어교육의 쇠퇴와 번영을 크게 좌우하게 되었다. 그럼에도 불구하고, 학계와 민간은 화어교육에 대한 열정이 있었고 상당히 집착을 하였다. 많은 학자, 전문가, 교사들은 묵묵히 지속적으로 노력하여 타이완 지역의 화어교육이 서서히 그리고 오랫동안 발전하게 되었다.

21세기 들어, "세계의 중국어 열풍" 속에서 타이완 지역의 화어교육계에도 새로운 모습이 나타나게 되었고 아직 시급히 해결해야 할 많은 문제가 있기는 하지만 크게 발전하는 시기가 되었다.

6.8 중국어 국제적 보급의 새로운 형세

중국 경제가 빠른 속도로 발전하고 국가 경쟁력이 높아짐에 따라 1990년대 이후, 특히 최근 10년 동안 세계적으로 중국어를 배우는 사람의 숫자가 해마다 늘어나고 "중국어 학습 열풍"도 불었다. 2006년 "국가외국어로서의중국어교육영도소조판공실国家对外汉语教学领导小组办公室"은 "국가중국어국제보급영도소조판공실国家汉语国际推广领导小组办公室, 약칭 国家汉办, HANBAN"으로 명칭이 바뀌었다. 중국의 외국어로서의 중국어 교육의 최고지도기구로 그 명칭의 변화는 매우 의미가 큰데, 이것은 외국어로서의 중국어 교육이 이미 기존의 "모셔오기"에서 "모셔오기"와 "나가기"를 함께 중시하는 상황으로 바뀌었고, 이것은 앞으로 외국어로서의 중국어 교육이 더욱 주동적이고 적극적으로 바뀔 것을 예시하고 있다.

최근 몇 년 동안 공자아카데미의 건립과 발전, 외국어로서의 중국어 교육 기지 건설, "중국어교량汉语桥" 활동 등은 중국어의 국제적 보급을 크게 발전시켰다.

6.8.1 공자아카데미

6.8.1.1 공자아카데미 건립의 배경과 목적

중국의 대외개방이 확대되고 경제가 빠르게 발전하고 국제적 지위가 날로 높아지고, 세계 각국에서 중국어를 배우고 중국을 이해하고 중국과의 교류를 증진하려는 요구가 날로 높아짐에 따라, 전 세계적으로 "중국어 열풍"은 계속 거세졌으며 중국어는 학습자의 수적 증가가 가장 빠른 언어가 되었다. 현재 전 세계 100여 개 국가 2,500여 개 대학에 중국어 과정이 개설되었고 중국 이외 지역에서 중국어를 배우는 외국인도 4천만 명에 달한다. 중국어는 미국, 영국, 일본, 한국 등의 중등학교와 초등학교 교실까지 들어갔고, 남아메리카의 브라질, 아르헨티나, 페루, 칠레 등에서도 이미 점차 중국 언어문화교육을 대학의 교과과정이나 학위과정에까지 포함시키고 있다. 중국 정부는 영국, 프랑스, 독일, 스페인 등의 언어보급기관의 경험을 본보기로 삼아 2004년부터 해외에 중국어 교육과 중화민족문화 전파를 취지로 하는 비영리성 교육기구인 공자아카데미孔子学院(Confucius Institute)를 설립하였다. HANBAN은 전 세계에 공자아카데미를 설립하여 중국어 교육이 비교적 빠른 속도로 세계 주요 지역으로 파고들 수 있도록 하였다. 공자아카데미의 설립은 중국정부와 국가지도자의 관심과 지지를 얻고 공동으로 주관하는 파트너 국가의 정부 등 각 측의 대대적인 지지를 얻었다. 2006년 7월에 개최한 첫 번째 세계공자아카데미회의全球孔子学院大会는 5대양 36개 국가와 지역에서 온 세계적으로 유명한 고등학교 교장, 공자아카데미 책임자, 100여 명의 주중사절 등을 포함한 대표 550여 명이 참가하였다. 공동주최측은 공자아카데미 설립 의의에 대해 높이 평가하고 공자아카데미 설립을 매우 중요시하였다.

6.8.1.2 공자아카데미의 주요 직책과 사명

공자아카데미는 중국과 다른 나라가 협력해서 설립한 비영리성교육기구로 표준중국어와 간체자를 채택하여 중국어 교육과 중외교육, 문화, 경제 등의 교류와 협력을 진행한다. 그 취지와 사명은 중국 언어와 문화에 대한 세계인의 이해를 높이고 중국과 외국의 우호관계를 발전시키며 세계 다양한 문화의 발전을 촉진하고 조화로운 세계를 구축하기 위해 공헌을 하는 것이다. 공자아카데미는 법률을 준수하고, 중국의 법률에 저촉되지 않으며, 정치, 종교, 인종차별 활동에는 참여하지 않는다.

공자아카데미가 주로 제공하는 서비스는 다음과 같다. 사회 각계인사를 위해 중국어 교육을 실시하고 중국어 교사 연수를 하여 중국어 교육 자원을 제공한다. 예를 들면 필리핀의 아테네오대학(Ateneo De Manila University) 공자아카데미는 교사 연수반을 만들었고, 독일의 프리드리히 알렉산더 대학(Friedrich-Alexander University) 공자아카데미는 HSK 교사 양성반을 만들었다. 공자아카데미는 또 중국어 시험과 중국어 교사자격인증업무를 하고, 중국의 교육, 문화, 경제, 사회 등의 정보를 제공하며, 현재의 중국에 대한 연구를 한다. 예를 들면 샌프란시스코주립대학(San

Francisco State University) 공자아카데미는 처음으로 제2언어로서의 중국어 교육 국제세미나80)를 개최하였다.

공자아카데미는 또 중국문화를 전파하는 사명을 띠고 있어서 각 지역의 공자아카데미는 각종 문화, 전시회, 연출 등의 활동을 펼치는데 참가자는 약 20만 명에 달한다. 예를 들면 런던 비즈니스 공자아카데미81)는 "중국문화주간"82)을 개최하였다. 공자아카데미는 중국문화를 전파하는 또 다른 무대일 뿐만 아니라 중국과 외국의 경제무역 등 각 방면의 연계를 발전시키는 또 다른 의미의 "실크로드"이다.

6.8.1.3 공자아카데미 업무에 관한 규범화된 정책과 법규

공자아카데미는 지금까지 많은 부서가 공동으로 만들어낸 중국의 첫 번째 문화브랜드이다. 설립 초기 교육부 지도자는 공자아카데미라는 이 고귀한 브랜드를 소중히 여기고 공자아카데미의 설립 수준을 매우 중요시한다고 밝혔다. 공자아카데미에 대한 기획과 설립은 설립자의 소양과 능력을 고려하고 전체적으로 살펴보아야 한다. 또 공자아카데미의 교육 수준 인증표준을 빠른 시일 내에 마련하고 공자아카데미 수준평가와 수준보장 체계를 만들어야 한다.

HANBAN은 각국의 의견과 건의를 광범위하게 받아들이는 기초 하

---

80) 역자 주 : 2007년 미국 샌프란시스코 주립대학 공자아카데미가 주최하고 중국 주샌프란시스코영사관이 협력하여 "제1회 제2언어로서의 중국어 교육 국제세미나"가 3월 3일 샌프란시스코에서 열렸다. 中国侨网 2007.03.06. 뉴스 인용.
81) 역자 주 : 런던 비즈니스 공자아카데미(Confucius institute for Business, London). http://cibl.uk.chinesecio.com/ 참고할 것.
82) 역자 주 : 2007년 2월26일에서 3월 2일까지 런던 비즈니스 공자아카데미는 런던정치경제대학(LSE)언어중심, 중국발전협회등과 협력하여 "2007 중국문화주간"을 개최하였다. 中国侨网 2007.04.17. 뉴스 인용.

에서 『공자아카데미규정孔子學院章程』, 『공자 아카데미 중국 측 자금관리방법孔子學院中方資金管理办法』 등의 관리규정 및 각종 협력 협의에 관한 표준문서를 제정하였는데 이는 관리제도에 있어 공자아카데미의 설립수준을 보장하였다.

6.8.1.4 공자아카데미의 설립과정, 형식, 본부 및 운영 등 기본상황

공자아카데미를 유치하는 측은 공자아카데미 본부에 신청서를 제출하고, 본부는 신청측이 제출한 신청 자료에 대해 심사 비준을 한 후, 유치하고자 하는 측과 협의에 서명하고, 공자아카데미의 금속명패를 발부한다. 2006년 말까지 HANBAN은 모두 60여 개 국가 400여 기관으로부터 신청을 받았다.

세계 각국의 공자아카데미는 HANBAN의 관리규정을 엄격히 준수한다는 전제 하에 융통성 있고 다양하게 아카데미 설립방식과 협력모델을 선택할 수 있다. 각 단계의 공자아카데미와 공자스쿨孔子学校도 있고, 또 공자강의실孔子课堂과 중국어센터汉语中心도 있다. 경영은 위임특허경영과 직접경영방식이 있는데 주로 외국측이 책임지며 이사회제도와 원장책임제를 실시하기도 하고 중국과 외국 양측이 공동으로 관리하는 모델도 있다. 이밖에 "네트워크 공자아카데미网上孔子学院",83) "방송공자아카데미广播孔子学院"84) 등을 만들어서 더 넓은 곳의 해외에서 중국어를 공부하는 사람들을 흡수하고자 한다.

공자아카데미는 괴테 인스티튜트(Goethe Institute) 등 정부와 정부의 단

---

83) 역자 주 : 지금은 网络孔子学院이라는 이름으로 바뀌었다. http://www.chinesecio.com/ 참고할 것.
84) 역자 주 : 2007년 12월 6일 국제라디오방송국을 만들면서 시작하였다. http://www.cri.com.cn/cooperation 참고할 것.

일 협력모델이 없으며 독립적이고 융통성이 있는 기구이다. 첫째, 대학교, 중등학교와 협력하는 것으로 중국의 후난대학湖南大学과 한국 호남대학이 함께 만든 후남대학 공자아카데미가 있다. 둘째, 기업과의 협력으로 칭화대학과 훼이펑汇丰은행, 런던정치경제대학(The London School of Economics and Political Science, LSE) 등의 회사와 학교가 함께 만든 공자아카데미가 있다. 셋째, 정부나 사회단체와 협력하는 것으로 시카고 교육청(Chicago Public Schools, CPS)과 함께 만든 시카고 공자아카데미, 뉴욕화미협진사(纽约华美协进社, New York China Institute) 공자아카데미 등이 있다.

2007년 4월 공자아카데미 본부가 베이징에 설립되었다. 『공자아카데미규정』에 따르면 공자아카데미 본부는 전 세계 공자아카데미의 최고관리기구이며 그 책무는 공자아카데미의 관련규정을 제정하고 기획하고 평가표준을 만드는 것이며, 각 지역의 공자아카데미 설치를 심사 비준하고, 각 지역 공자아카데미의 연례 프로그램 실시방안과 예산 및 결산을 심사 비준하며, 각 지역의 공자아카데미를 위해 관리와 교수학습을 할 인적 자원과 교재과정 등 각종 자원에 대한 지원을 하는 것이다. 공자아카데미의 본부는 협력을 총괄하고, 서비스기능을 종합하며, 각 공자아카데미의 협력과 연계를 강화하며, 각 국의 공자아카데미를 위해 성심성의껏 봉사할 책임을 진다. 또한 공자아카데미를 통해 중국어와 중국문화를 배울 각국의 인사들에게 지지와 도움을 제공한다.

6.8.1.5 세계 각 지역의 공자아카데미 건립 및 발전 현황

2007년 말 중국은 이미 65개 국가와 지역의 224개 대학과 공동으로 아카데미 설립에 관한 협의에 서명하였다. 이 대학들 대부분은 현지의 유명한 대학이며, 국내 95개 고등교육기관이 공자아카데미와 협력하여 공자아카데미 설립에 참여하였다. 공자아카데미의 전직교사는 1,000여 명이며 학생은 46,000명이 있다. 이와 동시에 네트워크공자아카데미가 현재 시행되고 있으며 방송공자아카데미도 이미 개통되었고, TV공자 아카데미도 현재 준비 중이다. 이것으로 볼 때 공자아카데미는 현대적인 과학기술을 이용하여 더욱 발전할 것으로 보인다.

6.8.1.6 공자아카데미에 현존하는 문제와 발전 전망

공자아카데미가 빠른 속도로 발전하며 많은 국가와 대학에서 환영을 받았지만 또 여러 가지 문제에 직면하게 되었다. 일부 학자들은 "공자아 카데미 열풍 연착륙 필요"라는 주제로 논의를 하였다.[85]

"공자아카데미 열풍"은 중국 경제가 빠른 속도로 발전하고 중국이 부상하는 시기의 "고속철"에 탑승하였는데 문제는 이렇게 빠른 발전 속도로 인해 각종 문제가 야기되었다는 것이다. 후기 공자아카데미 설립 과정을 보면 대부분 외국 관련부처와 대학이 주동적으로 신청하고, HANBAN이 앞장서서 책임지고, 국내 각 대학이 구체적으로 맡아서 처리하였다. 공자아카데미를 앞 다투어 유치하는 것이 국내 일부기구와 대학의 "실적 프로젝트"가 되었고, 심지어 공자아카데미가 "황금알을 낳는 거위", "금빛 간판", "해외여행 프로그램"로 변질되었으며, 이로 인해 교사와 교재의 합격 여부 등이 문제가 되었다.

이밖에 공자아카데미 창설 목적은 세계 각국 사람들이 중국의 언어문화에 대한 이해를 높이는 것이라고 공자아카데미의 주최측이 분명하게 밝혔음에도 불구하고, 언론매체, 전문가, 학자와 대다수 국민들은 공자

---

85) 왕다산王达三, 「""공자아카데미 열풍" "연착륙" 필요"孔子学院热"急需"软着陆"」, 『环球时报』, 2007년 1월 20일.

아카데미에게 더 많은 기대와 연상을 하게 되었다. 많은 사람들은 공자 아카데미를 중국문화 혹은 "유학", "유교" 부흥으로 보거나 그것을 중국 "소프트파워"의 대두로 여기게 되었다. 그 결과 일부 국가의 공자아카데미는 중국 정부 성격의 지도와 감독을 받지 않기를 원했고, 중국이 공자아카데미를 빌려 자신의 "소프트파워"를 홍보하는 데 본인들이 "중국의 부흥"에 힘을 실어주고 있는 것은 아닌지에 대해 걱정하게 되었다. 일부 국가의 정부는 심지어 공자아카데미가 종교적인 성질을 띠고 있다는 이유로 공자아카데미의 명칭으로 중국어 교육기구를 공동 설립하는 것에 동의하지 않았다.

각종 논평에서 공자아카데미의 발전은 특히 다음과 같은 문제에 주의해야 한다고 밝혔다. 첫째, 건전한 공자아카데미의 각종 규정제도를 마련하고, 메커니즘을 통해 공자아카데미의 심사, 창설을 규범화하며 구속해야 한다. 둘째, 교재 개발, 교수요목을 강화하고 특히 교사의 사전연수를 강화해야 한다. 셋째, 공자아카데미의 각종 활동에 대해 중국정부가 행정적 간섭을 하는 것을 중국대학이나 민간기구로 권한을 옮겨서 공자아카데미의 발전을 추진해야 한다. 넷째, 중국 국민은 공자아카데미가 "소프트파워"라고 하는 말을 신중하게 해야 한다. 만약 그렇지 않으면 공자아카데미가 발전할수록 공자아카데미 브랜드를 망칠 수가 있다.

공자아카데미의 설립과정에서 직면한 여러 가지 어려움, 각종 비판은 모두 우리가 새겨듣고 참고하여 열심히 고쳐 나가 공자아카데미가 진정으로 중국문화를 전파하고 문명적인 대화를 촉진할 수 있는 무대가 되도록 하고 중국과 외부세계를 연결하는 교량이 될 수 있도록 하여야 한다.

6.8.2 기지 건설

공자아카데미는 외국어로서의 중국어 교육 기지를 건설한다. 2003년 1월, 베이징언어대학, 푸단대학夏旦大学 국제문화교류학원, 베이징사범대학 한어문화학원汉语文化学院, 베이징대학 대외한어교육학원对外汉语教育学院이 중국의 첫 번째 외국어로서의 중국어 교육 기지가 되었다. 2004년 난카이대학, 화둥사범대학, 난징사범대학, 중국인민대학의 관련 단과대학과 학과가 연이어 교육기지로 선정되면서 전국적으로 8개의 "외국어로서의 중국어 교육 기지"가 만들어졌다. 기지 건설의 목적은 일부지역에서 얻은 경험을 전체 지역으로 확대하여 기지의 중추적인 시범역할을 통해, 전국의 외국어로서의 중국어 교육과 과학연구 수준의 향상을 촉진시키고, 외국어로서의 중국어 교육 학과(전공) 건설을 강력하게 추진하고, 전국적으로 외국어로서의 중국어 교육 사업의 발전을 추진하는 것이다. 그리하여 점진적으로 외국어로서의 중국어 교육 방면에서 세계적으로 지명도가 높은 고등교육기관을 만들어내는 것이다.

공자아카데미는 국가 중국어 국제보급기지를 건설한다. 정부, 교육기구, 기업(시장) 등 각종 자원을 정리 통합하여 이 분야의 인재와 기술을 집중시키고 중국어의 국제적 보급에 경험, 모델, 자원을 제공하기 위해, HANBAN이 전국적으로 국가 중국어 국제보급기지를 건설할 것이다. 국가 중국어 국제보급기지는 중국어를 제2언어로 하는 교육 시장에 대한 연구를 해나갈 것이며, 특색 있고 특화된 중국어 교재를 개발하고(멀티미디어 교재 포함), 국내외 교사 연수를 진행하고, 중국어 교사 양성과 연수를 실시하며, 국가의 중대한 중국어 국제보급 프로그램을 완성할 것이다. 국가 중국어 국제보급기지는 시장운영 메카니즘을 채택하며 혁

신능력을 갖추고 지속가능한 발전을 하는 중국어 국제보급의 종합무대
이다.

2007년 중국은 이미 공식적으로 중국의 런민대학人民大学에 중국어 국
제보급연구소 설립을 비준하였고, 또 베이징, 상하이, 윈난云南, 푸젠福建
등지에 중국어 국제보급기지를 건설할 것이다. 이밖에 베이징의 런민대
학 부설중학교 등 전국 26개 성省과 직할시의 101개 중학교와 초등학교
에 중국어 국제보급 중등초등학교기지를 설립할 것이다. 주요 임무는
외국학교가 중국어 수업을 개설하는 데 맞춤 지원을 하고, 해외에 중국
어 교사와 자원봉사자를 파견하며, 외국의 중국어 교사를 양성하고, 대
외적으로 파견하는 자원봉사자에게 연수와 실습을 하는 것이다. 또한,
중국어 국제교육석사 전공학위의 연구생 실습을 받아들이고, 외국 중학
생 초등학생이 중국어를 공부하기 위해 중국으로 오는 것을 받아들이며,
외국학생의 여름캠프를 처리하고, 외국어로서의 중국어 교육 과정의 개
발과 건설 등의 업무를 하는 것이다.

6.8.3 기타 방면

6.8.3.1 외국어로서의 중국어 교육과 세계 한학의 연결점

세계 한학과 궤도를 같이 하고 각국의 한학자들과 소통, 교류, 협력을
강화하는 것은 21세기 들어 외국어로서의 중국어 교육에서 새롭게 조명
되는 부분이다. 국가와 민족의 사업으로 외국어로서의 중국어 교육은
중국 21세기 발전의 총체적인 전략 목표에 포함되어야 하며 이 전략적
목표를 실현하기 위해서 계속 노력해야 한다. 이를 위해 1999년 12월
중화인민공화국 교육부는 "제2차 전국 외국어로서의 중국어 교육 업무

회의第二次全国对外汉语教学工作会议"(1999년)를 개최하였고, 당시 교육부장관이자 HANBAN 연구소조 조장이었던 천즈리陈至立는 「인식을 높이고, 기회를 잡고, 긴장을 높여 외국어로서의 중국어 교육 사업을 대대적으로 발전시키자」86)라는 제목의 발표를 하였는데 그중 "한학"과 "한학자"를 여러 차례 언급하였다. "각국의 영향력 있는 한학자나 중국어 교육 종사자와의 연계와 협력은 중요하다. 최근 몇 년간 세계 각국, 특히 유럽과 미국 및 오세아니아의 신세대 한학자와 중국어 교육 종사자는 이미 점차 원로 세대를 대체하고 새로운 중장년 한학자와 중국어 교육 종사자의 업무를 하고 있어서, 중국이 해외 중국어 교육과 한학연구에 대한 영향과 발전을 강화하는 데에 있어 세계 각국과 중국의 우호관계가 매우 중요하므로 신세대 한학자와 중국어 교육 종사자와의 밀접한 연계를 강화해야만 한다."87)

6.8.3.2 AP 중문프로그램

HANBAN은 2003년부터 미국대학 이사회와 협력하여 AP중국어프로그램AP中文项目을88) 만들어 미국에 중국어를 보급하고 있다. AP중국어프로그램은 AP프랑스어, AP독일어, AP스페인어, AP이탈리아어를 이어 미국대학 이사회에서 시작한 또 다른 언어문화 프로그램이다. AP중국어프로그램은 중국어 언어와 문화, 시험 두 부분이 포함되어 있으며 대학 3학년의 언어수준에 상당한다. 이 프로그램은 중국 문화지식을 소개하

---

86) 천즈리陈至立, 「提高认识, 抓住机遇, 增强紧迫感, 大力发展对外汉语教学事业」.

87) 장더신张德鑫, 「소리 없이 만물을 소생하게 한다－외국어로서의 중국어 교육과 한학润物细无声－论对外汉语教学与汉学」, 『语言文字应用』, 2001년 제1기.

88) 역자 주 : AP프로그램(Advanced Placement Program)은 미국의 비영리교육기관인 대학이사회(The College Board)가 1955년에 시작하였으며, 북미 전역의 고등학생들을 대상으로 AP시험을 보고 학점을 부과하는 시스템이다.

는 것과 중국어의 듣기, 말하기, 읽기, 쓰기를 가르치는 것을 결합한 것이다. 미국 측 업무계획에 따르면 AP중국어프로그램 팀은 2004년 초에 교과과정과 시험에 관한 각종 중요한 지표를 확정하고 개략적으로 서술하였으며, 2005년에 공식적으로 대외에 발표하고 교과과정을 편성하였고, 2006년에는 AP중국어와 중국문화 교과과정을 가르쳤다. 미국은 1년에서 2년 동안 교사를 양성하고 2007년에는 시험을 실시할 계획이다. 2006년 4월에 중국과 미국 양측은 일련의 중국 언어문화프로그램을 공동으로 진행하는데 공식적으로 협의에 서명하였다. 그 속에는 "중국어교량汉语桥" 미국대학총장 중국방문단, "중국어교량" 하계 학생 캠프, 자원봉사교사프로그램, 중국어 교사 인증장학금, 중국어 교재개발, AP중국어 하계 연수반, 중국 언어문화 설명단 등이 포함되어 있다.

6.8.3.3 관련 활동의 전개

HANBAN은 외국학생이 중국어를 배우겠다는 적극성을 격려하고 외국어로서의 중국어 교육 사업의 발전과 중국어의 전파를 촉진하기 위해서, 한편으로는 "중국어교량汉语桥"대회를 대표로 한 각종 대회 활동을 조직하였고, 또 한편으로는 각종 장학금을 마련하였다. 학위장학금, 하계단기연수 장학금, 중화문화여행 장학금, 예선우수선수장학금을 포함한 네 종류의 "중국어교량" 장학금과 중국어시험 우수학생 장학금 등이 바로 대표적인 예이다.

최근 20년 동안 중국 경제가 비약적으로 발전함에 따라 세계적으로 "중국어 열풍"이 불어 닥쳤다. 학과 건설, 교수법, 교사양성, 교재 편찬 등에 있어 모두 큰 발전이 있었다. 물론 중국어 보급은 시작이 늦었고 발전양상도 불균형적이어서 여러 가지 문제가 발생하고 있고 이는 아직도 발전을 제약하는 장애물이 되고 있다. 하지만 국가의 전폭적인 지지와 HANBAN의 정확한 지도하에 중국어의 국제 보급 사업이 머지않은 미래에 한 단계 올라설 것으로 믿고 있다. 이러한 믿음은 근거 없이 나온 것이 아니라 중국어 국제보급의 종합적인 목표와 업무에 관한 HANBAN의 사고와 관념의 전환을 바탕으로 생겨나게 된 것이다. 2020년 전 세계에서 각종 경로를 통해 중국어를 배우는 사람의 수가 대폭 늘어나고 각국의 중국어 교육이 정규단계에 들어갈 것이므로, 중국의 중국어 국제적인 보급의 종합적인 목표는 완전한 공자아카데미와 완벽한 교육체계를 만드는 것에 있다.

중국은 다년간 외국어로서의 중국어 교육의 주요무대를 국내로 한정하고 중국으로 오는 유학생을 주요대상으로 한 전통적인 중국어 교육모델이 해외의 중국어 수요에 부응하지 못하므로, 앞으로 생각을 바꾸어 업무의 중점을 조정하며 다음과 같은 발상의 전환을 이루어내어야 한다고 생각한다. 첫째, 발전전략은 외국어로서의 중국어 교육에서 전방위적인 중국어 국제보급으로 바꾸어야 한다. 둘째, 업무 중심은 외국인을 "모셔오기"로 중국어를 가르치는 것으로부터 "나가기"로 바꾸어야 한다. 셋째, 보급이념은 전공 중국어 교육에서 대중화, 보급형, 응용형으로 바꾸어야 한다. 넷째, 보급 메커니즘은 교육시스템 내에서 진행하던 것을 시스템 내외, 정부와 민간, 국내와 국외가 공동으로 추진하는 것으로 바꾸어야 한다. 다섯째, 보급 모델은 정부 행정 주도 위주에서 정부가 추진하는 시장 운영 방식으로 바뀌어야 한다. 여섯째, 교수법은 지면 교재이나 면대면 교육 위주에서 현대정보기술과 멀티미디어 네트워크 교육을 충분히 이용하는 방향으로 바꾸어야 한다.

이에 부응하기 위해서 앞으로 중국어의 국제 보급은 다음과 같은 몇 가지 문제를 잘 해결해야 한다. (1) 공자아카데미를 건설한다. 각국이 공자아카데미를 건설하고자 하는 수요에 부응하기 위해 중국은 공자아카데미 건설에 박차를 가해야 한다. 그 건설과정에서 획일적으로 처리해서는 안 되며, 현지의 수요와 실제상황을 근거로 중국어를 가르치고 중화문화를 전파해야 하는 임무가 있다. 특히 경제, 정치, 외교적인 측면의 소통관계에서 양국의 교량역할을 강화하는데 주의하여여 한다. (2) 교재 개혁을 추진한다. 현재 "나가기"에 대한 중국어 교재는 근본적인 개혁에 들어갔는데, 그 개혁의 목적은 외국인의 사유에 접근하고, 외국인의 생활에 접근하고, 외국인의 습관에 접근하는 것이다. 편찬 방식은 중외합작으로 진행하는데 세계중국어교육학회에 외국국적 회원이 40% 정도 있으므로 이러한 역할을 해야 마땅하다. (3) 교사그룹 건설을 강화한다. 주로 해외의 교육수요에 부응하는 교사단체 건설을 강화해야 한다. (4) 네트워크 무대를 대대적으로 건설해야 한다. 이 네트워크 사이트의 기능은 첫째, 자원을 제공하여 기존의 교재를 모두 온라인으로 보내고 일선 교사들에게 교육자원을 제공하며, 둘째, 상호교류식 학습으로 네트워크 후방에서 24시간 내내 교사들이 교육하며 교사와 학생 간에 상호교류식 학습을 위해 서비스를 제공하고, 셋째, 교사가 인터넷으로 연수를 진행할 수 있는 무대를 만든다. (5) 중국어시험을 개혁하고 혁신한다. 전면적인 중국어 학습에 적용하기 위해 HSK 개편을 실시한다. 개혁의 방향은 시험의 난이도를 낮추고 시험의 등급을 넓힌다는 원칙을 갖고 진행하여, 앞으로 HSK 참여를 독려하는 시험으로 개혁해 나갈 것이다.

생각해 볼 문제

1. 1990년대 이후 외국어로서의 중국어 교육의 학과(전공) 개설은 어떠한 새로운 진전이 있었나?

2. 공자아카데미의 건립 배경과 목적은 무엇인가? 발전과정에서 주의해야 할 문제는 무엇인가?

3. 타이완 지역 화어교육의 발전과정과 특징에 대해서 간략하게 기술하세요.

참고문헌

安藤彦太郎[日], 『中国语与近代日本』, 卞立强译, 北京大学出版社, 1991.

仓石武四郎[日], 『中国语五十年』, 日本岩波书店, 1993.

朝鲜学部编辑局, 『朝鲜近代史略』, 朝鲜学部编辑局新刊本, 1898.

陈国华, 『先驱者的脚印-海外华人教育三百年』, Royal Kingsway Inc. 加拿大多伦多, 1992.

陈烈甫, 『东南亚洲的华侨, 华人与华裔』, 台北正中书局, 1969.

陈玉龙, 杨通方, 范毓周, 『汉文化论纲-简述中朝中日中越文化交流』, 北京大学出版社, 1993.

程裕祯, 『新中国对外汉语教学发展史』, 北京大学出版社, 2005.

陈重金[越], 『越南通史』, 戴可来译, 商务印书馆, 1992.

大庭修[日], 『江户时代日中秘话』, 徐世虹译, 中华书局, 1997.

戴庆厦, 『第二语言(汉语)教学概论』, 民族出版社, 1999.

戴仁 主编, 『法国当代中国学』, 耿升译, 中国社会科学出版社, 1998.

董明, 『古代汉语汉字对外传播史』, 中国大百科出版社, 2002.

董淑慧, 『保加利亚汉语教学五十年』, 保加利亚玉石出版社, 2005.

费正清[美], 『费正清集』, 天津人民出版社, 1997.

何成轩, 『儒学南传史』, 北京出版社, 2000.

贺圣达, 『东南亚文化传播史』, 云南人民出版社, 1996.

侯精一, 施关淦 『马氏文通与汉语语法学』, 商务印书馆, 2000.

侯且岸, 『当代的美国"显学"』, 人民出版社, 1995.

黄昆章, 『印度尼西亚华文教育发展史』, 外语教学与研究出版社, 2007.

黄昆章 主编, 『华侨华人百科全书·教育科技卷』, 中国华侨出版社, 1999.

黄秀政, 『台湾史』, 台北五南书局, 2003.

黄宣范, 『语言, 社会与族群意识』, 台北文鹤出版社, 1993.

季羡林, 『印度古代语言论集』, 中国社会科学出版社, 1982.

季羡林, 『原始佛教的语言问题』, 中国社会科学出版社, 1985.

暨南大学东南亚研究所, 广州华侨研究会编, 『战后东南亚国家的华侨华人政策』, 暨南大学出版社, 1989.

金永黄[朝鲜], 『朝鲜语言学史研究』, 商务印书馆, 2006.

李泉,『对外汉语教材研究』, 商务印书馆, 2006.

李惠敏,『从洋鬼子到外劳：国族, 性别与华语文教学』, 台北巨流图书公司, 2002.

李泰洙,『老七大四种版本语言研究』, 语文出版社, 2003.

李向玉, 张西平, 赵永新 主编,『世界汉语教育史研究』, 澳门理工学院, 2005.

李雪涛,『日耳曼学术谱系中的汉学：德国汉学之研究』, 外语教学与研究出版社, 2008.

梁启超,『佛学研究十八篇』, 上海古籍出版社, 2001.

梁晓虹,『佛教词语的构造与汉语词汇的发展』, 北京语言学院出版社, 1994.

廖小健,『战后各国华侨华人政策』, 暨南大学出版社, 1995.

林宝玉,『纽西兰的汉语教育』, 世界华文作家出版社, 2001.

林之光, 朱化雨 编,『南洋华侨教育调查研究』, 中山大学出版社, 1936.

刘真 主编,『华侨教育』, 台北中华书局, 1973.

六角 恒广[日],『近代日本的中国语教育』, [日本]不二出版社, 1984.

六角 恒广[日],『中国语教育史论考』, [日本]不二出版社, 1989.

六角 恒广[日],『日本中国语教育史研究』, 王顺洪 译, 北京语言学院出版社, 1992.

六角 恒广[日],『中国语教本集成』, [日本]不二出版社, 1998.

六角 恒广[日],『日本中国语教学书志』, 王顺洪 译, 北京语言学院出版社, 2000.

六角 恒广[日],『日本近代汉语名师传』, 王顺洪 译, 北京语言学院出版社, 2002.

六角 恒广[日],『中国语教育史稿拾遗』, [日本]不二出版社, 2002.

陆锡兴,『汉字传播史』, 语文出版社, 2002.

吕澂,『中国佛学源流略讲』, 中华书局, 1979.

吕必松,『对外汉语教学发展概要』, 北京语言学院出版社, 1990.

吕必松,『语言教育问题研究论文集』, 华语教学出版社, 2001.

吕必松, 主编『国外汉语研究丛书』, 北京语言学院出版社, 1993.

马汉茂[德], 汉雅娜[德],『德国汉学：历史, 发展, 人物与视角』, 李雪涛等 译, 大象出版社, 2005.

马西尼[意],『中国和意大利文化交流史』, 商务印书馆, 2001.

木宫泰彦[日],『日中文化交流史』, 胡锡年 译, 商务印书馆, 1980.

聂鸿音,『中国文字概略』, 语文出版社, 1998.

潘文国, 谭慧敏,『对比语言学：历史与哲学思考』, 上海教育出版社, 2006.

钱鹤,『南洋华侨学校之调查与统计』, 暨南大学南洋文化事业部, 1929.

钱鹤, 刘士木, 李则纲 编,『华侨教育论文集』, 暨南大学南洋文化事业部, 1929.

沈国威[日],『近代日中语汇交流历史』, [日本]笠间书院, 1994.

石云涛,『三至六世纪丝绸之路的变迁』, 文化艺术出版社, 2007.

孙宏开, 胡增益, 黄行,『中国的语言』, 商务印书馆, 2007.

瓦罗[西], 『华语官话语法』, 外语教学与研究出版社, 2003.

王桂, 『中日教育关系史』, 山东教育出版社, 1993.

王力, 『汉语史稿』, 中华书局, 1958/1980.

王力, 『中国语言学史』, 夏旦大学出版社, 2006.

王立, 『1973-2005美国驻华大使传奇』, 世界知识出版社, 2005.

王晓秋, 『近代中日文化交流史』, 中华书局, 2000.

熊文华, 『英国汉学史』, 学苑出版社, 2007.

许理和, 『佛教征服中国』, 李四龙等 译, 江苏人民出版社, 1998.

许明龙, 『黄嘉略与早期法国汉学』, 中华书局, 2004.

严绍璗, 『汉籍在日本的流布研究』, 江苏古籍出版社, 1992.

斯卡奇科夫[俄], 『俄国汉学史』, 柳若梅 译, 社会科学文献出版社, 2006.

杨通方, 『中韩古代关系史论』, 中国社会科学出版社, 1996.

杨燕杰, 『索非亚大学』, 湖南教育出版社, 1988.

杨绍全, 韩俊光, 『中朝关系简史』, 聊您民族出版社, 1982.

羽溪了谛[日], 『西域之佛教』, 贺昌群 译, 商务印书馆, 1999.

郁树锟 主编, 『南洋年鉴』, 新加坡南洋商报社有限公司, 1950.

张国刚, 『德国汉学研究』, 中华书局, 1994.

张宏生, 『戈鲲化集』, 江苏古籍出版社, 2000.

张西平, 『西方人早期汉语学习调查』, 中国大百科全书出版社, 2003.

张西平, 『传教士汉学研究』, 大象出版社, 2005.

张西平, 『欧洲早期汉学史』, 中华书局, 2009.

张西平, 『西方汉学简史』, 外语教学与研究出版社, 2008.

张亚军, 『对外汉语教法学』, 现代出版社, 1990.

赵金铭 主编, 『对外汉语教学概论』, 商务印书馆, 2004.

郑光, 尹世英[朝鲜], 『司译院译学书册版研究』, 高丽大学校出版部, 1998.

中国对外汉语教学学会 编, 『中国对外汉语教学学会第六次学术讨论会论文选』, 华语教
　　学出版社, 1999.

中国海外交流协会文教部 编, 『海外华文教育文集』, 暨南大学出版社, 1995.

中国语言生活状况报告课题组, 『中国语言生活状况报告2005』, 商务印书馆, 2006.

周一良, 『中朝人民的友谊关系与文化交流』, 开明书店, 1951.

周一良, 『魏晋南北朝史论集』, 中华书局, 1963.

周聿峨, 『东南亚华文教育』, 暨南大学出版社, 1995.

朱德熙, 张苏芬, 『汉语教科书』, 保加利亚科学艺术出版社, 1954.

朱宏源 主编, 『东南亚华人教育论文集』, 台湾屏东师范学院, 1995.

Athanasius Kircher, *China Illustrata*, Kathmandu Nepal, Ratna Pustak Bhandar, 1979.

Charles A. Copple, *Indonesian Chinese in Crisis*, Asian Studies Association of Australia, Kuala Lumpur, Oxford University Press, 1983.

D. E. Mungello, *Curious Land : Jesuit Accommodation and The Origins of Sinology*, Stuttgart, 1985.

John M. H. Lindeck, *Understanding China : An Assessment of American Scholarly Resources*, New York : Praeger, 1971.

Knud Lundbæk, Theophilus Siegfried *Bayer(1694-1738) : Pioneer Sinologist*, Curzon Press, 1986.

Knud Lundbaek, Theophilus Siegfried Bayer(1694-1738) : *Pioneer Sinologist*, Curzon Press, 1986.

Lea E. Williams, *Overseas Chinese Nationalism : The Genesis of the Pan-Chinese Movement in Indonesia, 1900-1906*, The Free Press, Glencoe, 1906.

Linfu Dong, *Cross Culture and Faith : The Life and Work of James Mellon Menzies*, University of Toronto Press, 2005.

Nio Joe Lan, *Riwajat 40 Taon Tiong Hoa Hwe Koan(THHK)*, Batavia, 1940.

Vivian Cook, *Second Language Learning and Language Teaching (2nd edition)*(『第二语言学习与教学』(第二版)), 外语教学与研究出版社, 2000.

용어 색인

인명 색인

주편 장시핑(張希平)

현 베이징외국어대학 교수. 세계중국어교육사 국제연구회회장.
주로 중국 명청시기의 중서문화교류사, 중국기독교사, 서양한학사, 세계중국어교육사
등에 대해 연구함.

역자 이미경

현 대구대학교 중국어중국학과 조교수.
주로 중국어 언어학 중 중국어 음성학, 중국어 교육 등에 대해 연구함.

세계 중국어 교육사 중국편

초판 인쇄 2016년 8월 16일
초판 발행 2016년 8월 26일

주 편 장시핑
역 자 이미경
펴낸이 이대현
편 집 권분옥 최용환 홍혜정 고나희
펴낸곳 도서출판 역락
　　　　서울 서초구 동광로46길 6-6 문창빌딩 2층
　　　　전화 02-3409-2058(영업부), 2060(편집부)
　　　　팩시밀리 02-3409-2059
　　　　이메일 youkrack@hanmail.net
　　　　역락블로그 http://blog.naver.com/youkrack3888
　　　　등록 1999년 4월 19일 제303-2002-000014호
I S B N 979-11-5686-594-0(세트)
　　　　979-11-5686-595-7 94720
정 가 26,000원

* 파본은 구입처에서 교환해 드립니다.

■ 이 저서는 2015년 대한민국 교육부와 한국연구재단의 지원을 받아 수행된 연구임
　(NRF-2015S1A5A2A03050117)